Encruzilhadas da Sustentabilidade.

Resiliência e Esperança.

MARCO PAIS NEVES DOS SANTOS

DEDICATÓRIA

Aos meus avós paternos, João Pais dos Santos e Maria Emília, e aos meus avós maternos, António Neves e Maria de Gouveia Coimbra, de quem tive os maiores e melhores exemplos, ao lado de quem cresci, e que lembro com saudade, uma saudade sentida, de hoje e para o resto da vida.

Aos meus pais, António Pais dos Santos e Maria Luísa Gouveia Neves, simples e humildes, que apesar de todas as dificuldades e limitações, foram bem-sucedidos no essencial: na minha educação e na educação do meu irmão, conduzida pela transmissão responsável de normas éticas e valores morais.

Ao Enzo Fialho dos Santos e ao Benjamin Fialho dos Santos, meus filhos, meus tesouros, pelos inúmeros períodos de ausência justificados por responsabilidades profissionais e pela necessidade de realizar este livro.

Ao meu irmão, João António Neves dos Santos, que na juventude sempre se preocupou com o meu futuro, muitas vezes fazendo de pai, um exemplo, uma figura de referência no caminho que percorri.

Ao Pedro Lopes Macedo e à Maria Helena Caetano, amigos próximos, onde sempre encontrei apoio verdadeiro, sólido e sustentado, carinho e generosidade.

Aos meus 39 anos, que com o presente comemoro, e a todos os amigos e familiares, não referidos anteriormente, presentes nos bons e nos maus momentos, pelo apoio indispensável à realização deste livro.

CONTEÚDO

AGRADECIMENTOS

Agradeço à Dr.ª Maria da Graça Lopes Coelho Cristino, pela leitura e revisão do texto, e pela amizade.

NOTA DE APRESENTAÇÃO

> "Todos têm direito a um ambiente de vida humano, sadio e ecologicamente equilibrado e o dever de o defender" (Art.º 66º da Constituição da República Portuguesa).

A ciência é a forma mais elevada de saber e de conhecimento humano, e isto é verdade, senão antes, pelo menos desde as civilizações pré-clássicas, tanto pelo conhecimento transmitido de geração em geração pela tradição oral como pelo conhecimento transmitido através da escrita, inicialmente em papiros e em placas de argila (dependendo da cultura e do espaço geográfico). A tradição oral era representativa de um saber direcionado predominantemente ao desenvolvimento técnico, não conduzido pela teoria, mas integrando grande capacidade de observação e aprendizagem, ingredientes hoje essenciais à produção de ciência. São disso exemplo os sistemas de irrigação na Alta Mesopotâmia, bem como as técnicas de domesticação de animais e de preparação e conservação de alimentos.

Reconhece-se o período da filosofia clássica, em sentido amplo, como sendo o berço de todas as ciências, que com o evoluir do tempo foram desenvolvendo as suas teorias com base nos seus próprios métodos científicos. Os pensadores deste período - Sócrates, Platão e Aristóteles - estão entre os maiores de todos os tempos. Este último, no âmbito da lógica, criou a *teoria da justificação científica*, talvez a sua criação mais emblemática. Defendia a investigação pelo método correto, e considerava que as conclusões do dia-a-dia não se podiam confundir com "provas científicas", porque o processo de justificação para a ciência teria de se basear em "verdades".

Na contemporaneidade, primeiro, as observações realizadas pelos conservacionistas e, depois, os estudos elaborados pelos ambientalistas davam conta da destruição da fauna e da flora, e, ainda que não constituíssem provas científicas, eram por si só elucidativas do que se fazia de errado e ajudam a perceber a crise ambiental da segunda metade do século XX.

Atualmente, considerar que alcançar a verdade é o objetivo da ciência, é uma "distração".[1] Como postulou Karl Raimund Popper, um dos filósofos da ciência mais importantes do século XX, a investigação científica não procede por indução, mas por tentativas e erros, conjeturas e refutações; ela é uma "busca inacabada", não um conhecimento objetivo. Popper considerava que a *falsificabilidade* (ou "falseabilidade"), não a verificabilidade, constitui a marca fundamental da ciência. Isto porque, por mais confirmações que se apresentem, nunca uma teoria pode ser considerada como corroborada em definitivo; por outro lado, basta uma única refutação para que uma teoria possa ser considerada como falseada. Popper também apresentou o *conceito de corroboração* para medir o modo como as conjeturas resistem a críticas.[2] Ou seja, as teorias científicas são sempre conjeturas provisórias, e nunca podem ser dadas como "verdadeiras". Se uma teoria falsificável é submetida a críticas e testes severos, e resiste, obtém a corroboração.

Com o objetivo de classificar sob a mesma designação os programas de pesquisa e os movimentos científicos e tecnológicos que procuram compreender a complexidade das interações na biosfera, especialmente as relações entre o Ser Humano e o meio natural, surgiu no século XXI

---

[1] Funtowicz, Silvio; Ravetz, Jerome. **Post-Normal Science, International Society for Ecological Economics: Internet Encyclopaedia of Ecological Economics**, 2003, p. 1-10. Disponível em: <www.ecoeco.org/pdf/pstnormsc.pdf>. Consultado em 01set15.

[2] Echeverría, Javier. **Introdução à Metodologia da Ciência**. Coimbra: Almedina, 2003. Popper, Karl. **Busca Inacabada: Autobiografia Intelectual**. Prefácio de João Carlos Espada. Lisboa: Esfera Cãos Editores Lda., 2008. ISBN: 978-989-8025-46-3.

a chamada **Ciência da Sustentabilidade**, que visa auxiliar a transição das atuais sociedades, consumistas e predadoras, para um modelo de sociedade mais sustentável com base numa perspetiva longitudinal.

A Ciência da Sustentabilidade está numa fase embrionária e não tem uma "definição própria", nem o seu próprio "método científico". Ainda não conseguiu estabelecer-se como campo de investigação ou disciplina autónoma[3] e, como tal, não se insere numa "(...) science by any usual definition".[4] Mas, pelos seus princípios - multidisciplinaridade, análise integrada e vocação para a ação -, tem sido reconhecida como um modo de fazer ciência.[5]

É pouco provável que as várias ciências encontrem correspondência numa única ciência, muito menos com critérios definitivos de cientificidade, tanto mais que as características da investigação em Sustentabilidade não encaixam facilmente nos critérios qualitativos estabelecidos para as Ciências da Natureza e as Matemáticas, devido às suas peculiaridades, a saber, devido ao caráter temporal da pesquisa (urgência), porque explicam e articulam normas e valores (normativa). Além disso, necessitam de conhecimento pluridisciplinar, portanto, de pesquisa conjunta entre Ciências Sociais e Ciências Ambientais (inter-relacionamento), e de incluir na mesma equação cientistas e não cientistas (participação pública).[6] Falta referir o sentido útil e tendencialmente mais pragmático da investigação em Sustentabilidade, numa aproximação ao pragmatismo ambiental, ao procurar fazer a ponte

---

[3] Martens, Pim. Sustainability: science or fiction? **Sustainability: Science, Practice, & Policy** (ISSN: 1548-7733), Vol. 2, n.º 1, 2006, p. 36–41. Disponível em: <http://sspp.proquest.com/archives/vol2iss1/communityessay.martens.html>. Consultado em 01set15.

[4] Rapport, David. Sustainability science: an ecohealth perspective. **Sustainability Science**, 2, 2007, p. 77–84. DOI 10.1007/s11625-006-0016-3.

[5] Disterheft, Antje; Caeiro, Sandra; Azeiteiro, Ulisses Miranda; Filho, Walter Leal. Sustainability Science and Education for Sustainable Development in Universities: A Way for Transition. CAEIRO, Sandra *et al.* (eds.), **Sustainability Assessment Tools in Higher Education Institutions**. Switzerland: Springer International Publishing, 2013. DOI: 10.1007/978-3-319-02375-5_1.

[6] Ziegler, Rafael; Ott, Konrad. The quality of sustainability science: a philosophical perspective. **Sustainability: Science, Practice, & Policy** (ISSN: 1548-7733), Vol. 7, n.º 1, 2011, p. 31-44. Disponível em: <http://sspp.proquest.com/archives/vol7iss1/1006-029.ziegler.html>. Consultado em 01set15.

entre a produção científica e a sua aplicabilidade pela sociedade, ou seja, ao procurar unir o conhecimento à ação com vista à sustentabilidade. É por isso natural que, com o evoluir do tempo, a Ciência da Sustentabilidade desenvolva os seus quadros teóricos e o seu próprio método científico, se afirme e se emancipe, provavelmente adaptando os métodos tradicionais das restantes ciências e desenvolvendo outros.

As questões nucleares do que se espera da ciência da sustentabilidade, referidas por Disterheft *et.al.* (2013), apontam para um quadro conceptual em formação impulsionado pela necessidade de acompanhamento e estudo de tendências de desenvolvimento a longo prazo, incluindo a relação entre população e consumo, de forma a orientar a sociedade através de uma relação sustentável com o meio ambiente.[7] A inovação tecnológica, a integração dos agentes políticos e uma forte componente prática são elementos determinantes da investigação científica para a sustentabilidade.[8] De facto, a ciência e a tecnologia enfrentam um importante desafio na condução da reconciliação da sociedade com os objetivos do desenvolvimento sustentável, tendo em conta os limites do planeta a longo prazo.[9]

Neste livro, procuramos fazer esse caminho, apresentando um conjunto de cinco artigos que estão centrados na forma como as mudanças sociais moldam o ambiente e como as mudanças climáticas moldam a sociedade, e que mostram o melhor exemplo nacional em matéria de resiliência e sustentabilidade em bairros degradados e de génese ilegal e um projeto pioneiro de turismo étnico (ambos na Cova da Moura), a importância da ação individual e dos processos de socialização para a sustentabilidade (com base na vida do autor), a

---

[7] Disterheft, Antje; Caeiro, Sandra; Azeiteiro, Ulisses Miranda; Filho, Walter Leal. Sustainability Science and Education for Sustainable Development in Universities: A Way for Transition. CAEIRO, Sandra *et al.* (eds.), ***Sustainability Assessment Tools in Higher Education Institutions***. Switzerland: Springer International Publishing, 2013. DOI: 10.1007/978-3-319-02375-5_1.

[8] Georghiou, Luke; Hubert, Claire; Esterle, Laurence; Kuhlmann, Stefan. ***Gearing European research towards sustainability: RD4SD exercise***. Luxembourg: Publications Office of the European Union, 2009. ISBN: 978-92-79-12423-5. DOI: 10.2777/22864.

[9] Clark, William C.; Dickson, Nancy M. Sustainability science: The emerging research program. **PNAS - Proceedings of the National Academy of Sciences** (ISSN: 1091-6490), Vol. 100, n.º 14, 2003, p. 8059-8061. DOI: 10.1073/pnas.1231333100.

utilização da música como movimento de pressão política (Chico Buarque), e a compreensão da sustentabilidade social e desenvolvimento com base no testemunho da ativista ambiental Vandana Shiva. Estes artigos são precedidos de um texto introdutório acerca da evolução das preocupações humanas com o ambiente e a sustentabilidade, um itinerário que levou ao conceito de "Desenvolvimento Sustentável", apresentado por estádios. O objetivo é perceber como chegámos ao momento atual, e os esforços empreendidos para almejarmos um mundo melhor, a fim de melhor enquadrar as referências ambientais que são feitas nos artigos seguintes.

O primeiro artigo, intitulado "Subsídios para a compreensão da sustentabilidade social e desenvolvimento no discurso de Vandana Shiva aquando da entrega do Sydney Peace Prize", é uma reflexão teórica sobre o referido discurso proferido em 3 de novembro de 2010 e subordinado ao tema *Making Peace with the Earth*. Como refere a própria autora, este tinha como objeto alertar para os problemas do eco-imperialismo, associado à biopirataria extrativista, destruidora da biodiversidade e castradora de tradições sociais e culturais, e do colonialismo tecnológico, enquanto fator de dependência técnica e tecnológica, e sensibilizar para o que Shiva designa de democracia da vida da Terra, necessária e responsável pelos direitos da Terra e das pessoas, um modo diferente de viver em harmonia com a Terra. Dada a sua natureza e foco, o artigo foi desenvolvido em texto corrido, mas é possível individualizar dois momentos: um primeiro, em que se analisa a vida e obra da autora, e a sua forma de ver o mundo, e um segundo, em que se analisa a comunicação em causa. No final, procede-se a uma reflexão concisa.

O segundo artigo tem como objeto a letra da canção *"Construção"* de Chico Buarque, editada pela Polygram em 1971, em São Paulo, que difundiu habilmente a ausência de escrúpulos e a falta de dignidade a que era votado o ser humano dentro do seu próprio Estado, e que ficou conhecida como uma bandeira da luta política contra a Ditadura Militar no Brasil. Neste artigo, sem ignorar o facto político, procuramos dilatar as possibilidades de compreensão do texto, analisando-o na perspetiva das questões ambientais e da ecologização das relações sociais.

Mostramos que se trata de uma música que utiliza símbolos sonoros polissémicos e plurivalentes, comportando, portanto, uma linguagem rica em significações e conotações, que permite fazer uma interpretação das questões sociais da época, conotando-as com as questões ambientais e de ecologização das relações sociais atuais, porque apresentam o mesmo nível de significância. Concluímos que, mesmo ao fim de 40 anos, a letra conserva toda a sua atualidade e tem conotações diretas com questões prementes da sociedade atual, onde se procura a *construção* de uma mudança rumo à sustentabilidade.

O terceiro artigo, de base monográfica, subordinado ao tema da sociologia das alterações climáticas no contexto da vida, é sobretudo um exercício de reflexão sobre como o comportamento pessoal e as oportunidades de vida são influenciados pelas estruturas da sociedade em que vivemos. Para efeitos de contextualização, começamos por introduzir a problemática das alterações climáticas. Segue-se o núcleo central do trabalho, estruturado em duas áreas: a primeira, mais teórica, incide sobre a importância dos processos de socialização para o desenvolvimento social e ambiental e para as questões das alterações climáticas, grande problemática ambiental do século XXI; a segunda tem por base um estudo de caso, a própria vida do autor, e nela se reflete sobre o poder que este sente deter no interior do conjunto das estruturas em que se movimenta, e que lhe são próprias, e na ação individual que considera possível exercer no seio dessas estruturas sociais. Conclui-se que a sua interação com as estruturas e a sua ação individual têm influenciado a atitude dos que o rodeiam face às alterações climáticas, o que significa que é possível um mundo melhor e que tudo depende de nós próprios (da nossa agência).

O quarto artigo, subordinado ao tema das novas dinâmicas da sustentabilidade urbana em territórios de pobreza e exclusão social, assume a forma de estudo de caso em que é protagonista o Bairro do Alto da Cova da Moura. É relevante referir que, durante a segunda metade do século XX, ocorreram vários fluxos migratórios direcionados à periferia da cidade de Lisboa com as consequentes carências habitacionais às quais nem a habitação social do Estado, nem o mercado de habitação de investimento privado, conseguiram dar resposta em termos de quantidade e qualidade. Os fluxos que mais acentuaram estas carências foram a chegada de imigrantes e o regresso dos retornados após a independência dos países africanos de expressão portuguesa entre 1975 e 1976. Estes fluxos levaram à construção de numerosos bairros de barracas e de habitação clandestina, desordenados e pouco sustentáveis, de que é exemplo o Bairro da Cova da Moura, no concelho da Amadora. Como noutros bairros deste tipo, gerou-se um conjunto de questões sociais negativas, como a criminalidade, a pobreza e a exclusão, bem como carências ao nível da educação, saúde, higiene e alimentação. O artigo enfatiza o trabalho desenvolvido pela Associação Cultural Moinho da Juventude (ACMJ) na defesa e representação da comunidade, onde nos últimos tempos se implementou um conjunto de projetos que visam a sustentabilidade social, económica e ambiental do bairro. Comprovamos ser possível passar de um espaço isolado e marginalizado para um espaço apreciado pelo seu valor sociocultural, gastronómico e medicinal, valendo-se de um mercado turístico especializado (coétnicos).

Nesta publicação juntámos três anexos que não faziam parte do artigo inicial: o primeiro, o detalhe do levantamento do comércio e serviços no Bairro do Alto da Cova da Moura (hierarquização funcional), realizado entre 9 e 16 de outubro de 2013, que complementa o quadro 2; o segundo, a primeira listagem das ruas e códigos postais do Bairro do Alto da Cova da Moura, realizada pelos moradores; e o terceiro, a cópia do projeto de construção de nova escola de raiz, até ao momento não autorizada pela edilidade.

O quinto artigo intitula-se: "Projeto Sabura: dez anos a ultrapassar barreiras e a quebrar estigmas no Bairro do Alto da Cova da Moura (BACM)". O Sabura é um projeto pioneiro no panorama do turismo étnico português que funciona no Bairro do Alto da Cova da Moura (BACM) e que já comemorou a sua primeira década de existência (2004/2014). Os seus resultados foram divulgados publicamente pela primeira vez através deste artigo, que após uma introdução apresenta um enquadramento histórico-geográfico do BACM, um breve historial da Associação Cultural Moinho da Juventude (ACMJ) e uma descrição da origem e evolução do Sabura. De seguida, apresenta e discute, como elemento estrutural do trabalho, os resultados da análise das fichas de visita preenchidas pelos visitantes ao longo dessa década, e, para concluir, reflete sobre a importância do projeto para o processo mais amplo de intervenção social em curso no BACM. Dentre as várias conclusões que se podem retirar, afigura-se relevante salientar que o "Sabura: Roteiro das Ilhas" dinamizou a atividade económica do Bairro, potenciou o autossustento e promoveu a especificidade cultural, o que por sua vez estimulou a autoestima da população do Bairro face ao exterior, e funcionou como um elemento de (re)construção da imagem do Bairro, abrindo-o ao exterior.

À exceção da primeira parte, de natureza introdutória, os artigos da segunda parte foram primeiramente publicados em revistas académicas indexadas, que são mencionadas em nota de rodapé na primeira página do respetivo artigo.

(Marco Pais Neves dos Santos)

Mem Martins, 7 de outubro de 2021

DA GÉNESE DAS MOVIMENTAÇÕES AMBIENTALISTAS À CONSTRUÇÃO DO CONCEITO DE "DESENVOLVIMENTO SUSTENTÁVEL". UMA APRESENTAÇÃO DE SÍNTESE POR ESTÁDIOS.

From the genesis of the environmental movements to the construction of the concept of "Sustainable Development". A synthesis presentation by stages.

RESUMO

Neste artigo apresentamos a evolução das preocupações humanas com o ambiente e a sustentabilidade, fazendo uma análise retrospetiva iniciada com as primeiras iniciativas do movimento conservacionista e com os estudos produzidos por Malthus, que deram o primeiro alerta com impacto significativo para o desequilíbrio entre as necessidades humanas face aos recursos comuns, tornando-se responsáveis pelo primeiro debruçar sobre as questões do ambiente e da sustentabilidade até aos dias de hoje. O objetivo é perceber como chegamos ao momento atual, e os esforços empreendidos para almejarmos um mundo melhor, para melhor enquadrar as referências ambientais que são realizadas nos artigos seguintes.

O trabalho foi organizado em três estádios para fins didáticos, portanto, em períodos indicativos fixados com base em acontecimentos fraturantes, precedidos de dois enquadramentos, um para o período moderno e outro para o período contemporâneo.

O **primeiro estádio**, que definimos como a primeira predisposição ambiental reformista, ocorreu entre 1961 e 1973, ou seja, desde a fundação da World Wildlife Fund (WWF) (1961) e da publicação de "Primavera Silenciosa" (1962), até à conferência de Estocolmo (1972), onde pela primeira vez foram estabelecidas as regras internacionais para o ambiente, atribuindo ao homem a responsabilidade de preservação do património natural, e ao primeiro choque petrolífero de 1973, fruto da guerra israelo-árabe, que teve consequências nefastas na economia ocidental e nos mercados financeiros. Neste período foram publicadas as primeiras obras a alertar para os efeitos da economia no ambiente. O **segundo estádio** foi considerado entre 1973 e 1983, ou seja, entre o início dos trabalhos preparatórios para a "Conferência das Nações Unidas sobre o Meio Ambiente Humano", que inicia uma nova fase importante de definição internacional de regras sobre o ambiente, até à criação da "Comissão Mundial sobre Meio Ambiente e Desenvolvimento", responsável pelo Relatório Brundtland. Esta periodização assume a pertinência de enquadrar a história recente do ambientalismo português, que, naturalmente, não pode ser separada de influências externas, relacionadas com a proteção do ambiente em geral. O **terceiro estádio** inicia-se com a adoção do conceito de "desenvolvimento sustentável", e chegou aos nossos dias, contemplando prioridades nas esferas económica, social e ambiental, com a finalidade de acabar com a pobreza, proteger o ambiente e promover a prosperidade e o bem-estar de todos. Neste último período destaca-se o ano de 2015, pela sucessão de eventos muito relevantes, como a adoção da Agenda 2030 ou o Acordo do Paris, e que parecem marcar o início de uma nova visão comum para a Humanidade. Se assim acontecer, o que vai depender do sucesso das iniciativas em curso, eventualmente estaremos perante um quarto estádio.

Palavras-chave: Paisagem Natural; Natureza, Ecologia; Conservacionistas; Movimentos ambientalistas.

ABSTRACT

In this paper we show how human concerns about the environment and sustainability have evolved and look back at the first initiatives promoted by the conservation movement and the studies carried out by Malthus, which first raised the alarm in a significantly impacting way concerning the imbalance between human needs and common resources, thus becoming responsible for the first approach to environmental and sustainability issues until today. The aim is to understand how we arrived at this moment and the efforts made to create a better world, in order to provide a better framework for the references to environmental issues made in the following papers.

For educational purposes, this paper is structured around three stages, i.e., three indicative periods established on the basis of divisive events and preceded by two frameworks, one for the modern period and the other one for the contemporary period.

The **first stage**, that we define as the first reformist environmental predisposition, occurred between 1961 and 1973, i.e., from the establishment of the World Wildlife Fund (WWF) (1961) and the publication of "Silent Spring" (1962), to the Stockholm Conference (1972), where for the first time international rules for the environment were laid down, making man responsible for the preservation of the natural heritage, and to the first oil shock in 1973 resulting from the Arab-Israeli war, with harmful consequences for the Western economy and the financial markets. In that period, the first works were published warning about the effects of the economy on the environment. The **second stage** was considered between 1973 and 1983, i.e., from the beginning of preparations for the United Nations Conference on the Human Environment, that commences a new important phase in the establishment of environmental rules at the international level, to the creation of the World Commission on Environment and Development that produced the Brundtland Report. Defining this period is particularly relevant because it serves as a framework for the recent history of the Portuguese environmentalism that naturally cannot be separated from external influences relating to the protection of the environment in general. The **third stage** begins with the adoption of the concept of "sustainable development" and has come down to us today by including priorities in the economic, social and environmental areas with a view to eradicating poverty, protecting the environment and fostering prosperity and well-being for all. In this period, the year 2015 should be highlighted due to the succession of very relevant events, such as the adoption of the Agenda 2030 or the Paris Agreement, that appear to mark the beginning of a new common vision for Humankind. If this happens, and it shall depend on the success of the ongoing initiatives, we may possibly be facing a fourth stage.

Key-words: Natural Landscape; Nature, Ecology; Conservationists; Environmental Movements.

A natureza no período moderno. O primeiro debruçar sobre as questões do desenvolvimento: Adam Smith, David Ricardo e Karl Marx, e da sustentabilidade: Malthus, Jevons e Lloyd.

Ao conceito de desenvolvimento esteve desde sempre inerente o crescimento económico, responsável pelo aumento da produção e do consumo de um país ou de uma região, como reflexo das dinâmicas socioeconómicas das comunidades que neles estão inseridas e que deles dispõem. São exemplo as florestas, delapidadas pela maior parte dos países do Sul e Ocidente da Europa ainda pelas primitivas técnicas medievais, altura em que a madeira constituía uma importante fonte de energia, além de matéria-prima indispensável (Devy-Vareta, 1985, p. 50). E essa delapidação causou muitos incómodos. Segundo consta, em 1257, Leonor da Provença, cônjuge do rei Henrique III e rainha consorte do Reino da Inglaterra, terá abandonado Nottingham devido à queima de material lenhoso; em 1273, o seu filho, o rei Eduardo I, terá aprovado uma lei para proibir a utilização de carvão por ser prejudicial à saúde humana; e em 1307, um artífice terá sido condenado por ter utilizado carvão na sua forja, em desrespeito pela lei (Isaac, 1953, p. 868; Fleming & Knorr, 2013).

Durante o período moderno, a devastação ambiental superou em muito o verificado no período medieval, como se verifica em Portugal, desde logo pelo crescimento do consumo de produtos lenhosos nos mercados urbanos (Devy-Vareta, 1986, p. 5), e mais tarde devido à capacidade de deslocação marítima de todo o tipo de produtos e mercadorias. Data deste período o trabalho de John Evelyn sobre a poluição atmosférica em Londres, intitulado "Fumifugium: or, The inconveniencie of the aer and smoak of London dissipated. Together with some remedies humbly proposed by J.E., Esq., to His Sacred Majestie and to the Parliament now assembled" (1661) (que se pode traduzir por "Fumifugium: ou, Os inconvenientes do ar e do fumo de Londres dissipados. Juntamente com alguns remédios humildemente propostos por J.E., Esq., a Sua Santíssima Majestade e ao Parlamento ora reunido"), um texto precursor dos atuais estudos sobre poluição atmosférica, que apesar da distância temporal que nos separa, já tentava explicar, com recurso à filosofia grega, o problema da poluição atmosférica e propunha soluções para melhorar a qualidade do ar em Londres.

A partir da Revolução Industrial, a poluição passou a constituir um problema para a humanidade, resultado da industrialização (principal atividade económica) e da urbanização (grande concentração humana nas cidades) (Yassi, 2001). A poluição deixou de ter uma escala local para se tornar gradativamente planetária, acompanhando a consolidação e a mundialização do capitalismo.

A demanda extractivista era de tal forma agressiva que deu azo a diversos conflitos entre nações que partilhavam recursos comuns, como aconteceu, por exemplo, entre britânicos e franceses, pela disputa dos recursos da pesca longínqua. Como forma de atenuar os conflitos, realizavam-se e eram determinantes ações de arbitragem, acordos e tratados. Aliás, registam-se convenções sobre as pescas desde o século XVIII, exatamente por não ser possível estabelecer tão facilmente no mar/oceano barreiras naturais ou artificiais para demarcar o território, dificultando a proteção do espaço e a gestão dos recursos marinhos. A criação de regras internacionais começou por dar resposta áquilo que se considerava ser a correta repartição do produto da pesca, e não visava a conservação dos recursos marinhos, ou a manutenção do equilíbrio biológico, com todas as consequências inerentes. Até esse momento, a legislação estava muito dependente de políticas que eram baseadas em evidências, em casos concretos que condicionavam o progresso económico.

No caso referido, de disputa pelos recursos pesqueiros entre franceses e britânicos, conseguiu-se celebrar um tratado, em 1839, o primeiro do género, que fixava "em três milhas o limite para a pesca exclusiva nas costas britânicas por parte dos pescadores franceses".[10] Não demoraria muito para que as três milhas do mar territorial, de direitos de pesca exclusivos, fossem consideradas insuficientes, como se verificou com a Noruega e a Suécia, ainda na segunda metade do século XIX (Anand, 1982).

---

[10] Texto original: "establishing the three-mile limit as the boundary of exclusive fishing on British coasts, so far as French fishermen were concerned" (Anand, 1982, p. 146).

Associado ao desenvolvimento industrial, e dando-lhe suporte técnico especializado, está o desenvolvimento científico. Foram dois processos que correram lado a lado: a revolução industrial e a revolução científica. Nos séculos XVII e XVIII, para além dos esforços no desenvolvimento do conhecimento técnico direcionado ao desenvolvimento industrial, naturalistas e coletores catalogam e classificam o mundo biológico e geológico, um pouco por todo o mundo (Fortey, 2010, p. 184-201), e multiplicam-se as tentativas de formulação de uma "teoria da Terra" ("theory of the Earth"), tendo sido publicadas centenas de obras de diversos autores que tentavam construir uma visão integrada e abrangente do passado da Terra, debruçando-se numa perspetiva descritiva sobre os seres vivos, enquanto outros faziam o mapeamento da natureza e da paisagem, procurando inverter o ciclo através do conservacionismo (Clapp, 1994, p. 1). Entre os mais notáveis, destacam-se René Descartes (1596 – 1650), Robert Hooke (1635 – 1702), Edmond Halley (1656 – 1743), Gottfried Wilhelm Leibniz (1646 – 1716), Carl Linnaeus (1707 – 1778), Georges-Louis Leclerc, conde de Buffon (1707 – 1788), Gilbert White (1720 – 1793) e Jean-Baptiste de Lamarck (1744 – 1829).

O Conde de Buffon, como ficou conhecido, teve um papel importante em diversas áreas, desde a matemática ao cálculo de probabilidades, do desenvolvimento da metalurgia à indústria do ferro, mas foi o conhecimento que produziu sobre o mundo natural que o tornou um dos mais famosos cientistas do seu tempo, um cientista incontornável das ciências naturais do iluminismo. De entre as diversas obras de que foi autor, destacou-se a "História Natural" (*Histoire Naturelle*), uma magistral enciclopédia cujo primeiro volume publicou em 1749. Abriu uma nova etapa no debate sobre a Terra e sobre o valor dos recursos, ao defender que a natureza tem valor por si só, é uma entidade em si mesma formada por um conjunto de comunidades e populações que vivem e interagem num determinado espaço.[11]

Especialmente até ao século XVIII, há que o referir, desenvolvem-se conceções por vezes fortemente diversificadas da natureza e da ciência,

---

[11] A obra de Georges-Louis Leclerc, conde de Buffon, incluindo os vários tomos da *Histoire Naturelle*, está disponível em: http://www.buffon.cnrs.fr/.

também devido à diferenciação dos contextos culturais que as exprimem. Basta pensar, por exemplo, no empirismo inglês, que tem origem em Sir Francis Bacon, e que concebe a ciência como um instrumento útil à sociedade com o objetivo de ter poder e domínio sobre a natureza[12], e na interpretação cética da relação causa/efeito na natureza no pensamento de David Hume.[13]

David Hume defendia o consumo de luxo, porque considerava que este tinha sido causa do derrube do sistema feudal, e promovia o crescimento económico e o desenvolvimento político. Adam Smith, filósofo e economista britânico, considerado o pai da economia moderna, foi buscar inspiração aos argumentos de Hume, e, não obstante gostar pouco do consumo de luxo, reconhecia alguns dos seus efeitos desejáveis para a economia (Brewer, 1998, p. 78-98). Na sua obra "Uma Investigação sobre a Natureza e as Causas da Riqueza das Nações" (*An inquiry into the nature and causes of the wealth of nations*, em inglês), mais conhecida como a "A Riqueza das Nações" (*The Wealth of Nations*, em inglês), constituída por cinco volumes, salienta que poupar é a chave para o crescimento económico, o que não é coerente com o que defendia a partir de Hume, e ao mesmo tempo defende a livre produção e comercialização de mercadorias, porque entendia que existia uma ordem natural que transportava a mais-valia do interesse individual a reverter para o bem-estar coletivo. Defende a repartição das tarefas produtivas, por considerar que isso permite aumentar a produção e a produtividade, e rejeita as enunciações mercantilistas dos séculos XVI a XVIII, dependentes de metais preciosos (como fonte de riqueza), bem como a ideia de que a riqueza vinha apenas do trabalho da terra, dando

---

[12] Sir Francis Bacon, com base na observação e na experimentação, principiou uma nova metodologia de investigação científica - o método experimental -, através do qual se propunha alcançar o poder e o domínio sobre a natureza. O conhecimento da natureza era, portanto, a fonte desse poder.

[13] David Hume defendeu que a relação causa/efeito é uma conceção que decorre da subjetividade humana e não tem correspondência com a realidade objetiva. Como refere Kenny (2010, p. 170-171) na sua reflexão sobre a obra de Hume, "mesmo as mais simples regularidades da natureza não podem ser estabelecidas *a priori* porque uma causa e um efeito são dois acontecimentos totalmente diferentes e um não pode ser inferido do outro. Vemos uma bola de bilhar a mover-se na direção de outra e esperamos que transmita movimento à outra. Mas porquê?"

início às teorias económicas do mercado livre e à Era do *Homo economicus* (Smith, 1776).

Na sua opinião fundamentada, que serviu de modelo para várias gerações de economistas e continua a ser uma referência, o livre comércio entre os membros de uma sociedade levava inevitavelmente a um resultado que era bom para a sociedade como um todo, mesmo que cada indivíduo apenas quisesse obter o seu próprio ganho egoísta. A riqueza das nações, título da obra, resultava da divisão do trabalho e da liberdade de produção, e da ação dos cidadãos que, movidos por interesses vários, incluindo o seu próprio interesse (*self-interest*), promoviam o crescimento económico e a inovação tecnológica. Como ele bem observou, "Não é da benevolência do homem do talho, do cervejeiro ou do padeiro que podemos esperar o nosso jantar, mas sim da consideração que eles têm pelo seu próprio interesse. Apelamos, não para a sua humanidade, mas para o seu egoísmo, e nunca lhes falamos das nossas necessidades, mas das suas vantagens" (Smith, 1776, Vol. I).[14]

Adam Smith acreditava que a iniciativa privada deveria agir livremente, com pouca ou nenhuma intervenção governamental. A livre concorrência entre os diversos agentes levaria não só à queda do preço das mercadorias, mas também a constantes inovações tecnológicas, o que faria baixar o preço de produção, ganhando vantagem competitiva de mercado. O interesse individual, a liberdade de produção e de consumo eram benéficos para a sociedade como um todo. Na sua opinião, se uma pessoa pudesse lucrar a fabricar um produto ou a prestar um serviço, ela o faria, e a obtenção desse lucro provava que os membros da sociedade queriam esses bens ou serviços. Desta forma, numa economia de mercado livre, o interesse individual conseguia atender a todo o espetro das necessidades da sociedade. Nas suas ideias, o comerciante movido apenas pelo seu próprio interesse é levado por uma "mão invisível" a promover algo que nunca fazia parte do seu interesse: o bem-estar da sociedade. Como resultado da atuação dessa

---

[14] Texto original: "It is not from the benevolence of the butcher, the brewer, or the baker that we expect our dinner, but from their regard to their own interest. We address ourselves, not to their humanity but to their self-love, and never talk to them of our necessities but of their advantages".

mão invisível, o preço das mercadorias decrescia e o valor dos salários subia.

A economia deveria funcionar de maneira harmoniosa e eficiente, sem qualquer intervenção estatal, guiando-se e organizando-se por uma "mão invisível", que era uma metáfora para as forças invisíveis que se moviam na economia de mercado: a relação entre a oferta e a procura provocaria o movimento natural dos preços e determinaria o fluxo do comércio. Anteriormente, o valor dos bens era definido pela sua utilidade. Rompendo com esta visão, Smith assume que as pessoas se movimentam por motivos económicos e os valores dos bens passam a ser considerados pelo "valor do uso" e pelo "valor de troca".

Esta obra foi publicada por Adam Smith durante a primeira Revolução Industrial e no mesmo ano da Declaração de Independência dos Estados Unidos, tendo sido responsável pelo entendimento geral que se gerou nos Estados Unidos de que os mercados livres são mais produtivos do que as economias administradas pelo Estado, o que teve influência até aos dias de hoje. A "mão invisível" tornou-se uma das principais justificações para o sistema económico de mercado capitalista, aquele que infligiria abundantes danos ambientais até ao século XX a que aludiremos mais à frente.

Influenciado pela filosofia empírica inglesa, especialmente por David Hume, Immanuel Kant constrói um sistema em que coloca o Ser Humano no centro regulador do cosmos a ordenar e a dar sentido à natureza caótica, pois é ele que, tendo em si o espaço, o tempo e as categorias, confere ordem ao mundo exterior. Desta forma, o Ser Humano é uma espécie superior pela razão, é independente da natureza, e tem o direito a possuir, administrar e usar os recursos naturais. São princípios que estão impregnados de um hedonismo extremo, que apenas reconhecem direitos à espécie humana, e que sujeitam todas as outras formas de vida à utilização para prazer humano.

A par deste ilusório ideal prometeico, dominador na forma como era concebida a relação Ser Humano/natureza, há a referir duas outras criações no pensamento moderno de sinal decisivamente diferente. Uma delas surge no meio do próprio pensamento iluminista e tem a sua expressão mais acabada nas obras de Rousseau; exprime a ideia de que, não obstante o seu papel excecional, o Ser Humano[15] é um elemento da natureza e, como tal, está sujeito às suas leis como qualquer outro elemento. Por outras palavras, a natureza assume um papel normativo. Ela não é apenas adversária do Ser Humano, é e deve ser tida como a sua referência educativa fundamental, de modo que a ação humana procure não inverter a ordem natural das coisas, desfigurando ou transformando a natureza, mas antes respeitando essa ordem natural. Algo que, segundo Rousseau, não acontecia no século XVIII, como deixa bem patente na abertura do livro *Émile*:

> "Tudo está bem ao sair das mãos do Autor das coisas; tudo degenera entre as mãos do homem. Ele força a terra a nutrir os produtos de outra, uma árvore a produzir os frutos de outra; mistura e confunde os climas, os elementos, as estações; mutila o seu cão, o seu cavalo, o seu próprio escravo; transforma tudo, desfigura tudo; gosta da disformidade, dos monstros; não quer nada que seja como o fez a natureza, nem sequer o homem; precisa de o adestrar para si, como um cavalo de manejo; precisa de modelá-lo à sua maneira, como se fosse uma árvore do seu jardim".[16]

Jean-Jacques Rosseau deixa um postulado fundamental, ainda hoje não interiorizado pela sociedade e que importa salientar: a natureza imprime as disposições e faculdades fundamentais, e o Ser Humano deve promover o seu desenvolvimento de forma a garantir uma relação harmónica entre todos os elementos da biosfera.

---

[15] Entende-se que Rousseau utilizava a palavra «Homem» como sinónimo de «Ser Humano», uma prática originária da Grécia Antiga que relevava a grandiosidade do sexo masculino, mais importante à sociedade por via das funções de Estado e melhores aptidões para a guerra, perante o papel subalterno do sexo feminino, uma vez que realizava "tarefas menores". Uma conceção que tem pouco de neutralidade, pode ser considerada ofensiva, e que faz hoje pouco sentido manter. Como tal, neste texto, substitui-se a palavra «Homem» pela expressão «Ser Humano».

[16] Texto original: "Tout est bien sortant des mains de l'Auteur des choses, tout dégénère entre les mains de l'homme. Il force une terre à nourrir les productions d'une autre, un arbre à porter les fruits d'un autre; il mêle et confond les climats, les éléments, les saisons; il mutile son chien, son cheval, son esclave; il bouleverse tout, il défigure tout, il aime la difformité, les monstres; il ne veut rien tel que l'a fait la nature, pas même l'homme; il le faut dresser pour lui, comme un cheval de manière; il le faut contourner à sa mode, comme un arbre de son jardin" (Rosseau, 1762, p. 1).

Gilbert White (1720-1793), ecologista, naturalista e ornitólogo, conhecido pela sua obra *The Natural History of Selborne* (1977 [1789]), onde faz importantes observações da natureza no quadro do que foi a corrente do conservacionismo, aponta para um caminho semelhante, ao mostrar a importância de existir uma relação pacífica, fundada em valores de reciprocidade, entre o Ser Humano, o meio ambiente e os restantes seres vivos. Durante cerca de vinte anos, observou e desenhou as espécies existentes no espaço natural circundante à igreja onde era pároco, em Selborne, no sul de Inglaterra, e descreveu com detalhe e exatidão as características da flora, os hábitos alimentares e o modo de vida dos mamíferos locais (pássaros e insetos). A referida obra é constituída pela correspondência que trocou com Thomas Pennant e Daines Barrington, também naturalistas.

A grande filosofia idealista alemã, numa tentativa de ultrapassar o humanismo iluminista, nada aberto ao sobrenatural e ao mistério, reinterpreta segundo o seu ponto de vista o tema romântico da natureza. Destaque para Friedrich Wilhelm Joseph von Schelling, que entende a natureza como sendo ativa e criadora, com uma dimensão universal, e como um organismo vivo e não morto. Para este autor, a natureza deveria ser pensada de forma positiva, e não como um peso para a sociedade por ser obstrutiva à atividade humana, com vida própria e *espírito objetivo* através do qual se conseguia a unidade e a harmonia universal (onde se incluem a fauna, a flora e o Ser Humano).

Na sua obra "Ideias para uma Filosofia da Natureza" (*Ideen zu einer Philosophie der Natur* em alemão) (1797), nega a conceção puramente mecanicista da atividade da natureza, afasta-se das conceções filosóficas em disputa (idealismo *vs* realismo e racionalismo *vs* empirismo) e cria a sua Filosofia da Natureza, um "sistema filosófico descrito por ele como "idealismo objetivo", cuja finalidade seria não meramente atestar a veracidade de um mundo real, mas reconhecer no mundo da natureza (...) a capacidade de conter em si mesmo aquilo que comumente conferimos com exclusividade ao ser humano – a saber: inteligência, idealidade, racionalidade" (Gonçalves, 2014, p. 318).

Um ano depois de Schelling ter divulgado a sua "Filosofia da Natureza", Thomas Robert Malthus, economista britânico e responsável pela primeira teoria demográfica (teoria populacional malthusiana ou malthusianismo), publicou o seu "Ensaio Sobre o Princípio da População" (*An Essay on the Principle of Population*, em inglês) (1798), onde defendia que "a população cresce em proporção geométrica, enquanto a produção de alimentos cresce em proporção aritmética".

Malthus (1798) vê o crescimento populacional como a maior ameaça à economia mundial, ao ambiente e à estabilidade política, colocando-se a favor do controlo da população. A mensagem essencial transmitida pela teoria malthusiana é a de que a miséria das camadas mais baixas é uma consequência da sua incapacidade de harmonizar o seu número com os recursos disponíveis para o seu sustento, o que lhe valeu inúmeras críticas, desde Marx até hoje, desde logo por ser uma teoria aplicada só às classes sociais baixas, que ignora o progresso tecnológico e as necessidades humanas. O seu trabalho vai servir de inspiração a Charles Darwin e a Alfred Wallace nos estudos sobre a evolução biológica (evolucionismo – *Teoria da Evolução*), e vai influenciar o movimento conservacionista, que já estava em curso, no essencial suportado nas observações da natureza dos naturalistas.

A preocupação com a escassez de recursos, com a sustentabilidade, com o meio ambiente e com o futuro da humanidade, por via dos problemas ambientais decorrentes da sobrepopulação, patente nos estudos produzidos por Malthus, é, pois, o primeiro debruçar sobre as questões do desenvolvimento e da sustentabilidade e o primeiro alerta com impacto significativo para o desequilíbrio entre as necessidades humanas face aos recursos comuns. Como advoga Susan Baker, as origens históricas do conceito de desenvolvimento sustentável "podem ser atribuídas a Malthus (1766-1834) e William Stanley Jevons (1835-82) e outros pensadores dos séculos XVIII e XIX que se preocuparam com a escassez dos recursos, especialmente face ao crescimento demográfico (Malthus) e à escassez de energia (carvão) (Jevons)".[17]

---

[17] Texto original: "can be traced back to Malthus (1766-1834) and William Stanley Jevons (1835-82) and other eighteenth- and nineteenth-century thinkers who were worried about resource scarcity, especially in the face of population rise (Malthus) and energy (coal) shortages (Jevons)" (Baker, 2006, p. 18).

David Ricardo, economista, em "Princípios da Economia Política e Tributação" (*Principles of Political Economy and Taxation*, em inglês) (1817), promoveu uma alteração significativa à obra de Adam Smith. Defendeu que o valor do trabalho não é todo igual e que, retirando o custo do arrendamento da terra e o justo lucro dos investidores, todo o restante valor é produzido pelo trabalho humano. Já Karl Marx defendia que o lucro sai do trabalho dos trabalhadores, ou seja, o lucro é um roubo ao salário dos trabalhadores. Considerava, pois, que o industrial compra a capacidade de trabalho, ou a força de trabalho de um operário num dado período, e que o valor do trabalho é o trabalho necessário para reproduzir a capacidade de trabalho. Uma mão cheia de críticos do capitalismo industrial, que lutavam pela melhoria do ambiente humano.

David Ricardo, que era amigo de Thomas Malthus e de Jeremy Bentham, teve igualmente muito peso entre os teóricos da economia marxista, além daqueles do seu tempo. Relativamente à teoria da vantagem comprativa, e quanto ao comércio internacional, recorreu à metáfora da "mão invisível" de Smith para defender que os países com menos capacidades produtivas também lucravam com o comércio livre, desde que se especializassem naquilo que de melhor produziam (Ricardo, 2015 [1817]). O incentivo era para a maximização da produção, da forma mais rentável possível, e os recursos naturais eram apenas a peça essencial da engrenagem de todo o sistema capitalista industrial.

Para concluir, antes de Jevons, citado por Baker (2006, p. 18), há a referir William Forster Lloyd e a sua obra "Duas lições para o Controlo da População" (*Two Lectures on the Checks to Population*, em inglês), de 1833, através da qual deu continuidade à teoria malthusiana da necessidade de controlar a população como forma de evitar o esgotamento dos recursos, e introduziu a questão dos recursos comuns, que viria a ser desenvolvida por Garrett Hardin (1968) e outros. No âmbito do controlo populacional, sugeriu o desencorajamento do casamento, uma forma simpática de restringir a natalidade, "para prevenir a doença e a miséria resultantes da falta de alimentos e que de outra forma seriam inevitáveis".[18] Para Lloyd, fatores como a invenção da pólvora, que mudou a arte da guerra, a melhoria na medicina e dos meios de produção de alimentos, reduziram a intensidade das epidemias e de outras doenças, pouparam a morte a muitas pessoas dilatando a população mundial.

William Stanley Jevons, na obra *The Coal Question* (1865), de cariz eminentemente económico, defende que a vitalidade industrial de Inglaterra depende do carvão, já que uma diminuição da abundância deste recurso faria aumentar o custo da produção industrial (seria necessário explorar jazidas mais profundas), e o esgotamento do mesmo também reduziria a energia disponível para a indústria. Não obstante as lacunas que apresenta, pois não antecipou o óleo ou o gás natural, negligenciou o desenvolvimento de métodos de consumo mais eficientes, ou o desenvolvimento de tecnologia de prospeção e exploração capaz de reduzir o preço, bem como o facto de que o aumento do valor de uma fonte de energia leva os investidores a procurar fontes alternativas, esta obra tem como objeto o problema do esgotamento dos recursos naturais, dos quais dependem o Homem e a sua indústria (Jevons, 1865).

---

[18] Texto Original: "… to prevent the sickness and misery, arising from a want of food, which would be otherwise inevitable" (Lloyd, 1833, p. 16-17).

O ambiente na contemporaneidade. Primeiras iniciativas governamentais e não-governamentais para a proteção do ambiente natural, numa altura em que o mais importante era promover o progresso social e melhores condições de vida.

Iniciado no século XVIII, o movimento conservacionista fez-se sentir no século XIX através da proliferação de sociedades e organizações dedicadas ao lobby da proteção da natureza, do solo e da água, e à gestão da vida animal, em especial das aves e peixes, da paisagem natural, da fauna e flora selvagens e das florestas, na maior parte das vezes tendo por base as observações dos ecologistas e naturalistas.

As primeiras organizações, que surgem em meados do século XIX, não se designavam "ambientalistas", conceito que só chegaria um século depois, mas são precursoras das atuais organizações ambientais. Desde logo porque procuravam identificar problemas ambientais, de poluição e extração de recursos, e também porque reuniam forças com vista à formação de uma força de bloqueio à poluição e à extração injustificada de recursos, e alvitravam soluções para o restabelecimento de um ambiente sadio. Estas organizações eram direcionadas a problemas objetivos e reais que a industrialização e o consequente consumo trouxeram à sociedade, e utilizavam as evidências, nomeadamente a poluição atmosférica, que começou a ser combatida na década de 1840, e mais intensamente a partir de 1870, ou o abate de aves marinhas, que começou a ser combatido na década de 1860.

A primeira organização não-governamental defensora do bem-estar animal surgiu em 1824, no Reino Unido, com o objetivo de proporcionar algum conforto aos animais: foi a Society for the Prevention of Cruelty to Animals (SPCA) (Fairholme & Pain, 1924). Surgiu dois anos depois da aprovação do *Cruel Treatment of Cattle Act* (1822) pelo Parlamento do Reino Unido, também conhecido como a Lei de Martin (Martin's Act), nome que advém do ativista dos direitos dos animais Richard Martin. Esta Lei ao procurar proteger alguns animais domesticados de tratamentos cruéis e inapropriados, consagrou o direito dos animais, ainda que de forma inconsistente e sem abranger todos os animais, nomeadamente os bois.

O trabalho realizado pela SPCA foi muito importante para que o público britânico reconhecesse os animais como seres sencientes e não meras mercadorias para alimentação, transporte ou desporto, e atuou como fonte de inspiração que se irradiou pelo mundo permitindo o surgimento de outras organizações filantrópicas com fins análogos em vários outros espaços geográficos (Fairholme & Pain, 1924).[19]

Em 1835, o Pease's Act veio consolidar o quadro legal da proteção animal, estendendo a proibição de maus tratos aos cães e a outros animais domésticos, proibindo as lutas de ursos com cães e outros animais, bem como as lutas de galos, e introduzindo alterações para implementar nos centros de abate de animais para consumo humano de modo a dignificar esses mesmos animais (entre outras melhorias).[20]

Pouco tempo depois, visando proteger a qualidade de vida urbana, surgiu a Manchester Association for the Prevention of Smoke (1843) que pretendia atuar na prevenção contra a névoa tóxica (partículas poluentes resultantes da queima do carvão). De facto, a poluição atmosférica proveniente das emissões industriais (da queima de combustíveis fósseis - o carvão), e que resultava em *smog* ou névoa frequentes, era prejudicial para a saúde pública, tanto humana como não humana, e isso era visível na incidência de casos de bronquite.

Seguiram-se várias tentativas de introduzir leis com vista à redução das emissões, mas foram anuladas pelos industriais que estavam muito bem representados no Parlamento britânico. No entretanto, esses mesmos industriais perceberam que a poluição resultava da queima excessiva de combustível, e que existia vantagem económica em reduzir o consumo (reduzindo assim a poluição). Pouco tempo depois, o

---

[19] Destacam-se: Ulster Society for the Prevention of Cruelty to Animals (1836), Scottish Society for Prevention of Cruelty to Animals (1839), Dublin Society for the Prevention of Cruelty to Animals (1840), American Society for the Prevention of Cruelty to Animals (1866), Royal New Zealand Society for the Prevention of Cruelty to Animals (1882), Royal Society for the Prevention of Cruelty to Animals Australia (1981), e a Royal Society for the Prevention of Cruelty to Animals (Hong Kong) (1903–1997), redenominada Society for the Prevention of Cruelty to Animals (Hong Kong) (1997).
[20] https://www.rspca.org.uk/utilities/aboutus/history. Acesso em 08/09/2020.

Governo inglês aprovou o Smoke Nuisance Abatement (Metropolis) (1853), a primeira lei para controlar a poluição a que se seguiu o Alkali Act (1863), e criou uma instituição, a Alkali Inspectorate (1863), com o objetivo de conter a libertação de gases para a atmosfera.

Outras organizações surgiriam, sobretudo na Inglaterra, exatamente por ser aí que mais se faziam sentir as consequências nocivas da Revolução Industrial. O problema da poluição atmosférica era de tal forma evidente, e estava de tal forma impregnado no meio social, que é referenciado em "Bleak House", um romance de Charles Dickens. Neste romance, a cidade de Londres aparece descrita como "suja" pela queima do carvão utilizado para gerar energia e calor, como se observa na citação: "O fumo que baixa das cheminés, criando uma leve neblina escura, que carrega em si flocos de fuligem do tamanho de grandes flocos de neve – enlutados pela morte do sol, poder-se-ia imaginar… Nevoeiro por toda a parte… nevoeiro rio abaixo, onde rola conspurcado por entre as fileiras de embarcações, e a poluição ribeirinha de uma cidade grande (e suja)" (Langone, 1992, p. 28).[21]

Por essa altura existiam movimentações semelhantes nos Estados Unidos. Note-se, a esse título, a obra *Wild Northern Scenes; Sporting Adventures with the Rifle and the Rod* (1857), de Samuel H. Hammond, que junta ao diálogo a preservação e a recreação, e aborda de forma intensa a importância da preservação das paisagens bucólicas, da vida selvagem e das terras selvagens, espaços de fuga muito apetecíveis para os habitantes de cidades densamente construídas, industrializadas e habitadas. Ou ainda, na esfera pública, a aprovação, em 1 de março de 1872, pelo Congresso americano, da lei que estabelece o Yellowstone, designando como parque público uma determinada extensão de terra perto da nascente do rio Yellowstone para benefício e usufruto da população, um espaço onde toda a madeira, depósitos minerais, curiosidades ou belezas naturais existentes deverão permanecer no seu

---

[21] Texto original: "Smoke lowering down from chimney pots, making a soft black drizzle, with flakes of soot in it as big as full-grown snowflakes – gone into mourning, one might imagine, for the death of the sun… Fog everywhere… fog down the river, where it rolls defiled among the tiers of shipping, and the waterside pollutions of a great (and dirty) city".

estado natural, podendo embora ser autorizada a construção de estradas, percursos equestres e edifícios para acolhimento dos visitantes.

Mas não só sobre os parques naturais recaía a atenção. A migração de pessoas do espaço rural para o espaço urbano causou mudanças bruscas nas cidades americanas durante a segunda metade do século XIX, originando um enorme crescimento urbano que teve como efeito positivo a alavancagem do processo de constituição de espaços verdes de lazer, parques de paisagem e unidades de vizinhança, tal como pedido pelo movimento "City Beautiful". Tinha-se tornado evidente que as cidades industrializadas eram locais horríveis para viver, eram apenas centros de indústria, serviços e comércio, e necessitavam ser transformadas em lugares mais bonitos e mais hospitaleiros. Formulou-se a conceção de que quanto mais agradável fosse esteticamente uma cidade, mais pessoas quereriam viver nela, e mais felizes seriam. Destaca-se Frederick Law Olmsted, reconhecido como o fundador da arquitetura paisagística americana e um dos mais importantes contribuidores do movimento "City Beautiful", que nessa altura se preocupou não só com a criação de parques para lazer, mas também com as questões do saneamento e da recuperação urbana. Este reputado arquiteto paisagista esteve no desenvolvimento do projeto do Central Park, em Nova Iorque, em 1857, e depois nunca mais parou, tendo participado em dezenas de projetos, muitos dos quais juntamente com Calvert Vaux, nomeadamente no projeto Prospect Park (1865-1873), na subdivisão do Chicago's Riverside, no sistema de parques Buffalo's (1868-1876), que foi a primeira tentativa de Olmsted e Vaux de integrarem parques públicos com as vias públicas, e também o primeiro sistema coordenado de parques públicos e de avenidas dos Estados Unidos, e na Niagara Reservation at Niagara Falls (1887). A implantação de parques urbanos na segunda metade do século XIX espelha um misto de preocupação com a proteção ambiental e com o bem-estar da população citadina, ou seja, é uma manifestação de proteção ambiental e social, uma vez que eram as pessoas que usufruíam das melhores condições no espaço construído.

No que toca à ação individual, há ainda a referir, pelo vanguardismo à data da sua publicação, a obra *Man and Nature or, Physical Geography as*

Modified by Human Action (1874), da autoria do geógrafo George Perkins Marsh, que reconhece os efeitos nefastos da ação humana sobre a natureza e promove o debate em torno da responsabilização individual, mostrando que o Ser Humano é parte integrante da complexa teia da vida, e, como tal, não pode agir unilateralmente, porque ao fazê-lo está a prejudicar-se a si próprio. De forma surpreendente para a época, o autor mostra a interdependência das relações ambientais e sociais, e sugere que o Ser Humano deve ser agente de mudança positiva, e não um agente perturbador ("disturbing agent"), rompendo com a tradicional formulação dos geógrafos da época, Arnold Guyot e Carl Ritter, que advogavam que as características físicas e as paisagens da Terra eram inteiramente o resultado de fenómenos naturais. Esta obra reforçou a tendência de preservação e proteção ambiental, quer nos Estados Unidos, onde desencadeou o movimento Arbor Day e influenciou a decisão de criar alguns parques nacionais para proteção florestal, quer além-fronteiras, e apesar de ter falhado algumas das suas previsões, é ainda hoje uma referência.

Pela mesma altura, destacavam-se no campo da conservação, outras individualidades americanas como John Burroughs, John Muir, John Wesley Powell, Henry David Thoreau e Gifford Pinchot, que em conjunto com outros ativistas e naturalistas estabeleceram a lei-quadro de parques naturais, florestas e vida selvagem.

Durante a era vitoriana no Reino Unido[22], sobretudo na década de 1860, é exponenciada a "primeira versão" do que podemos designar atualmente de "sociedade consumista". A demanda estava apontada às aves marinhas - às espécies autóctones litorâneas e sobretudo às aves migratórias geralmente portadoras de plumagem exótica. Estava direcionada, no modo mais simpático, à extração de ovos dos ninhos e à captura de fotografias de aves, e, no modo mais destrutivo e cruel, ao abate de aves marinhas para excisão de penas para confeção de indumentária (chapelaria e vestuário) e diversa ornamentação (acessórios), e ao abate de aves marinhas para fins desportivos, como aconteceu nas zonas de Bempton e de Flamborough, santuários das aves na costa leste de Yorkshire.

---

[22] Período do reinado da Rainha Vitória, entre 1837 e 1901.

A procura de aves marinhas para capturar fotografias ou subtrair os ovos ou as penas (portanto, a vida), era o reflexo direto de uma sociedade inglesa extravagante e consumista, especialmente no setor da moda, cada vez mais exuberante e inventivo, suportado pela classe burguesa que prosperava. O motor de tudo isto foram as inovações, as novas tecnologias, a consolidação da Revolução Industrial, o forte crescimento populacional, os lucros provenientes da expansão do Império Colonial (económica e humana), que assume nesta altura o seu auge, e o desenvolvimento do comércio e do consumo, bem como do transporte ferroviário. Curiosamente, a Rainha Vitória patrocinou a Society for the Prevention of Cruelty to Animals e permitiu que o termo "Royal" fosse adicionado à sua designação, pelo que em 1840 esta passou a designar-se Royal Society for the Prevention of Cruelty to Animals (RSPCA) até aos dias de hoje (Fairholme & Pain, 1924). Um gesto nobre, mas isolado, que não se traduziu num apoio efetivo de proteção, de cuidado e de zelo pelo bem-estar animal, nem por parte da família real, nem por parte da sociedade.

Alguns naturalistas, em conjunto com alguns elementos do clero, opuseram-se a esta prática ambientalmente lesiva, num movimento que viria a constituir-se organizado através da East Riding Association for the Protection of Sea Birds (1867) e da Association for the Protection of British Birds (1870), criadas com o objetivo nuclear de proteger as espécies de aves, mas sobretudo para proteger o ambiente. As instâncias governamentais britânicas, que acompanhavam a situação, intervieram e aprovaram uma lei para a preservação das aves marinhas: o Sea Birds Preservation Act (1869) – primeira lei do Reino Unido para a proteção das aves selvagens.

Fruto do ascendente da indústria da moda, e da admiração pela utilização de penas nesta indústria, que, entretanto, virou "moda" (uma prática iniciada na corte de Luís XVI, de França) (Doughty, 1975), no final da era vitoriana a captura massiva de aves assumia uma tendência perturbadora. Muitas espécies de aves de penas exóticas eram perseguidas e abatidas de forma massiva, e quando conseguiam escapar da predação humana, muitas vezes sucumbiam por lesões letais.

A beleza da plumagem das aves nos chapéus e no vestuário das senhoras justificava o assassinato massivo das aves, numa altura em que já estava formada a British Ornithological Union, tutelada pelo exclusivamente por homens. O mergulhão de cista (*Podiceps cristatus*), que aparecia principalmente em lagos, estuários e outros espelhos de água doce, e a gaivota-tridáctila (*Rissa tridactyla*), uma ave marinha de pequena dimensão, invernante e migradora, foram duas dessas espécies massivamente capturadas e quase extintas.

Em reação, surge uma nova lei, o Wild Birds Protection Act (1880), enquanto da parte da sociedade civil, Emily Williamson funda em Manchester a Plumage League (1889), um grupo de pressão constituído por mulheres com dois grandes objetivos: (i) intervir junto dos parlamentares para os levar a interessarem-se mais pela proteção das aves, e a desincentivarem a sociedade do seu abate indiscriminado; (ii) persuadir outras senhoras da sociedade a tornarem-se membros do grupo, com a condição de abdicarem de usar nos seus chapéus penas provenientes de aves mortas para fins não alimentares. O grupo de pressão, na assunção do termo que lhe é conferido nos dias de hoje, teve membros ilustres, nomeadamente a Duquesa de Portland, a aristocrata Sylvia Leonora e, mais tarde, o ornitólogo Alfred Newton. Consta que reuniu forças com Mrs Phillips e as senhoras da Fur and Feather League para a criação da Royal Society for the Protection of Birds (RSPB) em 1889 (Gray, 2004).

Na mesma altura, surgiram outras organizações, algumas até mais ambiciosas no âmbito de atuação, que visavam proteger o campo da expansão da malha urbana. Destaca-se a Commons Preservation Society, que foi fundada em 1865 também no Reino Unido, para atuar na área da conservação de espaços verdes, e foi integrada na The National Footpaths Society em 1899, assumindo então a designação The Commons, Open Spaces and Footpaths Preservation Society. Esta sociedade tinha como propósito transformar espaços verdes urbanos em espaços de lazer e garantir o direito das populações no acesso a esses espaços, e assume atualmente um papel mais abrangente, que passa pela proteção do solo comum em Inglaterra e no País de Gales (Williams, 1986). Foi precursora do National Trust for Places of Historic Interest or Natural Beauty (Rootes, 2007, p. 34-62). Do histórico dos seus membros principais destacam-se: John Stuart Mill, Lord Eversley, Sir Robert Hunter e Octavia Hill.

A partir de 1870, registam-se com mais frequência eventos graves de *smog* (névoa) em Londres e noutras cidades britânicas. A emissão de partículas sólidas de pequena dimensão (cinzas) gerava névoa muito mais densa do que o habitual.[23]

O receio de danos ecológicos e sobretudo de efeitos nocivos para a saúde pública aumentou com a publicação da obra *London Fogs* (1880) de Francis Albert Rollo Russell, que mostrava de forma sustentada que o número de óbitos aumentava exponencialmente a cada novo nevoeiro e, desta forma, ao conceber a ideia de que os *smogs* podiam ser uma ameaça potencialmente catastrófica ao nível das epidemias históricas mais temidas (Russell, 1880), e revigorou o espírito do movimento "antismoke" já instalado nos escalões superiores da sociedade inglesa. Foi neste quadro que emergiu o Fog and Smoke Committee que mais tarde se viria a designar National Smoke Abatement Society.

Os problemas que afetavam a vida no espaço urbano não se resumiam à poluição atmosférica, embora esta fosse nuclear. Era fácil a propagação de doenças, como a cólera e o tifo, que apareciam de forma facilitada pelos inúmeros problemas sanitários, como a presença de esgotos a céu aberto nas zonas urbanas, devido a uma construção deficiente dos edifícios, que não incorporavam redes prediais de água e esgotos. Aos problemas decorrentes da menor limpeza do espaço e do não tratamento dos resíduos industriais, juntavam-se os problemas de alimentação e de alguma ineficácia no planeamento do espaço urbano, o que ameaçava sistematicamente a saúde pública e levou à publicação do Public Health Act em 1875, do Public Health (Scotland) Act em 1897 e do Public Health (Smoke Abatement) Act em 1926 (Sanderson, 1961).

Para além de todos estes problemas que afetavam o ambiente humano e a conservação da natureza, ainda havia espaço para propostas minimalistas acerca do valor da vida humana dos mais desamparados, que eram os que menos tinham. Para quem desprezava a vida humana,

---

[23] As pequenas partículas de cinzas em suspensão geravam a névoa e reduziam a visibilidade, e foi o dióxido de enxofre que mais contribuiu para as mortes.

imagine-se em que lugar ficariam a vida animal e a natureza que ainda estavam numa posição de maior fragilidade. O famoso sociólogo inglês Herbert Spencer, um profundo admirador da obra de Charles Darwin e defensor do capitalismo e da autorregulação do mercado, na obra "O Homem *Vs* o Estado" (*The Man Versus the State*, em inglês) tentou aplicar o darwinismo nas sociedades humanas, sendo-lhe atribuída a autoria da criação da teoria do darwinismo social.

Spencer considerava que o conflito e a seleção natural dos mais aptos eram condições para a progressão social. Ou seja, aplicava às comunidades humanas e ao mundo social os mesmos princípios de luta pela vida e pela sobrevivência dos melhores das comunidades animais, defendidos pela corrente evolucionista: os mais fortes sobrevivem, e os mais fracos cedem, sendo que só os mais fortes merecem subsistir. São suas as expressões: "sobrevivência do mais apto" e os ricos são "inocentes beneficiários da sua superioridade". Ainda que Spencer notasse que essa evolução dependia de diversas condições, que a poderiam favorecer ou inibir, no essencial da sua teoria do evolucionismo estendia a competição relativa à luta das espécies à vida social, para desta forma explicar a mudança e a evolução das próprias sociedades humanas. Considerou o Estado um obstáculo à evolução natural do processo orgânico do ser humano. Para si, a intervenção do Estado na regulação do mercado penalizava os mais fortes, porque os impedia de melhorar e maximizar as suas aptidões (Spencer, 1981 [1884]). Por isso, sugeria que o Estado não deveria intervir. Se esta perspetiva não é ousada, a de W. Sunmer parece sê-lo, ao dar um traço de humanidade à teoria de Spencer. Segundo este emérito professor de Harvard, e citamos, "o pobre trabalha contra todas as suas inclinações naturais", ou seja, o pobre trabalha porque precisa, para sobreviver, caso contrário não o faria. Também elenca o que obriga os pobres a trabalhar, tese que, basicamente, se fica entre um esforço combinado entre ricos e pobres.

Até ao final do século XIX, sucedem-se as organizações não-governamentais que visam mitigar a poluição atmosférica, melhorar as condições de vida das populações urbanas e a condição social dos mais desfavorecidos, evitar a extinção de aves e a destruição injustificada da flora, e preservar a natureza e o ambiente natural, de que são exemplo:

(i) **A Guild of St. George** (1871), fundada por John Ruskin com o objetivo de reduzir as assimetrias sociais na Grã-Bretanha e proporcionar melhores condições de vida às pessoas. Estabelece uma relação muito direta e eficaz entre as condições sociais e ambientais, beneficiando de doações dos seus membros que eram utilizadas na aquisição de terras e na dinamização dos meios de produção para melhorar a produtividade do solo.[24]

(ii) **O Nuttall Ornithological Club** (1873), a primeira organização norte-americana dedicada à Ornitologia, que teve como membro o Presidente Theodore Roosevelt, entre outros notáveis, e que editou o Bulletin of the Nuttall Ornithological Club, entre 1876 e 1883. Antes há a referir o *Manual of the Ornithology of the United States and of Canada* (1832), de Thomas Nuttal, a primeira obra sobre as aves da América do Norte (Nuttall, 1832).

(iii) **A Kyrle Society** (1876), instituição filantrópica fundada por Miranda Hill, um reformador social inglês, que trabalhava no cruzamento da componente social, económica e ambiental. A Sociedade disponibilizava arte, livros e espaços abertos à classe operária pobre, sob o lema "Bring Beauty Home to the Poor" (Devolver a Beleza aos Pobres). Em 1888, contribuiu com dinheiro para a criação de novos jardins abertos à população trabalhadora[25].

(iv) **A Society for the Preservation of Ancient Buildings** (SPAB) (1877), foi fundada por William Morris para atuar na preservação de edifícios antigos. Tinha como objetivo travar a tendência destrutiva da imponente construção medieval pelas ideias de "renovação" que inspiravam os arquitetos vitorianos,

---

[24] Para saber mais: http://www.guildofstgeorge.org.uk/.

[25] Para saber mais:
https://www.ucd.ie/archaeology/documentstore/hc_reports/lod/Christ_Church_Final.pdf.

num período em que reflorescia a arquitetura gótica. A Sociedade era formada por peritos que atuavam a nível nacional na tentativa de salvar edifícios históricos da demolição e da deterioração. Para isso, colaborava com os proprietários dos edifícios históricos, ajudando-os a preservar o seu património. É hoje a mais antiga, a maior e mais bem preparada sociedade com esta finalidade, que também atua como grupo de pressão.

(v) **A Thirlmere Defense Association** (1877) foi criada para organizar a luta contra a construção da barragem de Thirlmere, no vale de Thirlmere, no noroeste de Inglaterra, pela Manchester Corporation Waterworks. A zona era de enorme beleza natural, uma espécie de santuário, e tinha grande tradição histórica e cultural, e quando os defensores da paisagem natural perceberam que havia a intenção de aí construir uma barragem para abastecer a zona urbana e industrial de Manchester, e que esta ia inundar o vale, tomaram consciência da ameaça que a crescente industrialização e a construção representavam para o mundo natural, e mobilizaram-se defendendo que a paisagem também era um bem público a proteger. Chegou-se a alegar que a construção trazia vantagens ambientais para o local, o que enervava os bravos opositores à construção, dentre os quais o cónego Hardwicke Drummond Rawnsley e vários vitorianos proeminentes, nomeadamente John Ruskin e Octavia Hill, que viriam depois a ajudar a formar o National Trust. A Manchester Corporation Waterworks e a crescente e sedenta população urbana de Manchester ganharam o diferendo, e a barragem foi construída e o vale inundado, submergindo os povoados de Wythburn e Armboth e uma incomensurável riqueza natural. A Rainha Vitória concedeu a permissão real à obra em 1879, e a primeira pedra foi colocada em 1890. Hoje a infraestrutura é considerada de valor histórico, por ter sido construída em alvenaria e a água ser transportada por gravidade, e é responsável pelo abastecimento de 11% de água no noroeste da Inglaterra.[26]

(vi) **A American Ornithologists Union** (AOU) (1883), fundada por três membros do Nuttall Ornithological Club - Elliott Coues, Joel Asaph Allen e William Brewster - que convidaram 48 proeminentes ornitólogos para participarem numa convenção de ornitólogos americanos, a realizar na cidade de Nova Iorque, com início em 26 de setembro de 1883, tendo em vista a fundação de uma união de ornitólogos americanos, numa base semelhante à da União dos Ornitólogos Britânicos. Publica a revista The Auk, um periódico científico, desde 1884, dando continuidade ao Bulletin of the Nuttall Ornithological Club, e a Checklist of North American Birds, uma listagem oficial sobre a taxonomia das aves identificadas na América do Norte e Central e ilhas adjacentes (http://checklist.aou.org/). Esta listagem é produzida pelo North American Classification Committee (NACC), cuja missão é criar uma classificação padrão, com nomes ingleses, para as espécies de aves da América do Norte. Também possui o South American Classification Committee (SACC), com a mesma missão, mas para as aves da América do Sul (Remsen *et al.*, 2010).

(vii) **A Natal Game Protection Association** (1883), criada na sequência da extinção, devido à caça excessiva, do quagga (*Equus quagga quagga*), uma espécie próxima da zebra-da-planície (*Equus quagga*) mas só com listas na metade da frente do corpo. O último exemplar morreu em cativeiro, em 12 de agosto de 1883, no Jardim Zoológico de Amesterdão. Esta foi a primeira organização ambiental independente da África do Sul que teve como missão a conservação da vida selvagem. Tinha como objetivos impedir a caça ilegal, proteger o ambiente natural e manter um diálogo construtivo com as autoridades governamentais com vista à proteção e conservação da fauna selvagem e seus habitats, evitando a

---

[26] https://www.lakelandwalkingtales.co.uk/tag/thirlmere-defence-association/ e https://www.nationaltrust.org.uk/features/thirlmere. Acedidos em 08/09/2020.

exploração e a destruição. Marca o início da participação da população em medidas de conservação. A Associação foi sofrendo alterações na estrutura e organização, chegou a interromper o funcionamento, e tem funcionado continuadamente desde 11 de março de 1926. Ao longo do tempo, foi mudando de nome para se adaptar às novas necessidades de intervenção, e atualmente, sob a designação de Sociedade para o Ambiente e Vida Selvagem da África do Sul (Wildlife and Environment Society of South Africa ou Wessa, em inglês), trata de quase todas as questões relacionadas com a proteção e preservação ambiental. Logo a seguir, em 1898, seria fundado o Parque Nacional Kruger.

(viii) **A Lake District Defence Society** (1883), concebida por proposta de Hardwicke Rawnsley, na reunião anual da Wordsworth Society, tinha como objetivo travar o avanço da construção de linhas de caminho-de-ferro, inicialmente entre Buttermere e Keswick, por considerar que essa construção iria destruir a paisagem natural. Recorde-se que nesta data vivia-se o auge da expansão da ferrovia. Rawnsley foi muito importante para a preservação da paisagem natural de Lake District e fez campanha para a criação de um parque nacional, neste que é hoje um santuário natural com uma paisagem magnífica.[27] O Friends of the Lake District, que tem aqui raízes, foi lançado num evento público em Fitz Park, Keswick, em 1934. Em 1951, foi criado o Lake District National Park.

(ix) **A Selborne Society**, ou **Selborne Society for the Protection of Birds, Plants and Pleasant Places** (novembro de 1885), foi uma das primeiras organizações não-governamentais de conservação da Grã-Bretanha, criada para perpetuar o trabalho e o nome de Gilbert White (o naturalista de Selborne). Adotou a metodologia da observação em detrimento da coleta, como

---

[27] http://www.friendsofthelakedistrict.org.uk/Pages/FAQs/Category/history-timeline / https://www.hdrawnsley.com/index.php/conservation/lake-district-defence-society. Acedidos em 08/09/2020.

era comum até então, e em 1887 começou a produzir as conhecidas Cartas Selborne e a Revista Selborne.

(x) **A Plumage League** (dezembro de 1885), constituída pelo reverendo Francis Orpen Morris e por Lady Mount Temple, nasceu do desconforto e da indignação de algumas individualidades da sociedade londrina perante o elevado número de aves capturadas ou feridas com elevada crueldade, cuja finalidade era a extração de penas exóticas para alimentar a indústria do vestuário e ornamentação. Lutava contra o uso excessivo de penas de aves na indumentária feminina e respetivos adornos, e visava combater o comércio ilegal de penas, com o objetivo de esmorecer a caça através da redução do consumo de penas de aves.

(xi) **A Audubon Society** (1886), para a conservação das populações de aves na América do Norte (incluindo os seus ovos) e ecossistemas, especialmente de aves aquáticas acessíveis de terra e aves migratórias, mais "fáceis" de serem caçadas. Nasceu da iniciativa de George Bird Grinnell, um ativista animal que se indignou com a caça indiscriminada e irracional de aves exóticas para o comércio de vestuário com penas (roupas e chapéus). Não foi uma iniciativa inédita, uma vez que já tinha sido criada a American Ornithologists Union, em 1883, mas destacou-se pelas ideias inovadoras e pelo simbolismo, e por estar imbuída de um forte espírito de ativista.

Numa fase inicial, Grinnell socorreu-se da sua revista Forest and Stream, lançada após o seu doutoramento em 1880, para expressar o seu descontentamento com o massacre das aves para extração das penas e a consequente diminuição das populações, e com grande ativismo, numa cruzada para preservar os recursos naturais, começou pouco tempo depois a editar um pequeno documento independente: a Revista Audubon (Audubon Magazine), denominação em homenagem ao ilustrador de aves John James Audubon (Graham, 1992). Foi um vanguardista ao defender que o Estado devia regulamentar a caça, para ser menos lesiva, e que os caçadores deveriam pagar o que hoje em dia se designa "Licença de Caça", um pequeno apoio financeiro que serviria para pagar a guardas florestais, pessoas que tinham a competência para fazer cumprir a regulamentação estatal. A Revista Audubon contava com várias individualidades entre os seus associados, pessoas que se uniram contra a caça de aves com penas comercialmente atrativas (ainda assim era-lhes imposto o compromisso de não fazerem mal às aves).

A Audubon Society desenvolveu-se em torno da Revista Audubon e fez um percurso de tal forma ascendente que Grinnell, face a um sobredimensionamento, teve de interromper a publicação em 1888. A Sociedade seria reativada em 1895, por iniciativa da socialite Harriet Hemenway, que conseguiu levar algumas senhoras da moda da elite de Boston que utilizavam indumentária com penas exóticas, naturalistas e outras pessoas interessadas na causa a integrar um grupo criado em 1896 sob o nome Massachusetts Audubon Society (ou Mass Audubon). Na viragem do século já haviam sido criados vários grupos semelhantes (ex. Pensilvânia, em 1899), alguns dos quais estabeleceram entre si uma aliança, como foi o caso do National Committee of the Audubon Societies of America, criado em 1901 para em 1905 ser incorporado na National Association of Audubon Societies for the Protection of Wild Birds and Animals, a atual National Audubon Society (https://www.audubon.org/).

A Associação Nacional das Sociedades Audubon foi muito importante na aprovação do Audubon Act (1911), que proibia o comércio de penas de aves selvagens nativas em Nova Iorque (Gilman, 2002, p. 146-147), e trabalhou no sentido da aprovação do Migratory Bird Treaty Act de 1918 (promulgado pela primeira vez em 1916), um tratado entre os Estados Unidos e o Reino Unido (em nome do Canadá) para a proteção das aves migratórias que proibia o abate, a caça, a captura ou a venda de espécies de aves migratórias, uma proteção efetiva e extensível a penas, ovos e ninhos.

(xii) **O Boone and Crockett Club** (1887), que teve como membro fundador Theodore Roosevelt, tem na sua génese um forte espírito antropocentrista e utilitarista que não considera o valor intrínseco dos animais. Ou seja, embora a sua atividade incluísse práticas de conservação de animais selvagens, o seu objetivo era perverso, pois visava assegurar a existência de animais selvagens em quantidade adequada à necessidade humana de caça desportiva[28]. Não obstante, este clube introduziu um modelo de caça conservador muito diferente do modelo de caça comercial extrativista que era frequente nessa altura (como acontecia, por exemplo, com as aves).

(xiii) **A Royal Society for the Protection of Birds (RSPB)** (1889), que tem raízes na Plumage League, grupo de pressão constituído por Emily Williamson, cujos membros eram só mulheres[29]. Trabalha para a conservação e procura identificar as ameaças que impendem sobre as aves e o ambiente, bem como as causas e as formas de ultrapassar a situação. É, portanto, uma instituição que trabalha sob os desígnios do ecopragmatismo.

(xiv) **O Sierra Club** (maio de 1892), fundado por vários conservacionistas dentre os quais se destaca John Muir, eleito o seu primeiro presidente, tem como missão: "Explorar, desfrutar e proteger os sítios selvagens da Terra; Praticar e promover a utilização sustentável dos ecossistemas e recursos da Terra; Educar e envolver a humanidade na proteção e recuperação da qualidade do ambiente natural e humano; e Recorrer a todos os meios legítimos para concretizar estes objetivos".[30] Em 1893 lançou o Sierra Club Bulletin, precursor

---

[28] Para saber mais: https://www.boone-crockett.org/about/about_history.asp?area=about.

[29] Para saber mais: https://www.rspb.org.uk/.

[30] Texto original: "To explore, enjoy, and protect the wild places of the earth; To practice and promote the responsible use of the earth's ecosystems and resources; To educate and enlist humanity to protect and restore the quality of the natural and human

da Revista SIERRA, ainda hoje editada numa dupla vertente: (i) comercial, de promoção de atividades recreativas e viagens de aventura, sempre enfatizando o respeito pela natureza; (ii) de preservação da natureza e do ambiente, abordando temas de espécies ameaçadas de extinção, habitats e espécies selvagens, poluição de água, ar e solo, reciclagem, entre outros do domínio ambiental e ecológico. Deu um importante contributo para a aprovação de várias leis, nomeadamente o Clean Air Act, o Clean Water Act e o Endangered Species Act.[31]

(xv) **A Society for Checking the Abuses of Public Advertising (SCAPA)** (1893), fundada por Richardson Evans, que tinha como objetivo impedir abusos na fixação de publicidade em espaços públicos. No entanto, quer no campo quer na cidade exponenciavam-se os locais elegíveis de fixação de publicidade e, para conter essa vaga de poluição promocional, a SCAPA foi reforçando a sua luta, tendo neste processo alterado a sua designação para Sociedade para a Prevenção do Desfiguramento na Cidade e no Campo (Society for Prevention of Disfigurement in Town and Country). De facto, os painéis publicitários, para além de representarem um foco de poluição do solo, porque muitas vezes não eram removidos após cumprirem o fim que visavam, soltavam-se e ficavam a degradar-se no solo, eram também um foco de poluição visual, porque ofuscavam a beleza da paisagem rural, desvirtuavam-na com representações grosseiras a partir de autoestradas e via férreas, e em locais públicos ou espelhos de água, para além de não poucas vezes desrespeitarem a autoridade do poder local, nos sítios onde eram instalados. Uma das grandes lutas que desenvolveu foi contra a fixação de cartazes de promoção de combustíveis nas margens das estradas e nos revestimentos das carroçarias de camiões, de que é exemplo, em 1935, na Grã-

---

environment; and to use all lawful means to carry out these objectives." (fonte: http://www.sierraclub.org/policy).

[31] Para saber mais da história deste Clube: http://vault.sierraclub.org/history/timeline.aspx.

Bretanha, a luta contra o placar realizado por Paul Nash para a Shell-Mex e para a BP Ltd. intitulado: "Footballers Prefer Shell; You Can Be Sure Of Shell".[32] A Sociedade cessou funções entre 1952 e 1953, depois da publicação do Control of Advertisements Regulations Act de 1948. De facto, na sequência do *boom* da indústria, da construção de vias de comunicação e da dinamização dos transportes, só faltava levar a população a consumir. Emergem fortes campanhas de marketing, incentivando o consumo, fazendo com que a produção de um local poluísse a vida da população de um outro local. A Scapa Society combateu o início da arma que ainda hoje serve o consumismo, o que é memorável.

(xvi) **A New York Zoological Society (NYZS)** (abril de 1895) foi fundada com os objetivos de: (i) promover a conservação da vida selvagem e o estudo da zoologia; e (ii) instituir um parque zoológico na cidade de Nova Iorque, uma reserva para espécies selvagens que fosse simultaneamente uma espécie de Arca de Noé, isto é, um abrigo para proteger alguns exemplares ameaçados de extinção. O parque seria aberto à população para promover uma maior interligação entre o mundo selvagem e o Ser Humano, que levasse este último a apreciar a natureza como algo distintivo e por esse motivo tivesse o interesse de a proteger. Logo em 1897 patrocinou o seu primeiro estudo sobre os efeitos da caça sobre a população de leões-marinhos do Alasca, que foi desenvolvido por Andrew J. Stone e conduziu à aprovação do Alaskan Game Act de 1902. No entanto, foi só no início de 1900 que começou a exercer intensamente a sua missão de preservar a vida e os lugares não humanizados em todo o mundo. Em 1913, publicou o livro "Hornaday's Our Vanishing Wildlife", que também contribuiu para a criação de legislação com vista à preservação das aves migratórias, e em 1918 ajudou a constituir a Save-the-Redwoods League. Em 1993, passou a designar-se Wildlife Conservation Society (WCS), denominação que ainda

---

hoje mantém. Apesar de à data em que foi criada existirem já outras sociedades com a mesma finalidade, como a Audubon Society (1886) ou o Sierra Club (1890), desenvolveu em todo o século XX, e tem vindo a desenvolver no século XXI, uma intensa atividade relacionada com a preservação de espécies de fauna e flora selvagens, onde se destaca o objetivo de ajudar na conservação dos quinze locais que comportam a fauna e flora selvagem mais importantes do mundo, e que só por si representam mais de 50% da biodiversidade mundial. Para cumprir a sua missão, aposta no conhecimento científico e na alfabetização ecológica, realizando ações de conservação e educação ambiental, com o intuito de influenciar o Ser Humano a valorizar a natureza e o ambiente natural.

(xvii) **O National Trust for Places of Historic Interest or Natural Beauty** (1895), conhecido por **National Trust,** é uma organização privada sem fins lucrativos que ostenta preocupações com o bem-estar social e se dedica à preservação cultural e ambiental no Reino Unido. A ideia da sua criação surgiu quando Octavia Hill, membro fundador, foi convidada a ajudar na preservação do jardim Sayes Court, no sudeste de Londres. O Parlamento britânico viria a conferir-lhe poderes especiais através do National Trust Act (1907), que, por exemplo, tornou inalienável o seu património.[33] Atualmente existem muitas vozes críticas ao seu desempenho, questionando se a organização serve de facto a finalidade para a qual foi constituída, a de preservar o património cultural e natural. Questiona-se ainda se as pessoas economicamente mais desfavorecidas têm acesso e podem usufruir das suas propriedades, ou, pelo contrário, se atua como uma organização protegida ao serviço de uma pequena elite.

(xviii) **A Coal Smoke Abatement Society** (CSAS) (1898) foi fundada por Sir William Blake Richmond, em Londres, em resposta à poluição atmosférica causada pela queima de carvão na indústria. Foi sempre uma organização não-governamental

---

[33] Para saber mais: http://www.nationaltrust.org.uk/.

sem fins lucrativos, financiada maioritariamente por dinheiros públicos através de transferências das autoridades municipais, mas poderá deixar de o ser, como recentemente noticiou a BBC, se as autoridades locais suspenderem o financiamento devido a limitações orçamentais (Boettcher, 2011). É constituída por pessoal técnico especializado que serve a população na área da saúde pública, por exemplo, realizando análises à qualidade do ar. Também realiza consultadoria na área ambiental (solo, resíduos, ruído, etc.). No que se refere ao apoio à tomada de decisão, a sua ação foi muito importante na introdução do Smoke Abatement Act (1926) e do Clean Air Act (1956). Com a redução da queima do carvão e a consequente diminuição de poluição por esta fonte, a Sociedade começou a mudar o seu raio de ação e passou a trabalhar sobre outras fontes de poluição atmosférica, tradicionais e emergentes, como a poluição dos transportes. Por forma a adequar-se à evolução dos tempos, a organização passou a designar-se National Society for Clean Air (NSCA), e, mais recentemente, em outubro de 2007, Environmental Protection UK.[34]

Ao nível intergovernamental, as primeiras iniciativas oficiais visíveis para "proteger" a natureza surgem a nível regional[35], em meados do século XIX. Não visavam propriamente mitigar a extração e predação de recursos de forma holística, nem tinham fundamento no valor intrínseco da fauna ou da flora, procuravam apenas assegurar uma gestão dos recursos que permitisse uma repartição equitativa e a satisfação do interesse de algumas nações, como mostra a seguir um trecho de uma deliberação de 1895 do Tribunal Arbitral Internacional criado para resolver um diferendo entre a Inglaterra e os Estados Unidos

---

[34] https://www.environmental-protection.org.uk/wp-content/uploads/2016/04/SA-EPU.pdf. Acedido em 08/09/2020.
[35] As iniciativas oficiais de carácter regional vieram hodiernamente a manifestar-se mais eficazes, sobretudo na área dos mares e oceanos, e seus recursos, dada a grande dificuldade em se chegar a consensos aceites a nível global (internacional).

relacionado com direitos de proteção e propriedade do leão-marinho do norte (*Callorhinus ursinus*).[36]

Este Tribunal Arbitral decidiu que os recursos em alto mar são comuns, e, como tal, devem ser usufruídos livremente, como defendiam os britânicos. No entanto, também reconheceu que a decisão poderia conduzir à destruição do equilíbrio biológico da espécie, por motivos de sobrepesca, e, para mitigar essa situação, determinou que as corporações que se dedicavam a esta pesca teriam de aceitar cumprir regras com vista à proteção e preservação do leão-marinho, o que englobava, entre outras, a proibição de pesca com artes nocivas, a limitação do período de pesca anual e a criação de áreas marinhas onde a pesca fosse proibida, para servirem de viveiro (Cassese, 2004, p. 222).

> "(…) e tendo em vista o interesse comum de todas as nações em prevenir a destruição indiscriminada e o consequente extermínio de um animal que dá um contributo tão importante para a riqueza comercial e o uso geral da humanidade".[37]

No entanto, a fundamentação da decisão mostra claramente que a proteção era necessária, não pelo valor intrínseco dos animais, ou pelo equilíbrio biológico da espécie, mas pelo seu valor comercial, pela regulação do mercado internacional, e pela maior importância para a sociedade, numa clara conceção moral da ética antropocentrista. A diversa legislação publicada por esta altura - no Canadá, Rússia, Grã-Bretanha, Suécia, Noruega, Alemanha e Holanda (Anand, 1982) -, para proteção dos recursos naturais, sobretudo para proteção das focas, baleias e botos (mamíferos da ordem dos cetáceos) para além dos limites normais, padecia dos mesmos sintomas.

O First Protection of Birds Act (1869), aprovado pelo Parlamento britânico e já referido anteriormente, também não tinha como objetivo exclusivo a salvaguarda do valor intrínseco das aves ou a sua segurança,

---

[36] O processo que ficou conhecido como: "Pacific Fur Seals Arbitration" (Bering Sea Tribunal of Arbitration, 1985).

[37] Texto original: "(…) and in view of the common interest of all nations in preventing the indiscriminate destruction and consequent extermination of an animal which contributes so importantly to the commercial wealth and general use of mankind" (Bering Sea Tribunal Arbitration, 1895, p. 129).

nem sequer os tinha como objetivos primordiais. Uma das preocupações, tida como primordial, era a preservação das aves pela ajuda que davam à navegação em dias de complicadas condições meteorológicas. Ou seja, quando as condições meteorológicas impediam a boa visibilidade da costa, a aparição de aves a bordo das embarcações, ou a audição dos seus sinais sonoros pelos marinheiros, permitia inferir a proximidade de terra, um sistema de alerta que evitou alguns acidentes e que traduz a visão utilitarista da época.

No final do século XIX, a microbiologia teve um grande desenvolvimento beneficiando do trabalho precedente de Louis Pasteur (1822-1895) e Robert Koch (1843-1910), e permitiu isolar, produzir e utilizar agentes biológicos em armas (Bulloch, 1938) - motivo suficiente para fazer soar os alarmes, uma vez que as armas biológicas eram nessa altura difíceis de controlar e de potencial destrutivo desconhecido para o ambiente e os seres vivos.

A comunidade internacional, consciente do número crescente de situações de litígio entre nações e dos problemas potenciais da cada vez maior capacitação bélica com possibilidade de infligir sofrimento desnecessário, realizou em Haia (Países Baixos), em 29 de julho de 1899, a primeira Conferência Internacional da Paz com o objetivo de encontrar soluções pacíficas para a resolução (amigável) de conflitos internacionais. Desta convenção resulta uma declaração relativa à proibição do uso de projéteis com o único objetivo de disseminar gases venenosos asfixiantes. No entanto, isso não foi suficiente para condicionar a Alemanha, que durante as operações militares da I Guerra Mundial desenvolveu um programa de guerra biológica envolvendo a libertação de toxinas (substâncias venenosas) com graves consequências no ambiente: na Roménia foram identificadas ovelhas infetadas, que tinham como destino a exportação para a Rússia; em França foram infetados cavalos e burros; houve tentativas de contaminação de alimentos para animais nos Estados Unidos, um pouco antes de estes terem entrado na Guerra, e foram infetados cavalos destinados à exportação, entre outros (Witcover, 1989).

Em 1903, foi estabelecida a Society for the Preservation of the Wild Fauna of the Empire (SPWFE), relativa à preservação das espécies selvagens, a primeira ONG com esta finalidade, cuja denominação sofreu sucessivas alterações: "perdeu" a palavra "wild" (selvagem) após a primeira Guerra Mundial, passou a designar-se Fauna Preservation Society (FPS) em 1950, Fauna & Flora Preservation Society (FFPS) em 1980 e Fauna & Flora International (FFI) em 1995. A Sociedade tinha como objeto a preservação da vida selvagem fora da Europa Ocidental e dos EUA, e como objetivo evitar a extinção de espécies selvagens (Prendergast & Adams, 2003). Os seus membros possuíam conhecimentos especializados e estavam capacitados para avaliar a situação ambiental, e atuavam como peritos independentes influenciando a política colonial em África. Pode considerar-se que a Sociedade era um grupo de pressão bem sucedido no que toca a persuadir a sociedade britânica para a necessidade de proteger a fauna nos domínios coloniais, especialmente no controlo da (sobre)caça em África numa fase inicial da sua atividade, uma vez que, graças à sua ação, surgiram várias áreas protegidas essenciais à manutenção do equilíbrio biológico, nomeadamente o Parque Nacional Kruger e o Parque Nacional Serengeti.[38]

Em 1904, os irmãos Robert e W. G. Smith, na casa deste último, criaram a Comissão Central para a Investigação e Estudo da Vegetação Britânica (Central Committee for the Survey and Study of British Vegetation, em inglês), muito importante para o estudo descritivo dos agregados naturais e seminaturais de diversas espécies, e para o mapeamento das comunidades vegetais no Reino Unido, especialmente das de natureza florística. Esta comissão viria, mais tarde, a dar lugar à Comissão da Vegetação Britânica (British Vegetation Committee, em inglês) e, nove anos mais tarde, seria substituída pela Sociedade Ecológica Britânia (British Ecological Society - BES) (1913), que hoje edita o Journal of Ecology (Tansley, 1911; Salisbury, 1939). A visão da BES, como consta da sua página, preconiza um mundo inspirado, informado e influenciado pela ecologia ("… a world inspired, informed and influenced by ecology"), e a sua missão passa por concretizar essa visão, ou seja, consiste em gerar, comunicar e promover conhecimento e

---

[38] O primeiro parque nacional a ser criado foi o de Yellowstone, nos Estados Unidos da América, a 1 de março de 1872. Logo a seguir, em 1879, seria criado o Royal National Park (Austrália). A África do Sul teria o seu primeiro parque nacional em 1898.

soluções ecológicas ("… is to generate, communicate and promote ecological knowledge and solutions").[39]

Em 1905, foi formada a British Naturalists' Association (BNA), sob a designação de British Empire Naturalists Association (Tabor, 1986).[40] É uma das instituições mais antigas do Reino Unido a trabalhar sobre História Natural numa perspetiva transversal. Tem inúmeras publicações, edita periodicamente uma revista e um boletim intitulados, respetivamente, *Country-side* e *British Naturalist*, e realiza inúmeras atividades procurando levar a ciência às populações.

No início da primeira década do século XX, a nível global, e não só na Grã-Bretanha e nos Estados Unidos da América, surgem as primeiras iniciativas oficiais para proteger a natureza, em número relevante e crescente, e muito direcionadas à conservação da natureza com o fim último de racionalizar a sua exploração (interesse económico). Só até meados da década de 1930 terão sido realizados cerca de meia centena de congressos (Franco & Drummond, 2009, p. 108-111). Ainda assim, foram muito importantes e marcam o início do desenvolvimento do direito internacional do ambiente. Tal como as iniciativas a nível regional, têm como objetivo dar resposta a interesses éticos utilitaristas e antropocentristas, não sendo o seu objeto o valor intrínseco da natureza.

A primeira dessas iniciativas que destacamos é a convenção elaborada para garantir a conservação de várias espécies de animais selvagens em África, úteis ou inofensivas para o Homem (Convention Designed to Ensure the Conservation of Various Species of Wild Animals in Africa, which Are Useful to Man or Inoffensive, em inglês), também conhecida como Convenção para a Preservação de Animais Selvagens, Pássaros e Peixes na África (Convention for the Preservation of Wild Animals, Birds, and Fish in Africa, em inglês), assinada em Londres em 19 de maio de 1900, e por isso também conhecida como Convenção de Londres de 1900. Foi assinada pelo Reino Unido, Alemanha, Espanha, Congo (Brazzaville), França, Itália e Portugal. Viria a ser substituída pela Convenção Relativa à Preservação da Fauna e da Flora em seu Estado Natural (Convention Relative to the Preservation of Fauna and Flora in

---

[39] Para saber mais: http://www.britishecologicalsociety.org/about-us/.
[40] Para saber mais: http://www.bna-naturalists.org/.

their Natural State, em inglês), assinada em Londres, em 8 de novembro de 1933, e por isso também conhecida por Convenção de Londres de 1933. Terá sido o primeiro acordo ambiental multilateral e também a primeira tentativa moderna de regulação do comércio de espécies selvagens que visava assegurar a boa gestão dos estoques para garantir a sustentabilidade deste comércio diferenciado e lucrativo. Assumia um carácter mais económico/comercial do que ecológico, mas, ainda assim, tinha potencial para atuar na conservação de algumas espécies de animais selvagens de África. Também previa especificamente no seu texto que tinha de ser ratificado por unanimidade, mas como esse objetivo não foi atingido nunca entrou em vigor. Não obstante, é reconhecido como um dos primeiros acordos a incentivar a criação de áreas protegidas, e representa um marco na história do conservacionismo que facilitou todo o trabalho posterior em torno da proteção e conservação de espécies selvagens raras de fauna e flora ameaçadas, ainda que, em rigor, só após a década de sessenta é que se observam iniciativas bem sucedidas relacionadas com a fauna e com a flora selvagem. Até esse momento, as iniciativas anunciadas padeciam de um de dois males: ou não existia vontade política suficiente para as implementar, ou eram regionalmente limitadas no seu impacto e, com o fim dos impérios coloniais, tornaram-se ultrapassadas.

A segunda iniciativa aconteceria dois anos mais tarde. Trata-se da Convenção para a Proteção das Aves Úteis à Agricultura (Convention for the Protection of Birds Useful to Agriculture, em inglês), que foi assinada em Paris, em 19 de março de 1902, e entrou em vigor em 6 de dezembro de 1905. Esta Convenção, não obstante a infelicidade da designação «aves úteis» e os seus objetivos comerciais, procurava preservar algumas espécies da fauna selvagem úteis à agricultura, principalmente insetívoras, que gozavam de proteção jurídica absoluta, como se cita a seguir. Foi substituída pela Convenção Internacional para a Proteção de Aves (International Convention for the Protection of Birds, em inglês), realizada em 18 de outubro de 1950, em Paris.

> "é proibido matá-las [às aves], seja em que momento for e de que maneira for, ou destruir os seus ninhos, ovos ou ninhada (artigo 1.º) (...) É proibido tirar ninhos, retirar ovos, capturar ou destruir ninhadas, seja em que momento for e de que maneira for. Além

disso, devem ser objeto de proibição, *inter alia*, a importação, o trânsito, o transporte, a venda ou a compra de ninhos, ovos ou ninhadas, exceto nos casos em que os ninhos se encontrem dentro de ou agarrados a casas e edifícios ou dentro de quintais (artigo 2.º), bem como a colocação e utilização de armadilhas, gaiolas, redes, e quaisquer outros meios que sirvam para facilitar a captura de aves ou a sua destruição em massa (artigo 3.º).[41]

Entre 13 e 15 de maio de 1908, na Casa Branca, em Washington, sob o patrocínio do Presidente Theodore Roosevelt, decorreu a Conferência sobre Conservação dos Recursos Naturais (White House Conference of Governors on Conservation, em inglês), que teve como objeto os recursos naturais e a sua utilização adequada, na perspetiva económica. No discurso de abertura, que consta na ata publicada em 1909, o Presidente considerou que a conservação constituía um dever nacional (Conservation as a National Duty), no sentido de preservar a natureza para fins económicos, e referiu-se aos problemas da poluição dos solos e da água, da extração de produtos lenhosos e desmatamento, da extração e queima de ferro, carvão, gás natural e petróleo (Proceedings of a Conference of Governors in the White House, 1909). Este evento, seminal na história do conservacionismo, trouxe com grande visibilidade a conservação ao debate público, e permitiu no ano seguinte, em 1909, a constituição da Comissão Nacional de Conservação (National Conservation Commission, em inglês), e, sequencialmente, a realização do primeiro Congresso da Conservação da América do Norte (North American Conservation Congress, em inglês).

No Congresso da Conservação da América do Norte estiveram comissários em representação do Canadá, do México e dos Estados Unidos, incluindo o presidente Theodore Roosevelt. Deste encontro resultou a criação da Comissão Consultiva para a Proteção Internacional da Natureza (Consultative Commission for the International Protection

---

[41] Texto Original: "it is forbidden to kill them at any time and in any manner or to destroy their nests, eggs or hatching (art. 1) (…) It is forbidden to take away nests, take eggs, capture or destroy hatches at any time and by any means. Moreover, are to be forbidden, *inter alia*, the import, transit, transport, sale or purchase of nests, eggs or hatch except when the nests are inside or against houses, buildings or inside courtyards (art. 2) as well as the setting and use of traps, cages, nets, and any other means used to facilitate capture or mass destruction of birds (art. 3)".

of Nature, em inglês), tendo a escritura da sua fundação sido assinada em Berna, a 19 de novembro de 1913, pelos representantes da República da Argentina, Áustria-Hungria, Bélgica, Dinamarca, França, Alemanha, Grã-Bretanha, Itália, Holanda, Noruega, Portugal, Rússia, Espanha, Suécia, Suíça e Estados Unidos. Por Portugal foi assinado pelo delegado Joaquim Pedrosa. Este tratado multilateral foi cancelado em 1914, devido ao início da Primeira Guerra Mundial, e, não obstante ter sido recuperado depois da Guerra, teve um período de vida muito curto.

Entretanto, em 11 de janeiro 1909, foi assinado pelos governos dos EUA e do Canadá um tratado sobre as águas fronteiriças (Boundary Waters Treaty, em inglês), para definir regras para as águas compartilhadas, contemplando a poluição, uma solução próxima do que foram as várias organizações para a gestão das bacias hidrográficas no Estado da Renânia do Norte – Vestefália (1899) (GWP & INBO, 2009, p. 14; Beurier, 2010, p. 38).

Pouco tempo depois, em 7 de julho de 1911, realizava-se em Washington a Convenção sobre o Leão-marinho do Pacífico Norte (North Pacific Fur Seal Convention of 1911, Fur Seal Treaty of 1911, ou Convention between the United States, Great Britain, Russia and Japan for the preservation and protection of fur seals, em inglês). Este tratado foi assinado pela Grã-Bretanha (também em representação do Canadá), Rússia, Japão e Estados Unidos com base interesses económicos, para impedir a extinção dos leões-marinhos do Pacífico Norte, que eram fundamentais à indústria do comércio de peles, mas ajudou na sua preservação e proteção, e, sobretudo, foi um triunfo da diplomacia. A sua ratificação aconteceu, em todos os países, no mesmo ano, tendo sido o presidente americano o último a ratificá-la em 24 de novembro.

Os leões-marinhos estavam a ser caçados quase até à extinção, como refere o próprio Governo americano em trabalho comemorativo dos 50 anos da assinatura da Convenção, intitulado "International fur seal treaty negotiated 50 years ago".[42] Este tratado não só reverteu a situação de captura excessiva do leão-marinho, como muito provavelmente sustentou a sua captura eficiente por interesse comercial (Barrett, 2005).

---

[42] Disponível em:
http://www.fws.gov/news/Historic/NewsReleases/1961/19610702.pdf.

Constitui mais um marco importante para as questões da preservação da vida selvagem e para o percurso da história ambientalista, sendo também considerado um marco na história da cooperação internacional. Vigorou até à Segunda Guerra Mundial, tendo a sua ação sido continuada pelo Fur Seal Act de 1966, e serviu de inspiração ao Marine Mammal Protection Act de 1972. De acordo com a Administração Nacional Oceânica e Atmosférica (National Oceanic and Atmospheric Administration - NOAA) dos Estados Unidos da América, esta Convenção "também forneceu a base para relações de cooperação entre a NOAA e as tribos aleutas das Ilhas Pribilof tendo em vista a conservação do leão-marinho do norte e a satisfação das suas necessidades de subsistência, e serve de modelo para uma cooperação entre a NOAA e muitos governos tribais nos dias de hoje".[43]

Convém referir que os Unangax, população indígena das ilhas Pribilof, viveram condicionados nas suas liberdades e com privação até à segunda metade do século XX: (i) primeiro, sob o domínio russo, desde finais do século XVIII, pelo interesse comercial nos cerca de cinco milhões de focas/leões-marinhos que migravam todos verões para Pribilof (os Unangax das aldeias nas ilhas Aleutas eram compelidos a viajar sazonalmente para as ilhas Pribilof para capturar focas pela sua pele e assim alimentar a indústria que a Rússia tinha desenvolvido) (APIA, 2015); (ii) depois, sob o domínio dos Americanos, especialmente após 1867, data em que estes compraram o Alasca aos Russos. Aliás, após esta aquisição, os Americanos apressaram-se a declarar as ilhas Pribilof uma reserva federal (1869), muito provavelmente para proteger a rentável indústria russa aí instalada, já que esqueceram as pessoas que lá viviam. Nas palavras de Dorothy M. Jones, e fazendo uma analogia às palavras recentes de Jean-Claude Juncker, os Estados Unidos pecaram contra a dignidade dos Unangax:

> "A tragédia humana vivida por estes aleutas era flagrante e omnipresente". "(...) até 1962 o governo ainda pagava em espécie uma parte dos salários dos Aleutas. Em 1964, o governo

---

43 Texto original: ""also provided the basis for cooperative relationships between NOAA and the Pribilof Island Aleuts tribes to conserve northern fur seals and provide for their subsistence needs, and serves as a model for cooperation between NOAA and many tribal governments today" (NOAA, 2012, *online*).

ainda exigia autorização para visitar as ilhas e nesse mesmo ano um candidato aleuta às eleições legislativas viu-lhe recusada essa autorização. E a proibição do álcool vigorou nas Pribilofs até 1963".[44]

De acordo com a Associação Aleuta das ilhas Pribilof (Aleutian Pribilof Islands Association ou APIA, em inglês), os leões-marinhos e as focas, espécies muito capturadas pelo seu valor comercial, só tiveram tréguas após 1984:

"A exploração (caça) do leão-marinho para fins comerciais, num primeiro momento para os Russos e posteriormente para os Americanos (através de uma empresa gerida pelo governo federal), constituiu o pilar da economia das ilhas até que acabou em 1984. Desde então, apenas os Unangax podem caçar o leão-marinho para se alimentarem. Para substituir a exploração comercial do leão-marinho, desenvolveram-se entretanto outras atividades comerciais, tais como a pesca do alabote e o turismo".[45]

Era o tempo do conservacionismo, e os defensores de um ambiente sadio constituíram formalmente ligas (união de entidades com interesses comuns), associações de indivíduos (que tinham os mesmos objetivos e defendiam os mesmos princípios) e sociedades, fazendo da preservação da biodiversidade a sua prioridade e propondo um compromisso de colaboração recíproca que fosse subscrito por governos, organizações e cidadãos. Só durante 1909, para além da Sociedade Nacional de Conservação Americana, foram ainda fundadas a Swiss League for the Protection of Nature, a Swedish Society for Nature Conservation (SSNC) (Naturskyddsföreningen, em sueco), e a Wildlife Preservation

---

[44] Texto original: "The human tragedy these Aleuts experienced was stark and pervasive". "(…) until 1962 the government still paid part of Aleuts' wages in kind. As late as 1964 the government still required permission to visit the islands an Aleut legislative candidate was refused permission that year. And alcohol prohibition prevailed in the Pribilofs until 1963." (Jones, 1982, *online*).

[45] Texto original: "Commercial fur seal harvesting, first for Russians and later for Americans (as an enterprise run by the federal government), served as the economic backbone of the islands until it ended in 1984. Since that year, fur seals may be harvested only by Unangax for their own food. Other economic endeavors, including halibut fishing and tourism, have been developed to replace the commercial fur seal harvest." (APIA, 2015, *online*).

Society of Australia (WPSA). Estes países - Suíça, Suécia, Austrália, Inglaterra e Estados Unidos da América -, que foram precursores em cultivar o interesse da sua população na preservação da fauna e flora, são hoje responsáveis pela produção e aplicação dos melhores quadros legais na área do direito ambiental, o que denota um percurso positivo, não obstante algumas oscilações, sobretudo por parte dos Estados Unidos, fruto do interesse industrial capitalista, como se verificou na história recente em relação ao Protocolo Quioto (Santos, 2014).

Ainda no ano de 1908, foi fundada a Wildfowlers' Association of Great Britain and Ireland (WAGBI), que viria a incorporar por fusão a Gamekeepers Association, em 1975. Por deliberação da Assembleia Geral Ordinária, de 1981, passou a designar-se British Association for Shooting and Conservation (BASC), e em janeiro de 1997 tornou-se na British Association for Shooting and Conservation Limited.[46] A Associação tinha vários objetivos, mas eram todos muito pouco virtuosos para a causa ambiental na vertente animal. Na prática, procurava preservar a natureza para perpetuar as atividades que promovia e para proteger a fauna que os seus membros gostavam de caçar. Por outras palavras, o seu objetivo era assegurar a continuação das suas atividades desportivas, e para isso propunha-se proteger a fauna selvagem, sobretudo as aves, para evitar que a captura excessiva destes animais, fruto da importância das suas penas para a indústria da moda, levasse ao fim do seu desporto. Pauta-se, assim, por uma visão puramente utilitarista e antropocentrista, pouco benéfica para uma real e efetiva preservação ambiental.

Em maio de 1912, um mês após o naufrágio do *Titanic*, o banqueiro e naturalista Nathaniel Charles Rothschild realizou uma reunião no Museu de História Natural de Londres para discutir a sua ideia para a constituição de uma nova organização destinada a proteger a vida selvagem nas Ilhas Britânicas, o que conduziu, nesse ano, à constituição da Sociedade para a Promoção de Reservas Naturais (Society for the Promotion of Nature Reserves, em inglês), marcando o início da The Wildlife Trusts. Rothschild era um banqueiro bem-sucedido, mas a sua

---

[46] A Associação foi constituída como uma "Industrial and Provident Society - IPS". Para saber mais: http://basc.org.uk/about-basc/.

paixão era a vida selvagem, principalmente os insetos. Acreditava que a política de conservação tinha de ser baseada em evidência científica e, com uma visão radical para a conservação da natureza, muito à frente para o seu tempo, definiu uma estratégia para proteger os locais mais ricos em vida selvagem, em especial os pântanos, e algumas espécies individualmente, por serem únicas, também pelo seu valor intrínseco, e por serem importantes para o funcionamento dos ecossistemas selvagens que pretendia conservar. Ou seja, visava o oposto da Wildfowlers' Association of Great Britain and Ireland (WAGBI), que apenas pretendia proteger as terras para assegurar a continuação da caça.

Ao longo de três anos, os membros da Sociedade para a Promoção de Reservas Naturais, onde se incluíam Rothschild e vários amigos seus, nomeadamente Neville Chamberlain, que viria a ser primeiro-ministro, identificaram os principais locais de vida selvagem na Inglaterra, Escócia, País de Gales e Irlanda, e conseguiram elaborar uma lista de 284 locais que entendiam serem dignos de proteção, as chamadas "Reservas de Rothschild", que se dividiam em três categorias: os locais de reprodução de espécies raras, os locais de plantas raras, e as áreas de interesse geológico.[47] Alguns destes locais desapareceram em consequência do modelo de crescimento vigente, e os que sobreviveram até hoje são sítios de interesse científico especial (Sites of Special Scientific Interest – SSSIs, em inglês) ou reservas naturais, e muitos estão mesmo protegidos por lei.

O naufrágio do *Titanic*, ocorrido a 14 de abril de 1912 na sequência de uma colisão com um iceberg, marcou um ponto de viragem na necessidade de salvaguarda da vida humana no mar. Já antes tinham acontecido acidentes marítimos, alguns deles graves, mas nenhum teve tão grande impacto e repercussão. Afundou com milhares de pessoas a bordo, e, talvez por isso, nenhum conheceu semelhante resposta por parte das nações marítimas internacionais com vista à rápida adoção de medidas que contribuíssem para a salvaguarda da vida humana no mar, para evitar a repetição de acidentes semelhantes, numa altura em que o comércio transatlântico de passageiros se apresentava altamente atrativo. Em 1914, em Londres, realizou-se a primeira conferência internacional

---

[47] https://www.wildlifetrusts.org/about-us/our-history. Acedido em 09/09/2020.

sobre a salvaguarda da vida humana no mar, promovida pelo Governo britânico, e em 20 de janeiro do mesmo ano foi aprovada a Convenção Internacional para a Salvaguarda da Vida Humana no Mar, também conhecida como Convenção SOLAS. Este instrumento multilateral, que terá sido decisivo para o estabelecimento, uns anos mais tarde, da Organização Marítima Internacional (OMI), deveria ter entrado em vigor na ordem internacional em julho de 1915, mas esse processo foi atrasado pela Primeira Guerra Mundial. Posteriormente, foram celebradas outras quatro convenções sobre o mesmo tema: a primeira foi adotada em 1929 e entrou em vigor em 1933, a segunda foi adotada em 1948 e entrou em vigor em 1952, a terceira foi adotada em 1960, já sob os auspícios da OMI, e entrou em vigor em 1965, e a versão atual foi adotada em 1974 e entrou em vigor em 1980, como se verá mais adiante.

Era ainda o tempo de um Homem que, vivendo à frente do seu tempo, abdicou de uma posição invejável na sociedade e de uma vida de conforto para ajudar outros que, numa total orfandade de cuidados e assistência médica, se debatiam sem meios na difícil vida da selva. Trata-se de Albert Schweitzer, que deve e merece ser enaltecido, pois com a sua ação individual contribuiu para o desenvolvimento da reverência pela vida ética e foi precursor de uma cultura saudável de habitar o mundo.

Albert Schweitzer, que lecionava Teologia e Filosofia na Universidade de Estrasburgo, uma das mais notáveis, e era exaltado como músico e, inclusive, um dos melhores intérpretes de Bach, também uma autoridade na construção de órgãos, e ainda um reputado religioso dentro da sua Igreja, iniciou em 1905 o curso de Medicina e, seis anos depois, já casado, decidiu incorporar uma missão para o Lambaréné, no Gabão, onde faltavam médicos. Improvisou um consultório, e, não obstante a carência de medicamentos e instrumentos clínicos, começou a tratar da melhor forma que sabia e conseguia as mais diversas patologias dos autóctones, enquanto ensinava o Evangelho com uma linguagem simples, dando exemplos tirados da natureza sobre a necessidade de agirmos em benefício do próximo. Depois da Primeira Guerra Mundial, manteve a ação de médico-missionário e foi fundamental para a construção de um hospital na África Equatorial, e continuou a defender e a propagar a ética universal e os princípios da ética ambiental ao procurar harmonizar as relações entre humanos e as relações entre humanos e não humanos, o que consubstanciado lhe valeu a atribuição, em 1952, do Prémio Nobel da Paz. Citamos a seguir parte de um artigo que o autor escreveu na revista *Christendom* (1936), onde é possível perceber a reverência pela vida ética:

> "O que importa é que somos parte da vida. Nascemos de outras vidas; temos capacidades para gerar ainda outras vidas. Do mesmo modo, quando espreitamos para um microscópio assistimos à reprodução das células. Assim, a natureza compele-nos a reconhecer como um facto a dependência mútua, em que cada vida ajuda necessariamente as outras vidas que a ela estão ligadas. Nas próprias fibras do nosso ser, carregamos dentro de nós o facto da solidariedade da vida. O nosso reconhecimento desse facto cresce com o pensamento. Vendo a sua presença em nós próprios, apercebemo-nos do quão intimamente ligados estamos a outros da nossa espécie. Gostaríamos talvez de ficar por aqui, mas não podemos. A vida exige que vejamos através da solidariedade de toda a vida que consigamos de algum modo reconhecer como tendo alguma semelhança com a vida que existe em nós. Por certo começará a perguntar-se se podemos afirmar seriamente que tal privilégio se estende a outras criaturas além do homem. Serão também elas compelidas pela ética? Não posso afirmar que as evidências são sempre visíveis como podem sê-lo no caso dos humanos. Mas o que eu posso afirmar é que onde quer que encontremos o amor e o cuidado sacrificial dos progenitores pelas crias (por exemplo) encontramos esse poder ético. Com efeito, qualquer exemplo de criaturas que se ajudam mutuamente mostra que assim é. Além do mais, há provavelmente mais provas do que as que podemos pensar à primeira".[48]

---

[48] Texto original: "The important thing is that we are part of life. We are born of other lives; we possess the capacities to bring still other lives into existence. In the same way, if we look into a microscope we see cell producing cell. So nature compels us to recognize the fact of mutual dependence, each life necessarily helping the other lives which are linked to it. In the very fibers of our being, we bear within ourselves the fact of the solidarity of life. Our recognition of it expands with thought. Seeing its presence in ourselves, we realize how closely we are linked with others of our kind. We might like to stop here, but we cannot. Life demands that we see through to the solidarity of all life which we can in any degree recognize as having some similarity to the life that is in us. No doubt you are beginning to ask whether we can seriously mean that such a privilege extends to other creatures besides man. Are they, too, compelled by ethics? I

Depois da I Guerra Mundial, mais propriamente após a assinatura do Tratado de Versalhes, em 28 de junho de 1919, as nações mais poderosas iniciaram diligências para regular a guerra, para evitar a utilização de armas químicas, como vimos, utilizadas pela Alemanha. Tratava-se, portanto, de dar continuidade ao iniciado nas convenções de Haia de 1899 e 1907.

Esta iniciativa, no quadro político internacional, culminou no Protocol for the Prohibition of the Use in War of Asphyxiating, Poisonous or Other Gases, and of Bacteriological Methods of Warfare, de 1925, também conhecido como o Protocolo de Genebra (Geneva Protocol, em inglês). O esforço era bem-intencionado mas revelou-se ineficaz, desde logo porque o tratado impedia a utilização de armas químicas, mas não impedia a investigação nessa área, nem tão pouco a produção e posse destas armas. Não foram definidos serviços de inspeção e alguns países que ratificaram o protocolo estabeleceram o direito à retaliação. Acresce que os Estados Unidos nem o protocolo ratificaram de imediato e só o fizeram em 1975.

Ao mesmo tempo, num processo com muitos antecedentes, discutia-se a ausência de um mercado e de direitos de propriedade bem definidos, especialmente quando se combinava os recursos comuns com a propriedade privada. Uma corporação que poluísse um rio não pagava o preço da poluição, porque a água do rio e os peixes não tinham um proprietário que exigisse a respetiva compensação pelos danos. Era necessário internalizar essa externalidade negativa, ou seja, incluir os custos da poluição no total da receita de produção dessa corporação. Debatia-se como proceder.

Arthur Cecil Pigou (1877 – 1959), que em 1908 substituiu o seu professor Alfred Marshall na disciplina de Economia Política na Universidade de Cambridge, por esta altura publicou "The Economics of Welfare" (1920) (em português "A Economia do Bem-estar"), a sua *Magnum opus*, onde ofereceu uma solução para este problema das

---

cannot say that the evidence is always apparent as it may be in human instances. But this I can say, that wherever we find the love and sacrificial care of parents for offspring (for instance) we find this ethical power. Indeed, any instance of creatures giving aid to one another reveals it. Moreover, there are probably more proofs than we might at first think" (Schweitzer, 1936, S/p).

externalidades associadas às ineficiências do mercado, como a poluição atmosférica causada pelas emissões dos veículos, exemplo rotineiro de externalidade negativa, uma vez que os custos dessa poluição não eram compensados nem pelo construtor nem pelo utilizador do veículo. A sua solução passava pela intervenção do Estado, eliminando a externalidade negativa através da aplicação de impostos (a quem lesa) e da concessão de subsídios (a quem é lesado). O conceito de externalidade permanece central para a economia do bem-estar moderna e, particularmente, para a economia ambiental. Em síntese, as divergências entre os custos ou benefícios socias e os custos ou benefícios privados (externalidades) são os efeitos colaterais de uma decisão sobre aqueles que não participam nela, pelo que apenas se pode falar em externalidade quando há consequências para terceiros que não são consideradas por quem toma a decisão (Pigou, 1932 [1920]).

Em 1923, na Nova Zelândia, Val Sanderson fundou a Native Bird Protection Society que começou por ser presidida por Sir Thomas Mackenzie e tinha por objetivo lutar pela conservação da vida selvagem e dos espaços florestais, numa altura em que as questões da conservação da floresta e da vida selvagem não eram uma prioridade máxima no país, não obstante excessiva extração de madeira. A preocupação era económica e financeira, como em quase todos os locais do mundo, e assim continuou a ser durante toda a primeira metade do século XX, em consequência das duas guerras mundiais e da crise económica de 1929. Só na década de 1960, tal como em quase todo o mundo, a opinião pública neozelandesa despertou para as profundas alterações à paisagem natural e selvagem, na maior parte dos casos já irreversíveis, causadas pelos grandes projetos de desenvolvimento de energia hidroelétrica. Para essa consciencialização foi importante a obra "Heritage destroyed: the crisis in scenery preservation in New Zealand" (1960) ("Património destruído: a crise na preservação da paisagem na Nova Zelândia", em português), de John Tenison Salmon, na altura professor sénior do Departamento de Zoologia da Victoria University College, em Wellington.

A Native Bird Protection Society resultou do bom desempenho de muitas pessoas, mas sobretudo da luta de um homem, Val Sanderson, que prestou serviço na Primeira Guerra Mundial, e em 1921, quando regressou a casa, não terá gostado de ver destruída parte da vegetação da Ilha Kapiti, por falta de gestão (a falta de vedação permitiu que ovelhas e cabras consumissem a vegetação). Encetou então uma forte luta pela preservação do ambiente natural e selvagem da ilha, tendo conseguido a sua classificação como Reserva de Vida Selvagem. Em 1935, a Sociedade passou a designar-se "Royal Forest and Bird Protection Society of New Zealand" e expandiu as suas áreas de atuação (Nathan, 2009, *online*). Importa notar que antes desta Sociedade já exista na Nova Zelândia a "The New Zealand Forestry League", também destinada à conservação da floresta, mas não tinha atividade. Ademais, até à década de 1970, esta sociedade, hoje denominada Forest & Bird, foi a única a zelar pela conservação dos lugares selvagens e da vida selvagem e ecossistemas naturais na Nova Zelândia, e continua a desempenhar um papel crucial na preservação do meio ambiente e das espécies nativas da Nova Zelândia.

Em 1926, o cientista russo Wladimir Vernadsky publicou uma obra em russo que em 1929 foi traduzida para francês sob o título "La Biosphère" ("A Biosfera", em português), na qual desenvolve o conceito de biosfera, uma palavra criada em 1875 pelo geólogo austríaco Eduard Suess (1831-1914) "a fim de fazer a distinção entre a camada externa do globo constituída pela crosta terrestre e pelo manto superior (a «litosfera») e a película esférica do planeta onde se encontram os seres vivos".[49] Vários autores já se tinham vindo a aproximar gradativamente

---

[49] Texto original: "(…) afin de distinguer la couche externe du globe constituée par la croûte terrestre et le manteau supérieur (la « lithosphère»), de la pellicule sphérique de la planète où existent les êtres vivants" (Acot, 2000, p. 635). Isto consta da sua obra "Das Antlitz der Erde", em português "A Face da Terra", constituída de cinco volumes publicados entre 1983 e 1901, e traduzida por Hertha Sollas, filha de William Johnson Sollas, entre 1904 e 1924, com o título "The Face of the Earth". Nesta obra, Eduard Suess concluiu que a América do Sul, a África e a Índia já tinham estado unidas num supercontinente, conforme comprovado pela descoberta de vestígios análogos em fósseis dos três continentes, e daí a introdução do conceito de biosfera. É também um dos precursores da ecologia. Nesta matéria, seria Alfred Wegener, geólogo e meteorologista alemão, na sua obra clássica "Die Entstehung der Kontinente und Ozeane" (1920), em português "A Origem dos Continentes e Oceanos", a apresentar a "teoria da deriva continental" para explicar que os continentes então existentes já tinham estado unidos num único continente de grandes dimensões, que ele nomeou de Pangea.

do conceito de biosfera formulado por Vernadsky, mesmo antes de Eduard Suess, que conhecia pessoalmente, e influenciaram-no, nomeadamente James Hutton, na geofisiologia, Lamarck, na biologia e na vida, Alfred James Lotka, na biologia física, e, sobretudo, Sadi Carnot, fundador da termodinâmica (Acot, 2000, p. 635-636; 2003, p. 245; Edmunds & Bogush, 2013, p. 236-239).

Wladimir Vernadsky definiu a biosfera como um conceito unificador e holístico para o sistema terrestre, no qual todos os elementos (continentes, oceanos, atmosfera, e seres vivos) estão conectados. Numa época em que se tentava explicar o todo através das partes constituintes mais simples (reducionismo), o autor adotou ideias opostas, portanto, holistas, defendendo que as propriedades deste fenómeno não são explicáveis a partir das propriedades individuais das partes, uma vez que, conforme comprovou, existem interconexões indissolúveis que unem a vida a todos os fenómenos geoquímicos do planeta e que permitem o funcionamento do planeta. É por isso um precursor da ecologia. Noutra obra intitulada "The History of Natural Waters", em que Vernadsky analisa muitos conceitos de hidrogeologia, geoquímica e biologia, a água é descrita como parte integrante da biosfera. O autor também adotou o conceito de "noosfera", em sentido semelhante à atmosfera e biosfera, que pode ser visto como a "esfera do pensamento humano", para enfatizar o papel do Ser Humano na biosfera (Edmunds & Bogush, 2013, p. 236-239).

Também em 1926, foi instituído o Conselho para a Preservação da Inglaterra Rural (Council for the Preservation of Rural England - CPRE, em inglês), fundado por Sir Patrick Abercrombie, cujos objetivos principais eram a filantropia e o bem-estar social. Lutava contra as ameaças ao espaço rural decorrentes do avanço da urbanização e da industrialização. Via-se como um guardião do espaço rural e tinha várias dependências locais e regionais por toda a Inglaterra. Em 1969, passou a designar-se Conselho para a Proteção da Inglaterra Rural (Council for the Protection of Rural England, em inglês), para refletir a alteração na abordagem às suas atividades, e em 2003 passou a designar-se Campanha para Proteger a Inglaterra Rural (Campaign to Protect Rural England, em inglês), para "promover a beleza, a tranquilidade e a diversidade da Inglaterra rural, incentivando o uso sustentável da terra e dos outros recursos naturais na cidade e na província".[50] Nos últimos anos tem realizado diversas campanhas pela mudança das políticas agrícolas em toda a Europa, e tem sido alvo de críticas pela forma obstinada e pouco coerente como defende o espaço rural.

Ainda no mesmo ano de 1926, foi instituída a Associação para a Proteção da Escócia Rural (Association fot the Protection of Rural Scotland - APRS, em inglês), tendo como objetivos proteger o ambiente e a bucólica paisagem rural, que é um bem inestimável para a saúde, a prosperidade e o bem-estar das gerações presentes e futuras, e lutar contra as ameaças ao espaço rural, especialmente aos modelos de produção agrícola, indústria da madeira, empreendimentos habitacionais e extração de recursos do solo.[51] Esta é uma das mais antigas organizações ambientalistas da Escócia, independente do poder político, que vive de donativos e de trabalho de voluntário, e tem como objetivos proteger e melhorar a típica paisagem rural da Escócia, promover sistemas eficazes de planeamento e de proteção da paisagem, promover a consciencialização dos proprietários das terras e da população em geral para a necessidade de proteção da paisagem, até pela importância económica do turismo, e promover o desenvolvimento sustentável.

Em 1928, na mesma linha, Sir Clough Williams-Ellis criou o Conselho para a Preservação do País de Gales Rural (Council for the Preservation of Rural Wales - CPRW, em inglês), cuja designação foi alterada para Conselho para a Proteção do País de Gales Rural (Council for the Protection of Rural Wales, em inglês), em 1962, e para Proteção do País de Gales Rural (Protection of Rural Wales, em inglês), em 1991. Tal como os anteriores, tinha como objetivos proteger a paisagem do espaço rural e incentivar o desenvolvimento sustentado, de forma que o modelo económico vigente, suportado pela forte industrialização, não aniquilasse a originalidade e a riqueza do mundo rural. Note-se que nesta altura já se sucediam os casos de poluição atmosférica especialmente em

---

[50] Texto original: "to promote the beauty, tranquillity and diversity of rural England by encouraging the sustainable use of land and other natural resources in town and county". https://www.reading.ac.uk/merl/collections/Archives_A_to_Z/merl-SR_CPRE.aspx. Acedido em 09/09/2020.
[51] http://aprs.scot/about/. Acedido em 09/09/2020.

zonas densamente industrializadas do Reino Unido e de outros países europeus. Em 1930, no Vale do Meuse (Bélgica), uma zona altamente industrializada, pereceram 60 pessoas por causa da poluição atmosférica (Hogan, 2007, p. 16).

Em 1 de maio de 1931, foi criado o National Trust for Scotland com o objetivo de defender a herança natural, edificada e cultural da Escócia. Logo nesse ano recebeu a primeira propriedade, o Castelo de Crookston em Renfrewshire. É uma das maiores organizações conservacionista da Escócia, e protege locais com interesse histórico ou com distinta beleza natural na Escócia. Ainda que esteja mais ativa em trabalhos de natureza histórica relacionados com castelos, arte e arquitetura, também assegura a proteção de zonas costeiras e tem preocupações com a natureza e a fauna e flora selvagens.[52]

Como se observa na *base de dados de acordos ambientais internacionais*, que abrange os acordos bilaterais, multilaterais e outros (Mitchell, 2015)[53], o desenvolvimento de instrumentos jurídicos internacionais em relação ao ambiente teve um crescimento exponencial nas décadas seguintes, especialmente em áreas fronteiriças e contra a poluição, no entanto, tendo subjacente uma conceção de ambiente centrada na ética utilitarista antropocentrista, longe da atual conceção de ambiente. Ainda assim, pode dizer-se que nos anos 1930 se assiste a um alargamento da conceção de ambiente, com a criação de parques naturais e reservas protegidas para proteger espécies ameaçadas de fauna e flora, a começar por África.

Destaca-se, a esse título, a Convenção Relativa à Preservação da Fauna e da Flora em seu Estado Natural (Convention Relative to the Preservation of Fauna and Flora in their Natural State, em inglês), que foi assinada em Londres, em 8 de novembro de 1933, e por isso também conhecida como a "Convenção de Londres de 1933", e que entrou em vigor em 14 de janeiro de 1936 (Beurier, 2010, p. 38), tendo sido ratificada por Portugal em 1950. Veio substituir a Convenção para a

---

[52] https://www.nts.org.uk/what-we-do/history. Acedido em 09/09/2020.

[53] International Environmental Agreements (IEA) - Database Project(c) Ronald B. Mitchell and the IEA Database Project, 2002-2015. Disponível em: <http://iea.uoregon.edu/page.php?query=list_subject.php>. Acedido em 8 de outubro de 2015.

Preservação de Animais Selvagens, Pássaros e Peixes na África (Convention for the Preservation of Wild Animals, Birds, and Fish in Africa, em inglês), de 19 de maio de 1900, também conhecida por "Convenção de Londres de 1900", que nunca chegou a entrar em vigor.

Trata-se de um tratado multilateral que foi formalizado pelos poderes coloniais europeus tendo em vista a conservação da natureza em África, mas que, note-se, excluía do seu âmbito de aplicação os territórios dos países colonizadores signatários (Beurier, 2010, p. 38). Instituiu um regime especial de preservação da fauna e da flora precursor da preservação ainda hoje realizada, mediante: "(i) a constituição de parques naturais (*"National Park"*), reservas naturais limitadas (*"Strict Natural Reserve"*), e outras reservas dentro das quais sejam objeto de limitação ou proibição a caça, o abate ou a captura de fauna, e a recolha ou destruição de flora, (ii) a instituição de regulamentos relativos à caça, abate e captura de fauna fora dessas zonas, (iii) a regulação do tráfico de troféus, e (iv) a proibição de determinados métodos e armas na caça, abate e captura de fauna".[54] Tentava-se assim assegurar o mínimo de perturbação possível e proteger as espécies de fauna e flora selvagem.

A maior importância vai para a proteção conferida a espécies de animais raros e/ou ameaçados, que foram integrados em duas classes (A e B) num anexo à Convenção. A "classe A" era constituída por cerca de vinte espécies de animais e uma planta, a famosa *Welwitschia mirabilis*[55], popularmente conhecida como "polvo do deserto", que só existia no deserto do Namibe, ao sul de Angola (foi a primeira espécie de planta a ser protegida por um tratado multilateral). Estes animais apenas podiam ser mortos com permissão especial, e apenas para fins de investigação científica ou por motivo excepcional. A "classe B" era constituída por cerca de quinze espécies de animais que podiam ser mortos por

---

[54] Texto original: "(i) by the constitution of national parks, strict natural reserves, and other reserves within which the hunting, killing or capturing of fauna, and the collection or destruction of flora shall be limited or prohibited, (ii) by the institution of regulations concerning the hunting, killing and capturing of fauna outside such areas, (iii) by the regulation of the traffic in trophies, and (iv) by the prohibition of certain methods of and weapons for the hunting, killing and capturing of fauna." (Convention Relative to the Preservation of Fauna and Flora in their Natural State, 1933).

[55] Planta gnetófita da classe *Gnetopsida*, pertencente à ordem *Welwitsciales* e família *Welwitschiaceae*.

portadores de autorizações especiais cuja atribuição não estava necessariamente ligada a motivos específicos.

Esta convenção é classificada por Boardman (1981, p. 34) como a "Magna Carta da Conservação da Natureza", e por Steinhart (2006, p. 180) como o "ponto alto da institucionalização da proteção internacional da natureza antes da Segunda Guerra Mundial", e marca o início da primeira fase de internacionalização das políticas públicas de conservação da natureza. O que se subscreve. No caso de Portugal, por exemplo, quando esta carta foi aprovada, não se desenvolvia no país qualquer ação de conservação da natureza, com exceção do que estava previsto no Plano de Povoamento Florestal e no regime florestal e da proteção dos arvoredos. Na Grã-Bretanha, a conservação da natureza também ainda não tinha sido consignada na lei, o que só aconteceu com a publicação do National Parks & Access to the Countryside Act, em 1949, na sequência da qual foi constituída a primeira agência governamental de conservação, e, logo depois, os primeiros parques nacionais e os primeiros sítios de interesse científico especial. Até então valia o trabalho dos naturalistas e das organizações conservacionistas, em especial o trabalho de Rothschild e seus amigos, na proteção dos mais importantes locais da vida selvagem nas Ilhas Britânicas. Citam-se a seguir algumas passagens da Convenção, inovadoras na forma de pensar o ambiente, que mostram um alargamento de horizontes, mas simultaneamente também mostram uma acutilante perspetiva utilitarista:

> **"Artigo 4.º**
>
> Os Governos Contratantes procurarão implementar, em cada um dos seus territórios, as seguintes disposições administrativas:
>
> 1. O controlo de todos os povoamentos (aglomerações) de brancos e indígenas em parques nacionais com vista a garantir que estes provoquem o mínimo de perturbação na fauna e flora naturais.
>
> 2. A criação, em torno dos limites dos parques nacionais e das reservas naturais estritas, de zonas intermédias nas quais seja permitida a caça, o abate e a captura de animais sob o controlo das autoridades do parque ou da reserva, mas nas quais nenhuma pessoa, que se torne proprietário, arrendatário ou ocupante após

uma data a definir pela autoridade do território em causa, poderá queixar-se de estragos causados por animais.

3. A escolha, em todos os parques nacionais, de áreas suficientemente vastas para ter em conta, na medida do possível, as migrações da fauna ali preservada.

(...)

Artigo 7.º

Independentemente de qualquer medida que possa ser tomada ao abrigo do artigo 3.º da presente Convenção, os Governos Contratantes deverão, a título preliminar e complementar à criação de parques nacionais ou de reservas naturais restritas:

(...)

8. Incentivar a domesticação de animais selvagens suscetíveis de serem objeto de utilização para fins económicos.

(...)

Artigo 8.º

(...)

4. As autoridades competentes deverão igualmente ter em consideração a questão da proteção de espécies de animais ou plantas geralmente aceites como sendo úteis para o homem ou como tendo um interesse científico especial".[56]

---

[56] Texto original: "**Article 4 -** The Contracting Governments will give consideration in respect of each of their territories to the following administrative arrangements:
1. The control of all white or native settlements in national parks with a view to ensuring that as little disturbance as possible is occasioned to the natural fauna and flora.
2. The establishment round the borders of national parks and strict natural reserves of intermediate zones within which the hunting, killing and capturing of animals may take place under the control of the authorities of the park or reserve, but in which no person who becomes an owner, tenant, or occupier after a date to be determined by the authority of the territory concerned shall have any claim in respect of depredations caused by animals.
3. The choice in respect of all national parks of areas sufficient in extent to cover, so far as possible, the migrations of the fauna preserved therein.
Article 7 - Irrespective of any action which may be taken under Article 3 of the present Convention, the Contracting Governments shall, as measures preliminary and supplementary to the establishment of national parks or strict natural reserves:
8. Encourage the domestication of wild animals susceptible of economic utilization.
Article 8 - 4. The competent authorities shall also give consideration to the question of protecting species of animals or plants which by general admission are useful to man or

ENCRUZILHADAS DA SUSTENTABILIDADE

Entre 8 e 15 de abril de 1934, realizou-se a Primeira Conferência Brasileira de Proteção à Natureza, no Rio de Janeiro, que se enquadrava no contexto político-intelectual da época, em especial num projeto mais amplo de construção da nacionalidade, e que demonstra já existir no Brasil um grupo bem organizado que se ocupava e preocupava com as questões ambientais (Franco & Drummond, 2009, p. 43, 111, 213). Se por um lado os participantes neste evento veiculavam interesse pela proteção da natureza, como revelam as propostas formuladas de criação de reservas naturais, também não deixa de ser verdade que as principais motivações de proteção da natureza eram de ordem antropocêntrica e utilitarista.

Na década seguinte à Convention Relative to the Preservation of Fauna and Flora in their Natural State, foram publicadas três obras em francês, e talvez por isso com menor visibilidade, que são basilares para a compreensão da conservação em África, nomeadamente "Afrique, terre qui meurt: La dégradation des sols Africains sous l'influence de la Colonisation" (1944), de Jean Paul Harroy, "La végétation de la plaine alluviale au sud du lac Édouard" (1947), de Zending J. Lebrun, e "Climats: forêts et désertification de l'Afrique tropicale" (1949), de André Aubréville. Estas obras revelam bem os efeitos da colonização sobre o ambiente natural, sendo de destacar o efeito da destruição através de incêndios, com influências nos solos. Em resumo, florestas convertidas em pastagens, que depois passam a zona de arbustos, levando à erosão e destruição do solo.

Devido à massificação da exploração e sobrepesca de várias espécies de cetáceos, que já colocava em causa o equilíbrio biológico das baleias, no período entre as duas grandes guerras foram realizadas duas convenções internacionais tendo em vista a sua proteção. A primeira, sob os auspícios da Sociedade das Nações (ou Liga das Nações), é uma proposta de regulação da atividade baleeira ("Regulation of Whaling") que foi levada à Convenção de Genebra, em 1931, mas que não vingou, tinha a oposição do Japão, histórico baleeiro, e também da Alemanha. Posteriormente, em 8 de junho de 1937, em Londres, chegar-se-ia a um

---

of special scientific interest". Convention Relative to the Preservation of Fauna and Flora in their Natural State, 1933.

"Acordo Internacional para a Regulação da Atividade Baleeira", e em 24 de junho de 1938 e em 26 de novembro de 1945 seriam assinados protocolos a este acordo em Londres. No entanto, estes não se mostraram particularmente eficazes[57] e foram sucedidos pela Convenção Internacional para a Regulação da Atividade Baleeira (International Convention for the Regulation of Whaling – ICRW, em inglês), assinada em Washington, a 2 de dezembro de 1946 (Decreto n.º 18/2002, de 3 de maio, p. 4194).

Com ascendência da "Convenção de Londres de 1933" e marcando decididamente a primeira fase de internacionalização das políticas públicas de conservação da natureza, a Oitava Conferência Internacional dos Estados Americanos (Eighth International Conference of American States, em inglês), que decorreu em Lima, em dezembro de 1938, recomendou à União Pan-Americana que reunisse um comité de especialistas para estudar os problemas relacionados com a natureza e com a vida selvagem nas repúblicas americanas, e para preparar um projeto de Convenção sobre Proteção da Natureza e Preservação da Vida Selvagem no Hemisfério Ocidental ("Convention on Nature Protection and Wildlife Preservation in the Western Hemisphere", ou "Western Hemisphere Convention", em inglês), também conhecida como "Convenção para a Proteção da Flora, da Fauna e das Belezas Cênicas Naturais dos Países da América" ou "Convenção de Washington de 1940", que foi concluída e aberta para assinatura aos Estados membros da União Pan-Americana (desde 1948 designada Organização dos Estados Americanos - OEA), em 12 de outubro de 1940, na cidade de Washington, e entrou em vigor a 30 de abril de 1942. A Convenção era aplicável aos territórios não europeus e foi assinada por 22 Estados Membros da União Pan-Americana e ratificada por 19 (o último a ratifica-la foi o Suriname, em 1985) (Bowman, Davies & Redgwell, 2010, p. 241-261).

Este tratado multilateral, de aplicação regional, visava "proteger e conservar no seu habitat natural exemplares de todas as espécies e géneros da flora e da fauna nativas [das Américas], incluindo aves

---

[57] Ainda que não tenham sido particularmente eficazes, forneceram um quadro jurídico importante para a regulação posterior da caça às baleias.

migratórias, em número suficiente e em áreas extensas".[58] Previa a proteção das espécies em risco de extinção (induzida pelo Ser Humano), o estabelecimento de áreas protegidas e a regulamentação do comércio internacional de vida selvagem, sujeitava as aves migratórias a medidas especiais de preservação e de utilização racional, entendendo-se por "rational utilisation" a sua utilização em desportos, na alimentação, no comércio, e para fins industriais ou científicos, previa a cooperação entre Estados signatários na promoção de pesquisas e estudos para melhor protegerem a natureza e a vida selvagem, e a adoção, por estes, de medidas adequadas à proteção de aves migratórias de valor económico ou estético ("economic or aesthetic value") ou ameaçadas de extinção, e previa a proteção e conservação de áreas especiais e de beleza extraordinária. Os conceitos fundadores desta convenção passam a se replicados nas inúmeras convenções que lhe sucedem nas décadas seguintes (Bowman, Davies & Redgwell, 2010, p. 241-261).

Em 1935, foi fundada a "The Wilderness Society"[59], com o objetivo de unir pessoas que amavam e respeitavam o mundo natural para salvar os locais selvagens da América. Este grupo considerava que o ar, a água e o acesso à natureza eram direitos básicos das pessoas, e lutava por garanti-los. Procurava que o mundo fosse um lugar mais justo, por exemplo, reconhecendo que os povos indígenas americanos eram os responsáveis por gerir as terras em que habitavam. Na sua fundação participou Aldo Leopold, filósofo ambiental responsável pela Ética da Terra, e o seu funcionamento seguia esta linha de pensamento.

Paralelamente ao progresso científico e social, ocorreram avanços na utilização dos agrotóxicos, que viriam a revelar-se trágicos para o ambiente na viragem para a segunda metade do século XX. Em 1939, Paul Hermann Müller, também conhecido como Pauly Mueller, descobriu que o DDT, um composto químico organoclorado, constituído por átomos de carbono, hidrogénio e cloro, e sintetizado em laboratório pela primeira vez em 1874, era eficaz no combate a insetos, e

---

[58] Texto Original: "to protect and preserve in their natural habitat representatives of all species and genera of their native flora and fauna, including migratory birds, in sufficient numbers and over areas extensive" (Convention on Nature Protection and Wildlife Preservation in the Western Hemisphere, 1940).

[59] https://www.wilderness.org/about-us (23/09/2020).

transformou-o num potente inseticida. Tal era a sua eficácia que começou a ser utilizado de modo intensivo e indiscriminado na agricultura americana, permitindo o que se designou de "Revolução Verde", e em pouco tempo se espalhou pelo mundo. Foi utilizado de forma intensiva no combate a pragas de insetos nos países em desenvolvimento, ajudando a aumentar e muito a produção, e ficou conhecido como "O Pesticida Maravilhoso". Rapidamente destronou os antigos inseticidas produzidos com base em compostos de arsénio, altamente tóxicos e que perdiam rapidamente a eficácia, e valeu a Müller, em 1948, o Prémio Nobel de Fisiologia ou Medicina. A partir da década de 1950, após se terem começado a observar mudanças nos ecossistemas, que ameaçavam o seu equilíbrio, a sociedade começou a questionar a toxicidade dos produtos químicos, mas os problemas iam sendo silenciados. O poder da indústria química era enorme e facilmente abafava os críticos. Com a publicação de "Silent Spring" (1962), de Rachel Carson, tudo se alterou, iniciando o moderno movimento ambiental.

Em 11 março de 1941, o Tribunal Arbitral estabelecido na Convenção de Ottawa, de 1935, pronunciou-se a favor do Governo dos Estados Unidos e contra o Governo do Canadá, no caso da Fundição Trail (Trail Smelter Case em inglês) (Borges, 2003; Cezario, 2010; Moniz, 2012). Considera-se que este caso representa o início do desenvolvimento do direito ambiental internacional, porque impulsionou um conjunto de instrumentos e documentos jurídicos que vieram a dar vida ao direito internacional do ambiente (Borges, 2003, p. 77).

1) **O caso:** resulta de conflito provocado por gases emitidos pela fundição Trail, localizada em Trail, British Columbia, no Canada, e detida por uma empresa canadiana, e que provocaram danos materiais e ambientais a um grupo de agricultores em solo americano, no Estado de Washington. Na sequência deste acontecimento de poluição, que perdurou durante cerca de quinze anos, 1926-1941, o governo americano apresentou queixa contra o governo do Canadá à Comissão

Mista Internacional, baseando a fundamentação no Tratado sobre as Águas Fronteiriças, de 1909, já referido.

2) **A decisão:** o Tribunal Arbitral declarou que um Estado não pode usar o seu território, ou permitir que outrem o utilize, de uma forma que dessa utilização resultem prejuízos em territórios de outros Estados ou na propriedade privada das pessoas que nele habitem.

A Carta das Nações Unidas, que foi assinada em São Francisco, a 26 de junho de 1945, após o termo da Conferência das Nações Unidas sobre Organização Internacional, e entrou em vigor a 24 de outubro seguinte, não faz menção específica à defesa do ambiente, ainda que essa problemática se possa considerar dentro da proteção que confere ao Ser Humano. O que se percebe, pois é um tratado fundador das Nações Unidas cuja maior importância reside na promoção da paz e da segurança internacionais, no condicionamento de guerras irrelevantes para o interesse comum (sem ónus da legítima defesa individual ou coletiva no caso de ocorrer um ataque armado contra um membro das Nações Unidas), fundamental para evitar uma terceira guerra mundial, e nos direitos fundamentais, na dignidade e no valor do Ser Humano.[60]

De 1 a 16 de novembro de 1945, em Londres, realizou-se a Conferência das Nações Unidas tendo em vista a criação de uma organização educacional e cultural capaz de estabelecer a "solidariedade intelectual e moral da humanidade". Surgiu assim a Organização das Nações Unidas para a Educação, a Ciência e a Cultura (UNESCO), cujo ato constitutivo foi assinado no último dia para entrar em vigor no dia 4 de novembro de 1946.

Em 1948, a UNESCO recomenda aos Estados-membros que tornem obrigatório e universal o ensino primário, determinante para o desenvolvimento social e a sustentabilidade, e no mesmo ano, em Fontainebleau, por sua iniciativa, é estabelecida a União Internacional para a Proteção da Natureza (International Union for the Protection of

---

[60] Carta das Nações Unidas. Disponível em: https://nacoesunidas.org/wp-content/uploads/2017/11/A-Carta-das-Nações-Unidas.pdf.

Nature, ou IUPN, em inglês), que viria a ser redenominada em 1956 para União Internacional para a Conservação da Natureza (International Union for Conservation of Nature, ou IUCN, em inglês). Neste processo foi muito importante a contribuição de algumas individualidades, ambientalistas e naturalistas, e da Society for the Preservation of the Wild Fauna of the Empire (SPWFE), a primeira sociedade constituída com vista à preservação da fauna e flora selvagens. Portugal aprovou a adesão à Convenção que cria a IUCN, em Assembleia da República, em 17 de maio de 1989 (Resolução da AR 10/1989 publicada no DR I série N°. 113/V/2).

A IUCN lutou durante muito tempo pela preservação das espécies e seus habitats numa altura em que existia pouco interesse internacional da parte dos governos para discutir esses assuntos de forma séria, e desempenhou um papel muito ativo na preparação da conferência sobre o ambiente humano (Conferência de Estocolmo, de 1972) (Christoffersen, 1994). Hoje é a rede global mais antiga de atuação com vista ao estudo e conservação da natureza e à gestão sustentável dos recursos naturais, uma autoridade sobre as questões do ambiente e do desenvolvimento sustentável. Atua em 160 países e, como refere na sua página da internet, tem por objetivo "um mundo mais justo que valorize e preserve a natureza" (http://www.iucn.org/).

Apesar do bom trabalho que a IUCN desempenhou sobretudo nas três décadas posteriores à sua constituição, alguns autores referem que já não tem a mesma capacidade que a caracterizou e lhe deu prestígio, que é cúmplice do poder instalado na economia neoliberal, o que é bem mais grave, e ainda, que se transformou numa empresa mais preocupada com o lucro do que com a conservação da natureza. É isso que advoga Tanajimauddina Mohammad Khan na sua tese de doutoramento intitulada: "The Project in Bangladesh: Gas, Forests, and the Livelihood!", apresentada à Universidade de Nova Inglaterra (UNE), na Austrália (foi desenvolvida entre 2010 e 2013, sob a orientação do Professor Tony Lynch). Cita-se a seguir um fragmento da sua conclusão:

> "O lucro das empresas veio substituir o seu valor de conservação da natureza para transformar a IUCN (União Internacional de Conservação da Natureza) numa verdadeira empresa comercial que encara a conservação da natureza e o ambiente como meras

mercadorias que pretende vender no mercado neoliberal global por forma a assumirem uma "viabilidade" financeira interminável! Nestas circunstâncias, deixa de ser importante perceber quem está a jogar em que campo, já que a visão do "mundo justo" passou a ser a de um "negócio justo".[61]

O período que se seguiu à II Guerra Mundial, frequentemente designado por *"Golden Thirties"*, correspondeu à fase de maior crescimento económico da História, momento em que as inovações técnicas pareciam oferecer um progresso ilimitado (Hobsbawm, 1998). O progresso tecnológico aumentou a produção e em simultâneo uma poderosa máquina publicitária instigou ao consumo de todo o tipo de bens, mesmo dos que não eram necessários, como ainda se verifica atualmente. Produzir passou a ser um fim em si mesmo, e foi sobretudo na década de 1960, e de forma mais incisiva na década de 1970, que os efeitos de um crescimento a qualquer custo começaram a ser mais visíveis no ambiente. A exploração dos recursos naturais para suprir as necessidades d reconstrução de uma Europa destruída pela Guerra e para satisfazer interesses supérfluos dos cidadãos ultrapassou a capacidade de reposição da natureza, gerando assim um ciclo letal de «des»: desflorestação, destruição de habitats e espécies, desertificação, degradação da qualidade da água, do ar e do solo.

> "Há sinais, tanto externa como internamente, de que chegamos a um ponto de crise histórica. As forças geradas pela economia tecnocientífica sao agora suficientemente grandes para destruir o meio ambiente, ou seja, as fundações materiais da vida humana (…) O nosso mundo corre o risco de explosão e implosão. Tem de mudar" (Hobsbawm, 1998, p. 567).

Convém referir que no decurso da Guerra Fria, disputada entre socialismo (ex-URSS) e capitalismo (EUA), a palavra "desenvolvimento" é reinterpretada e associada à erradicação da doença e da pobreza, com base

---

[61] Texto original: "Business profit has replaced its nature conservation value to make IUCN a perfect commercial enterprise for which nature conservation and environment are not more than commodities to sell them in the global neoliberal market so as to assume never ending financial "viability" only! Under the circumstances, it is no longer important to realise who is playing on whose ground as far as the vision of "just world" has now turned into a "just business" (Khan, 2013).

no mote de que qualquer nação poderia tornar-se autossuficiente, com bom nível de vida e qualidade de saúde/nutrição e educação. Este período, que o sociólogo Raymond Aron (1905-1983) descreveu como uma "era de paz impossível, guerra improvável", ficou marcado pela demanda das fações em guerra na angariação de Estados satélites. Quando um Estado soberano se sujeita ao domínio político e ideológico, independentemente se do lado da ex-URSS ou dos EUA, espera desenvolvimento: aumento da riqueza dos cidadãos, na forma do PIB (Produto Interno Bruto), e do Estado, pela dinamização económica e justiça social, através da justa distribuição da riqueza produzida.

Neste período de adversidade da conjuntura política mundial, em que o conceito de "desenvolvimento" chegava a ser manipulado pelas potências em atrito para atraírem países para a sua esfera de influência, as preocupações ambientais resumiam-se a questões de gestão de recursos comuns e problemas de poluição em áreas transfronteiriças, a conflitos entre nações relacionados com recursos comuns, como se vê pelos instrumentos jurídicos internacionais. Por exemplo, a Jugoslávia estabeleceu acordos bilaterais com os países limítrofes em matéria de controlo da poluição das águas transfronteiriças, caminho que foi seguido por países da Europa Central e Oriental.

Notou-se, todavia, sob os auspícios das Nações Unidas e das suas agências especializadas[62], um esforço abrangente para combater a poluição das águas e da atmosfera, evitando os detritos radioativos, para

---

[62] As Nações Unidas surgem em 1945 e na mesma década são criadas várias agências internacionais especializadas em diversos assuntos, cujas designações não deixam qualquer dúvida: a Organização da Aviação Civil Internacional (OACI) (International Civil Aviation Organization – ICAO, em inglês), fundada em 1944, a Organização das Nações Unidas para Alimentação e Agricultura (Food and Agriculture Organization – FAO, em inglês), fundada em 1945, a Organização das Nações Unidas para a Educação, a Ciência e a Cultura (United Nations Educational, Scientific and Cultural Organization – UNESCO, em inglês), fundada em 1945, a Organização Mundial da Saúde (OMS) (World Heath Organization - WHO, em inglês), fundada em 1947, e na sequência de uma conferência internacional que decorreu em Genebra e terminou em 6 de março de 1948, foi lançada a Organização Marítima Consultiva Intergovernamental (Inter-Governmental Maritime Consultative Organization – IMCO, em inglês), em 17 de março de 1958, mais tarde, em 1982, redenominada Organização Marítima Internacional (OMI) (International Maritime Organization - IMO, em inglês).

ajudar a colmatar a pobreza e melhorar a saúde, e para conservar os recursos biológicos do alto mar.

Desde logo a Convenção Internacional para a Regulação da Atividade Baleeira (International Convention for the Regulation of Whaling – ICRW, em inglês), um instrumento multilateral internacional assinado a 2 de dezembro de 1946, em Washington, com o objetivo de estabelecer um sistema internacional de regulação da caça à baleia para assegurar a conservação e a gestão sustentável das baleias a nível mundial, numa altura em que já eram visíveis os efeitos nefastos da sobrepesca destes cetáceos (redução abrupta de várias espécies e desaparecimento de outras). O principal instrumento de aplicação da Convenção é a "Comissão Baleeira Internacional" (CBI) (International Whaling Commission - IWC, em inglês), à qual cabe a gestão das obrigações impostas pela Convenção aos Estados signatários e a condução política e técnica da atividade baleeira no seu âmbito, para garantir uma adequada conservação das populações de baleias, permitindo assim um desenvolvimento ordenado da indústria baleeira.[63] A CBI reúne-se de dois em dois anos e atualmente é constituída por três comités principais: científico, técnico e de finanças e administração.

A Convenção Internacional para a Regulação da Atividade Baleeira é sucessora e incorpora os princípios do "Acordo Internacional para a Regulação da Atividade Baleeira", assinado em Londres em 8 de junho de 1937, e dos respetivos protocolos assinados em Londres em 24 de junho de 1938 e em 26 de novembro de 1945 (Decreto n.º 18/2002, de 3 de maio, p. 4194). Este instrumento jurídico internacional teve apenas uma revisão substancial, um protocolo adicional que alargou a definição de baleeiros para integrar os processos tecnológicos entretanto verificados, incluindo naquela definição os helicópteros, e que foi

---

[63] "A principal tarefa da CBI consiste em rever periodicamente as medidas listadas no Programa da Convenção, medidas essas que regulam a atividade baleeira em todo o mundo. Estas medidas permitem garantir uma total proteção de algumas espécies de baleia, designar áreas específicas como santuários, estabelecer limites ao número e tamanho das baleias a caçar, declarar épocas e áreas de defeso (interdição de caça), e proibir o abate de crias em amamentação e de fêmeas acompanhadas por crias. A CBI compila também os relatórios das capturas, bem como outros registos estatísticos e biológicos" (http://www2.icnf.pt/portal/pn/biodiversidade/ei/com-bale-intern, em 07/09/2020).

assinado em Washington, a 19 de novembro de 1956. Durante o Estado Novo, e pelos motivos que se percebem, Portugal não assinou a Convenção, e consequentemente, o seu Protocolo, tendo a sua adesão sido aprovada pelo Decreto n.º 18/2002, de 3 de maio. É representado nas reuniões anuais da Comissão pelo Prof. Doutor Jorge Palmeirim (Faculdade de Ciências da Universidade de Lisboa), na qualidade de comissário.

Logo depois, em 6 de março de 1948, em Genebra, foi concluída uma conferência internacional que adotou a Convenção Instituidora da Organização Marítima Consultiva Intergovernamental (Convention establishing the Inter-Governmental Maritime Consultative Organization, em inglês), instrumento multilateral que entrou em vigor na ordem internacional apenas em 17 de março de 1958, conhecido pela designação de Organização Marítima Consultiva Intergovernamental (Inter-Governmental Maritime Consultative Organization – IMCO, em inglês). Em 1982, por força das alterações adotadas em 1975 e 1977, passou a designar-se Organização Marítima Internacional (OMI) (International Maritime Organization - IMO, em inglês).

A Convenção Instituidora da Organização Marítima Consultiva Intergovernamental tinha como objetivo alcançar um acordo mundial de não restrição à liberdade de navegação no âmbito do comércio internacional, e para isso procurava estabelecer mecanismos de cooperação entre países tendo em vista o fim das ações discriminatórias e de restrições desnecessárias ao tráfego marítimo, e de práticas desleais de empresas marítimas, de forma a promover o comércio mundial. As questões de segurança marítima e de eficiência da navegação são brevemente mencionadas, e textualmente não são feitas referências à poluição marinha ou ao ambiente, hoje uma preocupação nuclear da atuação desta Agência, o que se explica pelo facto de ser colocada a "ênfase na ação económica para promover a "liberdade" e acabar com a "discriminação"", e por haver "uma série de governos que consideravam que as promessas de criar "um mundo sem discriminação" e tomar medidas contra "práticas restritivas injustas" constituíam uma interferência perigosa na prática da livre iniciativa".[64]

Em 1949, foi publicada a obra póstuma "Um Almanaque do Sand County" (A Sand County Almanac, em inglês), de Aldo Leopold, conservacionista e filósofo ambiental, que foi pioneiro na elaboração de formulações éticas que procuravam levar em consideração a comunidade biótica da Terra. Nesta obra, através da combinação de história natural, literatura naturalista, filosofia e humor, o autor definiria a "Ética da Terra", com se observa no trecho citado a seguir, para expressar a verdadeira conexão entre as pessoas e o mundo natural, na esperança de que os seus leitores começassem a tratar a Terra com o amor e o respeito que ela merece. Tendo como princípio basilar conceitos científicos especializados, considera que as ações moralmente corretas são aquelas que tendem a preservar a integridade, a estabilidade e a beleza da comunidade biótica, enquanto as ações moralmente erradas são as que visam o oposto.

> "Uma coisa está certa quando tende a preservar a integridade, a estabilidade e a beleza da comunidade biótica e está errada quando tende a fazer o oposto".[65]

"Um Almanaque do Sand County", juntamente com a "Primavera Silenciosa" (1962) de Rachel Carson, dentro do movimento conservacionista, são consideradas as obras mais influentes em todo o mundo. Leopold influenciou profundamente o desenvolvimento da ética ambiental presente no movimento de conservação da natureza emergente na viragem para o século XX, e em 1935, já depois de ter participado na fundação da "The Wilderness Society", adquiriu terras no interior do Wisconsin onde colocou em prática suas ideias inovadoras

---

[64] Texto original: "emphasis was on economic action to promote "freedom" and end "discrimination"", e "a number of Governments who regarded promises to create "a world without discrimination" and to take action against "unfair restrictive practices", as dangerous interference in the practice of free enterprise" (http://www.imo.org/en/About/Conventions/ListOfConventions/Pages/Convention -on-the-International-Maritime-Organization.aspx, consultado em 07/09/2020.

[65] Texto original: "A thing is right when it tends to preserve the integrity, stability, and beauty of the biotic community. It is wrong when it tends otherwise" (Leopold, 1989 [1949], p. 224-225).

sobre a restauração ecológica, tendo essas experiências sido que postumamente reunidas na sua obra mais importante "A Sand County Almanac" (Curt, 2010). Por isso, de todos os conservacionistas que o precederam, é considerado o mais radical e o mais completo.

Em 18 de outubro de 1950, em Paris, realizou-se a Convenção Internacional para a Proteção de Aves (International Convention for the Protection of Birds, em inglês), acordo multilateral que visava proteger as aves durante a época de reprodução, bem como as espécies migratórias durante o voo para os locais de reprodução e as espécies comuns ameaçadas de extinção, "considerando que, no interesse da ciência, da proteção da natureza e da economia de cada nação, todas as aves devem, por uma questão de princípio, ser protegidas".[66] Proibiu a retirada dos ninhos de ovos e aves jovens, e a utilização de métodos de caça lesivos, como armadilhas, redes, isco envenenada, barcos a motor e veículos motorizados. Os signatários concordaram em tomar medidas destinadas a evitar a extinção de aves devido à poluição da água, a cabos elétricos, a inseticidas e venenos, e consciencializar os mais novos e o público em geral para a necessidade de proteger as aves. Todavia, possibilitava a captura de espécies que numa dada região pudessem ser consideradas como "pragas". Substituiu a Convenção para a Proteção das Aves Úteis à Agricultura (Convention for the Protection of Birds Useful to Agriculture, em inglês) assinada em Paris, em 19 de março de 1902.

Segue-se a "Convenção Internacional para a Prevenção da Poluição das Águas do Mar pelos Óleos" (International Convention for the Prevention of Pollution of the Sea by Oil – OILPOL, em inglês), também conhecida como "OILPOL 54", assinada em Londres, em 12 de maio de 1954, que tem implícito o reconhecimento do potencial de poluição com petróleo bruto e derivados a partir de operações rotineiras a bordo de navios petroleiros, como a limpeza de tanques de carga. Note-se que até à década de 1950 era prática os navios de carga despejarem no mar os resíduos da lavagem dos tanques. Com esta

---

[66] Texto original: "considering that, in the interests of science, the protection of nature and the economy of each nation, all birds should as a matter of principle be protected" (International Convention for the Protection of Birds, p. 1).

Convenção deixou de ser permitido realizar essa operação próximo da zona de costa e em áreas protegidas, onde o perigo para o ambiente era maior, e a distância em causa foi aumentada posteriormente, em 1962 ("OILPOL 62"), na sequência de uma alteração adotada em conferência organizada pela IMCO. Voltaria a ser atualizada em 1969 ("OILPOL 69") e em 1971 ("OILPOL 71").

A "OILPOL 54" deixou previstas várias funções a serem desempenhadas pela futura Organização Marítima Consultiva Intergovernamental (Inter-Governmental Maritime Consultative Organization – IMCO, em inglês), que apenas começou a vigorar em 17 de março de 1958, mas já tinha sido instituída na Convenção Instituidora da Organização Marítima Consultiva Intergovernamental (Convention establishing the Inter-Governmental Maritime Consultative Organization, em inglês), que teve lugar em Genebra e foi concluída a 6 de março de 1948. Com rigor, a IMCO entrou em vigor ainda alguns meses antes da OILPOL 54, pelo que desde sempre gerenciou esta última, no início através do Comité de Segurança Marítima. Este foi o primeiro instrumento multilateral concluído com o principal objetivo de proteger e preservar o ambiente, especialmente contra a poluição nos mares e nas costas, e viria a ser substituído pela Convenção Internacional para a Prevenção da Poluição por Navios (International Convention for the Prevention of Pollution from Ships, em inglês), também conhecida por Convenção MARPOL, de 2 de novembro de 1973, bastante mais completa e eficaz, que foi alterada pelo Protocolo de 1978.

Entre 18 e 24 de abril de 1955, na Indonésia, realizou-se a "Conferência de Bandung", evento que marca a chegada dos países em desenvolvimento e subdesenvolvidos à cena política internacional, permitindo uma consciência de identidade coletiva mais madura. Entre os participantes encontravam-se vários países que já se tinham conseguido libertar da garra colonial e representantes de dois países que ainda não tinham conquistado a independência, a Costa do Ouro e o Sudão. Os participantes apelaram à adoção internacional de uma cultura de tolerância, para que fosse possível a convivência pacífica entre os países e a redução das forças armadas e do armamento bélico, permitindo o fim de qualquer forma de colonialismo e o reconhecimento do direito de todos os povos à autodeterminação e à escolha dos seus próprios sistemas políticos.

Na Primeira Conferência do Direito do Mar, realizada em Genebra, em 1958, sob o patrocínio das Nações Unidas, foram aprovadas quatro convenções e um protocolo: (i) a Convenção sobre o Mar Territorial e a Zona Contígua; (ii) a Convenção sobre o Alto Mar; (iii) a Convenção sobre a Plataforma Continental; (iv) a Convenção sobre a Pesca e a Conservação dos Recursos Biológicos do Alto Mar; e (v) o Protocolo de Assinatura Facultativa relativo à Regularização Obrigatória das Divergências. Esta foi a primeira codificação internacional das normas do Direito Marítimo e terminou com a perceção clara da necessidade de uma nova convenção que tivesse maior aceitação geral, a qual veio a realizar-se durante o ano de 1960, como veremos a seguir.

A Convenção sobre a Pesca e a Conservação dos Recursos Biológicos do Alto Mar (Convention on Fishing and Conservation of the Living Resources of the High Seas, em inglês), de 29 de abril de 1958, assinada em Portugal em 28 de outubro de 1958, e que começou a vigorar na ordem internacional em 20 de março de 1966, é mais um exemplo da perspetiva moral antropocentrista assumida na ordem internacional perante o valor dos recursos, como se depreende da leitura do artigo 2º, transcrito a seguir. Foi substituída, nas relações entre os Estados Partes, pela Convenção das Nações Unidas sobre o Direito do Mar, de 10 de dezembro de 1982.[67]

> "Para os efeitos da presente Convenção, a expressão «conservação dos recursos biológicos do alto mar» abrange o conjunto das medidas que tornem possível o rendimento ótimo e constante destes recursos, de maneira a elevar ao máximo as disponibilidades em produtos marinhos, alimentares e outros. Os programas de conservação devem ser estabelecidos com vista a assegurar, em primeiro lugar, o aprovisionamento em géneros alimentícios destinados ao consumo humano" (Convention on Fishing and Conservation of the Living Resources of the High Seas, Genebra, 29 de abril de 1958, p. 2).

---

[67] Em Portugal foi aprovada pela Resolução da Assembleia da República n.º 60-B/97, DR I-A, n.º 238, 1.º suplemento, de 14/10/1997.

Em 1958, o cientista norte-americano Charles David Keeling fez as primeiras medições diárias da concentração de dióxido de carbono na atmosfera no vulcão de Mauna Loa, na grande ilha do Havai. O gráfico que mostra a variação da concentração do CO_2 na atmosfera desde o início das medições ficou conhecido como a "Curva de Keeling", em memória deste cientista, e marca o início do sistema de monitorização. Devido a problemas técnicos, algumas medidas foram comprometidas, mas a partir de 1964 estas passaram a ser feitas sem interrupção até os dias de hoje. A curva de Keeling deve ser considerada fundamental para o debate sobre as alterações climáticas no plano dos dados concretos, porque reúne consenso entre a comunidade científica de que o nível de dióxido de carbono está a subir e a temperatura da Terra está a aumentar.

Em 1960, realizou-se em Genebra a II Conferência do Direito do Mar para estabelecer os limites das zonas de competência exclusiva (águas territoriais e zonas de pesca reservadas), mas terminou sem sucesso (Conférence des Nations Unies ..., 1972, p. 772). Algumas nações defendiam alterações para um limite de pesca até às 12 milhas nas águas adjacentes dos Estados costeiros, mas faltou a maioria exigida de dois terços dos participantes para que tivesse força de lei internacional (Fishing limit..., 1972, p. 81).

Foram-se registando alguns progressos através de acordos bilaterais e através de vários alargamentos unilaterais da soberania de área de pesca até às 12 milhas (uma espécie de linha invisível que parece que era seguida e aceite informalmente como o máximo), mas na década de 1960 tudo se alterou, quer por via da expansão da pesca longínqua, quer por via do grande aumento generalizado das capturas e suas consequências severas na redução da abundância das espécies[68], quer

---

[68] Entre 1958 e 1965, as capturas mundiais de pescado cresceram a um ritmo absolutamente avassalador, em média cerca de 7% ao ano, e neste período nenhum outro produto alimentar básico registou semelhante aumento, nem mesmo o aumento da população humana foi tão acentuado (foi de cerca 2% ao ano). Em 1958 as capturas mundiais totalizaram 38 milhões de toneladas, e em 1970 esse valor subiu para 68 milhões de toneladas. Um aumento avassalador de capturas, lutava-se para ver quem era o campão mundial das capturas, pondo em causa o equilíbrio biológico das espécies, uma produção que nem sequer era direcionada ao consumo humano, antes à indústria transformadora, para fazer farinha e óleo. Farinha que foi na sua maior parte

pelo desenvolvimento acelerado das indústrias costeiras de pesca, quer pelo surgimento de países a reclamarem zonas económicas até às 200 milhas, algumas vezes até distâncias maiores, onde pretendiam assumir a jurisdição para efeitos de pesca. Era o caso das Islândia e de vários países da América do Sul (Fishing limit…, 1972, p. 81-82).

Reinava a confusão, havia vários conflitos, os problemas sucediam-se no que toca ao Direito Marítimo, e a tendência era para a situação se agravar. A Argentina decidiu unilateralmente alargar as suas águas reservadas à pesca para as 200 milhas, decisão que entrou em vigor em 1 de maio de 1973. É que na ausência de acordos, prevaleciam as decisões unilaterais (Le Programme ambitieux de L´Argentine…, 1973, p. 51-52). Mas não só, nesta altura eram já oito os países que reivindicavam limites de pesca de 200 milhas (Conférence des Nations Unies …, 1972, p. 772-778). A Noruega, apesar da sua pretensão assumida de alargamento da jurisdição das águas de pesca até às 50 milhas, adotou uma política de "ver e aguardar" até se conhecerem os resultados da III Conferência sobre o Direito do Mar. Esta nação, na sua globalidade social, era apoiante da ideia de que as nações costeiras deveriam exercer o controlo económico das suas águas adjacentes até às 200 milhas (Scandinavia, 1973, p. 23-33). A Islândia proclamou unilateralmente o aumento do limite jurisdicional das suas águas, para efeitos de pesca, para as 50 milhas. Esta reclamação de jurisdição sobre as águas costeiras para proteger os recursos piscatórios mostrou, uma vez mais, a necessidade de serem feitos acordos (Confrontation …, 1972, p. 13), e levou os países membros das Nações Unidades a tentarem uma vez mais encontrar uma solução planetária para a questão, o que viria a acontecer na III Conferência sobre o Direito do Mar com a celebração da Convenção das Nações Unidas sobre o Direito do Mar (United Nations

---

direcionada para o aumento do consumo de carnes de porco e aves e dos seus derivados, nos países de rendimentos mais elevados, e muito pouco foi aproveitado para suprimir carências alimentares nos países em desenvolvimento (FAO, 1969, p. 1-4). Os dados são, uma vez mais, avassaladores. Na farinha de peixe, dos 2,5 milhões de toneladas métricas produzidas em 1961 passou-se para 5,44 milhões de toneladas em 1970. A produção de óleo de peixe também aumentou, e em 1970 era de cerca de um milhão de toneladas. Foi este o setor da indústria que mais contribuiu para a especulação do aumento do volume das capturas (Fish meal industry in 1972…, 1972, p. 28-29).

Convention on the Law of the Sea - UNCLOS), em 1982. Foi um processo moroso e complexo para reunir consensos.

Em Portugal, as grandes pescarias estavam orientadas para as águas distantes, como era o caso da pesca do bacalhau, protegida e fomentada pelo regime, e as aspirações legítimas dos povos afetados eram penalizantes, não pelo condicionalismo externo per si, mas pela sua conjugação com vários erros de gestão interna que com essa restrição se tornavam mais visíveis, nomeadamente o atraso técnico estrutural, a falta de flexibilidade do setor, a falta de iniciativa empresarial, a ausência de conhecimentos oceanográficos e de biologia marinha (isto sem desprezar a excelente contribuição do rei Carlos I, ou os trabalhos realizados pela Estação de Biologia Marítima e continuados pelo Instituto de Biologia Marítima), e, mais grave, a gestão deficiente dos recursos marinhos nacionais. Como refere Medeiros (2006, p. 162), "faltou uma regulamentação minuciosa das capturas das várias espécies e, durante muito tempo, só se encarou praticamente a questão das malhas das redes, numa linha de preocupação que remota a séculos um tanto recuados [século XVI]". Como tal, os interesses nacionais prosseguidos por interesse económico colidiam com os interesses dos países que queriam assumir a jurisdição de grandes zonas económicas para efeitos de pesca, como acontecia com outras potências piscatórias.

No Ano Geofísico Internacional (International Geophysical Year – IGY, em inglês) de 1957-58, doze países participaram em estudos científicos na Antártida e após as conclusão das pesquisas mantiveram ali as suas estações reafirmando reivindicações territoriais, o que motivou a realização de uma conferência em Washington, para discutir o futuro do continente. Como forma de entendimento comum, estes doze países assinaram o Tratado da Antártida (Antarctic Treaty, em inglês), em 1 de dezembro de 1959, que entrou em vigor em 23 de junho de 1961 e determina o uso do continente para fins pacíficos, permitindo a liberdade de exploração científica do mesmo em regime de cooperação internacional. O facto de a Antártida não ficar a pertencer a nenhum país, passando a ser património de toda a Humanidade, o que fez as hostilidades que se vinham a verificar; o facto de o continente apenas poder ser utilizado para fins pacíficos, estando proibidas quaisquer medidas de natureza militar; e o facto de todos os países terem o direito de aí instalar bases de estudos científicos, representam um grande feito diplomático e um momento importante para o progresso de toda a humanidade, porque continuava assegurada a harmonia internacional na Antártida. Cumpre salientar que este foi o primeiro acordo de controlo de armas estabelecido durante a Guerra Fria. O sucesso do Ano Geofísico Internacional permitiu a realização do Programa Biológico Internacional (International Biological Program – IBP, em inglês), que começou a ser desenvolvido em 1962.[69]

Com exceção de algumas contendas entre nações relacionadas com recursos comuns, que visavam a defesa dos interesses dos nacionais e não a salvaguarda do ambiente, as questões ambientais ficaram de fora das preocupações dos dois grandes líderes da política mundial, cuja ação prática ficou aquém do necessário, e, consequentemente, o crescimento a qualquer custo culminou numa série de acidentes ecológicos. A ganância de algumas corporações esteve na origem de várias catástrofes ambientais, que começaram ainda na primeira metade do século XX e continuaram na segunda metade, e foi neste período fora de controlo que atingiram a maior abrangência e letalidade, forçando os governos de alguns países desenvolvidos a tomar uma posição.

(i) Na primeira metade do século XX, destacamos o "envenenamento" por mercúrio da vida existente na Baia de Minamata, na costa oeste da ilha de Kyushu (Japão), por parte da Corporação Chisso que produzia fertilizantes, carbonetos, plásticos e produtos petroquímicos, e acabou com o sustento de uma população que dependia de peixe pescado para viver (Carapeto, 1999, p. 120-121). Na década de 1930, a fábrica começou a despejar na água resíduos com grande concentração de mercúrio, sem qualquer tratamento, o que contaminou o peixe e o marisco e, de seguida, as pessoas que se alimentavam com esses frutos do mar. Os sintomas da contaminação nas pessoas apenas se tornaram evidentes na década de 1950, quando a primeira criança teve de receber internamento

---

[69] http://www.nasonline.org/about-nas/history/archives/collections/ibp-1964-1974-1.html (11/09/2020).

hospitalar com patologia de disfunção nervosa. A indústria da pesca foi destruída, várias pessoas ficaram debilitadas para toda a vida, e outras tiveram pior sorte, perderam a vida. Apesar das operações de dragagem do fundo fluvial e de recuperação de solo entremarés, a estabilização dos níveis de mercúrio no peixe e marisco em quantidades que permitiam o consumo humano apenas foi conseguida no final do século XX. Na mesma altura, há a realçar o surgimento da doença "Itai-itai", muito dolorosa, que afetou parte da população da bacia do rio Jintsu (Japão), sobretudo as mulheres expostas ao cádmio através da ingestão de água e arroz contaminados. A doença resultou de um conjunto de operações de mineração e refinação levadas a cabo por uma empresa mineira, que entre 1924 e 1955 lançou ao rio, sem qualquer tratamento, os seus efluentes compostos por zinco, cádmio e chumbo (Goyer & Cherian, 1995; Carapeto, 1999, p. 127).

(ii)   Na segunda metade do século XX, destaca-se pelo impacto causado o "desastre de Kyshtym", um acidente de contaminação radioativa que ocorreu em 29 de setembro de 1957, devido a uma falha no sistema de refrigeração no reservatório de resíduos nucleares da Central Nuclear de Mayak, tendo gerado uma nuvem de gás radioativo que contaminou a região num raio de 800 Km. Também há a destacar a colisão do superpetroleiro "Torrey Canyon" com um recife, em 1967, que dizimou milhares de aves marinhos. O óleo libertado causou danos na costa sudoeste da Inglaterra e nas costas francesa e belga, numa extensão de largas dezenas de quilómetros (Lago, 2006, p. 27), inaugurando uma das pragas do século XX: a poluição marinha.[70] Aconteceram muitos outros desastres, alguns com enormes repercussões sociais e ambientais, como a fuga de gás numa fábrica de pesticidas em Bhopal, na Índia (1984), que matou milhares de pessoas (é considerado o pior desastre industrial da História),

---

[70] Para complemento, o filme: *Torrey Canyon Disaster 1967 (Filme)*, disponível para consulta em http://www.youtube.com/watch?feature=player_embedded&v=IV-EhBesVjg#t=270.

ou o acidente no reator n.º 4 da central nuclear de Chernobyl, na Ucrânia (1986), que também tirou a vida a milhares de pessoas (é considerado o maior desastre nuclear da História, como veremos a seguir).

Os detritos radioativos estavam relacionados com a utilização de energia nuclear, e seguiram-se vários acordos para criar nessa área regulamentação internacional, a saber: as convenções de Paris, de 29 de julho de 1960, e de Viena, de 21 de maio de 1963, sobre a responsabilidade civil em matéria de prejuízo nuclear e, sobretudo, o Tratado de Moscovo, de 5 de agosto de 1963, que visava impedir a utilização de armas nucleares na água, na atmosfera e no espaço exterior, à exceção dos ensaios subterrâneos.

Estávamos numa fase embrionária da Europa, com muitas emergências sociais a que era necessário dar resposta. Talvez por esse motivo o Tratado que institui a Comunidade Económica Europeia (CEE), assinado em 25 de março de 1957, não faça qualquer referência explícita ao "ambiente" ou à "política ambiental". Só mais tarde, com o avultar das situações de destruição ambiental com incomensuráveis repercussões sociais e económicas, e percebendo-se que não era possível olhar de forma dissociada para as questões ambientais, económicas e sociais, é que as nações europeias desenvolveram ações objetivas tendentes a proteger o ambiente, destacando-se, em 1962, a criação de dois comités pelo Conselho Europeu, um de peritos para a conservação da natureza e dos recursos naturais, e outro para a poluição das águas, que alguns anos depois conduziria à publicação da Carta Europeia da Água.

A Organização das Nações Unidas também priorizava, nessa altura, o combate à pobreza e o desenvolvimento humano, o que se observa pela fusão do Programa Expandido de Assistência Técnica (Expanded Programme of Technical Assistance ou EPTA, em inglês) com o Fundo Especial das Nações Unidas (United Nations Special Fund, em inglês), para evitar a duplicação de atividades e objetivos, e, sobretudo, com a criação do PNUD - Programa das Nações Unidas para o

Desenvolvimento (United Nations Development Programme ou UNDP, em inglês), com efeitos a 1 de janeiro de 1966, na vigésima sessão, de 22 de novembro de 1965, da Assembleia Geral das Nações Unidas (Nações Unidas, 1965; Murphy, 2006, p. 51-66; Stokke, 2009, p. 51).

O PNUD, que hoje está presente em 166 países, é o administrador da rede global de desenvolvimento da ONU, e tem realizado um trabalho notável no combate à pobreza e pelo desenvolvimento humano, colaborando com governos, com a iniciativa privada e com a sociedade civil para ajudar as pessoas a construírem uma vida mais digna. Em todas as suas atividades, encoraja a proteção dos direitos humanos e a igualdade de género e raça, e, por essa via, a proteção ambiental. Não obstante, importa salientar que o programa das Nações Unidas vocacionado para a proteção do ambiente e para a promoção do desenvolvimento sustentável é o PNUA - Programa das Nações Unidas para o Ambiente (United Nations Environment Programme – UNEP, em inglês), que apenas foi criado em 15 de dezembro de 1972.

Antes de abordarmos a afirmação da necessidade de alterar o paradigma dominante poluidor, predador e extrativista, há a referir que em África, onde as nações ocidentais há séculos subtraiam recursos do solo, sua principal riqueza, a mudança estava em curso, e as recém-criadas agências das Nações Unidas, nomeadamente o PNUD, era fundamental à mudança. Lutava-se pelo fim da exploração económica e da dominação política dos povos africanos, pelo fim da legitimação do colonialismo com base em noções de evolução distorcidas, e pelo direito à autodeterminação dos povos, um passo essencial para um futuro mais próspero do território e das pessoas que nele vivem. Não podemos perder de vista que o colonialismo era baseado numa visão imperialista, e seguia a "política" do capitalismo, pelo que ter desenvolvimento sem descolonização era utópico.

Em 25 de maio de 1963, em Adis Abeba, na Etiópia, foi fundada a Organização de Unidade Africana (OUA) com múltiplos objetivos: eliminar todas as formas de colonialismo e neocolonialismo, lutar pela libertação dos territórios do colonialismo e do apartheid e pela aplicação da Carta das Nações Unidas e da Declaração Universal dos Direitos do

Homem, acolher os Estados africanos recém-independentes, defender os interesses políticos, económicos e sociais do Estados membros, e promover a paz e solidariedade entre os povos africanos. Os princípios fundamentais eram os defendidos na "Conferência de Bandung", realizada em abril de 1955.

Num contexto internacional marcado pela Guerra Fria, a OUA tentava emergir como entidade coesa num mundo fortemente bipolarizado, mas não conseguiu afirmar um verdadeiro modelo de união política e apenas teve um papel simbólico. A existência de dois grupos de Estados a defenderem modelos diferentes para o futuro de África, os denominados Monróvia e Casablanca, não contribuiu para o sucesso da iniciativa que foi obrigada a reinventar-se para ser substituída, em 11 de julho de 2000, pela União Africana baseada no modelo da União Europeia. A União Africana tem como principais desafios o desenvolvimento e a integração de África, e visa melhorar os indicadores de boa governança e promover o desenvolvimento sustentável. A cooperação europeia vai nesse sentido[71], mas os desequilíbrios são ainda gritantes.

Até ao momento, os políticos e outros decisores teimavam em não inverter o *status quo*, ao que não seria alheia a promiscuidade que existia junto do poder económico (corporações transnacionais), já que as grandes empresas ocidentais, muitas delas instaladas em países em desenvolvimento, usavam e abusavam dos recursos aí existentes.

---

[71] Sobre as relações UE-África.

1º estádio: afirmação da necessidade de alterar o paradigma dominante.

As preocupações manifestadas por Malthus, no século XVIII, tinham tudo para se materializarem na segunda metade do século XX, não fosse a industrialização e o progresso tecnológico, que permitiram aumentar a produção industrial e a produção agrícola com a ajuda de pesticidas e fertilizantes (a chamada "revolução verde"). Não obstante, o industrialismo capitalista dos anos 60 do século XX não trouxe só a abundância a alguns, trouxe também a destruição ambiental e a pobreza a muitos. Se, por um lado, a tecnologia possibilitou uma maior produção agrícola e a maximização da capacidade de extração de recursos do ambiente natural, a indústria aumentou a produção e acelerou o circuito da cadeia de transformação, e a propaganda fomentou o consumo, por outro lado também aumentou a poluição hídrica e atmosférica e a extração excessiva, base do consumismo exacerbado, levou à exaustão de alguns recursos comuns e colocou em causa várias cadeias tróficas, percurso que não nos pode orgulhar, tanto mais que catapultou para a atualidade a ideia fantasiosa e falaciosa de que o consumismo é sinónimo de qualidade de vida.

A comunidade humana não ficou indiferente nem inerte perante a delapidação ambiental promovida pelos grupos económicos nacionais e internacionais com o apoio dos grupos partidários e governantes, e o compacto grupo de ecologistas que vinha a alertar para a necessidade de proteger o ambiente abriu o espaço necessário para a metamorfose (Soromenho-Marques, 2005), visando a transição do socio-metabólico hodierno (pós II Grande Guerra) para a sustentabilidade (Haberl *et al.*, 2009, p. 3).[72] Uma mudança que, diga-se, a comunidade humana da Terra ainda não teve a inteligência e a capacidade de efetivar.

---

[72] O autor classifica três estádios nos regimes socio-metabólicos: caçadores e recolectores, sociedades agrárias e sociedades industriais, e indica a necessidade de existir um quarto estádio, que será a transição para a sustentabilidade. Nós fizemos uma readaptação do termo e acrescentámos um quarto estádio, aquele em que agora vivemos, claramente pós-industrial (consideramos que a sociedade industrial foi precedida pela sociedade científica e tecnológica), que emergiu durante e após a II Guerra Mundial. Ou seja, uma coisa foi o conhecimento e a forma de viver esse

No espectro temporal, esta primeira predisposição ambiental reformista ocorreu entre 1961 e 1973[73], ou seja, desde a fundação do World Wildlife Fund (WWF) (1961) e da publicação de "Silent Spring" (1962), até à Conferência de Estocolmo (1972), onde pela primeira vez foram estabelecidas regras internacionais para o ambiente, atribuindo ao homem a responsabilidade de preservação do património natural, e ao primeiro choque petrolífero de 1973, fruto da guerra israelo-árabe, que teve consequências nefastas na economia ocidental e nos mercados financeiros. De referir que, apesar de os EUA terem tomado medidas para incentivar a produção de energias alternativas, verificou-se em todo o mundo ocidental uma forte redução do crescimento económico, um aumento da inflação e um forte desemprego, situações que consubstanciaram a maior atenção dos governos nas prioridades sociais, esquecendo um pouco as questões ambientais e ecológicas.

Este é um período fértil em acontecimentos, que indicamos a seguir divididos em três tipologias para facilitar a exposição: (i) **acontecimentos de natureza institucional**, que são muitos e variados, e vão desde o âmbito nacional até ao internacional, onde se enquadram os primeiros instrumentos jurídicos relativos ao ambiente, e alguns eventos de simbologia universal criados para efeitos de proteção ambiental; (ii) **acontecimentos de ação coletiva ou organizacional**, fundamentalmente a criação de associações e de organizações não governamentais (ONG) na área ambiental, que iam desde o âmbito local até à dimensão internacional, e atuaram como grupos de pressão juntamente com outros movimentos sociais de defesa do ambiente; e (iii) **acontecimentos de ação individual**, através de manifestações de

---

conhecimento nos séculos XVIII e XIX, outra o conhecimento e os fins a que ele obedecia durante e após a II Guerra Mundial, de que é exemplo o uso desenfreado de pesticidas químicos, com terríveis consequências biológicas, no pós-Guerra, como descrito na obra "Silent Spring" (1962), de Rachel Carson. Desta forma, o passo que falta dar, esse sim, verdadeiramente integrador de uma nova cultura de habitar o mundo, representa o quinto estádio.

[73] Consideramos os períodos e os fundamentos postulados por Soromenho-Marques (2002), Santos (2004, p. 75-76) e Quental *et al.* (2011). Os períodos aqui apresentados são indicativos, uma periodização para fins didáticos, que considera acontecimentos fundamentais. Não é nossa intenção definir balizas rígidas, até porque estas não existem, uma vez que temos ação ambiental antes e depois desse período. O conceito de reformista é de Hopwood *et al.* (2005, p. 41).

rua e denúncia pública de crimes contra a natureza, de voluntariado e ajuda ao próximo, publicação de livros e relatórios de cariz técnico e científico, e divulgação de informação.

Acontecimentos de natureza institucional.

Após a Segunda Guerra Mundial realizaram-se inúmeras convenções e tratados multilaterais, muitos já referidos anteriormente, que abrangem todas as áreas, incluindo a natureza e a biologia, tendo em vista o controlo de danos no ambiente. O debate internacional sobre a biosfera é impulsionado pelas iniciativas promovidas pelas agências especializadas das Nações Unidas, e os avanços científicos e tecnológicos permitiram uma crescente influência da tecnologia e da ciência nos esforços da conservação da natureza e ecossistemas. Disso é exemplo o programa "O Homem e a Biosfera", ou o "Programa Biológico Internacional".

As Nações Unidas declararam a década de 1960 como a primeira para o Desenvolvimento, acreditando que a cooperação internacional proporcionaria crescimento económico pela transferência de tecnologia, experiência e fundos monetários, de modo a mitigar as fragilidades e insuficiências das nações mais pobres.

Em 17 de junho de 1960, foi adotada a quarta Convenção Internacional para a Salvaguarda da Vida Humana no Mar, também conhecida como Convenção SOLAS, que foi a primeira grande missão da Organização Marítima Internacional (OMI) depois da sua constituição e representou um passo considerável na modernização de regras e no acompanhamento dos desenvolvimentos técnicos na indústria do transporte marítimo. Este instrumento multilateral foi substituído pela Convenção Internacional para a Salvaguarda da Vida Humana no Mar, que foi adotada em Londres, em 1 de novembro de 1974, e entrou em vigor em 25 de maio de 1980, continuando a vigorar nos dias de hoje.

Na década de 1960, a União Internacional para a Conservação da Natureza (UICN), que vinha a organizar estudos e programas de monitorização de espécies raras e ameaçadas de extinção e seus habitats, começou a fazer um inventário de espécies raras e ameaçadas, o "Red Data Book", que mais tarde se tornou na "Red List of Threatened Species". Os Soviéticos também contribuíram para a identificação das espécies ameaçadas e para o seu melhor conhecimento. Quando a primeira lista de espécies ameaçadas se tornou pública, em meados desta década, a população começou a reivindicar aos governos restrições nas importações de espécies ameaçadas, como forma de as proteger da extinção.[74]

Entre 30 de junho e 7 de julho de 1962, a UICN realizou o Primeiro Congresso Mundial de Parques Nacionais (First World Congress on National Parks, em inglês), em Seattle, Washington, com o objetivo de melhorar a compreensão internacional sobre os parques nacionais e incentivar o movimento em sua defesa à escala mundial. Era fundamental criar mais parques naturais para preservar o património natural e cultural, porque só nestas áreas protegidas era possível manter a fauna e a flora em estado selvagem, sem que os ecossistemas das espécies fossem alterados, o que era crucial para as espécies que estavam em risco de extinção. Estiveram presentes representantes de 63 países e discutiram os efeitos da atividade humana na vida selvagem, a iminente extinção de espécies, os parques transfronteiriços e o turismo, e problemas práticos da gestão dos parques (Adams, 1964). Este foi o primeiro grande evento conservacionista mundial e a partir desse momento tem-se repetido todas as décadas. O segundo realizou-se em Yellowstone, em 1972, e o mais recente, o VI World Park Congress (WPC), ocorreu em Sydney, em 2014, subordinado ao tema "Parks, people, planet: inspiring solutions" ("Parques, pessoas, planeta: soluções inspiradoras").[75]

Por esta altura davam-se os primeiros passos para a realização do Programa Biológico Internacional (The International Biological Program - IBP, em inglês), organizado na esteira do Ano Geofísico Internacional

---

[74] IUCN Congress Milestone: Establishing CITES. 01/03/2016. Disponível em: <https://2016congress.iucn.org/news/20160301/news/iucn-congress-milestone-establishing-cites.html>. Acedido em 09/09/2020.

[75] Parks, people, planet: inspiring solutions. https://sites.warnercnr.colostate.edu/iucn-2014-congress-cltl/2014/11/19/parks-people-planet-inspiring-solutions/>. Acedido em 11/09/2020.

(International Geophysical Year - IGY, em inglês) de 1957/1958, com o objetivo de aplicar o método científico à ecologia e na resolução de problemas ambientais. No ano seguinte ao IGY de 1957-1958, e devido ao seu sucesso, Sir Rudolph Peters, Presidente do Conselho Internacional de Uniões Científicas (International Council of Scientific Unions - ICSU, em inglês), e Giuseppe Montalenti, Presidente da União Internacional de Ciências Biológicas (International Union of Biological Sciences – IUBS, em inglês), começaram a discutir em pormenor as possibilidades para a realização de um programa internacional de estudos biológicos com foco na produtividade dos recursos biológicos, na adaptabilidade humana às mudanças ambientais (em diferentes condições ambientais), e nas próprias mudanças ambientais. Em 1961, na 9ª Assembleia Geral do ICSU, foi estabelecido um comité de planeamento, presidido por Giuseppe Montalenti, para o Programa Biológico Internacional, tendo este comité recomendado que o Programa estudasse os efeitos que as alterações na natureza produziam nas comunidades biológicas, na conservação do meio natural e nos recursos naturais essenciais à vida humana. O Comité Especial que dirigiu o Programa foi estabelecido na Assembleia Geral da ICSU de 23-25 de julho de 1964, onde estiveram mais de 150 elementos da academia mundial.

Este amplo programa de investigação internacional, em que inclusive participaram biólogos soviéticos, foi conduzido com o objetivo de compreender a dinâmica dos ecossistemas de uma grande variedade de ambientes naturais. Era fundamental conhecer dos fatores naturais que determinavam a produtividade biológica nos organismos animais e vegetais nas várias comunidades, tendo em vista a sua maximização.

Em 1963, no Oitavo Congresso da UICN, os delegados solicitaram a criação de uma convenção internacional para regular o comércio internacional de espécies de animais e plantas selvagens, raras e/ou ameaçadas, para evitar a sua extinção, processo que foi assumido pela UICN. A versão final do documento foi aprovada, depois de muito debate, na Conferência de Plenipotenciários para Concluir a Convenção Internacional sobre o Comércio de Certas Espécies de Animais Selvagens (Plenipotentiary Conference to Conclude an International

Convention on Trade in Certain Species of Wildlife, em inglês), que se realizou em Washington, entre 12 de fevereiro e 2 de março de 1973, e contou com a presença de representantes de 80 países. No dia seguinte, 3 de março de 1973, 21 países assinaram a Convenção sobre o Comércio Internacional das Espécies da Fauna e da Flora Selvagens Ameaçadas de Extinção (Convention on International Trade in Endangered Species of Wild Fauna and Flora – CITES, em inglês), que entrou em vigor em 1 de julho de 1975, depois de ter sido ratificada por dez países, um marco decisivo na proteção da vida selvagem. [76]

Este é um período fértil em acontecimentos em toda a sua extensão, e em 27 de janeiro de 1967 foi até assinado um tratado para regulamentar as atividades espaciais, que visava evitar atividades no espaço extra-atmosférico que pudessem causar efeitos prejudicais ou a contaminação do meio terrestre, mas ficou marcado sobretudo pela adoção da Carta Europeia da Água pelo Conselho da Europa, pela assinatura da convenção africana para a conservação da natureza e dos recursos naturais, e, mais importante, pela decisão da Assembleia Geral das Nações Unidas de convocar uma conferência mundial sobre o ambiente (meio humano).

A Carta Europeia da Água (European Water Charter, em inglês), adotada em 1967, foi o primeiro instrumento jurídico contra a poluição da água, e "formulou um princípio fundamental: a água não conhece fronteiras". Procurava a preservação dos recursos em água doce e combatia os principais problemas associados à sua utilização. Foi a resposta encontrada para mitigar a contaminação dos recursos hídricos e os efeitos das alterações climáticas provocadas pelo aumento das populações, dependentes que estavam da água doce e dos recursos dulcícolas. A Carta foi aprovada em 6 de maio de 1968, a tempo do Ano Europeu da Conservação da Natureza (AECN) (European Nature Conservation Year - ENCY em inglês) (1970), onde seria apresentada de forma abrilhantada por uma campanha para efeitos de conservação

---

[76] IUCN Congress Milestone: Establishing CITES. 01/03/2016. Disponível em: <https://2016congress.iucn.org/news/20160301/news/iucn-congress-milestone-establishing-cites.html>. Acedido em 09/09/2020.

quantitativa e qualitativa da água na Europa (European Water Charter, 1967, p. 15-16).

Entre 4 e 13 de setembro de 1968, em Paris, realizou-se a Conferência Intergovernamental de Peritos sobre as Bases Científicas da Utilização Racional e da Conservação dos Recursos da Biosfera (Intergovernmental Conference Of Experts On The Scientific Basis For Rational Use And Conservation Of The Resources Of The Biosphere, em inglês), organizada pela UNESCO, mais conhecida como Conferência da Biosfera (Biosphere Conference, em inglês). Foi a primeira conferência intergovernamental mundial a adotar uma série de recomendações sobre os problemas ambientais, e foi um momento decisivo para a proteção e conservação da biosfera e para o estabelecimento de políticas ambientais internacionais. Foram apresentadas mais de duas dezenas propostas de soluções para os problemas ambientais, duas delas a instituição de um programa internacional de pesquisa sobre o Homem e a Biosfera e a realização de uma conferência das Nações Unidas sobre o meio ambiente humano (Caldwell, 1996).[77] Concluiu-se pela necessidade de promover o uso racional e a conservação dos recursos naturais, pela realização de projetos de investigação interdisciplinares que vinculem a política à conservação da natureza, e pela necessária resolução por meio de uma ação conjunta global.

Em 15 de setembro de 1968, os Chefes de Estado e de Governo aprovaram a Convenção Africana sobre a Conservação da Natureza e dos Recursos Naturais (African Convention on the Conservation of Nature and Natural Resources em inglês), também conhecida por "Convenção de Argel", nome que recebeu do local onde se realizou.[78] Veio substituir e reforçar a Convenção Relativa à Preservação da Fauna e da Flora em seu Estado Natural (Convention Relative to the Preservation of Fauna and Flora in their Natural State, em inglês),

---

[77] https://eric.ed.gov/?id=ED047952 (11/09/2020).

[78] Disponível em:
<http://www.au.int/en/sites/default/files/AFRICAN_CONVENTION_CONSERV ATION_NATURE_NATURAL_RESOURCES.pdf>. Acedido em 12 de outubro de 2015. A título de curiosidade, só em finais de 2013 é que o Parlamento angolano aprovou a adesão de Angola à Convenção.

assinada em Londres, em 8 de novembro de 1933, e por isso também conhecida por "Convenção de Londres de 1933". Na sequência da desagregação dos impérios coloniais, previa a criação e gestão de áreas protegidas, além da conservação e utilização racional do solo, floresta, água e recursos da fauna, e reconhecia que a proteção das espécies estava intimamente ligada à proteção dos habitats.

Mais tarde viria a ser atualizada para incorporar os desenvolvimentos nas áreas do ambiente e recursos naturais em África, e para se adaptar aos níveis e padrões dos acordos multilaterais em vigor sobre o ambiente, tendo a nova versão sido aprovada na Conferência dos Chefes de Estado e de Governo da União Africana, que ocorreu em Maputo (Moçambique), entre 10 e 12 de julho de 2003, e passou a designar-se "Convenção de Maputo". Os objetivos fundamentais, agora renovados, são a proteção do ambiente, a promoção da conservação e utilização sustentável dos recursos naturais, a harmonização e coordenação de políticas nesta área tendo em vista a criação de programas e estratégias de desenvolvimento ecologicamente sustentáveis, economicamente sadias e socialmente justas (Beurier, 2010, p. 38).

Em 3 de dezembro de 1968, na vigésima terceira sessão da Assembleia Geral das Nações Unidas, foi aprovada a Resolução n.º 2398, que determina a convocação em 1972 de uma conferência das Nações Unidas sobre o ambiente humano (Nações Unidas, 1968, p. 2). A proposta da Assembleia Geral dava forma à Resolução n.º 1346 do Conselho Económico e Social, de 30 de julho de 1968, aprovada na quadragésima quinta sessão, que apontava para a necessidade de ser convocada uma conferência internacional sobre os problemas do ambiente humano. Mais determinou que, nesse sentido, deveria ser elaborado um relatório, para submeter à vigésima quarta sessão da Assembleia Geral, sobre:

> "(a) A natureza, âmbito e progresso dos trabalhos atualmente em curso no domínio do ambiente humano; (b) Os principais problemas com que se defrontam países desenvolvidos e países em desenvolvimento neste domínio, que poderão, de forma especialmente vantajosa, ser considerados nessa conferência, incluindo as possibilidades de uma cooperação internacional acrescida, especialmente porque estão relacionados com o desenvolvimento económico e social dos países em vias de

desenvolvimento em particular; (c) Possíveis métodos para preparar a Conferência e a sintonização necessária para esses preparativos; (d) Uma data e local possíveis para a Conferência; (e) A série de implicações financeiras que a realização da Conferência poderá acarretar para as Nações Unidas".[79]

Foi criada uma equipa multidisciplinar de especialistas que começou o trabalho preparatório e cujo trabalho final, apresentado em 1971, ficou conhecido como o Relatório Founex e serviu de base à "Conferência das Nações Unidas sobre o Meio Ambiente Humano" (United Nations Conference on the Human Environment, em inglês), também conhecida como "Conferência de Estocolmo", de 1972, e a outras reuniões sobre o ambiente.

Em 1 de julho de 1968, em Washington, Londres e Moscovo, foi concluído o "Tratado de não Proliferação das Armas Nucleares" (Treaty on the Non-Proliferation of Nuclear Weapons - NPT, em inglês), sob a égide da Organização das Nações Unidas, que entrou em vigor na ordem internacional em 5 de março de 1970. Este tratado estava assente em três princípios: não proliferação, desarmamento e acesso à utilização pacífica da energia nuclear, e tinha como objetivos nucleares prevenir a disseminação da tecnologia e das armas nucleares, promover a cooperação no uso pacífico da energia nuclear, e promover o objetivo de alcançar o desarmamento nuclear e o desarmamento geral de forma completa. Em 11 de maio de 1995, o Tratado foi prorrogado por tempo indeterminado. Esta era uma questão importante, pois sabemos os perigos do nuclear para o ambiente. Os riscos de radiação, a segurança dos reatores e o destino dos resíduos nucleares eram temas importantes e preocupantes, mas entendia-se que era possível o seu controlo. As tragédias em torno da energia nuclear foram várias, destacando-se o

---

[79] Texto original: "(a) The nature, scope and progress of work at present being done in the field of the human environment; (b) The main problems facing developed and developing countries in this area, which might with particular advantage be considered at such a conference, including the possibilities for increased international cooperation, especially as they relate to economic and social development, in particular of the developing countries; (c) Possible methods of preparing for the Conference and the tune necessary for such preparations; (d) A possible time and place for the Conference; (e) The range of financial implications for the United Nations of the holding of the Conference." (Nações Unidas, 1968, p. 2-3).

acidente nuclear de Three Mile Island, em 28 de março de 1979, e o acidente na central nuclear de Chernobyl em abril de 1986, o mais grave de toda a História.

Em 1969, os Estados Unidos estabeleciam a sua lei da política nacional do ambiente (National Environment Policy Act - NEPA, em inglês), na qual já consagraram de forma pioneira a Avaliação de Impactos Ambientais (AIA), influenciando positivamente outras nações. Tratava-se de um mecanismo que, com fundamento num estudo prévio do impacto ambiental, ambicionava prever as consequências ambientais de um qualquer projeto de desenvolvimento. Por outras palavras, procurava identificar os problemas ambientais numa fase inicial, de planeamento e conceção do projeto.

No ano a seguir, ocorreu o "First Earth Day" (1970), planeado pelo movimento ambientalista, que terá levado vinte milhões de pessoas a manifestações pacíficas nos Estados Unidos, em defesa do ambiente. Este movimento iniciou uma década em que começou a tomar forma a agenda de mudança global, numa autêntica revolução ecológica.

Este ano foi designado pela Conselho da Europa como "Ano Europeu da Conservação da Natureza" (European Year for the Conservation of Nature, em inglês), um programa que foi lançado em 1967 e ao qual Portugal aderiu, tendo sido representado pela Direcção-Geral dos Serviços Florestais e Aquícolas (DGSFA). O seu objetivo era sensibilizar os povos europeus para a necessidade de conservarem os recursos naturais e incitar os governos a promoverem políticas ambientais mais ambiciosas de forma a conter a rápida degradação ambiental decorrente do desenvolvimento industrial e urbano.

Em Portugal, por via da adesão ao "Ano Europeu da Conservação da Natureza", registaram-se várias iniciativas ambientais, entre as quais se destacam a Conferência Europeia de Conservação da Natureza realizada em Lisboa, entre 9 e 12 de fevereiro, e presidida pelo Chefe de Estado, e o 1.º Simpósio Nacional sobre Poluição das Águas interiores, promovido pela DGSFA. Realizaram-se também várias exposições, sessões públicas de comemoração e divulgação, tendo sido produzido diverso material publicitário.

Selo postal editado pela DGSA em 1970, para distribuição pública e utilização em correspondência própria, alusivo ao Ano Europeu da Conservação da Natureza.

Em fevereiro de 1970, Portugal participou na Conferência Europeia de Conservação da Natureza, realizada em Estrasburgo (participou ainda em outros eventos europeus), e, em 8 de julho, decorreu a sessão solene de comemoração do AECN na Fundação Calouste Gulbenkian. Mais importante foi ainda a aprovação e entrada em vigor da lei-quadro das áreas protegidas e conservação da natureza, a Lei n.º 9, de 19 de junho de 1970, que consignou pela primeira vez a promoção da proteção da natureza e dos seus recursos em todo o território nacional, de modo especial pela criação de parques nacionais e de outros tipos de reservas (Lei n.º 9, de 19 de junho de 1970, p. 801-803), e, logo de seguida, em 11 de outubro do mesmo ano, a inauguração oficial do Parque Nacional da Peneda-Gerês.

A pressão da opinião pública também levaria ao aparecimento dos primeiros organismos públicos com vocação para a proteção ambiental. Continuando nos Estados Unidos, muito por influência da obra "Primavera Silenciosa" de Rachel Carson, que denunciou os efeitos dos pesticidas, como veremos a seguir, foi criada a Agência de Proteção Ambiental dos Estados Unidos (Environmental Protection Agency – EPA, em inglês), em 2 de dezembro de 1970, com o objetivo de investigar problemas ambientais, monitorizar e estabelecer padrões ambientais, e realizar atividades de fiscalização tendo em vista proteger a saúde humana e o ambiente: o ar, a água e os solos. Em 1971, também no Japão seria estabelecida uma agência de proteção ambiental (Japan's Environment Agency – JEA, em inglês), com objetivos análogos.

Na sequência da Conferência da Biosfera (Biosphere Conference, em inglês), em 1970, a UNESCO lançou o Programa Intergovernamental "O Homem e a Biosfera" (The Man and the Biosphere Programme – MaB, em inglês), com o objetivo de estabelecer a base científica para o aperfeiçoamento das relações entre o Ser Humano e o ambiente global e proteger assim áreas que representam os ecossistemas centrais do planeta como "reservas da biosfera". Este programa promove o maior envolvimento da ciência e dos cientistas na pesquisa interdisciplinar e capacitação entre os Estados na procura do melhor equilíbrio entre as atividades humanas e o ambiente natural, de forma a integrar as dimensões ecológica, social e económica da parte da biodiversidade. É responsável pela coordenação da Rede Mundial de Reservas da Biosfera, que conta com mais de 600 reservas em mais de uma centena de países em todo o mundo.[80] O relatório final da primeira sessão do Conselho Internacional de Coordenação do Programa Homem e a Biosfera reafirma essa natureza interdisciplinar deste programa de investigação, com ênfase na questão ecológica do estudo das inter-relações entre o Ser Humano e o ambiente.

Em 2 de fevereiro de 1971, foi assinada a Convenção sobre Zonas Húmidas de Importância Internacional, especialmente como Habitat de Aves Aquáticas (Convention on Wetlands of International Importance Especially as Waterfowl Habitat), também conhecida como "Convenção de Ramsar" por ter sido assinada na cidade iraniana de Ramsar. É considerada o primeiro tratado internacional a fornecer uma base estrutural para a cooperação internacional e a ação nacional para a conservação e uso sustentável dos recursos naturais, em concreto, das

---

[80] http://www.unesco-mab.org.uk/a-brief-history.html (11/09/2020).

zonas húmidas e seus recursos, e entrou em vigor a 21 de dezembro de 1975. Inicialmente estava focada nos habitats aquáticos importantes para a conservação de aves migratórias, daí a sua denominação, mas ao longo do tempo tem vindo a ampliar a sua atuação às demais áreas húmidas, de modo a promover a sua conservação e uso sustentável, bem como o bem-estar das populações humanas que delas dependem.

A destruição ambiental levaria ao estabelecimento do Programa das Nações Unidas para o Ambiente (PNUA) (United Nations Environment Programme – UNEP, em inglês), por decisão de 15 de dezembro de 1972 tomada durante a Assembleia Geral das Nações Unidas, com o objetivo de coordenar as ações internacionais de proteção do ambiente e de promoção do desenvolvimento sustentável. Esta é a agência especializada da ONU na defesa do meio ambiente, responsável por promover a conservação do ambiente e o uso eficiente de recursos no contexto do desenvolvimento sustentável de forma a melhorar a qualidade de vida das populações sem comprometer os recursos e serviços ambientais das gerações futuras. Determina a agenda internacional sobre o ambiente, promove a implementação coerente da dimensão ambiental do desenvolvimento sustentável no Sistema das Nações Unidas e serve como autoridade defensora do ambiente em todo o mundo. Trabalha com uma ampla gama de parceiros, incluindo entidades das Nações Unidas, organizações internacionais e sub-regionais, governos nacionais, estaduais e municipais, organizações não-governamentais, sector privado e académico, e desenvolve atividades específicas com segmentos-chave da sociedade como parlamentares, juízes, jovens e crianças, entre outros.

Os instrumentos jurídicos referidos relativos ao ambiente, de alguma forma são precursores da atual conceção do ambiente e podem representar o início do direito internacional do ambiente (Kiss & Shelton, 2004).

Acontecimentos de ação coletiva ou organizacional.

A partir de meados do século XX, pelo receio de um futuro incerto, emergem vários grupos de pressão e movimentos ambientalistas. São as primeiras formas de luta preponderantes e eficazes nas sociedades capitalistas e democráticas ocidentais, realizadas por cidadãos e organizações, que orientavam as suas ações em defesa das suas convicções ambientais e, nesse sentido, foram considerados como portadores e mobilizadores da ação ambiental coletiva. Conscientes dos custos ecológicos e ambientais do modelo económico vigente, denunciavam os crimes e apelavam à adoção de um modelo económico que garantisse a qualidade da vida humana e ao mesmo tempo a preservação do ambiente.

Destacamos o surgimento massivo de organizações não governamentais (ONG) da área da proteção do ambiente e do bem-estar animal, que se opunham ao modelo de desenvolvimento vigente baseado no lucro a todo o custo. Convém relembrar que as primeiras organizações, mesmo de grande representação, são anteriores a 1950, ainda que muitas destas surjam para preservar interesses económicos, culturais e recreativos, e não pela efetiva consciência ambiental e de proteção dos recursos naturais e da conservação da fauna e flora selvagens. Como já referimos, a primeira remonta aos anos vinte do século XIX, a Society for the Prevention of Cruelty to Animals, criada em 1824 com o objetivo de proteger o bem-estar animal, e, por exemplo, em meados do século XIX, a Manchester Association for the Prevention of Smoke, criada em 1843 para prevenir a poluição atmosférica. No início do século XX, surgiram muitas outras, das quais destacamos: a Society for the Preservation of the Wild Fauna of the Empire (SPWFE) em 1903, na Grã-Bretanha, redenominada Fauna & Flora International (FFI) em 1995, o National Committee of the Audubon Societies of America em 1901, que viria a ser incorporado na National Association of Audubon Societies for the Protection of Wild Birds and Animals em 1905, a Wildfowlers' Association of Great Britain and Ireland (WAGBI) em 1908, na Grã-Bretanha, redenominada British

Association for Shooting and Conservation (BASC) [81] em 1981, que visava proteger as terras para assegurar a continuidade da caça, um objetivo puramente antropocentrista, a Society for the Promotion of Nature Reserves em 1912, para proteção da vida selvagem nas Ilhas Britânicas, e a Royal Forest and Bird Protection Society of New Zealand em 1923, na Nova Zelândia, com foco na conservação da paisagem natural e da vida selvagem, em especial das aves e dos ecossistemas (OCDE, 1992).

No início da segunda metade do século XX, para defender o bem-estar animal, foram criadas em 1950 a Federação Mundial para a Proteção dos Animais (World Federation for the Protection of Animals - WFPA, em inglês) e em 1959 a Sociedade Internacional para a Prevenção da Crueldade contra os Animais (International Society for the Prevention of Cruelty to Animals - ISPA, em inglês), de cuja fusão nasceu em 1981 a Sociedade Mundial de Proteção Animal (World Society for the Protection of Animals - WSPA, em inglês), redenominada em junho de 2014 para Proteção Animal Mundial (World Animal Protection, em inglês). Esta organização tem como missão proteger os animais, evitar os maus tratos, sensibilizar as pessoas para a importância do bem-estar animal, fazer pressão junto dos governos para a necessidade de serem adotadas leis amigas dos animais, entre outras, sendo de maior relevância, por ter sido o alicerce da sua fundação, o resgate de animais em risco, em qualquer cenário, mesmo nos mais hostis, como desastres ambientais (terramotos, tsunamis, tufões, tornados, erupções vulcânicas, ciclones e naufrágios), ou zonas de conflitos, como aconteceu na Bósnia, no Ruanda e no Afeganistão. A sua primeira expedição de resgate de animais ("Operação Gwamba"), protagonizada por John Walsh, ocorreu em 1964, no Suriname - devido a erro humano, durante a construção da central hidroelétrica de Afobaka, enchentes deixaram submersa uma enorme mancha de floresta tropical; os humanos foram evacuados e os não humanos ficaram em enorme perigo, tendo sido resgatados das águas mais de dez mil

---

[81] https://basc.org.uk/about-us/history-of-basc/.

animais.[82] Depois da sua constituição em 1981, a WFPA passou a atuar junto da Comunidade Europeia e adquiriu o estatuto de consultor da ONU, e na década de 1990 passou a ter representação na Comissão Europeia, sendo hoje a única associação que visa o bem-estar animal com interlocução junto da ONU.[83]

É na década de 1960 que emergem de forma mais abundante por todo o mundo as organizações ambientalistas/ecologistas e conservacionistas que hoje são as mais representativas em dimensão e importância. São exemplos disso a World Wildlife Fund (WWF) na Suíça (1961), a British Trust for Nature Conservation em Inglaterra (1965), a Amici dello Stato Brasiliano dell'Espirito Santo em Itália (1966), a Conservation Society em Inglaterra (1966) - que surge em resposta ao que se considerava ser uma restrição ecológica fundamental ao crescimento económico contínuo e ao crescimento populacional no Reino Unido[84] -, a World Nature Association nos EUA (1969), o Common Wealth Human Ecology Council em Inglaterra (1969), o grupo Friends of the Earth em São Francisco (EUA) (1969) – que lutava contra a energia nuclear -, os Amis de la Terre (Ollitrault, 2009) em França (1970), a Africa 70 em Itália (1971) (OCDE, 1992), a Greenpeace no Canadá (1971) - que criou uma verdadeira agenda ambiental com estratégias de resistência não violenta contra a degradação ambiental, recorrendo a protestos civis simbólicos ou à desobediência civil -, a Environnement et Développement du Tiers Monde (ENDA-TM) (1972) - que luta contra a pobreza, a discriminação e as doenças sexualmente transmissíveis[85] -, o European Environmental Bureau

---

[82]   https://www.worldanimalprotection.ca/about-us/our-history/story-john-walsh. Acedido em 08/09/2020.

[83]   https://www.worldanimalprotection.ca/about-us/our-history.   Acedido   em 08/09/2020.

[84] Foi fundada por Douglas MC MacEwan e dirigida por John Davoll desde 1970 até à sua dissolução em 1987. Passou a ser conhecida quando entregou na Câmara dos Comuns um artigo intitulado "Why Britain Needs a Population Policy". É um exemplo da tradição intelectual e cultural britânica de protesto romântico contra a sociedade industrializada.

[85] Foi inicialmente concebida como um programa conjunto do Programa das Nações Unidas para o Ambiente (PNUA), do African Institute for Economic Development and Planning (IDEP) e da Swedish International Development Agency (SIDA), e em 1978 adquiriu o caráter associativo que manteve até aos nossos dias.

(EEB) (1974) - para exercer pressão junto da Comunidade Europeia -, entre muitos outros.

Qualquer grupo de pressão tem por objetivos persuadir, pressionar e influenciar, de forma a conseguir atingir os seus propósitos, neste caso, a defesa do ambiente e a promoção do desenvolvimento sustentável, nas várias vertentes.[86] Para isso, estes grupos cresceram, ganharam notoriedade, popularidade e visibilidade, corporizando em conjunto com outros movimentos sociais o exercício da pressão governativa, tanto ao nível das organizações internacionais (ligadas ou não ao poder político) como ao nível de cada país, abrindo delegações locais para pressão sobre os governos (central, regional e local), poder legislativo, presidencial e judicial (aqui destaca-se a influência sobre as decisões presidenciais), estruturas sindicais, grupos económicos (empresas nacionais e internacionais), comunicação social e opinião pública. Pela sua importância passaram a ser considerados *stakeholders*, ou partes interessadas, que o poder político tem de ouvir, e em alguns casos são mesmo considerados "parceiros sociais", porque podem ser determinantes para o sucesso das atividades políticas devido à sua proeminência junto da população e da comunicação social.

De grande relevância neste período é a criação do Clube de Roma, em abril de 1968, constituído por cientistas, industriais e políticos. Na génese desta criação está um discurso de Aurelio Peccei, industrial italiano, em 1965, que se revelou inspirador para Alexander King, cientista da Organização para a Cooperação e Desenvolvimento Económico (OCDE): ambos descobriram que compartilhavam uma profunda preocupação com o futuro a longo prazo da humanidade e do planeta (Meadows *et al.*, 1972). "Três anos mais tarde, King e Peccei organizaram um encontro de cientistas europeus em Roma. Embora esta primeira tentativa não tenha conseguido obter a unidade, surgiu um grupo nuclear de pensadores que partilhavam das mesmas ideias. Era seu objetivo propor três ideias nucleares que ainda hoje definem o Clube de Roma: uma perspetiva global e de longo prazo, e o conceito de "problemática", um conjunto de problemas globais interligados, sejam

---

[86] Sobre os movimentos sociais, ver Almeida (1994).

eles económicos, ambientais, políticos ou sociais".[87] Em 1969, Aurélio Peccei publicaria a obra "O Abismo à Frente" (The Chasm Ahead, em inglês), na qual esboçou as suas ideias ambientalistas, e, alguns anos depois, "A Qualidade Humana" (The Human Quality, em inglês), em 1977, e "Cem páginas para o futuro. Reflexões do Presidente do Clube de Roma" (One Hundred Pages for the future. Reflections of the President of the Club of Rome, em inglês), em novembro de 1981, como veremos a seguir.

Em 1970, "No primeiro grande encontro do grupo em 1970, Jay Forrester, professor de sistemas no MIT, ofereceu-se para utilizar modelos informáticos que tinha desenvolvido para estudar com maior rigor os problemas complexos que preocupavam o grupo. Um grupo internacional de investigadores no Massachusetts Institute of Technology iniciou um estudo das implicações do crescimento exponencial desenfreado. Eles analisaram os cinco fatores básicos que determinam e, nas suas interações, acabam por limitar o crescimento neste planeta – população, produção agrícola, esgotamento dos recursos não renováveis, produção industrial e poluição."[88]

O Clube de Roma seria verdadeiramente conhecido em 1972, quando publicou o primeiro relatório importante intitulado "Os Limites do Crescimento" (The Limits to Growth, em inglês), onde propunha o "Crescimento Zero" (Meadows *et al.*, 1972). Teve enorme repercussão na Conferência de Estocolmo, que ocorreu alguns meses depois. Fez a diferença pela "carga intelectual" e mérito científico. Estudou o uso dos

---

[87] Texto original: "Three years later, King and Peccei convened a meeting of European scientists in Rome. Although this first attempt failed to achieve unity, a core group of like-minded thinkers emerged. Their goal: to advance three core ideas that still define the Club of Rome today: a global and a long-term perspective, and the concept of "problematique", a cluster of intertwined global problems, be they economic, environmental, political or social" (https://clubofrome.org/about-us/, em 12/09/2020).

[88] Texto original: "At the group's first major gathering in 1970, Jay Forrester, a systems professor at MIT, offered to use computer models he had developed to study the complex problems which concerned the group more rigorously. An international team of researchers at the Massachusetts Institute of Technology began a study of the implications of unbridled exponential growth. They examined the five basic factors that determine and, in their interactions, ultimately limit growth on this planet – population, agricultural production, non-renewable resource depletion, industrial output and pollution" (https://clubofrome.org/about-us/, em 12/09/2020).

recursos naturais, avaliou impactos ambientais em função da utilização dos recursos na energia, no saneamento, na poluição, na saúde, no ambiente e no crescimento demográfico, e questionou pela primeira vez a destruição do ambiente. Ao sustentar o limite para o crescimento no modelo económico que vigorava, contrariou as aspirações capitalistas e por isso é um marco na viragem para um novo pensamento ambiental, fundamental para afirmar a necessidade mundial de alterar o paradigma dominante.

Acontecimentos de ação individual.

A partir da década de 60 do século XX, verifica-se um pouco por todo o mundo desenvolvido[89] uma intensificação do fluxo de publicações técnicas e científicas que procuravam chamar a atenção para os problemas ambientais à escala global (perspetiva planetária) (Speth, 2006, p. 7). Abordamos em seguida alguns exemplos dentre os mais expressivos até o Clube de Roma publicar o segundo relatório, intitulado "Mankind at the Turning Point" ("A Humanidade no Ponto de Viragem"), em 1974.

É um período em que a comunidade humana da Terra, amedrontada com o futuro incerto do planeta, pelas consequências que se estavam a verificar resultantes da poluição ambiental e da delapidação de recursos, e pelo crescimento económico a todo o custo, enceta um forte processo de produção de estudos e literatura sobre o tema da sustentabilidade, ao contrário do verificado pela ação governativa, muito cúmplice do poder económico, quase sempre incapaz e inerte, que inclusive minimizava os problemas denunciados pelos especialistas quando colocavam em causa o modelo civilizacional capitalista dominante.

Destaca-se o entomologista John Tenison Salmon, que se manifestou contra o desenvolvimento de projetos de energia elétrica nocivos à floresta nativa, à paisagem natural e aos ecossistemas naturais na Nova Zelândia, e com a sua ação pública contribuiu para pressionar a ação

---

[89] Na década de 1960, as preocupações ambientais ainda estavam circunscritas à sociedade civil dos países desenvolvidos. O domínio colonial fazia-se sentir sobre diversos países, e os recentemente libertados das amarras dos colonos tinham outras preocupações mais urgentes.

governativa que acabaria por criar um conselho de conservação da natureza, que foi convidado a integrar, ainda que apenas com poderes consultivos. Já Rachel Carson, bióloga, também defensora da conservação ambiental e do equilíbrio da natureza, que se posicionou contra a poderosa indústria americana de pesticidas sintéticos, sofreu grande pressão e foi alvo de uma campanha mesquinha de difamação arquitetada pela indústria química, que visava desacreditá-la. Foi largamente "vilanizada", como refere Dorothy McLaughlin (2014), e viu-se obrigada a fundamentar muito bem a importância dos recursos para a vida humana, para que a sua obra não fosse comprometida. Foi uma intervenção muito sofrida, mas também valorizada, pois o seu trabalho seria importante para reverter a política nacional do uso de pesticidas, levou à proibição do uso do DDT (diclorodifeniltricloroetano) e de outros pesticidas nos Estados Unidos, e conduziu à criação da Agência de Proteção Ambiental dos Estados Unidos (Environmental Protection Agency – EPA, em inglês).

> "Desde a publicação, em 1962, da obra "Primavera Silenciosa" – na qual descreveu os efeitos dos pesticidas nas plantas, animais e humanos – Carson foi amplamente valorizada e vilanizada. Cientistas, políticos, decisores políticos, clubes de jardinagem e meios de comunicação social atacaram alternadamente a sua ciência, o seu género, o questionamento que fazia da "irresponsabilidade de uma sociedade industrializada e tecnológica face ao mundo natural."
>
> Ela foi "uma defensora fanática do culto do equilíbrio da natureza", afirmou o Dr. Robert White-Stevens, antigo bioquímico e diretor adjunto da Divisão de Investigação Agronómica da American Cyanamid. Na qualidade de porta-voz da indústria química na década de 1960, White-Stevens afirmou publicamente, "Se seguíssemos os ensinamentos da Menina Carson, regressaríamos à Idade das Trevas, e os insetos, as doenças e a peste herdariam de novo a terra."
>
> Entretanto, os fabricantes de pesticidas envidavam esforços para instruir o público acerca dos benefícios e importância dos pesticidas. A partir de Novembro de 1962 a associação da indústria de químicos (Manufacturing Chemists Association)

enviava mensalmente às agências noticiosas histórias que demonstravam os aspetos positivos dos agroquímicos".[90]

Sem esgotar o tema, até porque isso não seria possível, fazemos a seguir uma concisa incursão pelas principais obras de referência no período em análise, começando pelas duas obras principais dos cientistas referidos no parágrafo anterior, por representarem o ponto de viragem da compreensão humana para as interligações entre ambiente, economia e bem-estar social.

John Tenison Salmon, professor sénior do Departamento de Zoologia da Victoria University College, em Wellington, na década de 1950, mostrou preocupação com a destruição da fauna e flora nativas e da paisagem natural devido aos grandes projetos de desenvolvimento de energia hidroelétrica, especialmente quando foram tornados públicos os projetos para os rápidos da Aratiatia, próximo de Taupo, e para o Lago Manapouri, no Parque Nacional de Fiordland. Em 1958, em passagem pelos Estados Unidos no âmbito de uma Fellowship (bolsa de mérito), estudou como administrar e proteger os parques naturais e percebeu que os cientistas deviam ter um papel ativo na instrução da população para a preservação da natureza. Em 1959, regressou à Nova Zelândia, com energia e confiança para fazer a diferença, e logo nesse ano, a 5 de maio, se posicionou em comunicado à imprensa pela preservação dos rápidos da Aratiatia, por dois motivos: por fazerem parte do património nacional e pelo seu valor turístico. Dois meses depois, num discurso durante a

---

[90] Texto original: "Since the 1962 publication of "Silent Spring" - in which Carson described the effects of pesticides on plants, animals, and humans - she has been valorized and villanized liberally. Scientists, politicians, policy makers, garden clubs, and the media have alternately taken swats at her science, her gender, and her questioning of the "irresponsibility of an industrialized, technological society toward the natural world." She was "a fanatic defender of the cult of the balance of nature", stated Dr. Robert White-Stevens, a former biochemist and assistant director of the Agricultural Research Division of American Cyanamid. As a spokesman for the chemical industry during the 1960s, White-Stevens told the public, "If man were to follow the teachings of Miss Carson, we would return to the Dark Ages, and the insects and diseases and vermin would once again inherit the earth." Meanwhile, pesticide manufacturers made efforts to educate the public about the benefits and importance of pesticides. Beginning in November, 1962, the Manufacturing Chemists Association mailed monthly stories to the news media, demonstrating the positive aspects of agricultural chemicals" (McLaughlin, 2014, *online*).

Convenção da Indústria do Turismo, reiterou de forma emocionada que os projetos de energia estavam a "extinguir todas aquelas coisas que a geração de neozelandeses do tempo de meu pai consideravam como o nosso património natural e que tornaram este nosso país um dos lugares mais belos do mundo. Tal é o preço que estamos a pagar pela eletricidade", e pressionou para que fosse criada uma "autoridade que se ocupe da conservação em todos os seus aspeto", e com "poderes para evitar ou modificar a execução de esquemas de trabalhos insensatos".[91]

Embora estas suas ações não tenham conseguido travar o projeto hidroelétrico do Aratiatia, Salmon não desistiu de lutar e reescreveu o discurso que tinha proferido na Convenção do Turismo e no ano seguinte publicou a nova versão num livro intitulado "Heritage destroyed: the crisis in scenery preservation in New Zealand" (1960). Esta sua obra veio alertar para as mudanças na paisagem causadas pelos grandes projetos de engenharia hidroelétrica e teve grande aceitação na opinião pública: tornou-se no documento de referência para o desenvolvimento do movimento conservacionista na Nova Zelândia, e causou enorme pressão pública sobre o poder político. O Partido Nacional (National Party, em inglês), provavelmente já sentindo os ventos da mudança, incluiu uma seção sobre a conservação da floresta selvagem no programa eleitoral de 1960, tornando-se o primeiro partido político a expressar preocupação com questões ambientais. Após ter sido eleito, criou o Conselho de Conservação da Natureza (Nature Conservation Council, em inglês), em 1962, para o qual Salmon foi nomeado, pese embora apenas com poderes consultivos, o que para lidar com o governo nos anos seguintes era, como ele observou, o mesmo que "um tigre com garras aparadas".[92] No entanto, nunca deixou de tentar influenciar o governo sobre o melhor caminho a seguir.

---

[91] Texto original: "extinguishing all those things which my father's generation of New Zealanders regarded as our natural heritage and which made this country of ours one of the beauty spots of the world. Such is the price we are paying for electricity", "authority to deal with conservation in all its aspects", "power to prevent or modify the execution of unwise schemes of works" (Salmon, 1959, p. 5-7).
[92] Texto original: "only advisory powers to Government and is rather like a tiger with trimmed claws" (Salmon, 1968, p. 14).

ENCRUZILHADAS DA SUSTENTABILIDADE

Em "Primavera Silenciosa" (1962), Rachel Carson alertou para os perigos do uso indiscriminado de substâncias químicas em plantas, animais e humanos, sugerindo, ou mesmo pedindo, uma mudança revolucionária às leis que afetam o ar, a terra e a água. Denunciou inúmeras situações em que os químicos estavam a afetar, direta ou indiretamente, a fauna e a flora, especialmente pela ação dos DDT, com consequências imediatas para os humanos. Deu exemplos registados nos rios de Inglaterra, nos Grandes Lagos, no Ártico, na Florida e no lago Baikal na região montanhosa russa da Sibéria. As aves afetadas pela ingestão de alimentos contaminados por pesticidas deixaram de aparecer e deixaram de alegrar o nascer do dia com os seus cânticos e cores e de anunciar a chegada da primavera, daí o título da obra: "Primavera Silenciosa" (Carson, 1969 [1962], p. 113). O mesmo aconteceu com os peixes nas zonas onde os pesticidas eram utilizados, novamente por culpa do DDT, o mais eficaz dos inseticidas. A autora descreve como as populações de trutas e salmões foram afetadas no noroeste de Miramichi, onde foi executado um plano de pulverização com DDT para eliminar um inseto nativo que afetava várias espécies de plantas (Carson, 1969 [1962], p. 139-143).

Era o prenúncio de que a dita "Revolução Verde", ou seja, o aumento da produção agrícola fomentado pela disseminação de novas sementes e pela utilização de pesticidas e fertilizantes, tinha-nos livrado da fome mas estava a matar os nossos rios e os solos com químicos nocivos. Note-se que, até à publicação desta obra, a maior parte das pessoas não sabia da toxidade dos pesticidas. A dimensão do problema, e o que representava, colocou definitivamente os problemas ambientais gerados pelos químicos como tema central na ordem internacional: iniciou-se uma campanha anti-DDT, tendo-se tornado o principal alvo do crescente movimento anti-químicos da década de 1960. Este livro é por isso fundador do movimento ambientalista moderno, tendo em pouco tempo sido traduzido para dezenas de línguas.

Paul Ralph Ehrlich, na obra "The Population Bomb" (1968), cruza o crescimento da população humana com a exploração dos recursos e o ambiente, e apresenta uma visão catastrófica e alarmista para o futuro da humanidade, tendo como fundamento a teoria malthusiana. A principal tese é que o crescimento demográfico leva ao esgotamento dos recursos naturais, e isso conduz à escassez dos principais *inputs* e ao colapso do crescimento económico, porque as atividades de populações em rápido crescimento provocam desflorestação, desertificação e destruição da biodiversidade no planeta. Conclui que a população humana estava condenada à fome, entre 1970 e 1980, por falta de recursos, e a única solução era controlar o seu crescimento (Ehrlich, 1968). Este alarmismo não teve influência sobre o movimento anti-químicos, nem sobre as autoridades norte-americanas, que iniciaram a regulação dos agrotóxicos e proibiram o DDT.

Garrett Hardin, em 1968, publicaria o artigo "The Tragedy of the Commons", aproveitando a dinâmica do movimento ambientalista que planeou o First Earth Day (1970). Apresenta uma linha de continuidade com o proposto por William Lloyd e Thomas Malthus no que se refere ao problema do crescimento da população humana, da delapidação dos recursos e da poluição, e sugere a limitação do crescimento populacional de forma coerciva para impedir a utilização excessiva dos recursos comuns, por considerar que é um assunto que não pode ser deixado ao livre arbítrio da consciência individual, o que justifica pelos "efeitos patogénicos" dos conflitos de consciência "Conscience is self-eliminating" (Hardin, 1968, p. 1246). Refere que utiliza o termo "tragédia" no sentido que lhe dá o filósofo Whitehead, ou seja, não como "infelicidade", mas como "inevitabilidade do destino", o que significa que concebe a "tragédia dos comuns", de forma pouco assertiva, como um processo rigorosamente irredutível de lógica inexorável.

Centrando-se no problema dos recursos de acesso aberto, a "tragédia dos comuns" ocorre porque cada utilizador recebe um benefício direto da utilização do recurso e somente uma fração do custo da sua exploração. Hardin (1968) dá como exemplo o pasto de acesso livre, onde cada indivíduo pode levar o seu gado a pastar. O autor defende que cada pastor tem como objetivo maximizar o seu próprio benefício, e para isso vai levar o maior número possível de gado para o pasto, independentemente do estado do pasto, mesmo que esteja depauperado, o que acontece porque cada pastor vai receber o benefício direto de pastar o seu gado e só uma fração do custo de sobreexplorar o pasto. Por isso, os pastores vão continuar a levar o seu gado a pastar até esgotarem o pasto e não mais o poderem utilizar. O incentivo de maximizar o benefício individual convida todos à ruína, o que não aconteceria se o objetivo – a preservação da pastagem - fosse coletivo. Ou seja, os pastores reconhecem que o pasto está a esgotar-se, mas sabem que se não o pastarem alguém o vai fazer por si, e assim todos vão continuar a levar ali o gado. Falta a possibilidade de exclusão, uma vez que os pastores não têm a possibilidade impedir os outros de pastarem onde e quando não o deveriam fazer.

Por fim, e não o poderíamos deixar de dizer, o artigo não é suportado por uma investigação nem dá exemplos históricos ou hodiernos que confirmem ou infirmem a sua conclusão, como é "comum" em artigos de arbitragem científica e como se observa, por exemplo, no trabalho de Ostrom (1986, 1990 e 2010), cuja obra desconstrói a "tragédia dos comuns" de Hardin. É um artigo que foi rotulado por alguns de falta de rigor científico (Angus, 2008) e foi até contestado pelo Banco Mundial (Bromley & Cernea, 1989, p. 6). Ainda assim, é um fenómeno da literatura científica a dizer pelas inúmeras vezes que foi reproduzido e referenciado, por exemplo, uma referência incontornável nos trabalhos sobre economia, desenvolvimento, sustentabilidade e demografia. Concordando-se ou não com o postulado por Hardin, a verdade é que as suas ideias merecem fazer parte do debate sobre as imoralidades do Ser Humano contra a natureza e contra o futuro.

Não obstante alguns reparos, este artigo passa uma importante lição e deve por isso ser elogiado: a iniciativa individual é fundamental à salvaguarda ecológica e é o método mais viável de levar à polarização de práticas capazes de promoverem a transformação coletiva. O facto de "ninguém" estar disposto a dar o primeiro passo é contrário à nobreza da responsabilidade humana e representa um dos maiores desafios da Humanidade no respeito pelas questões sociais, ambientais e económicas.

Em 1969, Aurélio Peccei, industrial italiano e um dos fundadores do Clube de Roma, como já referimos anteriormente, publicaria a obra "O

Abismo à Frente" (The Chasm Ahead, em inglês), onde expunha a sua visão da situação do mundo face às ameaças ecológicas e as suas ideias para o desenho de uma estratégia de repensar o sistema global e encorajar novas atitudes.

No mesmo ano (1969), Ian Mcharg publicaria "Design With Nature", uma obra seminal sobre os princípios do planeamento urbano numa perspetiva ambiental, que devido ao seu cunho inovador serviu de referências a arquitetos, técnicos de planeamento urbano e regional e ambientalistas, e reabriu a esperança de um mundo melhor. As suas ideias resultaram do pensamento ambiental do final da década de 1960, muito do qual reproduzido nas obras referidas anteriormente, e mudaram para sempre o campo da arquitetura paisagista. Foi um dos técnicos de planeamento e um dos paisagistas mais influentes do século XX. Colocou a natureza numa ordem superior. Para este cientista, não modificar a natureza era a melhor maneira de ocupar a Terra, e quando tivesse de ser modificada, apenas devia sê-lo o estritamente necessário e de forma planeada e projetada levando em linha de conta a ecologia e o perfil da paisagem. Na sua opinião, só desta forma as cidades, os polos industriais e as áreas agropastoris poderiam persistir sem uma ação destrutiva sobre o ambiente, e só assim seria possível evitar grandes riscos naturais, desde que fosse utilizado na modelação da paisagem o conhecimento técnico e científico no melhor interesse a longo prazo para todos os seres vivos. O autor acreditava que vivendo com, e não contra, as forças e fluxos mais poderosos da natureza, as comunidades adquiririam um sentido mais forte de lugar e identidade. Esta obra marca uma rotura com o pensamento urbanista dominante da época, de que se podia explorar e modelar a paisagem sem consequências, ou seja, que era possível o planeamento sem ter em conta a natureza, e constitui por isso uma importante referência (Mcharg, 1995 [1969]).

Em 1970 foi apresentado o "Man´s Impact on the Global Environment, Report of the Study of Critical Environmental Problems", um relatório crítico do estudo dos problemas ambientais, realizado sob grande transversalidade científica pelos investigadores do Massachusetts Institute of Technology (MIT), um centro universitário de educação e pesquisa privado localizado em Cambridge, nos Estados Unidos. Teve como grandes objetivos o estudo dos efeitos da poluição sobre o homem, por via das alterações climáticas, das alterações da ecologia do oceano e dos grandes ecossistemas terrestres (SCEP, 1970).

Em 1971, o painel multidisciplinar de especialistas que preparou o Relatório Founex (Founex Report), na Suíça, defendeu a incorporação das questões ambientais e outros objetivos sociais nas estratégias de desenvolvimento. "Esforçámo-nos neste relatório por chamar a atenção para as inter-relações entre desenvolvimento e ambiente e fornecer um enquadramento geral que permita a formulação de políticas ambientais".[93] Neste relatório foram identificadas as atividades económicas mais lesivas do ambiente (agrícola e industrial) e os respetivos impactos, assim como os princípios mais importantes a considerar em qualquer projeto de desenvolvimento, que são hoje, grosso modo, basilares em qualquer processo de Avaliação de Impacto Ambiental (AIA). Neste documento foi possível identificar e superar diferenças políticas e concetuais entre países desenvolvidos e em desenvolvimento, e os princípios direcionados aos projetos de desenvolvimento foram discutidos na Conferência de Estocolmo de 1972.

A utilização de químicos (herbicidas) pela força aérea americana na Guerra do Vietname, com o objetivo de desfolhar as árvores e arbustos para expor os guerrilheiros norte-vietnamitas e destruir a produção agrícola (ex. arroz), retirando-lhes o abrigo e o alimento, terminou em outubro de 1971, mas a pulverização de produtos químicos continuou a ser realizada pelos militares sul-vietnamitas até 1972. Os herbicidas, classificados por um código de corres – azul, branco, roxo, rosa, verde e laranja-, foram na sua maioria (cerca de 95%) pulverizados sobre a paisagem rural do Vietname com recurso a aviões de carga C-123 (Stellman, 2003, p. 681-682), sob a designação de "Operação Inferno" (Operation Hades) mais tarde renomeada "Operação Mão no Rancho" (Operation Ranch Hand).[94]

---

[93] Texto original: "Our effort in this Report has been to draw attention to the interrelationship between development and environment and to provide an overall framework within which environmental policies can be formulated" (Founex Report, 1971, p. 19).

[94] Para saber mais: http://www.aspeninstitute.org/policy-work/agent-orange/history.

O Agente Laranja (Agent Orange), feito a partir de uma mistura de dois herbicidas, foi o mais utilizado, com mais de 43 milhões de litros pulverizados numa década, entre a realização do primeiro teste de pulverização que aconteceu em 10 de agosto de 1961, a utilização massiva deste químico pela aviação a partir de janeiro de 1962, e o fim da sua utilização em fevereiro de 1971, após interrupção da produção e destruição por inceneração dos lotes armazenados. Foi uma verdadeira arma biológica. Das restantes classes de cores foram pulverizados acima de 30 milhões de litros (Young, 2009, p. 67), o que representa no total uma descarga de mais de 73 milhões de litros de químicos pulverizados sobre os campos e florestas, algumas vezes mais do que uma vez, e até aldeias, destruindo a vida.

Os herbicidas utilizados não eram naturalmente benignos, eram constituídos de substâncias altamente tóxicas, e tiveram graves repercussões na saúde dos vietnamitas e tornaram mais difícil a vida num país com muitas carências e onde uma grande parte de solo estava irremediavelmente poluído, especialmente pelo Agente Laranja. Este tem a infeliz particularidade de incluir um contaminante tóxico, a dioxina (conhecida por TCDD) que, ao contrário de outros contaminantes utilizados que se mantinham tóxicos apenas durante alguns dias ou semanas, não se degrada rapidamente, sobretudo quando é introduzida no solo ou quando se infiltra no solo através da lixiviação, cuja lavagem a vai transportar aos sedimentos dos fundos dos rios e de outros corpos de água.

Este é um tema que não está fechado, mas os artigos publicados sobre esta matéria não deixam de considerar a dioxina como sendo a grande responsável pelos graves problemas de saúde que afetaram os vietnamitas e que se fazem sentir até aos dias de hoje (malformações em crianças, diversos tipos de cancro e contaminação ambiental).

Richard Falk, em "This Endangered Planet" (1971), interligou a nível mundial os perigos da guerra, do esgotamento dos recursos, do crescimento demográfico e da degradação ambiental. Indicou que o capitalismo subsiste com base numa cultura material fazendo com que a distribuição desigual da riqueza ameace a estabilidade mundial, e criticou a regulamentação governamental por não punir os prevaricadores (Falk, 1971).

Ainda em 1971, mais especificamente em outubro, Barry Commoner (1917-2012), um importante ecologista e um dos fundadores do movimento ambientalista moderno, publicou "The Closing Circle: Nature, Man, and Technology" (O Círculo Fechado: Natureza, Homem e Tecnologia, em português), propondo a restruturação da economia dos Estados Unidos para se conformar com as leis inflexíveis da ecologia. Sugeriu, por exemplo, que os produtos poluentes como detergentes ou têxteis sintéticos fossem substituídos por produtos naturais, como o sabão ou o algodão e a lã, respetivamente. Para este autor, as tecnologias capitalistas eram as principais responsáveis pela degradação ambiental, e não a pressão populacional. Debatia-se com Paul R. Ehrlich, autor da obra "The Population Bomb" (A Bomba Demográfica, em português), e com os seus seguidores, alegando que eles estavam muito focados na superpopulação como fonte dos problemas ambientais e que as soluções que propunham eram politicamente inaceitáveis devido à coerção que implicavam, e porque o custo recairia desproporcionalmente sobre os pobres. Commoner acreditava que era necessário entender a génese da crise ambiental para que fosse possível "administrar a enorme tarefa de sobreviver a ela" (Commoner, 1974, p. 5), tema central nesta obra, e que o desenvolvimento tecnológico e social levaria a uma redução natural do crescimento populacional e dos danos ambientais. Esta obra é precursora da atual conceção de sustentabilidade, na qual Commoner deixou um importante legado, as suas quatro leis da ecologia que continuam atuais e são referidas e comentadas a seguir:

I. **"Everything is connected to everything else" ("Tudo está ligado com tudo o mais")** (Commoner, 1974, p. 16). Tudo está interligado e é interdependente, é o primado básico da ecologia, pelo que, existindo apenas uma ecosfera, qualquer alteração nefasta provocada pelos seres humanos vai afetar a totalidade da rede de interligações entre todos os organismos vivos e os fatores abióticos do meio em que vivem, portanto, vai ser nefasta para todos.

II. **"Everything must go somewhere" ("Tudo tem que ir para algum lado")** (Commoner, 1974, p. 19). A matéria não se perde, sempre se transforma, como comprovou o químico Antoine-Laurent de Lavoisier, no século XVIII: "na natureza nada se cria, nada se perde, tudo se transforma". O autor recupera este enunciado para sustentar que na natureza não existe desperdício, o que é "excretado por um organismo como resíduo é absorvido por outro como alimento" (Commoner, 1974, p. 19). Critica o excessivo extrativismo e a predação de recursos naturais, que após passarem por processos de transformação industrial acabam inutilizados em outros locais na natureza onde não pertencem e onde são prejudiciais. O autor dá o exemplo do mercúrio, mas atualmente o melhor exemplo é o microplástico, minúsculo pedaço de material plástico com menos de cinco milímetros que se encontra em quantidades crescentes nos oceanos, que já está a ser ingerido por animais marinhos, e já foi descoberto em alimentos e bebidas, e nos seres humanos, transferido pela cadeia alimentar.

III. **"Nature knows best" ("A Natureza é quem sabe melhor")** (Commoner, 1974, p. 20). Na altura em que a obra é publicada, é intenso o debate e são muitos os que têm reservas face à utilização de fungicidas, inseticidas, herbicidas, fertilizantes e reguladores de crescimento, porque não obstante visarem o aumento da produção das culturas, e isso permitia retirar mais da natureza do que ela normalmente poderia oferecer, entendia-se que a introdução artificial de um composto químico orgânico na natureza, que aí não ocorresse, provavelmente seria prejudicial ao sistema natural. Efetivamente, todo o produto químico feito pelo Ser Humano, que não se encontre na natureza e que exerça uma forte ação sobre os organismos vivos, é perigoso e deve ser utilizado com muita prudência.

IV. **"There is no such thing as a free Lunch" ("Não há almoços grátis")** (Commoner, 1974, p. 22). O ecossistema global é palco de uma enorme variedade de interações entre espécies e organismos, entre estas e o meio físico do planeta, do qual nada pode ser ganho ou perdido. O que for alterado tem de ser corrigido, e o que for extraído tem de ser reposto, porque todo o benefício humano retirado da natureza tem sempre algum custo associado, que tem de ser pago. As alterações climáticas de origem antrópica, com danos irreversíveis que afetam os oceanos, devido ao aumento de ondas de calor e à acidificação e baixos níveis de CO_2, são atualmente o maior exemplo de que não existem almoços grátis, e mostram como esta lei está ainda muito válida. Aliás, já não há dúvidas de que o custo da inação vai ser superior ao custo da descarbonização da economia.

Em janeiro de 1972, antes da Conferência das Nações Unidas sobre o Meio Ambiente Humano realizada em Estocolmo, foi publicado o texto "Blueprint for Survival", primeiro como edição especial da revista The Ecologist, em que ocupou todo o Vol. 2, n.º 1, de janeiro de 1972, e, posteriormente, devido ao sucesso dessa primeira publicação, foi publicado em livro, pela Penguin Books, em 14 de setembro de 1972. Este texto escrito por Edward Goldsmith e Robert Allen, com a colaboração de Michael Allaby, John Davoll e Sam Lawrence, e outros de forma mais residual, alertou para a urgência e magnitude dos problemas ambientais, e como resolução propôs reformas radicais, destacando-se a formação de um movimento pela sobrevivência. Destaca-se, igualmente, a sugestão para que as pessoas passassem a viver em comunidades pequenas, descentralizadas e o mais possível desindustrializadas, porque dessa forma iriam sentir-se mais realizadas, e porque em pequenas comunidades as práticas agrícolas e comerciais são tendencialmente mais corretas, ao contrário das comunidades grandes, onde os autores entendiam ser muito difícil impor um modelo de comportamento moral.

Para os autores, a redução da área densamente ocupada/habitada permitiria reduzir de forma proporcional o impacto ambiental. Eles dão o exemplo das sociedades tribais, que na maior parte dos casos são pequenas comunidades humanas que utilizam tecnologias de baixo impacto e fazem uma gestão sustentável dos recursos, e têm visões do mundo holísticas e ecologicamente integradas e um alto grau de coesão social, saúde física, bem-estar psicológico e realização espiritual dos seus membros. Foi tal a relevância atribuída ao texto que a revista The Ecologist, que tinha sido fundada por Edward Goldsmith, em 1970, ficou amplamente conhecida com esta publicação e rapidamente se tornou uma plataforma para aqueles que seriam os protagonistas do movimento ambientalista. O livro depois publicado vendeu mais 750 mil cópias, teve uma enorme repercussão junto da opinião pública inglesa, e contribuiu de forma decisiva para a criação do "People Party", mais tarde renomeado "Ecology Party", e hoje com a designação "Green Party". As motivações para a redação do texto não deixam dúvidas quanto às preocupações que moviam os autores, todos eles especialistas no estudo dos problemas ambientais globais.

"**(i)** Uma análise da informação relevante disponível alertou-nos para a extrema gravidade da situação atual a nível mundial. Isto porque, se permitirmos que as tendências atuais persistam, o colapso da sociedade e a rutura irreversível dos sistemas de suporte de vida neste planeta, possivelmente no final do século e seguramente durante o tempo de vida dos nossos filhos, são inevitáveis;

(ii) Os governos, e o nosso não é exceção, ou se recusam a enfrentar os factos relevantes, ou estão a instruir os seus cientistas de tal modo que a sua seriedade é desvalorizada. Seja como for, não estão a ser tomadas quaisquer medidas corretivas com quaisquer consequências;

(iii) Esta situação já levou à formação do Clube de Roma, um grupo de cientistas e industriais de numerosos países, que está a tentar persuadir governos, líderes industriais e sindicatos em todo o mundo a enfrentarem estes factos e a tomarem as medidas adequadas enquanto ainda é tempo. Deve agora dar origem a um movimento nacional para intervir a nível nacional e, caso seja necessário, assumir um estatuto político e concorrer às próximas eleições gerais. Espera-se que esse exemplo seja seguido noutros países, originando assim um movimento internacional, complementando o trabalho inestimável que o Clube de Roma tem vindo a realizar;

(iv) Tal movimento não pode esperar ser bem sucedido se previamente não tiver formulado uma nova filosofia de vida cujos objetivos possam ser alcançados sem destruir o ambiente, bem como um programa preciso e abrangente para produzir o tipo de sociedade em que possa ser implementada".[95]

Na obra "Exploring New Ethics for Survival. The Voyage of the Spaceship Beagle", publicada pela Viking Press em 1972, e pela Penguin Books em 1973, Garrett Hardin expandiria "A Tragédia dos Comuns", que incluiu no livro. Debate as ameaças à natureza e ao futuro do Ser Humano de forma espirituosa e assustadora, socorrendo-se de uma história de ficção científica em torno de uma viagem numa nave espacial de grandes dimensões que procurava outro planeta habitável, enquanto sugeria possíveis alternativas para evitar o desastre que anuncia. Defende que a sobrevivência humana depende do controlo da poluição e do crescimento populacional, e aponta a necessidade de impor limites à liberdade humana de reprodução e poluição (Hardin, 1972).

A obra "Only one Earth" (1972), best-seller de Barbara Ward e René Dubos preparada para a Conferência de Estocolmo, lançou um conjunto

---

[95] Texto original: "(i) An examination of the relevant information available has impressed upon us the extreme gravity of the global situation today. For, if current trends are allowed to persist, the breakdown of society and the irreversible disruption of the life support systems on this planet, possibly by the end of the century, certainly within the lifetimes of our children, are inevitable; (ii) Governments, and ours is no exception, are either refusing to face the relevant facts, or are briefing their scientists in such a way that their seriousness is played down. Whatever the reasons, no corrective measures of any consequence are being undertaken; (iii) This situation has already prompted the formation of the Club of Rome, a group of scientists and industrialists from many countries, which is currently trying to persuade governments, industrial leaders and trade unions throughout the world to face these facts and to take appropriate action while there is yet time. It must now give rise to a national movement to act at a national level, and if need be to assume political status and contest the next general election. It is hoped that such an example will be emulated in other countries, thereby giving rise to an international movement, complementing the invaluable work being done by the Club of Rome; and (iv) Such a movement cannot hope to succeed unless it has previously formulated a new philosophy of life, whose goals can be achieved without destroying the environment, and a precise and comprehensive programme for bringing about the sort of society in which it can be implemented" (https://web.archive.org/web/20090907143122/http://www.theecologist.info/page34 .html, consultado em 17/09/2020).

de questões reflexivas sobre o estado do mundo e a sua importância, apontou soluções para os maiores problemas da Humanidade (fome, pobreza e destruição dos recursos naturais), e definiu estratégias possíveis para uma vivência condigna durante o tempo em que fosse necessário reequilibrar os ecossistemas, considerando os países ricos e também os pobres. Defende que as atividades antrópicas estão a comprometer a biosfera, mas expressa o otimismo de que é possível a humanidade partilhar como objetivo um futuro comum (Ward & Dubos, 1972).

Em 1972, da autoria dos investigadores do Clube de Roma, foi publicada a obra "Os Limites do Crescimento" (The Limits to Growth, em inglês), também conhecido por "Relatório do Clube de Roma", ou apenas "Relatório Meadows", por ter sido coordenado pelos cientistas americanos Dennis Meadows e Donella Meadows. Esta obra teve um grande impacto no cenário político internacional, especialmente na Conferência de Estocolmo, que ocorreu alguns meses depois.

Com base numa projeção para cem anos, os investigadores do Massachusetts Institute of Technology (MIT) concluíram que, para atingir a estabilidade económica e respeitar a finitude dos recursos naturais, era necessário diminuir o capital industrial e o crescimento da população global (propunham o Crescimento Zero), e conter o consumo *per capita* dos recursos não renováveis. Por outras palavras, os investigadores concluíram que se a humanidade continuasse com as mesmas práticas económicas e ambientais, no essencial com uma forte industrialização e com um forte crescimento populacional, o que conduziria à insuficiência da produção de bens alimentares, ao esgotamento dos recursos naturais não renováveis, e à degradação irreversível do ambiente natural, em menos de cem anos os recursos se esgotariam e a humanidade entraria em colapso (Meadows *et al.*, 1972).

Claramente neomalthusiana, esta obra argumenta que a sobrepopulação é o maior problema[96], ou seja, qualquer crescimento de P é mais importante do que o crescimento de A e T na seguinte relação:

---

[96] A falta de segurança alimentar, a subnutrição e a fome são fenómenos associados à incapacidade dos países subdesenvolvidos para produzir alimentos e fazer frente ao crescimento demográfico.

I = P x A x T.[97] Houve quem apoiasse o estudo e houve quem não o fizesse, acusando-o de ser pessimista e de trazer à "praça pública" as velhas teorias de Malthus (Tietenberg, 2000, p. 4). No entanto, importa destacar que foi editado em várias línguas, a sua difusão teve um grande impacto nas massas populacionais, pela perspetiva quase apocalíptica, tendo-se tornado no estudo sobre ambiente mais vendido de sempre, e foi publicado poucos meses antes da abertura da Conferência de Estocolmo (março de 1972) (Meadows *et al.*, 1972).

O economista Ernest Friedrich Schumacher, porventura inspirado em Gandhi, publica "Small Is Beautiful: a study of economics as if people mattered" (1973). Representa uma crítica às economias ocidentais e aos princípios com que nessa altura sustentavam o desenvolvimento, quem acusa de mascarar a inovação tecnológica como "progresso", e um manifesto contra a globalização económica. Incita os cidadãos a uma vida não suportada em materialismos desnecessários, mas de reflexão crítica sobre o que os rodeia, e em comunhão com a natureza (Schumacher, 1973).

> "O homem moderno não se vê a si próprio como parte da natureza mas sim como uma força exterior destinada a dominá-la e a conquistá-la. Fala até de uma batalha com a natureza, esquecendo que, se ganhássemos essa batalha, acabaríamos por nos encontrar no lado perdedor. Até há muito pouco tempo parecia que a batalha estava a correr bastante bem a ponto de lhe dar a ilusão de que detém poderes ilimitados, mas não tão bem que indique a possibilidade de uma vitória total. Isso tornou se agora visível e há muita gente, embora apenas uma minoria, que agora começa a dar-se conta do que tal significa para a humanidade continuar a existir. A ilusão dos poderes ilimitados, alimentada por conquistas científica e tecnológicas espantosas, produziu a atual ilusão de que se resolveu o problema da produção. Esta última ilusão baseia-se na incapacidade de fazer a distinção entre rendimento e capital quando essa distinção assume a maior importância (…)" (Schumacher, 2011, p. 3).[98]

---

[97] I = impacto; P = população; A = abundância; T = tecnologia.

[98] Texto original: "Modern man does not experience himself as part of nature but as an outsider force destined to dominate and conquer it. He even talks of a battle with nature, forgetting that, if he won the battle, he would find himself on the losing side. Until quite recently, the battle seemed to go well enough to give him the illusion of unlimited powers, but not so well as to bring the possibility of total victory into view.

Em 1974, o Clube de Roma publica o segundo relatório, intitulado "Mankind at the Turning Point", realizado por Mihaljo Mesarovic e Eduard Pestel (Mesarovi &Pestel, 1974). Os investigadores defenderam, na senda do proposto no relatório anterior, "a necessidade de criar uma sociedade "orgânica" ou verdadeiramente interdependente como a única forma de salvar o mundo da quase avassaladora problemática mundial".[99] Curiosamente, o terceiro relatório "Reshaping the International Order", elaborado por 20 especialistas de desenvolvimento e coordenado pelo Professor Jan Tinbergen, que foi publicado em 1976, ao enfatizar a necessidade de existir desenvolvimento e uma melhor distribuição da riqueza, que produza bem-estar (Tinbergen, 1976), protagoniza o que pode ser interpretado como um revés na luta ambientalista, uma vez que tal significa mais crescimento económico. De uma coisa temos a certeza: a redação está embebida numa profunda conceção humanista - "atingir a vida digna do homem e o bem-estar para todos os cidadãos do mundo"[100] -, não de culto à notabilidade das capacidades humanas (antropocentrismo), mas antes em torno de uma visão global socialista humanista ("humanistic socialism") viável à persecução de ação prática condutora à harmonia entre o Ser Humano e a natureza.

O Clube de Roma continuou a publicar relatórios e outros trabalhos produzidos pelos seus membros (investigadores) levantando questões nucleares sobre os grandes desafios que se colocam à Humanidade, de forma holística e de longo prazo, objetivando a harmonia entre o Ser Humano e a natureza, a proteção ambiental, a justiça social, a paz, o

---

This has now come into view, and many people, albeit only a minority, are beginning to realise what this means for the continued existence of humanity. The illusion of unlimited powers, nourished by astonishing scientific and technological achievements, has produced the concurrent illusion of having solved the problem of production. The latter illusion is based on the failure to distinguish between income and capital where this distinction matters most (...)" (Schumacher, 2011, p. 3.).

[99] Texto original: "the need to create an "organic" or a truly interdependent society as the only way to save the world from the almost overwhelming world problematique" (http://clubofrome.org/?p=1168).

[100] Texto original: ""to attain the life worthy of man and the well-being for all citizens of the world" (Tinbergen, 1976, p. 85).

progresso social, a solidariedade e a igualdade.[101] Uma tradição que se prolonga até aos dias de hoje. O mais recente trabalho, "2052 - A Global Forecast for the Next Forty Years", publicado em 9 de maio de 2012 (pela Chelsea Green Publishing), da autoria de Jorgen Randers, co-autor do relatório "Os Limites do Crescimento", mostra que a sociedade não pode continuar a manter o atual nível de extração de recursos e tem de aprender a viver condicionada pelos recursos e pelas emissões poluentes, sob pena de os países ricos sofrerem de graves problemas sociais ainda agravados por eventos climáticos cada vez mais extremos.

Muitas das obras referidas tiveram repercussão na opinião pública, mas encontraram resistência nos meios empresariais e políticos, e atualmente são clássicos para a história ambiental.

2º estádio: início da definição internacional de regras sobre o ambiente.

A Conferência das Nações Unidas sobre o Meio Ambiente Humano (United Nations Conference on the Human Environment, em inglês), realizada entre 5 e 16 de junho de 1972, também conhecida como "Conferência de Estocolmo", a Cimeira de Paris, da então CEE, realizada entre 19 e 21 de outubro de 1972, e a publicação do primeiro relatório do Clube de Roma, em 1972, intitulado "Os Limites do Crescimento" (The Limits to Growth, em inglês), eventos já referidos, iniciam uma nova fase importante de definição internacional de regras sobre o ambiente que pode ser periodizada entre 1973 e 1983[102], isto para efeitos didáticos, uma vez que temos correlação elevada antes e depois desse período. Esta periodização assume a pertinência de enquadrar a história recente do ambientalismo português, que, naturalmente, não pode ser separada de influências externas,

---

[101] Para consultar os vários relatórios e outros trabalhos produzidos pelo Clube de Roma: http://www.clubofrome.org/?cat=45.

[102] Consubstanciando o defendido por Soromenho-Marques (2002), Santos (2004, p. 75-76) e Quental *et al.* (2011).

relacionadas com a proteção do ambiente em geral (Rodrigues, 2009, p. 198).

A ação da comunidade civil e dos grupos de pressão e movimentos ambientalistas durante a década de 1960, com suporte em vários trabalhos académicos e relatórios técnicos, que enfatizavam a degradação ambiental e o esgotamento dos recursos, trouxe mediatismo à coisa ambiental, e os "governos começaram a preocupar-se com o estado geral do ambiente e a aprovar os primeiros textos legislativos destinados a lutar contra a poluição das águas e do ar, sendo criados, paralelamente, os primeiros órgãos administrativos especializados dedicados ao ambiente" (Cysne & Amador, 2000, p. 11). No entanto, esta é uma preocupação muito ténue, uma vez que os holofotes estavam centrados no campo económico e social, e menos nos assuntos ambientais, o que decorreu das crises petrolíferas de 1973 e de 1979.

Em Portugal, ao mau momento da crise petrolífera, despoletado pela Guerra do Yom Kippur[103], conflito israelo-árabe, e responsável pelo aumento do custo de produção, que afetou profundamente a construção naval, a siderurgia e a química pesada, e fez aumentar o desemprego, acresce a necessidade de ajuda externa, que ocorreu por duas vezes, em 1977 e em 1983. Com a segunda intervenção do Fundo Monetário Internacional (FMI) os salários foram reduzidos, as importações foram condicionadas, os impostos aumentados, foram criados impostos sobre o rendimento, faltaram bens de procura rígida e flexível, etc., e no oposto, o desemprego era de 10,6%, a inflação de 30,8% e a recessão de 1%. Segundo Maddison (1995) citado por Silva (2013, p. 156), o rácio de desigualdade entre países ricos e países pobres tinha passado de 3:1 em 1820 para 15:1 em 1975, e era de 19:1 em 1998. Em consequência, esta foi uma década pouco fértil em programas vinculativos de combate à degradação ambiental e de apoio à conservação ambiental.

Período a contraciclo, apresenta-se como frutífero para a transformação de alguns movimentos ecológicos em partidos políticos e o aparecimento de novos partidos "Verdes" que passaram a ganhar espaço na vida política de alguns países da Europa e de fora da Europa, inclusive em países em desenvolvimento. Os primeiros partidos políticos

---

[103] "Yom Kippur" significa "Dia da Expiação" e é um dia santo para os judeus.

verdes surgem mesmo fora da Europa, como é o caso do UTG na Austrália e do Values Party na Nova Zelândia, ambos criados em 1972. O primeiro partido verde europeu, People, surge em Inglaterra em 1973, ano em que surge também o primeiro Programa de Ação Europeu em Matéria de Ambiente. Em 1980, surge o partido verde alemão Die Grünen, e em 1982 constitui-se em Portugal o partido ecologista Os Verdes (Rodrigues, 2009, p. 200).

A "Conferência das Nações Unidas sobre o Meio Ambiente Humano" (United Nations Conference on the Human Environment, em inglês), promovida pela Organização das Nações Unidas (ONU), também conhecida como "Conferência de Estocolmo", por se ter realizado em Estocolmo (Suécia), de 5 a 16 de junho de 1972, produziu a "Declaração da Conferência das Nações Unidas sobre o Meio Ambiente Humano" (Declaration of the United Nations Conference on the Human Environment, em inglês), ou "Declaração de Estocolmo", e a sua importância advém do facto de ter estabelecido o critério e os princípios comuns para as questões ambientais internacionais, o que incluía a gestão dos recursos naturais, a promoção da educação ambiental como forma de orientar as políticas públicas, a prevenção da poluição, a relação entre ambiente e desenvolvimento, os direitos humanos, e até a necessidade de reduzir o número de armas de destruição em massa, o que decorria da Guerra Fria, por forma a servir de guia e de inspiração a todos os povos para a preservação e melhoria do meio ambiente humano (Declaração da Conferência das Nações Unidas sobre o Meio Ambiente Humano, 1972). A "Declaração de Estocolmo" foi o primeiro documento do direito internacional a reconhecer o direito humano a um ambiente de qualidade, que é aquele que permite ao homem viver com dignidade.

Esta conferência acontece numa altura em que se começava a questionar a ideia, propagandeada desde sempre, de que o ambiente era uma fonte inesgotável de recursos, e numa altura em que já havia estudos científicos que alertavam para os graves problemas ambientais decorrentes de secas, com a consequente desertificação e efeitos negativos em lagos e rios, e, sobretudo, para os graves problemas resultantes da poluição química causada pela utilização de pesticidas na agricultura, e para os graves problemas da poluição atmosférica provocada pelas indústrias, nomeadamente a chuva ácida e a inversão térmica. Começa aqui a ténue vontade política de equilibrar os esforços para mitigar a ação antrópica, promovidos maioritariamente pela comunidade civil e académica, como se viu pela longa lista de trabalhos atrás referidos. A Declaração é constituída por 26 princípios, mas no primeiro pode ler-se:

> "O homem tem direito fundamental à liberdade e qualidade e a adequadas condições de vida em ambiente que lhe permita viver com dignidade e bem-estar. É seu inalienável dever melhorar e proteger o meio ambiente para as gerações atuais e futuras. Condenam-se, assim, e devem ser eliminadas, as políticas que promovem o apartheid, a segregação racial, a discriminação, a opressão colonialista e outras formas de opressão ou dominação estrangeira" (Declaração de Estocolmo, 1972).

Esta Conferência constituiu uma baliza histórica, mas ficou aquém do que era pretendido. De um lado estavam os agentes das nações que defendiam o crescimento económico a qualquer preço, mesmo colocando em risco o ambiente humano, e do outro lado estavam aqueles que defendiam a necessidade de encarar os problemas do ambiente humano no quadro da interconexão das questões políticas, sociais, ambientais e económicas, como era o caso do Secretário-Geral desta Conferência, Maurice Strong, o qual, em busca de um meio termo que não fosse apenas nações ricas e nações pobres, propôs uma forma alternativa de desenvolvimento económico que denominou de "ecodesenvolvimento". Não se tratava de uma teoria, pois não tinha bases para tal, era apenas uma crítica à sociedade industrial, em especial à concentração do poder económico e à centralização do poder político à escala mundial, causadoras de uma profunda dicotomia entre sociedades industriais e regiões subdesenvolvidas. Este conceito era, na verdade, uma forma não materialista de ver o mundo, capaz de equilibrar as diferenças entre nações, e foi largamente difundido após 1974 por Ignacy Sachs (Godard, 1991).

Os ricos eram os que tinham poder económico e político e orientavam a atividade para a acumulação e ampliação da riqueza, e os pobres eram os que não tinham nada e orientavam a sua atividade para a subsistência. Este era o modelo de desenvolvimento económico vigente, que criava um enorme fosso social entre ricos e pobres e, para além da desigualdade social, tinha como consequência a deterioração ambiental ou a desordem ecológica, motivo pelo qual Maurice Strong e os seus apoiantes propuseram o "ecodesenvolvimento" (Mellos, 1988, p. 59-74).

Segundo Strong (2001, p. 120-123), os países desenvolvidos não conseguiram ultrapassar a ambivalência, ou até antipatia, que os países em desenvolvimento sentiam em relação a toda a questão do Desenvolvimento. O autor considerou que, para estes, a preocupação do Ocidente era pateta e a poluição era doença de ricos, até porque ficariam felizes em trocar um pouco da poluição dos países industrializados por benefícios económicos ou outros que permitissem o crescimento económico. Após a Conferência, as empresas ocidentais continuaram a deslocalizar produção e poluição para os países menos desenvolvidos, prosseguindo a escalada de agressão ambiental.

Em síntese, a "Conferência de Estocolmo" nem superou os objetivos nem acomodou os anseios dos ecologistas, que continuaram a sua luta, criando novos movimentos associativos - como o Chipko Movement (1973)[104], um movimento feminino de resistência organizado para impedir o desmatamento e a degradação ambiental por toda a Índia, ou o Green Belt Movement (GBM), fundado pela professora Wangari Maathai[105] sob os auspícios do National Council of Women of Kenya (NCWK), em 1977, no Quénia - e publicando vários trabalhos de elevado valor ambiental, como "The Humam Future Revisited" (1978), da autoria de Harrison Brown, ou "The Twenty-Ninth Day" (1978), de Lester Brown. Ainda assim, foi muito importante, sendo de destacar a introdução da educação ambiental como instrumento de apoio às políticas do ambiente, um elemento fundamental para mais rapidamente combater a crise ambiental mundial (Recomendação n.º 96), que teria

---

[104] "Chipko" significa abraço. Ficou assim conhecido porque, com o incentivo de uma ONG local Dasoli Gram Swarajya Sangh (DGSS), e sob a liderança de Chandi Prasad Bhatt, as mulheres entraram na floresta no vale de Alakananda e formaram um cordão humano ao redor dos troncos das árvores impedindo os madeireiros de as cortarem. Os ativistas tinham um poema: "Embrace the trees and Save them from being felled; The property of our hills, Save them from being looted".

[105] Começa uma plantação de árvores como forma de evitar a desertificação, e ensina métodos de armazenamento da água da chuva para produção agrícola (Maathai, 2003).

desenvolvimentos na Conferência de Belgrado (1975), e conduziu à elaboração do Programa das Nações Unidas para o Meio Ambiente (United Nations Environment Programme – UNEP, em inglês), que deu continuidade a estes esforços ao coordenar as ações internacionais de proteção do ambiente e de promoção do desenvolvimento sustentável.

Decorrente de uma resolução de 1963 da União Internacional para a Conservação da Natureza (IUCN), em 1973, na cidade de Washington (EUA), foi aprovado o texto final da Convenção sobre o Comércio Internacional das Espécies da Fauna e da Flora Selvagens Ameaçadas de Extinção (Convention on International Trade in Endangered Species of Wild Fauna and Flora ou CITES em inglês)[106], que prevê vários níveis de proteção e abrange cerca de 30 000 espécies da fauna e da flora selvagens, e entrou em vigor em 1975. Bloqueou o comércio de cerca de 5 mil animais e 25 mil plantas, e deu origem ao que seria o mercado negro do ambiente. De facto, hoje em dia há populações à beira da extinção nos mais variados territórios devido ao aumento da pressão humana sobre os habitats, mas se não tivesse existido a tentativa de 19 de maio de 1900, se não tivesse existido esta convenção, e se tivesse sido permitido o livre comércio de animais selvagens, as consequências hoje seriam ainda mais gravosas.

No mesmo ano (1973), os EUA aprovaram o Endangered Species Act (ou ESA), incorporando a WHC de 1940 e a CITES, tendo sido este o primeiro país a introduzir no seu regime jurídico interno a proteção legal para peixes, animais selvagens e plantas, algo que Portugal só viria a fazer em 1980 (Decreto n.º 50/80, de 23 de julho).

Para preservar o ambiente humano no geral, e o meio marinho em particular, o que passava por evitar acidentes como o ocorrido com o superpetroleiro Torrey Canyon, e reconhecendo que os hidrocarbonetos e outras substâncias prejudiciais lançadas de navios, deliberadamente, por negligência ou acidentalmente, constituem uma séria fonte de poluição, ainda no mesmo ano, mais propriamente em 2 de novembro de 1973, foi adotada a Convenção Internacional para a Prevenção da

---

[106] Resultou de uma resolução adotada na reunião de membros da União Internacional para a Conservação da Natureza (IUCN ou International Union for Conservation of Nature, em inglês) realizada em 1963.

Poluição por Navios (International Convention for the Prevention of Pollution from Ships, em inglês), uma das mais importantes convenções internacionais para o ambiente marinho, que seria alterada pelo Protocolo de 1978, concluído em 17 de fevereiro de 1978, em Londres, e em vigor na ordem internacional desde 2 de outubro de 1983. O Protocolo de 1978 absorveu as disposições da Convenção de 1973, sendo a conjugação dos dois instrumentos habitualmente designada por MARPOL 73/78 (Griffin, 1994, p. 490).[107]

Ainda que esta convenção restringisse e/ou proibisse operações passíveis de poluir o ambiente marinho, registam-se depois dessa data alguns dos mais graves acidentes ambientais da história da humanidade, a começar em março de 1978, quando o superpetroleiro Amoco Cadiz, por falha no sistema de comando hidráulico, é desviado para a região francesa de Finistère, onde encalhou. O processo de reboque falhou, o petroleiro não resistiu à agitação marinha e libertou a carga, 228 mil toneladas de petróleo bruto, causando um desastre ambiental que supera o do já referido Torrey Canyon (1968).[108] Com este acidente a população mundial fez a primeira abordagem da iconografia moderna de destruição, considerada aqui através de imagens de aves marinhas mortas (cerca da 15 mil aves morreram) ou cobertas de crude, do oceano manchado de preto oleoso (26 mil toneladas de matéria vida destruída), com prejuízos incomensuráveis em termos de recursos biológicos (moluscos, ouriços-do-mar, corais, crustáceos, peixes, algas, etc.) (Bertrand, 2000, p. 28-29).

---

[107] "Marpol" é uma abreviatura para "marine pollution" e 73/78 é uma abreviatura para os anos 1973 e 1978.

[108] Alguns desastres ambientais com petróleo seguindo a linha do tempo: plataforma mexicana Ixtoc 1, Campeche, Golfo do México (junho/1979), derramou 454 mil toneladas; Atlantic Empress, Tobago, Caribe (julho/1979), derrame de 287 mil toneladas; Nowruz, Irão, Golfo Pérsico (fevereiro/1983), derramou 260 mil toneladas; Castillo de Bellver, Africa do Sul (agosto/1983), derramou 252 mil toneladas; Odyssey, Canadá (setembro/1988), derramou 132 mil toneladas; Guerra do Golfo, Kuwait, Golfo Pérsico (janeiro/1991), derramou 1 milhão e 360 mil toneladas, um acidente entre o acidental e o deliberado que causou enormes danos à vida selvagem no Golfo Pérsico; Libéria ABT Summer, Angola (maio/1991), derramou 260 mil toneladas; M T Haven, Itália (abril/1991), derramou 144 mil toneladas; Poço de petróleo Fergana Valley, Uzbequistão (março/1992), derramou 285 mil toneladas, entre muitos outros.

Em 1 de novembro de 1974, em Londres, foi concluída a quinta Convenção Internacional para a Salvaguarda da Vida Humana no Mar, que também ficou conhecida como Convenção SOLAS e que entrou em vigor na ordem internacional em 25 de maio de 1980. Substituiu a Convenção Internacional para a Salvaguarda da Vida Humana no Mar, concluída a 17 de junho de 1960. É fundamental para a aplicação rigorosa dos instrumentos internacionais existentes em matéria de segurança marítima e de prevenção da poluição no mar, constitui um dos três pilares mais importantes dos instrumentos internacionais que regulam as questões relacionadas com a segurança marítima e a prevenção da poluição - sendo os outros dois a Convenção Internacional para a Prevenção da Poluição por Navios, também conhecida como Convenção MARPOL 73/78, e a Convenção Internacional sobre Normas de Formação, de Certificação e de Serviço de Quartos para os Marítimos, também conhecida como Convenção STCW, aprovada em 1978 -, e é indubitavelmente a convenção mais importante no âmbito do transporte marítimo.

Em 1974, Frank Sherwood Rowland, professor emérito do Departamento de Química da Universidade da Califórnia, e Mario Molina, investigador do Massachusetts Institute of Technology, publicaram um artigo na revista Nature onde expuseram que o uso continuado e intensivo de clorofluorcarbonetos (CFC), nomeadamente em aerossóis e gases para refrigeração, estava a destruir a camada de ozono. Os investigadores conjeturaram que a combinação dos CFC com a radiação solar e a sua consequente decomposição na estratosfera libertam átomos de cloro e monóxido de cloro que individualmente são capazes de destruir grandes quantidades de moléculas de ozono.

A proteção da camada de ozono, como se convencionou designar a zona onde se observam as maiores concentrações de ozono (O_3) na estratosfera, entre os 15 e os 35 km acima da superfície terrestre, é fundamental para assegurar a vida na Terra, uma vez que o ozono estratosférico tem a capacidade de absorver grande parte da radiação ultravioleta B (UV-B), radiação solar que pode ter efeitos nocivos (ou até mesmo letais) nos seres vivos, ameaçando assim a saúde humana e o ambiente.

O artigo de Rowland e Molina originou uma investigação federal e, em 1976, a Academia Nacional de Ciências concordou com as conclusões. Em 1977, as Nações Unidades adotaram um Plano de Ação para a Camada de Ozono e, em 1978, os aerossóis à base de CFC foram proibidos nos Estados Unidos. Em meados da década de 1980, com a descoberta do buraco na camada de ozono sobre a Antártida, o trabalho destes investigadores teve a validação final.

As conclusões do artigo publicado na revista Nature e as descobertas científicas nas décadas de 1970 e 1980, incluindo a descoberta do buraco na camada de ozono, desencadearam uma intensa discussão internacional acerca dos efeitos adversos da atividade humana nos níveis de ozono na estratosfera. Em 1981, tiveram início as negociações para a elaboração de uma convenção global, que culminou na realização da Convenção de Viena para a Proteção da Camada de Ozono (Vienna Convention for the Protection of the Ozone Layer, em inglês), também conhecida como "Convenção de Viena" (Vienna Convention, em inglês). Esta foi concluída em Viena, em 22 de março de 1985, entrou em vigor a 22 de setembro de 1988, e foi posteriormente desenvolvida pelo Protocolo de Montreal sobre as Substâncias que Empobrecem a Camada de Ozono (Montreal Protocol on Substances that Deplete the Ozone Layer, em inglês), também conhecido como "Protocolo de Montreal" (Montreal Protocol, em inglês), concluído em Montreal, em 16 de setembro de 1987, e em vigor desde 1 de janeiro de 1989, como veremos a seguir.

Para mitigar a degradação dos recursos naturais, especialmente os efeitos da seca que destruía o solo e que no Continente Africano estava a obrigar as pessoas a fugir por causa da fome, e também pela falta de cuidados médicos, a Assembleia Geral das Nações Unidas convocou, em dezembro de 1974, uma conferência tendo em vista a elaboração de um mapa mundial das áreas suscetíveis de desertificação, a recolha de informação sobre a desertificação para a realização de estudos de caracterização e a elaboração de um plano de ação para combater a destruição do solo, que se realizou entre 29 de agosto e 9 de setembro de 1977, em Nairobi, no Quénia, sob responsabilidade e preparação do Programa das Nações Unidas para o Ambiente - PNUA) (United

Nations Environment Programme - UNEP, em inglês). Foi designada Conferência das Nações Unidas para a Desertificação (United Nations Conference on Desertification – UNCOD, em inglês) e aprovou o Plano de Ação de Combate à Desertificação (Plan of Action to Combat Desertification – PACD, em inglês), um programa abrangente e integrado a nível mundial para uma ação internacional concertada no combate à desertificação.

Foi a primeira ação efetiva para combater a desertificação, o que corresponde à tomada de consciência, pela primeira vez, de que a degradação/desertificação dos solos era um grande problema ambiental, mas também social e económico, que preocupava países em todas as regiões do globo. E não foi suficiente, uma vez que o Programa das Nações Unidas para o Ambiente (PNUA), no início da década de 1990, reconheceu que o problema da degradação dos solos em regiões áridas, semi-áridas e sub-húmidas secas, no geral tinha-se agravado, com poucas exceções em que a situação melhorou. Como tal, esta problemática foi integrada nos trabalhos da Conferência das Nações Unidas sobre Meio Ambiente e Desenvolvimento (United Nations Conference on Environment and Development – UNCED, em inglês), também conhecida como "Cimeira da Terra", que se realizou entre 3 e 14 de junho de 1992, no Rio de Janeiro (Brasil).[109]

Em 1975, em Belgrado, no I Encontro Internacional de Educação Ambiental organizado pela UNESCO e pelo PNUA, que surge na sequência da Recomendação n.º 96 da Conferência de Estocolmo, foi criado o Programa Internacional de Educação Ambiental (PIEA), que se consubstancia na Carta de Belgrado, documento que estabelece as metas e princípios da Educação Ambiental e prevê a revisão dos processos de educação tendo em vista a elaboração de uma nova ética para o desenvolvimento do mundo.

A ideia era apostar na formação de cidadãos mais preocupados e mais conscientes em relação ao ambiente, disponíveis para trabalhar individualmente ou em grupo em soluções para os problemas socioambientais, de forma a erradicar a fome e a pobreza, a poluição e o extrativismo de recursos naturais e minerais, e para acabar com a

---

[109] https://www.unccd.int/convention/about-convention/unccd-history (21/09/2020).

dominação e com a exploração humana. Ao nível dos países, apelava-se a que o desenvolvimento económico não diminuísse de forma alguma as condições de vida e a qualidade do ambiente, que nenhuma nação se desenvolvesse às custas de outra nação, e que nenhum cidadão aumentasse o seu consumo à custa da diminuição do consumo dos outros. Propunha-se a redução dos orçamentos militares, através do fim da produção de armas que tiravam vidas, para alocar esse orçamento às necessidades humanas e à natureza, a fim de fazer crescer a vida. Lançava-se as bases para uma nova filosofia de vida, no pluralismo das sociedades e na harmonia entre Humanidade e ambiente, ou seja, as bases para um futuro melhor.

Entre 31 de maio e 11 de junho de 1976, realizou-se em Vancouver (Canadá) a Conferência das Nações Unidas sobre Aglomerados Humanos (United Nations Conference on Human Settlements, em inglês), também conhecida como "Habitat I". Neste encontro promovido pelas Nações Unidas, os líderes mundiais tomaram consciência das consequências da rápida urbanização, especialmente nos países em desenvolvimento, e reconheceram a necessidade de tornar os aglomerados humanos sustentáveis. Importa salientar que nesta altura a urbanização e os seus impactos negativos não eram considerados pela comunidade internacional, ainda que se começasse a testemunhar a maior e mais rápida migração de pessoas para as cidades, bem como o aumento da população urbana por via do crescimento natural resultante dos avanços da medicina.

No final do encontro, foi elaborado um texto com a síntese das principais questões tratadas, intitulado "Declaração de Vancouver sobre Aglomerados Humanos" (Vancouver Declaration on Human Settlements, em inglês) (A/CONF.70/15)[110], que inclui um plano de ação constituído por 64 recomendações para ações nacionais de promoção de políticas adequadas nos âmbitos locais e regionais, rurais e urbanos. A Conferência levaria à constituição, em 1978, do Programa das Nações Unidas para os Aglomerados Humanos (United Nations Human Settlements Programme, em inglês), também conhecido como "UN-Habitat", uma agência especializada da ONU dedicada à

---

[110] https://undocs.org/en/A/CONF.70/15 (12/10/2020).

promoção de cidades mais sociais e ambientalmente sustentáveis, de maneira que todos os seus residentes disponham de abrigo adequado.

Na sequência da "Carta de Belgrado", realizou-se em Tbilisi (Geórgia, antiga URSS), em 1977, a Primeira Conferência Intergovernamental de Educação Ambiental, organizada pela UNESCO com a colaboração do PNUA, que resultou na definição dos objetivos, principais estratégias, características e recomendações para orientar a introdução da Educação Ambiental nos processos de ensino por todo o mundo. O carácter interdisciplinar da Educação Ambiental, e a sua adoção em todas as fases do ensino, quer formal, quer informal, possibilitaria o desenvolvimento de novos valores e atitudes, visando a melhoria da qualidade ambiental e, efetivamente, a elevação da qualidade de vida para as gerações presentes e futuras. Era fundamental uma nova forma de pensar o mundo, em harmonia com a natureza, para fazer face às ações destrutivas que se sucediam a um ritmo preocupante.

Quanto à saúde humana, a Organização Mundial da Saúde (OMS) assumiu o compromisso com a meta "Saúde para Todos" (Health For All, em inglês), aprovada na 30ª Assembleia Mundial da OMS, em 1977, e no ano seguinte, entre 6 e 12 de setembro, realizou-se a Primeira Conferência Internacional sobre Cuidados Primários de Saúde (International Conference on Primary Health Care, em inglês), na cidade de Alma-Ata (atual Almaty), no Cazaquistão, organizada pela OMS e pela UNICEF, na qual foi adotada a Declaração de Alma-Ata. Baseada no reconhecimento de que a Saúde é um objetivo social de primeira importância, instituiu uma nova orientação para a política de saúde, conferindo especial ênfase ao envolvimento das pessoas, à cooperação entre os vários sectores da sociedade, bem como à criação de cuidados de saúde primários.

A Declaração de Alma-Ata (1978), documento de síntese desse encontro, reafirmou o significado da saúde como um direito humano fundamental e como uma das mais importantes metas mundiais para a melhoria social, e exortou todos os governos, todos os trabalhadores das áreas da saúde e do desenvolvimento e a comunidade mundial a desenvolver e aplicar com urgência os cuidados de saúde primários de saúde em todo o mundo, particularmente nos países em desenvolvimento. Nesse momento, entendia-se a saúde como um "estado de completo bem-estar físico, mental e social, e não simplesmente a ausência de doença ou enfermidade".[111] Os governos deveriam formular políticas, estratégias e planos nacionais de ação para lançar/sustentar os cuidados primários de saúde em coordenação com outros setores, e para isso teriam de agir com vontade política, mobilizar os recursos do país e utilizar racionalmente os recursos externos disponíveis.

Com vista à promoção das relações de cooperação entre países no domínio da proteção do ambiente e ao desenvolvimento de esforços para limitar e reduzir gradualmente a poluição do ar e dos seus efeitos, incluindo a poluição atmosférica transfronteiriça de longo alcance (combater a chuva ácida e regular a dispersão de poluentes entre países), realizou-se em Genebra a Convenção sobre Poluição Atmosférica Transfronteiras a Longa Distância (Convention on Long-range Transboundary Air Pollution - UNECE, em inglês), sob os auspícios da Comissão Económica das Nações Unidas para a Europa (UNECE). A Convenção foi concluída em 13 de novembro de 1979 e entrou em vigor na ordem internacional em 16 de março de 1983.

Durante a terceira Conferência Europeia de Ministros do Ambiente, realizada em Berna, em 19 de setembro de 1979, um grupo de nove países e a então Comunidade Económica Europeia, que incluía Portugal, assinaram a Convenção sobre a Vida Selvagem e os Habitats Naturais na Europa (Convention on the Conservation of European Wildlife and Natural Habitat, em inglês), conhecida como "Convenção de Berna" (Bern Convention), que tem a sua sede em Estrasburgo (França).

A Convenção de Berna, de âmbito pan-europeu, tinha como objetivo garantir a conservação de espécies da flora e da fauna selvagens e dos seus habitats naturais, em especial das espécies migradoras ameaçadas ou vulneráveis que foram especificadas nos respetivos anexos. Estendeu a sua influência aos territórios no Norte de África, onde as espécies

---

migradoras passavam uma grande parte do ano. Como consta do seu artigo 1.º, esta Convenção tem por objetivo "(…) garantir a conservação da flora e da fauna selvagens e dos seus habitais naturais, nomeadamente das espécies e dos habitats cuja conservação exige a cooperação de diversos Estados e promover essa cooperação".[112] Ao adotarem esta Convenção, as Partes comprometeram-se a tomar todas as medidas necessárias para assegurar a conservação dos habitats das espécies da flora e da fauna selvagens, integrando-as nas políticas de planeamento e desenvolvimento nacionais, e ainda a promover a educação, para mitigar a predação humana, e a divulgar informação acerca da necessidade de conservação dessas espécies.

Na sequência da Recomendação n.º 32 do Plano de Acão adotado durante a Conferência de Estocolmo, da qual se tomou nota com satisfação na 20ª Sessão da Assembleia Geral das Nações Unidas e que aponta a necessidade de cooperação internacional com vista à conservação das espécies animais que efetuam migrações através de fronteiras ou áreas de jurisdição nacional, em 23 de junho de 1979, em Bona, foi concluída a Convenção sobre a Conservação das Espécies Migratórias Pertencentes à Fauna Selvagem (Convention on the Conservation of Migratory Species of Wild Animals, em inglês), também conhecida como "Convenção de Bona", que entrou em vigor na ordem internacional a 1 de novembro de 1983.

A Convenção de Bona visa a conservação das espécies migratórias terrestres, aquáticas e aviárias no seu todo. O tratado intergovernamental, celebrado sob a égide do Programa das Nações Unidas para o Ambiente (PNUA), fornece uma plataforma global para a conservação das espécies migradoras em toda a sua área de distribuição, bem como dos respetivos habitats. Para tal, as Partes poderão: (i) adotar medidas restritivas de proteção das espécies migradoras consideradas em perigo de extinção (espécies listadas no anexo I); (ii) elaborar acordos para a conservação e gestão de espécies migradoras com um estatuto de conservação desfavorável ou que beneficiariam consideravelmente com

---

[112] Texto original: "(…) conserve wild flora and fauna and their natural habitats, especially those species and habitats whose conservation requires the co-operation of several States, and to promote such co-operation" (Convention on the Conservation of European Wildlife and Natural Habitats, artigo 1.º).

o estabelecimento de protocolos de cooperação internacional (espécies listadas no anexo II); ou (iii) desenvolver projetos conjuntos de investigação e monitorização.

A Convenção abrange muitas espécies migratórias icónicas que estão a ser fortemente afetadas pelo comércio ilegal da vida selvagem, como os elefantes, os gorilas, os leopardos da neve, os antílopes saiga, as tartarugas marinhas, os tubarões e diversas espécies de aves, e reúne sempre que necessário a comunidade internacional para abordar a grande variedade de ameaças em que esses animais selvagens incorrem nas suas migrações anuais, incluindo a ameaça que o comércio ilegal representa para eles. Desde que a Convenção entrou em vigor, a sua composição tem crescido e hoje inclui 122 Estados signatários da África, América Central e América do Sul, Ásia, Europa e Oceânia.

Em 1980, foi publicada a Estratégia Mundial para a Conservação (World Conservation Strategy, em inglês), tendo em vista a preservação, manutenção, utilização sustentável e melhoria do ambiente natural. O documento sustenta que, se não se conseguir mitigar a pobreza e a miséria que afetam milhões de pessoas, não se consegue alcançar a conservação da natureza, e sem conservação não há desenvolvimento sustentável, e destaca aquelas que devem ser as prioridades na conservação da natureza, indicando a melhor forma a adotar tendo em vista alcançar o objetivo da Estratégia. Define a conservação como:

> "(…) a gestão da utilização humana da biosfera de modo que esta produza o máximo benefício sustentável para as gerações atuais, mantendo embora o seu potencial para satisfazer as necessidades e aspirações das gerações futuras. Assim, a conservação é positiva, englobando a preservação, a manutenção, a utilização sustentável, a restauração e a melhoria do ambiente natural".[113]

A Estratégia Mundial para a Conservação é o primeiro documento de âmbito internacional para a conservação dos recursos vivos produzido com a contribuição de governos, organizações não governamentais,

---

[113] Texto original: "(…) the management of human use of the biosphere so that it may yield the greatest sustainable benefit to present generations while maintaining its potential to meet the needs and aspirations of future generations. Thus conservation is positive, embracing preservation, maintenance, sustainable utilization, restoration, and enhancement of the natural environment" (IUCN–UNEP–WWF, 1980, p. 18).

investigadores e especialistas, e o seu público alvo foram legisladores, conservacionistas, investigadores e técnicos de produção, a quem se tentou passar a mensagem dos princípios fundamentais para a proteção dos processos ecológicos, dos sistemas de suporte da vida, da prevenção da diversidade genética e da utilização sustentável de espécies e ecossistemas. Foi produzido pela União Internacional para a Conservação da Natureza, com contribuições do Programa das Nações Unidas para o Ambiente (PNUA), do Fundo Mundial para a Natureza (WWF ou World Wildlife Fund), a Organização das Nações Unidas para a Alimentação e a Agricultura (FAO ou Food and Agriculture Organization of the United Nations), e a Organização das Nações Unidas para a Educação, a Ciência e a Cultura (UNESCO ou United Nations Educational, Scientific and Cultural Organization). Esta publicação influenciou o relatório "Nosso Futuro Comum" (Our Common Future, em inglês), também conhecido como "Relatório Brundtland" (1987), e é precursora do conceito de desenvolvimento sustentável.

Em 28 de outubro de 1982, na 48ª reunião plenária da Assembleia Geral das Nações Unidas, através da Resolução A/RES/37/7, foi solenemente adotada e proclamada a Carta Mundial da Natureza (World Charter for Nature, em inglês), redigida pela UICN, uma declaração de princípios éticos e ecológicos direcionada à proteção do ambiente humano e à conservação dos recursos naturais que reafirmava os princípios da Estratégia Mundial para a Conservação (World Conservation Strategy, em inglês). Este documento inovador para a época reconheceu a imperiosa necessidade de se conciliarem as necessidades de desenvolvimento económico com as necessidades do meio ambiente, porque a Humanidade é parte da natureza e depende do funcionamento ininterrupto dos ecossistemas naturais, e instou os países a adotarem um desenvolvimento que preservasse a biodiversidade.

"Carta Mundial da Natureza

A Assembleia Geral, Reafirmando os objetivos fundamentais das Nações Unidas, em particular a manutenção da paz e segurança internacionais, o desenvolvimento de relações cordiais entre nações e a obtenção da cooperação internacional na resolução dos problemas internacionais de natureza económica, social, cultural, técnica, intelectual ou humanitária,

Ciente de que:

(a) A Humanidade faz parte da natureza e a vida depende do funcionamento ininterrupto dos sistemas naturais que asseguram o fornecimento de energia e nutrientes,

(b) A Civilização tem as suas raízes na natureza, que moldou a cultura humana e influenciou todas as realizações artísticas e científicas, e viver em harmonia com a natureza dá ao homem as melhores oportunidades para o desenvolvimento da sua criatividade, e para o descanso e lazer,

Convicta de que:

(a) Cada forma de vida é única, merecendo respeito independentemente do seu valor para o homem, e, para conceder esse reconhecimento a outros organismos, o homem tem de ser guiado por um código de conduta,

(b) O homem pode modificar a natureza e, pela sua ação ou pelas consequências desta, pode esgotar os recursos naturais, pelo que deve estar plenamente consciente de que é urgente manter a estabilidade e a qualidade da natureza e conservar os recursos naturais,

Persuadida de que:

(a) Os benefícios duradouros da natureza dependem da manutenção de processos ecológicos essenciais e dos sistemas de suporte de vida, bem como da diversidade das formas de vida, que são ameaçados pela exploração excessiva e pela destruição dos habitats pelo homem,

(b) A degradação dos sistemas naturais causada pelo consumo excessivo e pelo uso indevido dos recursos naturais, bem como pela incapacidade de estabelecer uma ordem económica adequada entre os povos e entre Estados, leva ao colapso do quadro económico, social e político da civilização,

(c) A competição por recursos escassos gera conflitos, ao passo que a conservação da natureza e dos recursos naturais contribui para a justiça e a manutenção da paz e não é viável enquanto a humanidade não aprender a viver em paz e a renunciar à guerra e ao armamento (...)".[114]

Não obstante a ausência de valor jurídico, a Carta Mundial da Natureza reconheceu a responsabilidade partilhada à escala internacional na preservação do meio ambiente, promoveu notavelmente os princípios do desenvolvimento sustentável e da conservação dos habitats naturais, e influenciou vários eventos posteriores, nomeadamente o III Congresso Mundial de Parques Nacionais (3rd World National Parks Congress, em

---

[114] Texto original: "World Charter for Nature
The General Assembly, Reaffirming the fundamental purposes of the United Nations, in particular the maintenance of international peace and security, the development of friendly relations among nations and the achievement of international co-operation in solving international problems of an economic, social, cultural, technical, intellectual or humanitarian character,
Aware that:
(a) Mankind is a part of nature and life depends on the uninterrupted functioning of natural systems which ensure the supply of energy and nutrients,
(b) Civilization is rooted in nature, which has shaped human culture and influenced all artistic and scientific achievement, and living in harmony with nature gives man the best opportunities for the development of his creativity, and for rest and recreation,
Convinced that:
(a) Every form of life is unique, warranting respect regardless of its worth to man, and, to accord other organisms such recognition, man must be guided by a moral code of action,
(b) Man can alter nature and exhaust natural resources by his action or its consequences and, therefore, must fully recognize the urgency of maintaining the stability and quality of nature and of conserving natural resources,
Persuaded that:
(a) Lasting benefits from nature depend upon the maintenance of essential ecological processes and life support systems, and upon the diversity of life forms, which are jeopardized through excessive exploitation and habitat destruction by man,
(b) The degradation of natural systems owing to excessive consumption and misuse of natural resources, as well as to failure to establish an appropriate economic order among peoples and among States, leads to the breakdown of the economic, social and political framework of civilization,
(c) Competition for scarce resources creates conflicts, whereas the conservation of nature and natural resources contributes to justice and the maintenance of peace and cannot be achieved until mankind learns to live in peace and to forsake war and armaments (...)" (World Charter for Nature, 1982, p. 2).

inglês), realizado em Bali, Indonésia, entre 11 e 22 de outubro de 1982. Por exemplo, as situações de conflito nas populações locais onde existiam áreas protegidas, por essas populações se sentirem lesadas, já que eram condicionadas na utilização dos recursos naturais locais enquanto os países industrializados não se esforçavam por reduzir o seu consumo, e desta forma estavam impedidas de também melhorarem a sua qualidade de vida, eram questões previstas na Carta Mundial da Natureza e que foram levadas a este Congresso para ali serem debatidas.

Em 10 de dezembro de 1982, em Montego Bay, na Jamaica, foi concluída a terceira Convenção das Nações Unidas sobre o Direito do Mar (United Nations Conferences on the Law of the Sea, em inglês), sob os auspícios da Organização das Nações Unidas (ONU), tendo em vista regulamentar uma grande área do direito internacional, que é o Direito do Mar, definindo conceitos como mar territorial, zona económica exclusiva (ZEE) e plataforma continental, e estabelecendo os princípios gerais de exploração dos recursos naturais do mar. O objetivo era atualizar as determinações emanadas das duas conferências anteriores sobre o Direito do Mar realizadas em Genebra, em 1958 e 1960, introduzindo regras acerca da soberania do Estado e águas adjacentes, e normas para a gestão dos recursos marinhos e o controlo da poluição, e, sobretudo, assegurar que as novas regras fossem de aceitação geral e contribuíssem para a manutenção da paz, a justiça e o progresso de todos os povos do mundo. Entrou em vigor na ordem internacional em 16 de novembro de 1994 e está na origem da constituição do Tribunal Internacional do Direito do Mar.

Pela Resolução n.º 38/161 da Assembleia Geral das Nações Unidas, de 19 de dezembro de 1983, foi criada a Comissão Mundial sobre Meio Ambiente e Desenvolvimento (World Commission on Environment and Development – WCED, em inglês), sob o lema "Uma agenda global para a mudança" (A global agenda for change, em inglês), um dos marcos da primeira Conferência das Nações Unidas sobre o Homem e o Meio Ambiente, de 1972. O seu objetivo era reanalisar a questão ambiental, discutir a interdependência da questão ambiental com a questão socioeconómica e elaborar um plano de ação a nível mundial. No relatório final apresentado em Londres em abril de 1987, intitulado o

"Nosso Futuro Comum" (Our Common Future, em inglês), definiria o desenvolvimento sustentável como aquele que atende às necessidades das gerações presentes sem comprometer a capacidade das gerações futuras de suprir as suas próprias necessidades, sendo esta a definição que mais consenso reuniu até aos nossos dias. A Conferência foi presidida pela então Primeira-Ministra da Noruega, Gro Harlem Brundtland, pelo que o relatório também se designa "Relatório Brundtland" ou "Relatório da Comissão Brundtland".

Em resumo, a década de 1970 e o início da década seguinte, que acabámos de revisitar, foram especialmente perniciosos para as nações industrializadas, alicerçadas em políticas de promoção do crescimento económico muito agressivas, que sentiram de forma muito dura os efeitos encadeados da Guerra do Yom Kippur, da desregulação do sistema monetário internacional e dos dois choques petrolíferos (1973 e 1979). Isto levou a comunidade internacional a diversificar as fontes de energia para não estar tão dependente do petróleo árabe, e a investir no incremento da eficiência e da conservação energéticas, o que mais tarde até se manifestou positivo para a evolução ambiental e económica do Japão e dos Estados Unidos. No entanto, a resolução de problemas de ordem económica e estratégica e o atender a necessidades sociais emergentes esqueceram alguns dos graves problemas de ordem ambiental, e foi pela ação das múltiplas agências das Nações Unidas que estes problemas começaram a ser discutidos de forma integrada em conferências internacionais, introduzindo de forma efetiva o ambiente na agenda política internacional como questão nuclear para o desenvolvimento económico.

3º estádio: génese e evolução do conceito de "Desenvolvimento Sustentável".

No início da década de 1980, em prol de mais justiça, igualdade, bem-estar social e respeito pelo ambiente, a expressão sustentabilidade recentrou-se na sustentabilidade ecológica, e, quase em paralelo, desenvolveu-se o conceito de "desenvolvimento sustentável" forjado a partir do conceito de "ecodesenvolvimento" produzido durante a primeira Conferência das Nações Unidas sobre o Meio Ambiente Humano, em 1972. A reformulação do conceito de desenvolvimento para interligar as prioridades económicas, sociais e ambientais, no quadro da terceira década das Nações Unidas para o Desenvolvimento (1980-1990), em que se procurava encontrar as melhores estratégias para a repartição equitativa e justa dos benefícios de um eventual crescimento da economia mundial, inicia o último estádio tendo em vista um mundo mais sustentável, que chega aos nossos dias.

Em termos gerais, nesta década observa-se uma considerável expansão dos grupos e movimentos ambientalista criados na década de 1960, em número de apoiantes e em força de pressão e visibilidade social, bem como a criação de novos grupos e movimentos, associações e organismos ambientais "nascidos por agregação espontânea de cidadãos ou por iniciativas políticas, muitas vezes graças também ao apoio de personalidades conhecidas, com a função de apadrinharem essas ações" (Mela *et al.*, 2001, p. 77). Em conjunto com formas de luta organizadas, estruturadas e militantes (movimentos), ganhava agora expressão o ambientalismo espontâneo ou de base, caracterizado por "um conjunto de grupos e de comissões que se estendem, de forma ramificada, a todo o território" (Mela *et al.*, 2001, p. 78). Na vertente político-institucional também se destaca o surgimento e desenvolvimento de "partidos de forte matriz ecológica, que, ainda na década de 80, caracterizaram grande parte dos países europeus; por outro, a partir da relação existente entre os movimentos ambientalistas (mais ou menos estruturados e organizados) e a representação político-institucional (ex. partidos verdes, etc.) das ideias ambientalistas" (Mela *et al.*, 2001, p. 78).

A expressão sustentabilidade, centrada na sustentabilidade ecológica, surgiu pela primeira vez no decorrer do encontro internacional World Conservation Strategy, em 1980, visível na secção Towards Sustainable Development do relatório final, preparado pela International Union for the Conservation of Nature and Natural Resources (IUCN), que teve a cooperação e assistência financeira do Programa das Nações Unidas para o Ambiente (PNUA/UNEP) e do Fundo Mundial para a Natureza (WWF). Nele se estabelece o objetivo lato de aproximar, de forma estratégica, a conservação dos ecossistemas e o desenvolvimento (o que até ao momento se fazia na vertente puramente económica), defendendo três objetivos da conservação: (i) manutenção dos processos ecológicos essenciais e dos sistemas de suporte da vida; (ii) preservação da diversidade genética que, como vimos, estava a ser afetada pelos inúmeros acidentes ambientais; (iii) utilização sustentável das espécies e ecossistemas (IUCN, UNEP, WWF, 1980). Identifica os agentes causadores de destruição ambiental e de marginalização social, e invoca a necessidade de uma nova estratégia de desenvolvimento internacional para corrigir desigualdades sociais.

Em 1982, foi criado o World Resources Institute (WRI), uma organização independente sem fins lucrativos, que foca a interseção do meio ambiente com o desenvolvimento socioeconómico. Viria a estruturar o seu trabalho em quatro áreas: (i) clima, energia e transportes; (ii) Governança e acesso; (iii) mercados e empresas; e (iv) pessoas e ecossistemas. O maior protagonismo do WRI faz-se pela publicação bienal do "Relatório dos Recursos Mundiais" (Resources World Report, em inglês)[115], que se baseia em fortes evidências e realiza diagnósticos abrangentes e precisos que são uma importante fonte de informação para a população em geral, e têm vindo a ajudar os decisores políticos a avaliarem as soluções mais eficazes para tomarem as melhores decisões sobre temas como a saúde humana, o ambiente e as alterações climáticas, os serviços de ecossistemas e a governança ambiental.

Em 10 de dezembro de 1982, em Montego Bay (Jamaica), foi assinada a Convenção das Nações Unidas sobre o Direito do Mar-

---

[115] A edição inaugural, "An Assessment of the Resource Base that Supports the Global Economy", foi publicada em 1986.

CNUDM (United Nations Convention on the Law of the Sea - UNCLOS, em inglês), sob os auspícios da Organização das Nações Unidas, que entraria em vigor na ordem internacional a 16 de novembro de 1994 (Unclos, 1982; Simmonds, 1986).[116] Foi um processo longo até à aprovação do texto final. O comité reuniu-se pela primeira vez em Nova Iorque, em dezembro de 1973, convocado pela Resolução n.º 3067 (XXVIII) da Assembleia-Geral da ONU, de 16 de novembro do mesmo ano, e ainda realizou uma segunda sessão antes da realização da Conferência.

Este novo acordo multilateral contém princípios jurídicos relevantes aplicáveis à pesca em áreas sob jurisdição nacional e em alto mar. Estabeleceu as regras da soberania dos Estados no acesso ao mar territorial (espaço de 12 milhas de completa soberania do estado ribeirinho), dissipou a dúvida que existia sobre a zona complementar, designada zona contígua, zona económica ou mar patrimonial, e determinou a obrigação das Partes de adotarem medidas de gestão e conservação dos recursos vivos, estipulando que as mesmas "são obrigadas a adotar medidas de gestão e conservação de seres vivos, ou a cooperar com outros Estados na adoção dessas medidas".[117] Participaram na Conferência mais de 160 Estados. Nas palavras de Tommy TB Koh, que presidiu a esta terceira Conferência das Nações Unidas sobre o Direito do Mar, este Tratado é uma "Constituição para os Oceanos" (A Constitution for the Oceans).[118]

Durante o ano de 1983, realizaram-se várias reuniões preparatórias para a Conferência Mundial da FAO sobre Gestão e Desenvolvimento das Pescas, que se realizou no ano seguinte. Entre 17 e 26 de janeiro, em Roma, procedeu-se à apresentação de artigos na consulta de peritos sobre a regulamentação do esforço de pesca (mortalidade na pesca), que se debruçavam sobre aspetos teóricos e práticos da gestão pesqueira,

---

[116] https://www.un.org/Depts/los/convention_agreements/convention_overview_convention.htm (24/09/2020).

[117] Texto original: "they are obliged to adopt, or cooperate with other States in adopting, measures to manage and conserve living resources" (Nações Unidas, 2002, p. 2).

[118] https://www.un.org/depts/los/convention_agreements/texts/koh_english.pdf (24/09/2020).

nomeadamente a seletividade das artes de pesca, as artes de pesca fixas, a regulamentação do tamanho da malha, e o controlo sobre o número de embarcações de pesca. Vários artigos apresentavam uma abordagem para regular a pesca que tentava superar a questão da propriedade comum dos recursos piscatórios. Entre 11 e 15 de abril, em Roma, foi apresentado o relatório da consulta aos especialistas sobre as condições de acesso aos recursos piscatórios nas zonas económicas exclusivas. Entre 18 e 29 de abril, em San José, na Costa Rica, realizaram-se os procedimentos da consulta a especialistas para examinar as alterações na abundância e composição dos recursos piscatórios neríticos (recursos costeiros que habitam no relevo da plataforma continental).

Entre 27 de junho e 6 de julho, em Roma, na Itália, decorreu a Conferência Mundial sobre Gestão e Desenvolvimento das Pescas (World Conference on Fisheries Management and Development, em inglês), organizada pela Organização de Alimentação e Agricultura das Nações Unidas (FAO) (FAO, 1984). Esta Conferência teve como principal objetivo alertar a opinião internacional para a necessidade de uma exploração racional dos recursos pesqueiros, por forma a melhorar as condições de vida das populações.

> "65. O Conselho congratulou-se com a oportunidade de analisar o Relatório da Conferência Mundial sobre Gestão e Desenvolvimento das Pescas organizada pela FAO (Roma, 27 de junho - 6 de julho 1984) e as medidas que já tinham sido tomadas ou foram propostas pelo Diretor-Geral no seguimento da Conferência. Concordou que a Conferência tinha dado um contributo essencial e atempado para a implementação prática do novo regime jurídico dos oceanos em relação às pescas. Expressou a esperança de que a FAO mantivesse a dinâmica gerada pela Conferência não só no que respeita à gestão e desenvolvimento das pescas marítimas mas também em relação às pescas em águas interiores e à aquicultura.
>
> 66. O Conselho tomou nota do forte apoio manifestado relativamente aos objetivos da Conferência, a saber: a utilização ótima e racional dos recursos haliêuticos mundiais dos pontos de vista económico, social e nutricional; uma maior contribuição do peixe para a autossuficiência nacional em produção alimentar e para a segurança alimentar; uma maior autonomia dos países em

desenvolvimento na gestão e desenvolvimento das pescas; e a promoção da colaboração internacional no domínio das pescas entre países desenvolvidos e países em desenvolvimento, bem como entre os próprios países em desenvolvimento.

67. O Conselho registou com apreço que a Conferência Mundial sobre as Pescas tinha subscrito uma Estratégia para a Gestão e o Desenvolvimento, contendo princípios e diretrizes para os governos e organizações terem em consideração no planeamento e implementação da gestão e desenvolvimento das pescas. O Conselho frisou que estes princípios e diretrizes eram flexíveis, tinham devidamente em conta a soberania nacional e refletiam os requisitos e situações especiais dos diferentes países. A Conferência Mundial sobre as Pescas também tinha aprovado cinco programas de ação associados, concebidos para ajudar os países em desenvolvimento, sobretudo aos níveis regional e sub-regional, a fim de aumentarem a sua produção alimentar e reforçarem a sua autonomia individual e coletiva no domínio das pescas. Esses programas abrangiam as seguintes áreas distintas mas interligadas: planeamento da gestão e desenvolvimento das pescas; desenvolvimento da pesca artesanal; desenvolvimento da aquicultura; comércio internacional de peixe e de produtos da pesca; e o papel da pesca na atenuação da subnutrição. O Conselho considerou que estes programas proporcionavam um quadro abrangente e coerente para a ajuda internacional ao desenvolvimento no domínio das pescas por doadores multilaterais e bilaterais" (FAO, Follow up on world Conference on Fisheries Management and Development).[119]

---

[119] Texto original: 65. The Council welcomed the opportunity to review the Report of the FAO World Conference on Fisheries Management and Development (Rome, 27 June - 6 July 1984) and the action which had already been taken or was proposed by the Director-General as a follow-up to the Conference. It agreed that the Conference had made an essential and timely contribution to the practical implementation of the new legal regime of the oceans in relation to fisheries. It expressed the hope that FAO would maintain the momentum, generated by the Conference not only with respect to marine fisheries management and development, but also as regards inland fisheries and aquaculture.
66. The Council noted the strong support expressed for the Conference objectives, namely: the optimum and rational utilization of world fishery resources from the economic, social and nutritional points of view; a greater contribution of fish to national self-sufficiency in food production and toward food security; the improved self- reliance of developing countries in the management and development of fisheries;

Em meados da década de 1980, manifestando preocupações a nível técnico, científico e político quanto aos possíveis impactos decorrentes da redução da camada de ozono, que é fundamental para assegurar a vida na Terra, um conjunto de nações reuniu-se em Viena, na Áustria, e adotaram a Convenção de Viena para a Proteção da Camada de Ozono (Vienna Convention for the Protection of the Ozone Layer, em inglês), também conhecida como "Convenção de Viena" (Vienna Convention, em inglês), sob os auspícios das Nações Unidas através do seu Programa para o Ambiente (PNUA). Foi concluída a 22 de março de 1985 e entrou em vigor a 22 de setembro de 1988. Em linhas gerais, as Partes comprometeram-se a proteger a saúde humana e o ambiente dos danos causados pela destruição da camada de ozono. Já vários países tinham vindo a adotar medidas preventivas para a proteção da camada de ozono, desde a década de 1970, e também já havia um consenso alargado de que para mitigar os efeitos da ação antrópica na camada de ozono eram necessárias ações e cooperação a nível internacional fundamentadas em importantes considerações científicas e técnicas. Os países signatários tinham receio de possíveis impactos, especialmente porque não os conseguiam antecipar, e sentiam que era necessário apostar na investigação e observação para permitir o maior desenvolvimento do conhecimento científico acerca da camada de

---

and the fostering of international collaboration in fisheries between developed and developing countries and also among the developing countries themselves.
67. The Council noted with appreciation that the World Fisheries Conference had endorsed a Strategy for Fisheries Management and Development, which provided principles and guidelines for consideration by governments and organizations when planning and implementing fisheries management and development. It stressed that these principles and guidelines were flexible, took proper account of national sovereignty and reflected the special requirements and situations of different countries. The World Fisheries Conference had also approved five associated Programmes of Action designed to assist developing countries, mostly at regional and sub-regional levels, to increase their food production and improve their individual and collective self-reliance in fisheries. These Programmes covered the following separate but interlinked areas: planning management and development of fisheries; small-scale fisheries development; aquaculture development; international trade in fish and fishery products; and the role of fisheries in alleviating undernutrition. The Council considered that these Programmes provided a comprehensive and coherent framework for international development assistance in the field of fisheries by multilateral and bilateral donors" (FAO, Follow-up on world Conference on Fisheries Management and Development). http://www.fao.org/3/ag410e/AG410E04.htm (09/10/2020).

ozono e dos possíveis efeitos nocivos resultantes da sua modificação, fundamental para proteger a saúde e o ambiente.

Na noite de 25 para 26 de abril de 1986, ocorreu um desastre na central nuclear de Chernobyl, localizada na Ucrânia. Sabe-se que durante a realização de um teste de resistência, que consistia em simular uma perda de abastecimento de energia externa para ver se os sistemas de segurança atuavam, verificou-se uma sucessão de erros humanos e violações de procedimentos de segurança que causaram o sobreaquecimento do reator n.º 4, originando duas violentas explosões, seguidas de incêndio. Ergueram-se chamas com mais de 30 metros de altura. O núcleo do reator entrou em fusão e a central em chamas libertou uma nuvem radioativa que se espalhou na atmosfera. O incêndio foi dominado após 12 dias de trabalho, com o lançamento de 5 000 toneladas de areia e outros materiais. Em finais de setembro seguinte, o balanço do desastre cifrava-se em 31 mortos, 365 feridos hospitalizados, 135 mil pessoas evacuadas da região num raio de 30 km, e mais mil quilómetros quadrados tornados improdutivos numa das regiões mais férteis da Ucrânia; calcula-se que 6350 pessoas foram vítimas de cancros, leucemias e malformações congénitas devido às radiações. Os solos ficaram envenenados e, consequentemente, as culturas e outros produtos alimentares também. Foi o mais grave acidente ocorrido numa central nuclear, tendo superado o trágico acidente nuclear de Three Mile Island ocorrido em 28 de março de 1979, e juntamente com o acidente de Fukushima ocorrido em 2011, atingiu o nível máximo de gravidade na escala oficial da Agência Internacional de Energia Atómica, com repercussões no trabalho desenvolvido pela Comissão Mundial sobre Meio Ambiente e Desenvolvimento presidida por Gro Harlem Brundtland.

Para adensar as consequências deste trágico acidente concorreram as intrigas políticas subjacentes à própria Guerra Fria. Não obstante o acidente ter sido causado por falha humana (OCDE, 2002, p. 10), já que os técnicos "resolveram testar por quanto tempo o reator poderia operar sem produzir potência", e desligaram os "sistemas de segurança que poderiam ter impedido a catástrofe" (Valle & Lage, 2003, p. 64), foi sucedido por uma falha política, quando as autoridades do país ocultaram o acidente ao mundo, por motivos políticos, e ainda mais grave, de dimensão calamitosa, quando negaram o acidente e recusaram ajuda externa.

> "O acidente foi detetado a centenas de quilómetros de distância, na Suécia, tendo sido descoberto um expressivo e brusco aumento dos níveis de radioatividade na atmosfera, levando as autoridades locais responsáveis a reconhecerem o sucedido e divulgarem o ocorrido. Milhares de moradores de vastas áreas da Rússia, da Ucrânia e da sua vizinha Bielorrússia – totalizando mais de 150 mil quilómetros quadrados – já estavam inexoravelmente contaminados pelo iodo – 131, estrôncio – 90 e césio – 137, isótopos radioativos emitidos pelo reator em chamas" (Valle & Lage, 2003, p. 64).

Em consequência deste acidente e dos seus efeitos na saúde humana, emergiu um forte sentimento antinuclear, que seria mitigado na década de 1990, quando voltaram a aumentar os investimentos em reatores nucleares, o que em parte se deve à massificação da ideia de que as centrais nucleares não emitiam gases poluentes, ou seja, eram mais amigas do ambiente. Por exemplo, os Estados Unidos, que tinham anunciado o fim dos investimentos neste tipo de energia, voltaram a investir, e a Polónia também manifestou interesse em construir uma central nuclear. Não obstante, segundo o Instituto Blacksmith, a cidade de Chernobyl é a primeira do "top ten" no que se refere à poluição no contexto mundial, conforme mostra a seguinte listagem: 1 – Chernobyl, Ucrânia (radiação); 2 – Dzerzhinsk, Rússia (fábrica de armas químicas); 3 – Haina, Republica Dominicana (reciclagem de baterias); 4 – Kabwe, Zâmbia (mineração); 5 – La Oroya, Peru (metais pesados); 6 – Linfen, China (carvão); 7 – Mailuu-Suu, Kyrgyzstão (restos da mineração de urânio); 8 – Norilsk, Rússia; 9 – Ranipet, Índia (curtumes); e 10 – Rudnaya Pristan/ Dalnegorsk, Rússia (contaminação por chumbo).[120]

Entre 17 e 21 de novembro de 1986, pouco depois do desastre de Chernobyl, realizou-se a Primeira Conferência Internacional sobre Promoção da Saúde (First International Conference on Health Promotion, em inglês), em Ottawa (Canadá), subordinada ao tema

---

[120] http://news.bbc.co.uk/2/hi/science/nature/6063344.stm#map (24/09/2020).

"Promoção da Saúde nos Países Industrializados" (Health Promotion in Industrialized Countries, em inglês), que se encaixa numa sequência de eventos iniciada quando a Organização Mundial da Saúde (OMS) assumiu um compromisso com a meta "Saúde para Todos" (Health For All, em inglês), aprovada na 30ª Assembleia Mundial da OMS, em 1977, e, logo depois, com a realização da Primeira Conferência Internacional sobre Cuidados Primários de Saúde (International Conference on Primary Health Care, em inglês), na cidade de Alma-Ata, no Cazaquistão, em setembro de 1978, organizada pela OMS e pela UNICEF, onde foi adotada a Declaração de Alma-Ata já referida.

Nesta Conferência foi adotada a Carta de Ottawa (Ottawa Charter, em inglês), também conhecida como Carta de Ottawa para a Promoção da Saúde (Ottawa Charter for Health Promotion, em inglês), com o objetivo de responder às crescentes expectativas e necessidades de uma saúde pública eficiente, de se conseguir um novo movimento de Saúde Pública a nível mundial, focando em especial as necessidades dos países industrializados, mas tomando também em consideração preocupações semelhantes em todas as outras regiões. Esta Carta deu continuidade ao espírito da Declaração de Alma-Ata.

De acordo com este documento, que agrega um conjunto de orientações para atingir a Saúde para Todos no ano 2000 e seguintes, a promoção da saúde é vista como um processo que visa criar condições para que as pessoas aumentem a sua capacidade de controlar os fatores determinantes da saúde, no sentido de a melhorar. Como pré-requisitos para a saúde, apontava como condições e recursos fundamentais a paz, abrigo, educação, alimentação, recursos económicos, justiça social, equidade, mas também recursos sustentáveis e ecossistema estável, e identificava cinco áreas de ação prioritárias: (i) Estabelecer políticas públicas saudáveis; (ii) Criar ambientes favoráveis à saúde; (iii) Desenvolver as competências pessoais; (iv) Reforçar a ação comunitária; e (v) Reorientar os serviços de saúde.[121]

A Convenção de Viena, já referida, foi desenvolvida pelo Protocolo de Montreal sobre as Substâncias que Empobrecem a Camada de

---

[121] https://www.iasaude.pt/attachments/article/152/Carta_de_Otawa_Nov_1986.pdf (24/09/2020)

Ozono (Montreal Protocol on Substances that Deplete the Ozone Layer, em inglês), também conhecido como Protocolo de Montreal (Montreal Protocol, em inglês), que foi concluído em Montreal, em 16 de setembro de 1987, e onde as Partes reconheceram a necessidade de reduzir a produção e uso de substâncias suscetíveis de contribuir para o empobrecimento da camada de ozono (Ozone Depleting Substances – ODS), prescrevendo obrigações genéricas, e instaram os governos a adotarem medidas jurídico-administrativas apropriadas para proteger o azoto estratosférico. O Protocolo entrou em vigor na ordem internacional a 1 de janeiro de 1989, e posteriormente sofreu quatro alterações que, no essencial, acompanham a evolução do progresso científico e técnico: Londres em 1990, Copenhaga em 1992, Montreal em 1997 e Pequim em 1999. Se os compromissos do Protocolo de Montreal e suas alterações forem compridos, é expectável que em 2050 a camada de ozono recupere para os níveis existentes em 1980.

Um ano depois de Chernobyl, a componente do desenvolvimento adquiriu pela primeira vez um cariz verdadeiramente holístico, com a publicação do relatório "Nosso Futuro Comum" (Our Common Future, em inglês), em 1987, pela Comissão Mundial sobre Meio Ambiente e Desenvolvimento (World Commission on Environment and Development – WCED, em inglês), ou Comissão Brundtland.

Este relatório interligou as questões sociais, económicas, culturais e ambientais, e desta forma produziu um novo conceito de desenvolvimento que reconhecia que as muitas crises que o planeta enfrentava estavam interligadas, não eram atos isolados. Chamou-lhe "desenvolvimento sustentável", que definiu como o que "satisfaz as necessidades do presente sem comprometer a capacidade de as gerações futuras satisfazerem as suas próprias necessidades" [122], garantindo o equilíbrio entre o crescimento económico, o cuidado com o ambiente e o bem-estar social.

Este relatório também demonstrou que o ambiente não existe como uma esfera separada das ações, ambições e necessidades humanas, e por isso não deve ser considerado isoladamente em relação aos seus

---

[122] Texto original: "Sustainable development is development that meets the needs of the present without compromising the ability of future generations to meet their own needs" (Brundtland, 1987, p. 43).

interesses, e promoveu a compreensão sobre a interdependência global e a relação entre economia e ambiente. Destacou a perda de biodiversidade como problema ambiental global, reforçou a necessidade de todos os setores da sociedade serem consultados para decisões relativas ao desenvolvimento sustentável (Fidélis, 2001, p. 29-30), e lançou as bases para a Conferência das Nações Unidas sobre Meio Ambiente e Desenvolvimento, realizada no Rio de Janeiro, de 3 a 14 de junho de 1992.

Desta feita, à expressão sustentabilidade com conotação ecológica cunhada no encontro internacional "World Conservation Strategy" (IUCN, UNEP, WWF, 1980), adicionou-se um conceito mais amplo, que fazia a ponte entre economia, sociedade e ambiente. Isto sem que exista um afastamento radical do que vinha do antecedente, uma vez que subjacentes à expressão "desenvolvimento" continuavam as questões socioeconómicas, e à expressão "sustentabilidade" os objetivos ecológicos. Aliás, tal como refere Santos (2013b), é por isso que o relatório apresentava uma redação humanista, dos ideais de modernidade, que considerava a "natureza de maneira indireta, não sendo, portanto, entendida como um sujeito de direito, que possua um valor intrínseco" (Santos, 2013, p. 34).

No entanto, sem lhe retirar mérito, foi acusado de ser mais inspirador do que prático, por não abordar a dependência dos países em desenvolvimento dos países industrializados (Vargas, 2002), situação já reincidente, verificada anteriormente, aquando da alusão ao trabalho de Strong (2001), e por lançar uma expressão "desenvolvimento sustentável" que é contraditória, por ser impossível pretender ter desenvolvimento/crescimento para toda a população mundial e esperar, ao mesmo tempo, que esse desenvolvimento possa ser compatibilizado com a sustentabilidade ambiental, sobretudo devido ao permanente avanço na produção exigida pelo desenvolvimento, cuja matriz está na sociedade (Clayton, 2001; Choi & Pattent, 2001).

Posteriormente, a expressão "desenvolvimento sustentável" massificou-se, ampliando os domínios a levar em consideração com vista a uma efetiva sustentabilidade. Segundo Pacheco-Torgal & Jalali (2010, p. 18-19), que fizeram uma pesquisa com estas duas palavras no "título, resumo e palavras-chave de artigos publicados em revistas científicas internacionais referenciadas na base de dados Scopus-Elsevier, esta expressão teve um "crescimento invulgar em termos científicos", o que dizem ser revelador da " (…) dedicação da comunidade científica ao tema em apreço"; situação que gerou um grande número de definições do conceito de sustentabilidade.

O domínio da "construção sustentável" é muito importante para a sustentabilidade urbana, passando pela necessária requalificação e reabilitação do edificado construído. O conceito foi proposto pelo Prof. Charles Kibert na primeira conferência internacional sobre construção sustentável, que se realizou em novembro de 1994, organizada pelo International Council for Building (CIB) (redenominado em 1998 de International Council for Research and Innovation in Building and Construction), para descrever as responsabilidades da indústria da construção no que respeita ao conceito e aos objetivos da sustentabilidade (Kibert, 1994).

A abrangência do conceito de sustentabilidade foi também alvo de críticas. Segundo Friedmann (1992, p. v), o desenvolvimento nunca foi um conceito científico, foi sempre uma ideologia. Na realidade, tudo é sustentável ou pelo menos passível de ser analisado sob uma ótica de sustentabilidade; tudo encaixa no vago conceito de cumprir as necessidades atuais sem comprometer as gerações futuras. Por outro lado, o resultado desta multiplicidade de significados é um aproveitamento político/ideológico consoante a posição dentro do espectro político e/ou os interesses (económicos ou outros) em questão, ou seja, tem sido simultaneamente aproveitado para significados opostos, o que pode levar a um possível abandono deste termo devido à sua perda de conteúdo (Hanson & Lake, 2000). A sustentabilidade urbana, enquadrada no âmbito do desenvolvimento sustentável, terá de ser encarada como parte integrante e não como algo distinto de um processo geral de sustentabilidade.

Em abril de 1988, após concluída a Comissão Brundtland, foi criado o Centro para o Nosso Futuro Comum (Center for Our Common Future – COCF, em inglês), na Suíça, com o objetivo de divulgar o relatório "Nosso Futuro Comum" (Our Common Future, em inglês), também conhecido como Relatório Brundtland (Brundtland, 1987), procurando através de publicações regulares e da promoção de eventos públicos criar uma "Comunidade Brundtland", e assim dar continuidade ao processo de internacionalização do conceito de desenvolvimento sustentável (CES, 1997, p. 9; Axelrod *et al.*, 2010, p. 100), "aproveitando uma comunidade internacional de apoiantes do conceito de desenvolvimento sustentável" (Broadhea, 2002, p. 48)[123]. Talvez por isso Baker (2006) tenha considerado que o Relatório Brundtland obteve um estatuto sólido ("authoritative status") (Baker, 2006, p. 17).

Na mesma altura, mais propriamente entre 5 e 9 de abril de 1988, realizou-se em Adelaide, na Austrália, a Segunda Conferência Internacional sobre Promoção da Saúde (Second International Conference on Health Promotion, em inglês), subordinada ao tema da "Promoção da Saúde e Políticas Públicas Saudáveis" (Health Promotion and Healthy Public Policies, em inglês), que contou com a participação de 220 especialistas de 42 países. Mantendo o princípio de que a saúde é um direito humano fundamental e um sólido investimento social, foi reafirmada a importância de os governos adotarem políticas públicas voltadas para a saúde, promoverem a saúde por meio de políticas económicas e sociais, e formarem novas alianças para a promoção da saúde com corporações, empresas, sindicatos, organizações não governamentais e grupos comunitários. Os delegados enfatizaram a necessidade de existir igualdade no aceso à saúde, e acordaram uma estratégia de ação com base em quatro áreas prioritárias de políticas públicas boas para a saúde: (i) melhorar a saúde das mulheres, principais promotoras de saúde no mundo; (ii) melhorar a alimentação e a nutrição, garantindo quantidades adequadas de alimentos saudáveis para todos; (iii) combater o tabaco e o álcool, que merecem ação imediata por serem os principais riscos à saúde; e (iv) dar apoio para que a saúde seja nutrida e protegida.

As principais linhas orientadoras que foram aqui definidas reafirmaram a direção que já vinha a ser seguida da Primeira Conferência Internacional sobre Cuidados Primários de Saúde (International Conference on Primary Health Care, em inglês), onde foi adotada a Declaração de Alma-Ata, e da Primeira Conferência Internacional sobre

---

[123] Texto original: "harness an international community of supporters for the concept of sustainable development".

Promoção da Saúde" (First International Conference on Health Promotion, em inglês), onde foi adotada a Carta de Ottawa (Ottawa Charter, em inglês), também conhecida como Carta de Ottawa para a Promoção da Saúde (Ottawa Charter for Health Promotion, em inglês).

Ainda em 1988, realizou-se em Toronto a Conferência sobre a Mudança da Atmosfera (Toronto Conference on the Changing Atmosphere, em inglês), também conhecida como Conferência de Toronto de 1988, subordinada ao tema: "Our Changing Atmosphere: Implications for Global Security", que colocou as alterações climáticas na agenda global. Estiveram presentes mais de 300 cientistas, diversos políticos, organizações não governamentais e organizações das Nações Unidas.

Logo depois foi estabelecido o Painel Intergovernamental sobre Alterações Climáticas (Intergovernmental Panel on Climate Change – IPCC, em inglês), uma organização científico-política, pelo Programa das Nações Unidas para o Ambiente (PNUA) e pela Organização Meteorológica Mundial (OMM). A sua primeira missão consistiu em fazer uma revisão abrangente do conhecimento existente da ciência das alterações climáticas, propor recomendações, avaliar o impacto social e económico previsível das alterações climáticas na sociedade, e propor estratégias de resposta tendo em vista a sua possível inclusão numa futura convenção internacional sobre o clima, como está descrito na Resolução 43/53 da Assembleia Geral da ONU, de 6 de dezembro de 1988.[124] Desde essa altura tem vindo a resumir o conhecimento produzido por cientistas de alto nível, independentes e ligados a organizações e governos, sintetizando e divulgando em relatórios o conhecimento mais avançado sobre as alterações climáticas que hoje afetam o mundo, especificamente, o aquecimento global, apontando causas, efeitos e riscos para a Humanidade e para o ambiente, e sugerindo formas de mitigar as consequências. Desde a criação do IPCC, cada relatório de avaliação tem alimentado diretamente a formulação de políticas climáticas internacionais (o primeiro relatório

---

[124] Disponível em: https://www.ipcc.ch/site/assets/uploads/2019/02/UNGA43-53.pdf (04/10/2020).

surgiu em 1990). É hoje a maior autoridade mundial sobre o tema do aquecimento global.

Em 23 de março de 1989, em Basileia, sob a égide da Organização das Nações Unidas, foi concluída a Convenção sobre o Controlo de Movimentos Transfronteiriços de Resíduos Perigosos e sua Eliminação (Convention on the Control of Transboundary Movements of Hazardous Wastes and their Disposal, em inglês), também conhecida como Convenção de Basileia sobre o Controlo de Movimentos Transfronteiriços de Resíduos Perigosos e sua Eliminação, ou simplesmente Convenção de Basileia. Trata-se de um instrumento multilateral abrangente em matéria ambiental, relativo a resíduos perigosos e outros resíduos, que visa proteger a saúde humana e o ambiente dos efeitos adversos resultantes da produção, movimentação transfronteiriça (travessia de fronteiras) e gestão de resíduos perigosos e outros resíduos. Nos termos deste acordo global, os países subscritores estão obrigados a assegurar a gestão e eliminação destes resíduos de uma forma ambientalmente correta, e comprometem-se a reduzir ao mínimo as quantidades que são transportadas, a submeter a tratamento e eliminar os resíduos o mais próximo possível do seu local de produção, e a prevenir ou minimizar a produção de resíduos na fonte. O objetivo era conter a transferência de resíduos perigosos dos países industrializados para os países em desenvolvimento, numa altura em que a situação já era especialmente grave no continente africano, afetado pelo despejo de substâncias químicas nocivas, como lixo eletrónico, pesticidas e outros resíduos perigosos que ameaçavam o ambiente e a saúde das comunidades africanas.

Em 1990, o Painel Intergovernamental sobre Alterações Climáticas (Intergovernmental Panel on Climate Change – IPCC, em inglês) concluiu o primeiro relatório de avaliação no qual destacou as alterações climáticas como um grande desafio com consequências globais, a requer cooperação internacional, tendo este relatório sido decisivo para a realização da Convenção Quadro das Nações Unidas sobre as Alterações Climáticas (United Nations framework Convention on Climate Change - UNFCCC), que foi adotada em Nova Iorque, em 9 de maio de 1992, e foi aberta à assinatura em 4 de junho de 1992, durante a

Eco-92. Como se verá a seguir, este é o principal tratado internacional para reduzir o aquecimento global e lidar com as consequências das alterações climáticas.

Em 18 de dezembro de 1990, realizou-se a primeira Conferência Ministerial para a Proteção das Florestas na Europa (CMPFE) (First Ministerial Conference on the Protection of Forests in Europe, em inglês), em Estrasburgo (França), por iniciativa da França e da Finlândia. Reconhecendo a necessidade de proteção transfronteiriça das florestas na Europa, os participantes concordaram com seis resoluções, conhecidas como Resoluções de Estrasburgo[125], que se centram especialmente na cooperação técnica e científica, e visam a padronização da recolha dos dados necessários para avaliar a evolução das florestas europeias. As Resoluções de Estrasburgo iniciaram uma ampla cooperação em toda a Europa. Além disso, a Conferência de Estrasburgo foi um passo importante para iniciar a incorporação de dados científicos na ação política para proteger as florestas da Europa. Esta primeira conferência marcou o início do processo político para iniciar propostas e ações para a proteção e gestão sustentável das florestas na Europa.

Ainda em 1990, foi lançado o primeiro Relatório de Desenvolvimento Humano (RDH) pelo Programa das Nações Unidas para o Desenvolvimento (PNUD), órgão da Organização das Nações Unidas (ONU) que tem por mandato promover o desenvolvimento e erradicar a pobreza no mundo. O objetivo deste primeiro relatório foi o de colocar as pessoas no centro do processo de desenvolvimento em termos de debate económico, político e jurídico, porque se considerava, e bem, que as pessoas são a verdadeira riqueza das nações, premissa que, aliás, guiou todos os relatórios subsequentes.

O Relatório de Desenvolvimento Humano (RDH), idealizado pelo economista Mahbub ul Haq (1934-1998), com a colaboração de Amartya Sem, que foi o primeiro indiano (e asiático) a receber o

---

[125] As Resoluções de Estrasburgo são: Resolution S1 "Monitoring of Forest Ecosystems"; Resolution S2 "Genetic Resources"; Resolution S3 "Data Bank on Forest Fires"; Resolution S4 "Adapting the Management of Mountain Forests"; Resolution S5 "Research on Tree Physiology"; e Resolution S6 "Research into Forest Ecosystems".

Prémio Nobel da Economia, é uma ferramenta para a consciencialização sobre o desenvolvimento humano em todo o mundo. Com a sua riqueza de dados e abordagem inovadora para medir o desenvolvimento, tem tido um grande impacto nas reflexões sobre o tema em todo o mundo. Em 1990, o Relatório de Desenvolvimento Mundial (World Development Report 1990, em inglês) do Banco Mundial (World Bank, em inglês), foi dedicado à pobreza, e o dos dois anos seguintes foi dedicado ao ambiente e ao desenvolvimento económico.

Os economistas Amartya Sen e Mahbub ul Haq foram responsáveis por desenvolverem o Índice de Desenvolvimento Humano (IDH) que a partir de 1993 passou a ser utilizado no Relatório de Desenvolvimento Humano (RDH), publicado pelo Programa das Nações Unidas para o Desenvolvimento (PNUD). Este índice mede o progresso de cada nação em três dimensões: rendimento, saúde e educação, e o objetivo da sua criação foi o de oferecer um contraponto a outro indicador muito utilizado, o Produto Interno Bruto (PIB) per capita, que considera apenas a dimensão económica do desenvolvimento, avaliando o bem-estar de uma sociedade apenas pelos recursos ou pela renda que ela pode gerar.

O discurso da sustentabilidade, e da abrangência do conceito, foi impulsionado por estes economistas, e também por outros que como eles percecionaram o risco ecológico da continuação de um desenvolvimento centrado nas questões materiais e no crescimento económico. Na publicação do Banco Mundial de 1992 – "World Development Report 1992: Development and the Environment", já se assumia que as políticas ambientais e de desenvolvimento, em conjunto, numa comparação de custos e benefícios e numa análise económica cuidada, iriam fortalecer a proteção ambiental, conduzindo a níveis crescentes e sustentáveis de bem-estar. Ou seja, a mensagem principal era a de que era necessário integrar as questões ambientais na formulação de políticas de desenvolvimento (World Bank, 1992). Note-se que a abrangência do conceito também lhe trouxe algumas críticas, como as do cientista indiano Sharachchandra Lele, que o designou de "metafixo" capaz de congregar todos os indivíduos, desde o industrial orientado para o lucro, ao pequeno agricultor de subsistência, até ao trabalhador social que luta pela equidade.

Importa distinguir crescimento económico de desenvolvimento económico, conceitos que acabámos de utilizar. O "crescimento económico" é o aumento do valor de bens e serviços produzidos por todos os setores da economia, e é medido através do aumento do Produto Interno Bruto (PIB) de um país. Significa, acima de tudo, a reprodução alargada de um sistema económico. Isso quer dizer mais *output*, e esse acréscimo de *output* resultará, em última análise, da disponibilidade de maiores quantidades de *inputs* e acréscimos de eficiência na sua utilização. É um conceito mais restrito do que o "desenvolvimento económico", tido como um conceito normativo, ou seja, que se aplica no contexto do senso da moralidade (certo e errado, bom e mau) das pessoas. Efetivamente, o método mais preciso para medir o desenvolvimento é o Índice de Desenvolvimento Humano (IDH), que tem em conta as taxas de alfabetização e a expectativa de vida que afetam a produtividade e podem levar ao crescimento económico, levando à criação de mais oportunidades nos setores de educação, saúde, emprego e conservação do ambiente (Rist, 1997; Maddison, 2008).

Para existir crescimento económico tem de existir produção de riqueza, mas isso não significa mais desenvolvimento. Só se atinge o desenvolvimento quando o crescimento económico é repartido de forma justa e igualitária pela sociedade, quando a produção de riqueza se traduz em melhoria da qualidade de vida da população. É nesta situação que se consegue colocar o crescimento ao serviço do desenvolvimento. Por isso, para medir o bem-estar individual, ou o bem-estar de uma sociedade, é preciso mais do que o filão puramente económico, medido através de um indicador global como o PIB, ou seja, é necessário trabalhar com base na pluri- e multidisciplinariedade, e assim considerar outras características sociais, culturais e políticas, que influenciam a qualidade da vida humana. As principais diferenças entre crescimento económico e desenvolvimento económico, para este efeito, constam do quadro seguinte.

ENCRUZILHADAS DA SUSTENTABILIDADE

	Desenvolvimento económico	Crescimento económico
Implicações	Mudanças no rendimento, poupança e investimento, juntamente com mudanças progressivas na estrutura socioeconómica do país (institucionais e tecnológicas).	Refere-se a um aumento da produção real de bens e serviços no país.
Fatores	Relaciona-se com o crescimento dos índices de capital humano, uma diminuição em números da desigualdade e mudanças estruturais que melhorem a qualidade em geral da vida da população.	Refere-se a um aumento gradual em um dos componentes do Produto Interno Bruto: o consumo, os gastos do governo, o investimento, as exportações líquidas.
Quantificadores	Qualitativo. HDI (Índice de Desenvolvimento Humano), o índice relacionado com questões de género (GDI), o índice de pobreza humana (IPH), a mortalidade infantil, a taxa de alfabetização, etc.	Quantitativa. Aumentos no PIB.
Efeito	Traz mudanças qualitativas e quantitativas na economia.	Traz mudanças quantitativas na economia.
Relevância	O desenvolvimento económico é mais relevante para medir o progresso e qualidade de vida nos países em desenvolvimento.	O crescimento económico é uma medida mais relevante para o progresso nos países desenvolvidos. Mas ele é amplamente utilizado em todos os países, pois o crescimento é uma condição necessária para o desenvolvimento.
Âmbito	Preocupados com as mudanças estruturais no crescimento da economia.	O crescimento está relacionado com o aumento da produção da economia.

Era premente a necessidade de se refrear a lógica do crescimento pelo crescimento, e para isso foram sendo formuladas várias propostas, uma das mais conhecidas a Teoria do Estado Estacionário (economia do estacionário, ou "steady-state") formulada pelo economista norte-americano Robert Solow, um dos principais personagens da economia de desenvolvimento, e que lhe valeu o Prémio Nobel da Economia. Propôs o crescimento zero para o desenvolvimento económico, o que nos parece uma utopia. Outra formulação bastante conhecida foi a do decrescimento ou "a-crescimento" como uma rejeição da lógica do crescimento pelo crescimento (Georgescu-Roegen, 1987; Latouche, 2008). Outras existiram mas nenhuma vingou, e ainda hoje continua a vigorar o mesmo sistema económico.

Referir que Gregory Mankiw, David Romer e David Weil, em 1992, promoveram uma tentativa pioneira de inclusão do capital humano (restringido à educação) no modelo de Solow (modelo de crescimento económico) e fizeram a revisão deste modelo nos aspetos ligados à convergência para o "steady-state". Tentavam ultrapassar a insuficiente capacidade explicativa deste modelo, especialmente quanto ao crescimento secular do produto per capita. Isto remete para uma questão complexa, de que até ao momento os estudiosos e cientistas ainda não conseguiram elaborar uma teoria de desenvolvimento económico operacionalmente útil e aplicável na generalidade, e, por isso, infelizmente, prevalece um desenvolvimento económico deveras desigual. Ou seja, o predomínio do crescimento económico ocorre por insuficiência dos modelos de desenvolvimento.

O desenvolvimento humano, como abordagem dos relatórios do PNUD, assume aquilo que Amartya Sen considera ser a ideia básica do desenvolvimento: o aumento da riqueza da vida humana em vez da riqueza da economia em que os seres humanos vivem, que é só uma parte da mesma vida. Esta conceção guiou a redação dos Relatórios de Desenvolvimento Humano do PNUD por mais de 20 anos (Sen, 1997). A mais revolucionária das contribuições de Amartya Sen acerca dos indicadores económicos e sociais é o foco nas capacidades, entendidas como a hipótese que cada pessoa teria de converter os seus direitos em liberdades reais. Esta ideia de capacidade tem a sua raiz na ética clássica de Aristóteles, que acreditava que atingir o mais alto florescimento das capacidades humanas é o sentido e a finalidade de cada indivíduo.

Com base nesta conceção, o desenvolvimento de um país devia ser apurado através das capacidades específicas dos seus cidadãos. Por exemplo, na República Democrática do Congo, os cidadãos têm o direito constitucional de votar, mas o importante é saber se todas as condições estão reunidas para que eles possam exercer essa capacidade de votar. Essas condições podem ser de muitos tipos, desde o acesso à educação até à disponibilidade de meios de transporte que cada cidadão possa aceder às urnas. Só quando são superadas estas barreiras, podemos dizer que o cidadão pode exercer a sua escolha pessoal. A abordagem baseada nas capacidades centra-se na liberdade positiva, que é a capacidade real de uma pessoa para ser ou fazer algo, em vez de liberdade negativa, que é o comum na economia ortodoxa e centra-se simplesmente na não-interferência.

Como refere Jeroen Van Bergh, o uso do PIB como medida de desenvolvimento tem implicações perigosas na tomada de decisões. O IDH é uma ferramenta de medição que põe a saúde e a educação ao nível do rendimento disponível e que se tornou uma alternativa ao PIB amplamente aceite por mais de 20 anos para avaliar o progresso dos países. Mas será que bastaria o IDH para medir o nível de desenvolvimento de um país? Amartya Sem diria que não, que o desenvolvimento é mais do que um número, mas o IDH, pelo consenso existente em torno dele, pode vir a ser um ponto de partida para uma medida mais abrangente do desenvolvimento sustentável (Van den Bergh, 2009, p. 117-135; 2010, p. 540-543).

O quadro conceptual para uma avaliação do desenvolvimento sustentável com base no IDH, salvo melhor opinião, deveria refletir o conceito de equidade entre gerações como uma componente do desenvolvimento humano com base num princípio de justiça global e enraizada na premissa de que as escolhas que fazemos hoje não devem limitar as opções disponíveis para as pessoas no futuro. Esta abordagem para a avaliação da sustentabilidade centrada nas pessoas e com base no IDH também incorporaria a ideia de que existem limites planetários (limiares ecológicos) e mostraria como as alterações climáticas estão a gerar riscos significativos para o desenvolvimento humano a longo prazo, especialmente nas nações e nas comunidades pobres.

Na sequência da adoção da Carta Mundial da Natureza (World Charter for Nature, em inglês), em 28 de outubro de 1982, e com o intuito de reafirmar novamente os princípios da Estratégia Mundial para a Conservação (World Conservation Strategy, em inglês), o Programa das Nações Unidas para o Ambiente (PNUA), o Fundo Mundial para a Natureza (WWF) e a União Internacional para a Conservação da Natureza (UICN), em 1991, elaboraram uma estratégia minuciosa para o futuro do planeta intitulada "Cuidar do planeta Terra. Uma estratégia para o futuro da vida" (Caring for the Earth. A Strategy for Sustainable Living, em inglês), constituída por nove princípios para a sustentabilidade da Terra, que visava de uma forma informativa, encorajadora, e, sobretudo, orientada para a prática, incutir na população as práticas de conservação, de regeneração e cuidado da natureza, e orientar para as mudanças que nos levariam em direção a uma sociedade mais sustentável. Este documento exorta a um esforço mundial para cuidar da Terra (Munro, 1991). Os nove princípios são: "Construir uma sociedade sustentável; Respeitar e cuidar da comunidade dos seres vivos; Melhorar a qualidade da vida humana; Conservar a vitalidade e a diversidade do planeta Terra; Permanecer nos limites da capacidade do planeta Terra; Modificar atitudes e práticas pessoais; Permitir que as comunidades cuidem do seu próprio meio ambiente; Gerar uma estrutura nacional para integrar desenvolvimento e conservação; Construir uma aliança global" (Boff, 2016, *online*).

Na sequência da Convenção sobre o Controlo de Movimentos Transfronteiriços de Resíduos Perigosos e sua Eliminação, também conhecida como Convenção de Basileia, que se realizou em Basileia, em 23 de março de 1989, para conter a transferência de resíduos perigosos dos países industrializados para os países em desenvolvimento, vários países africanos, nomeadamente os mais afetados pela importação de substâncias químicas, como lixo eletrónico, pesticidas e outros resíduos perigosos e radioativos que ameaçavam o ambiente e a saúde das comunidades africanas, adotaram a Convenção de Bamako sobre a Interdição de Importação em África e o Controlo de Movimento

Transfronteiriço e a Gestão dos Resíduos Perigosos em África (Bamako Convention on the Ban of the Import into África and the Control of Transboundary Movement and Management of Hazardous Wastes Within Africa, em inglês)[126], também conhecida como Convenção de Bamako sobre a Proibição da Importação de Resíduos Perigosos ou simplesmente Convenção de Bamako, que se realizou em 30 de janeiro de 1991, no Bamako (Mali). Esta convenção apenas entrou em vigor em 1998.

A proibição da importação de resíduos perigosos e radioativos, o reforço do controlo do movimento transfronteiriço e a melhoria da gestão desses resíduos tinham como objetivo proteger a saúde das populações e do ambiente nos países africanos, sendo este o mais importante instrumento para demonstrar a vontade dos africanos em proteger o ambiente e a saúde. A Convenção de Bamako, que ainda está em vigor, também proíbe o despejo de resíduos perigosos em oceanos e águas interiores africanas e a sua incineração em solo africano, e encoraja a redução e controlo dos movimentos transfronteiriços de resíduos perigosos no continente africano. Visa melhorar e garantir a gestão ambientalmente saudável dos resíduos perigosos na África, bem como a cooperação entre nações africanas.

Entre 9 e 15 de junho de 1991, realizou-se a Terceira Conferência Internacional sobre Promoção da Saúde (Third International Conference on Health Promotion, em inglês), em Sundsvall, na Suécia, também conhecida como Conferência de Sundsvall (Sundsvall Conference, em inglês), subordinada ao tema "Promoção da Saúde e Ambientes Favoráveis á Saúde". Nela participaram 81 países e foi realçada a ligação essencial entre saúde e ambiente físico, com base na conceção de que o ambiente que nos rodeia não é constituído apenas pelas estruturas e serviços visíveis, tem também dimensões espirituais, sociais, culturais, económicas, políticas e edeológicas.

---

[126] Bamako Convention on the Ban of the Import into Africa and the Control of Transboundary Movement and Management of Hazardous Wastes Within Africa. Disponível em: https://pt.african-court.org/images/Basic%20Documents/Convention%20of%20Bamako%20on%20ban%20of%20importation%20of%20wastes-Copy.pdf (26/09/2020).

Entre 6 e 8 de maio de 1992, realizou-se a Conferência Internacional sobre Pesca Responsável (International Conference On Responsible Fishing, em inglês), na cidade de Cancun, no México, tendo sido alcançado um amplo consenso sobre a necessidade de praticar uma pesca responsável que ficou plasmado no documento final intitulado "Declaration Of The International Conference On Responsible Fishing", ou simplesmente Declaração de Cancun. Dentre as várias medidas previstas nesta Declaração, que requeriam atenção tendo em vista a preservação do ambiente aquático, destaca-se a necessidade de os Estados adotarem medidas para proteger os interesses da pesca de pequena escala, ou pequena pesca, tanto de pescadores artesanais como de indígenas, e de implementarem mecanismos apropriados para garantir a pesca responsável nas zonas económicas exclusivas e noutras áreas sob jurisdição nacional. Destaca-se ainda a necessidade de os Estados promoverem o desenvolvimento e operação com artes e práticas de pesca seletivas que minimizem a pesca acessória e as rejeições ao mar de espécies-alvo, e de avaliarem sistematicamente os impactos da pesca, da aquacultura e de outras atividades que afetam o ambiente marinho, particularmente nas áreas costeiras. Os Estados deveriam ainda promover programas educacionais e de divulgação sobre a pesca responsável. A Declaração de Cancun foi uma importante contribuição para a Cimeira da Terra, em 1992, no Rio de Janeiro.

Entre 3 a 14 de junho de 1992, no Rio de Janeiro (Brasil), realizou-se a Conferência das Nações Unidas sobre Meio Ambiente e Desenvolvimento (United Nations Conference on Environment and Development, Earth Summit – UNCED, em inglês), também conhecida como Conferência do Rio de Janeiro, Cimeira da Terra, Rio-92 e Eco-92. Foi impulsionada pelo Relatório Brundtland de 1987 e procurava dar seguimento às propostas da Conferência de Estocolmo de 1972, tendo sido decisiva para uma nova ordem internacional baseada no desenvolvimento equitativo e na segurança ambiental.

Já ninguém tinha dúvidas de que, se todas as comunidades humanas adotassem um padrão extrativista e consumista ao nível do existente nos países desenvolvidos, almejando um nível de vida semelhante, no futuro próximo isso iria infligir danos muito graves e irreversíveis no ambiente.

Tanto mais que a evidência científica já dava indicações de que a ação humana estaria a interferir no clima global, como se observa nos primeiros relatórios do Painel Intergovernamental sobre Alterações Climáticas (Intergovernmental Panel on Climate Change – IPCC, em inglês), e os relatórios das Nações Unidas alertavam para a crescente sobre-exploração dos oceanos, para a alarmante perda de biodiversidade, e para a crescente desertificação dos solos, agravando a fome e a deslocação de populações.

Como tal, a Cimeira da Terra norteou as discussões sobre o modo como a humanidade encara a sua relação com o Planeta, e sobre um modelo de desenvolvimento económico menos consumista e mais preocupado com questões ambientais, e refletiu a necessidade de uma nova abordagem integrada para o problema ambiental, social e económico, única forma de se garantir sustentabilidade e desenvolvimento, enfatizando ações para promover o desenvolvimento sustentável. Isso está espelhado nos vários documentos assinados, inclusive nos três tratados.

Foi a partir desta Conferência que o ambiente foi estabelecido como sendo um dos pilares do desenvolvimento sustentável, ao lado do social e económico, e os seres humanos foram colocados no centro das preocupações com o desenvolvimento sustentável, tendo direito a uma vida saudável e produtiva em harmonia com a natureza (primeiro princípio da Declaração do Rio sobre Meio Ambiente e Desenvolvimento). Foi um momento decisivo para as negociações internacionais sobre as questões do ambiente e do desenvolvimento, sendo de salientar que o ambiente político internacional da época favoreceu a aceitação pelos países desenvolvidos de assumirem as suas responsabilidades pela preservação do ambiente e pela construção de um convívio equilibrado no Planeta.

Nesta Conferência foi definido que os países desenvolvidos iriam prestar auxílio tecnológico e financeiro aos países em desenvolvimento para que estes pudessem alcançar um modelo de desenvolvimento mais sustentável, com redução dos padrões de consumo, especialmente de combustíveis fósseis (petróleo e carvão mineral). Foi o equilíbrio possível entre ambiente e desenvolvimento, no entanto, o suficiente para desbloquear a falta de entendimento sobre este tema que já vinha desde a Conferência de Estocolmo de 1972.

Além da sensibilização das sociedades e das elites políticas, a Conferência teve como resultado, como já referimos, a produção de alguns documentos oficiais fundamentais, nomeadamente a Carta da Terra[127], a Declaração do Rio sobre Meio Ambiente e Desenvolvimento[128], a Declaração de Princípios relativos às Florestas, a Agenda 21, e três convenções: a Convenção sobre Diversidade Biológica (CDB) (Convention on Biological Diversity, em inglês), a Convenção das Nações Unidas de Combate à Desertificação (United Nations Convention to Combat Desertification – UNCCD, em inglês) e a Convenção Quadro das Nações Unidas sobre as Alterações Climáticas (CQNUAC) (United Nations Framework Convention on Climate Change – UNFCCC, em inglês).

(i) A Carta da Terra é uma declaração de 16 princípios éticos agrupados em quatro tópicos: (i) respeito e cuidado pela comunidade da vida; (ii) integridade ecológica; (iii) justiça social e económica; e (iv) democracia, não-violência e paz. A sua elaboração foi sugerida no Relatóro Brundtland (1987), com o objetivo de ajudar a construir uma sociedade global justa, sustentável e pacífica. A primeira versão foi elaborada durante a Cimeira da Terra, num evento paralelo. Uma segunda versão foi apresentada no Palácio da Paz, em Haia, em 29 de junho de

---

127 Carta da Terra. Disponível em:
https://www.mma.gov.br/estruturas/agenda21/_arquivos/carta_terra.pdf
(16/09/2020). Preâmbulo da Carta da Terra: "Estamos diante de um momento crítico na história da Terra, numa época em que a humanidade deve escolher o seu futuro. À medida que o mundo se torna cada vez mais interdependente e frágil, o futuro enfrenta, ao mesmo tempo, grandes perigos e grandes promessas. Para seguir adiante, devemos reconhecer que, no meio de uma magnífica diversidade de culturas e formas de vida, somos uma família humana e uma comunidade terrestre com um destino comum. Devemos somar forças para gerar uma sociedade sustentável global baseada no respeito pela natureza, nos direitos humanos universais, na justiça económica e numa cultura da paz. Para chegar a este propósito, é imperativo que nós, os povos da Terra, declaremos nossa responsabilidade uns para com os outros, com a grande comunidade da vida, e com as futuras gerações".
128 Declaração do Rio sobre Ambiente e Desenvolvimento. Disponível em: https://apambiente.pt/_zdata/Politicas/DesenvolvimentoSustentavel/1992_Declaraca o_Rio.pdf (16/09/2020).

2000, resultante de um processo participativo envolvendo todos os continentes e com a contribuição de milhares de pessoas de todas as raças, credos, idades e profissões, incluindo especialistas em ciências, filosofia, ética, religiões e leis internacionais. Em 2003, a UNESCO reconheceu a Carta da Terra como um instrumento chave para a educação e cultura, e considerou-a um importante marco ético para a humanidade.

(ii) A Declaração do Rio sobre Meio Ambiente e Desenvolvimento, ou simplesmente Declaração do Rio, comporta 27 princípios que estabelecem os critérios através dos quais se devem conciliar as exigências do desenvolvimento com a proteção do ambiente. Destaca-se o princípio n.º 2, de acordo com o qual os Estados têm o direito soberano de explorar os seus próprios recursos naturais, mas também têm a responsabilidade de não causar danos ao ambiente de outros Estados, ou em áreas para além da sua jurisdição nacional. Outros princípios têm como objetivo a eliminação da pobreza e a redução das disparidades nos padrões de vida em todo o mundo, bem como a plena participação das mulheres na vida pública, como condições essenciais para atingir o desenvolvimento sustentável. A Declaração inclui a ideia de que a incerteza no campo científico não deve servir de justificação para protelar a adoção de medidas de proteção do ambiente, e adota o princípio do "poluidor/pagador" (princípio n.º 16), uma norma de direito ambiental em que o poluidor se responsabiliza pelos custos da reparação do dano que causar ao ambiente. Este princípio tinha sido consagrado na recomendação da Organização para a Cooperação e Desenvolvimento Económico (OCDE) sobre princípios orientadores relativos a aspetos internacionais económicos de políticas ambientais, de 1972, e tinha sido mencionado no Tratado de Maastricht (formalmente Tratado da União Europeia), assinado cinco meses antes da Eco-92.

A Comissão das Nações Unidas para o Desenvolvimento Sustentável (CSD), criada em dezembro de 1992, era o órgão responsável por acompanhar o progresso desta Declaração, e, entre outras atividades, também era sua competência elaborar a estratégia de seguimento do Plano de Joanesburgo a nível local, nacional e internacional.

(iii) A Declaração de Princípios relativos às Florestas", também conhecida como "Princípios relativos às Florestas", "Declaração de Princípios sobre Gestão, Conservação e Desenvolvimento Sustentável das Florestas" ou "Declaração de Princípios Florestais" (Statement of Forest Principles, em inglês), é um documento oficial constituído por orientações/princípios para a conservação e para o ordenamento sustentável das florestas em todo o mundo, onde se observa que "Os recursos florestais e os terrenos florestais devem ser geridos de forma sustentável para satisfazer as necessidades sociais, económicas, ecológicas, culturais e espirituais humanas das gerações presentes e futuras".[129]

Esta Declaração determina que todos os países, especialmente os mais desenvolvidos, devem esforçar-se por tornar a Terra mais verde, através de ações de reflorestamento e da conservação das florestas. Determina ainda que os Estados têm o direito de desenvolver as suas florestas de acordo com as suas necessidades socioeconómicas, e devem aportar aos países em desenvolvimento recursos financeiros com o objetivo específico de estabelecerem programas de conservação florestal tendo em vista promover uma política económica e social de substituição.

Os países em desenvolvimento procuraram obter maior valor de ajuda estrangeira para a conservação das reservas florestais, mas esse objetivo teve a oposição dos países desenvolvidos, e por isso apenas se conseguiu alcançar um documento que expressava os objetivos, sem força jurídica obrigatória.

---

[129] Texto original: "Forest resources and forest lands should be sustainably managed to meet the social, economic, ecological, cultural and spiritual human needs of present and future generations" (RESOLUTION H1, 1993, p. 1).

Foi o primeiro consenso mundial sobre o tema, fundador das modernas políticas de ambiente a todos os níveis, desde o local ou internacional. No biénio seguinte conduziu à alteração do quadro conceptual da sustentabilidade aplicada às florestas, afastando-se da ideia tradicional de "sustentabilidade de produção", que consistia em garantir que as florestas apenas preservavam a sua capacidade de fornecerem madeira, e ao desenvolvimento de instrumentos capazes de avaliar o progresso do estado das florestas face aos novos valores que se impunham sobre a gestão florestal, tendo, ainda em 1994, surgido várias iniciativas regionais para definir o conjunto de critérios e indicadores de gestão florestal sustentável, nomeadamente o "Processo de Montreal", para a conservação e administração sustentável dos bosques temperados e boreais, ou o "Processo Pan-Europeu", para a proteção das florestas na Europa.

(iv) A Agenda 21 é um plano de ação com centenas de recomendações práticas para orientar os governos, as organizações internacionais e a sociedade civil em direção ao desenvolvimento sustentável.

Este instrumento de planeamento participativo para o desenvolvimento sustentável visou fortalecer o papel dos principais grupos, o que inclui mulheres, jovens e crianças, povos indígenas, agricultores, pescadores, sindicatos, indústria, comunidade científica, autoridades locais, empresários e organizações não governamentais, e lançou as bases para os desafios do século seguinte, com propostas concretas para conciliar a proteção do ambiente com o desenvolvimento económico e a coesão social, de que se destacam temas como o combate à pobreza, a reorganização dos padrões de produção e consumo, a emissão de poluentes para a atmosfera, a dinâmica demográfica, a gestão e conservação dos recursos naturais, a diversidade biológica e a conservação dos oceanos e dos recursos haliêuticos, a prevenção do desmatamento e a promoção da agricultura sustentável.

Daqui resultaram dezenas de agendas 21 locais, nomeadamente a Agenda 21 Local portuguesa, um instrumento de gestão para a sustentabilidade a nível local. Este programa fomentou a realização de várias iniciativas em áreas-chave do desenvolvimento sustentável, sendo de realçar a Conferência Mundial sobre o Desenvolvimento Sustentável nos Pequenos Estados Insulares em Desenvolvimento, da qual surgiu o Programa de Ação de Barbados e Estratégia de Ilhas Maurício, a Convenção das Nações Unidas de Combate à Desertificação (United Nations Convention to Combat Desertification, em inglês), com força jurídica vinculativa, bem como a realização de negociações sobre a prevenção do esgotamento dos estoques de peixes altamente migradores e dos estoques de peixes cujos territórios estão dentro e fora das zonas económicas exclusivas (estoques de peixes transzonais).

Foi a partir de uma recomendação da Agenda 21 que foi criada a Comissão das Nações Unidas para o Desenvolvimento Sustentável (CSD), pela Assembleia Geral da ONU em dezembro de 1992, encarregada de supervisionar os resultados da Cimeira da Terra.

(v) Durante a Eco-92, mais propriamente em 5 de junho de 1992, foi aberta para assinatura a Convenção sobre Diversidade Biológica (CDB) (Convention on Biological Diversity – CBD, em inglês), um instrumento jurídico internacional para a conservação e utilização sustentável da biodiversidade em geral, em que se destacam três objetivos: "a utilização sustentável dos seus componentes e a partilha justa e equitativa dos benefícios provenientes da utilização dos recursos genéticos" (Resolução do Conselho de Ministros n.º 152/2001, de 11 de outubro). Neste âmbito, a biodiversidade dos ecossistemas florestais assumia grande relevância.

Este instrumento reconheceu a conservação da biodiversidade como uma preocupação comum da humanidade e abrange todos os ecossistemas, espécies e recursos genéticos, além de trazer aos gestores o princípio da precaução. A desproteção das florestas tropicais é uma das suas maiores incapacidades.

(vi) Durante a Eco-92, concluiu-se pela necessidade de realizar uma convenção para lutar contra a seca grave e a desertificação dos solos, particularmente em África, imperativo que foi inserido no plano de ação (Agenda 21). Assim, em 1994, foi concluída a Convenção das Nações Unidas de Combate à Desertificação (United Nations Convention to Combat Desertification – UNCCD, em inglês), que entrou em vigor em 1996. Estava em relação estreita com a Declaração dos Princípios Florestais, uma vez que ressaltava o papel essencial das florestas na estabilização do solo e na regulação do regime hidrológico, ou seja, no combate direto à desertificação.

(vii) A Convenção Quadro das Nações Unidas sobre as Alterações Climáticas - CQNUAC) (United Nations Framework Convention on Climate Change – UNFCCC, em inglês), adotada pelo Comité Intergovernamental de Negociação instituído pela Assembleia Geral das Nações Unidas em 9 de maio de 1992, em Nova Iorque, foi aberta à assinatura em 4 de junho de 1992, durante a Eco-92. Começou a vigorar na ordem internacional em 21 de março de 1994. Este é um dos acordos internacionais ambientais mais relevantes, considerado a pedra basilar do regime jurídico internacional sobre clima. Tinha como objetivo global estabilizar "as concentrações de gases com efeito de estufa a um nível que evite a interferência antropogénica perigosa com o sistema climático" (artigo 2.º). Os princípios da Convenção passavam por responsabilidades comuns na contribuição para o esforço internacional de combate às alterações climáticas, mas diferenciadas, precaução, atender às necessidades especiais dos países em desenvolvimento, em particular dos países mais vulneráveis, acautelar o direito ao desenvolvimento, e a não interferência com o sistema de comércio internacional (artigo 3.º) (Decreto n.º 20/93, de 21 de junho, p. 3347-3348).

A União Europeia foi uma interveniente fundamental para a elaboração deste acordo internacional, que deu origem ao Protocolo de Quioto e ao Acordo de Paris, tendo todos os seus Estados-Membros sido signatários, de forma a cooperar e atuar a nível internacional para a questão das alterações climáticas.

Como mero pormenor, na Cimeira da Terra propôs-se um modelo de desenvolvimento mais sustentável, mas em nenhum dos documentos que resultaram desse encontro, já referidos, se encontra uma definição clara e objetiva do conceito, o que sugere que o conceito aí trabalhado era o que consta no Relatório Brundtland de 1987.

Em dezembro de 1992, foi criada a Comissão das Nações Unidas para o Desenvolvimento Sustentável (CSD), também conhecida como Comissão para o Desenvolvimento Sustentável, para acompanhar a implementação das recomendações da Agenda 21. É um órgão do Conselho Económico e Social das Nações Unidas (Economic and Social Council – ECOSOC, em inglês) com a missão de supervisionar os resultados dos compromissos afirmados durante a Cimeira da Terra.

Tendo em vista implementar aos níveis nacional e regional o compromisso dos Princípios relativos às Florestas, e outras decisões da Cimeira da Terra, realizou-se entre 16 e 17 de junho de 1993 a Segunda Conferência Ministerial para a Proteção das Florestas na Europa (CMPFE) (Second Ministerial Conference on the Protection of Forests in Europe, em inglês), em Helsínquia (Finlândia), sob a presidência conjunta da Finlândia e Portugal. O slogan utilizado foi: "Um Compromisso com a Gestão Florestal Sustentável na Europa" (A Commitment to Sustainable Forest Management In Europe, em inglês). Para além dos países europeus, participaram várias organizações do setor privado, várias organizações não governamentais do ambiente, e a comunidade florestal internacional.

Nesta Conferência foram aprovadas, entre outras, a definição de gestão sustentável (responsável) das florestas e as linhas orientadoras gerais para a sua gestão sustentável na Europa (RESOLUTION H1, General Guidelines for the Sustainable Management of Forests in

Europe, em inglês).[130] A nova definição de gestão sustentável das florestas, como se observa a seguir, altera diametralmente a conceção tradicional, até então colada à sustentabilidade da produção, cuja preocupação nuclear era assegurar que as florestas preservavam a capacidade necessária para fornecer perpetuamente uma quantidade constante de madeira.

> "Concordando que, para efeitos da presente resolução, o termo "gestão sustentável" significa a gestão e o uso das florestas e das áreas florestais de um modo e ritmo compatíveis com a manutenção da biodiversidade, da produtividade, da capacidade de regeneração, da vitalidade e das suas potencialidades para garantir, agora e no futuro, as funções ecológicas, económicas e sociais das florestas, tanto a nível local, como nacional e global, sem causar perturbações noutros ecossistemas" (RESOLUTION H1, 1993, p. 1).[131]

A Declaração Geral e as quatro resoluções adotadas no encontro sobre florestas em Helsínquia refletem as abordagens da Europa no que toca às questões ambientais globais, nomeadamente sobre a promoção da gestão florestal sustentável, sobre a conservação da diversidade biológica, sobre as estratégias relativas às consequências de possíveis alterações climáticas para o setor florestal e sobre o aumento da cooperação com os países em transição para economias de mercado. Foi também neste ano de 1993 que foi criado o primeiro sistema de certificação voluntária para as Florestas, o Conselho de Gestão Florestal (Forest Stewardship Council – FSC, em inglês).[132]

A Organização das Nações Unidas para a Alimentação e Agricultura (FAO), na Conferência da sua 27.ª Sessão, de 24 de novembro de 1993, adotou o Acordo Internacional sobre Cumprimento de Medidas de Conservação e Gestão de Recursos no Alto Mar, através da Resolução

---

[130] https://www.foresteurope.org/docs/MC/MC_helsinki_resolutionH1.pdf (08/10/2020).

[131] Texto original: "Agreeing that, for the purposes of this resolution, "sustainable management" means the stewardship and use of forests and forest lands in a way, and at a rate, that maintains their biodiversity, productivity, regeneration capacity, vitality and their potential to fulfil, now and in the future, relevant ecological, economic and social functions, at local, national, and global levels, and that does not cause damage to other ecosystems" (RESOLUTION H1, 1993, p. 1).

[132] https://fsc.org/en (08/10/2020).

n.º 15/93, que entrou em vigor na ordem internacional a 24 de abril de 2003. Este conjunto de medidas que os Estados se comprometeram a promover para conservar e utilizar de forma durável os recursos biológicos marinhos no alto, emergiu da Declaração de Cancun, adotada pela Conferência Internacional sobre Pesca Responsável, e também é parte integrante do Código Internacional de Conduta para a Pesca Responsável (Code of Conduct for Responsible Fisheries, em inglês).

Em 17 de junho de 1994, em Paris, foi concluída a Convenção Internacional de Combate à Desertificação nos Países Afetados pela Seca Grave e ou Desertificação, particularmente em África (United Nations Convention to Combat Desertification in Those Countries Experiencing Serious Drought and/or Desertification, Particularly in Africa, em inglês), também conhecida como Convenção das Nações Unidas de Combate à Desertificação (United Nations Convention to Combat Desertification – UNCCD, em inglês), sob os auspícios da ONU, e teve início de vigência na ordem internacional em 26 de dezembro de 1996.[133] A União Europeia aprovou a Convenção, através da Decisão do Conselho n.º 98/216/CE, de 9 de março de 1998. A realização desta Convenção foi prevista numa das recomendações do Programa de Ação para o Desenvolvimento Sustentável da Cimeira da Terra de 1992.

A Convenção aborda especificamente a degradação do solo em zonas áridas, semiáridas e sub-húmidas secas, conhecidas como terras áridas e pobres, em resultado da influência de vários fatores, sobretudo das variações climáticas e das atividades humanas. Importa salientar que é nestes espaços rurais de terras secas que se encontram alguns dos ecossistemas e povos mais vulneráveis do mundo e onde residem as populações mais pobres do planeta. Este é um instrumento partilhado por 197 países para manter e restaurar a produtividade da terra e do solo e para mitigar os efeitos da seca, e, consequentemente, para melhorar as condições de vida das pessoas que habitam nas terras áridas, tendo em vista a erradicação da pobreza e promover o desenvolvimento sustentável.

---

[133]   http://www2.ecolex.org/server2neu.php/libcat/docs/TRE/Full/En/TRE-001200.pdf (05/10/2020).

Este é o único acordo internacional juridicamente vinculativo que liga o ambiente e o desenvolvimento à gestão sustentável da terra, e para além de estar particularmente comprometido com uma abordagem de baixo para cima, promovendo a participação da população local no combate à desertificação e à degradação da terra, o que é fundamental para o sucesso da iniciativa, ainda facilita a cooperação entre países desenvolvidos e países em desenvolvimento, particularmente em torno da transferência de conhecimento e tecnologia para a gestão sustentável da terra.

Em 1995, o IPCC publicou o Segundo Relatório de Avaliação sobre as alterações climáticas, constituído de informação importante que ajudou os governos a prepararem melhor o Protocolo de Quioto (Kyoto Protocol, em inglês), em 1997. Saliente-se que as florestas eram encaradas como importantes depósitos e fixadores de carbono, contribuindo desta forma para mitigar potenciais alterações climáticas. Pouco depois foi publicado o Programa de Biodiversidade e a Estratégia de Implementação (Biodiversity Programme and Implementation Strategy – BPIS, em inglês) editado pelo Programa das Nações Unidas para o Ambiente (PNUA) (UNEP, 1995).

> "É o primeiro resultado importante dos esforços tendentes a recentrar as atividades do PNUA e concentrar as suas energias na alavancagem da ação global, regional e nacional para conservar o ambiente e promover o uso sustentável dos recursos naturais. O BPIS é uma abordagem multidisciplinar e multissectorial da gestão integrada e da utilização sustentável da biodiversidade nos oceanos e áreas costeiras, ecossistemas de água doce e ecossistemas terrestres. O BPIS tem em conta as fortes ligações entre a Agenda 21 e a Convenção sobre Diversidade Biológica (CDB). As disposições desta última são reforçadas pelos capítulos 15 e 16 da Agenda 21 que salientam o valor dos recursos naturais como um ativo de capital com grande potencial para produzir benefícios sustentáveis ao nível do país e a importância da biotecnologia no desenvolvimento. O capítulo 15 da Agenda 21 destaca a necessidade de criar capacidades para estudo, avaliação e monitorização da biodiversidade a nível nacional e assegurar em simultâneo a plena participação das comunidades locais e o apoio às mesmas. Além disso, pede que preste apoio à preparação de estudos de país, com especial referência aos custos, benefícios e questões socioeconómicas pertinentes para a conservação eficaz da biodiversidade e a utilização sustentável dos recursos

biológicos. Este pedido complementa as disposições da CDB relacionadas com a preparação de estratégias e planos de ação em matéria de biodiversidade que são pré-requisitos para a formulação de políticas".[134]

Em 4 de agosto de 1995, em Nova Iorque, foi concluído o Acordo relativo à aplicação das disposições da Convenção das Nações Unidas sobre o Direito do Mar, de 10 de dezembro de 1982, respeitantes à conservação e gestão das populações de peixes transzonais e das populações de peixes altamente migradores (Conservation and Management of Straddling Fish Stocks and Highly Migratory Fish Stocks, em inglês), também conhecido como Acordo Internacional sobre Populações de Peixes Transzonais e Populações de Peixes Altamente Migradoras, para, entre outos, "mitigar os efeitos negativos para o meio marinho, preservar a diversidade biológica, e manter a integridade dos ecossistemas marinhos e minimizar os riscos de efeitos a longo prazo ou irreversíveis das operações de pesca" (Decreto n.º 2/2001, de 26 de janeiro).

Em 31 de outubro de 1995, durante a 28ª sessão da Conferência da Organização das Nações Unidas para Alimentação e Agricultura (Resolução 4/95), foi adotado o Código de Conduta para a Pesca Responsável (Code of Conduct for Responsible Fisheries, em inglês), com o objetivo de estabelecer princípios e padrões para a conservação, gestão e desenvolvimento de todas as pescarias do mundo. Foi adotado por unanimidade, mas é um instrumento internacional de aplicação voluntária e tem origem numa proposta apresentada no Comité das Pescas da FAO durante a sua reunião de abril de 1991 dedicada à elaboração de um código internacional de conduta para a pesca responsável, e no desenvolvimento que lhe foi conferido na Conferência Internacional sobre Pesca Responsável, realizada em Cancun, no México, em maio de 1992.

Este Código visa "facilitar o ajustamento estrutural para que o desenvolvimento das pescas e da aquicultura se processe de maneira abrangente e equilibrada de acordo com o conceito de "pesca

---

[134] https://wedocs.unep.org/handle/20.500.11822/30293 (18/10/2020).

responsável". Este conceito engloba a utilização sustentável a longo prazo dos recursos haliêuticos em harmonia com o ambiente, e a utilização de práticas de captura e aquicultura que não sejam nocivas para os ecossistemas, os recursos ou a sua qualidade".[135]

Os seus principais objetivos são: (i) estabelecer princípios que estejam de acordo com os artigos relevantes da lei internacional para a promoção de pescas responsáveis, considerando todos os aspetos de interesse, dos pontos de vista biológico, tecnológico, económico, social, ambiental e comercial; (ii) estabelecer princípios e critérios para a elaboração e implementação de políticas nacionais para a conservação responsável dos recursos pesqueiros e para a gestão e o desenvolvimento das pescas; (iii) servir como referência para ajudar os Estados a promulgar ou melhorar a sua legislação e os mecanismos institucionais necessários para o exercício de pescas responsáveis; (iv) fornecer linhas de orientação que possam ser usadas, onde apropriado, na formulação e implementação de acordos internacionais e outros instrumentos legais, tanto mandatórios como voluntários; (v) promover a cooperação técnica, financeira e outra na conservação dos recursos pesqueiros e na gestão e desenvolvimento das pescas; (vi) promover o aumento da contribuição das pescas para a segurança alimentar e para o melhoramento da dieta alimentar dos povos, com prioridade para as comunidades locais; (vii) Promover a proteção dos recursos aquáticos vivos e do seu ambiente e zonas costeiras; (viii) promover o comércio do peixe e de outros produtos pesqueiros em conformidade com as regras internacionais relevantes e a eliminação de barreiras a esse comércio; (ix) promover a investigação das pescarias, incluindo os aspetos ecológicos dos ecossistemas que as sustentam; (x) fornecer regras de conduta para todas as pessoas envolvidas nas pescas.

Entre 3 e 14 de junho de 1996, em Istambul, Turquia, realizou-se a segunda Conferência das Nações Unidas sobre Aglomerados Humanos

---

[135] Texto original: "facilitate structural adjustment so that fisheries and aquaculture are developed in a comprehensive and balanced manner under the concept of "responsible fisheries". This concept encompasses the long-term sustainable utilization of fishery resources in harmony with the environment and the use of capture and aquaculture practices that are not harmful to ecosystems, resources or their quality" (http://www.fao.org/focus/e/fisheries/codecond.htm, em 08/10/2020).

(United Nations Conference on Human Settlements, em inglês), também conhecida como Habitat II, que reafirmou os compromissos de Vancouver (Canadá), de 1976, da Conferência Habitat I. Nesta conferência, os líderes mundiais adotaram a Declaração de Istambul sobre Aglomerados Humanos" (Istanbul Declaration on Human Settlements, em inglês) (anexo I) e a Agenda Habitat (anexo II) (A/CONF.165/14)[136], documentos que definiam objetivos e princípios, compromissos, e, muito importante, um plano de ação global que visava alcançar habitação adequada para todos e reforçava a necessidade de os aglomerados humanos serem sustentáveis, impulsionando o desenvolvimento num mundo em crescente urbanização.

Em 1997, na sequência do que tinha sido determinado na Cimeira da Terra de 1992, decorreu o primeiro ciclo de avaliação dos progressos realizados durante os cinco anos, com foco nos avanços na implementação dos acordos alcançados e nas experiências bem-sucedidas, para promover acordos semelhantes em todo o mundo, e também nos atrasos e nas dificuldades, e nos erros e omissões, tendo sido estabelecidas medidas corretivas para os problemas identificados. Foram ainda definidas prioridades e objetivos e foi traçado um plano de trabalho para a próxima fase de implementação dos instrumentos da Cimeira da Terra, que nos conduziu ao século XXI. Para esse efeito realizaram-se três eventos principais:

(i) Em março, no Rio de Janeiro, realizou-se o Fórum "Rio+5", uma sessão especial para avaliar até que ponto os países, as organizações internacionais e a sociedade civil tinham respondido eficazmente aos desafios da Cimeira da Terra. Os chefes de Estado e as autoridades governamentais realizaram consultas a todos os níveis, desde o local ao internacional, tendo em vista uma avaliação abrangente e honesta da situação face aos objetivos que tinham sido estabelecidos. As organizações não governamentais tiveram grande destaque por serem os principais agentes de fiscalização dos governos acerca da implementação efetiva dos acordos assumidos na Cimeira da Terra, especialmente da Agenda 21, e aproveitaram o

---

[136] https://undocs.org/en/A/CONF.165/14 (12/10/2020).

evento para trocarem ideias e experiências a fim de transpor para a prática o conceito de desenvolvimento sustentável, transformando teoria e boas ideias em ações concretas. Deste evento resultou um documento final intitulado "Declaração de Compromisso", pelo qual foram renovados os acordos firmados na Cimeira da Terra, garantindo a continuidade da implementação das determinações.

(ii) Em abril, em Nova Iorque, decorreu a 5ª Sessão da Comissão das Nações Unidas para o Desenvolvimento Sustentável (CDS), que negociou os documentos a serem aprovados numa sessão extraordinária da Assembleia Geral da ONU.

(iii) Entre 23 e 27 de junho, em Nova Iorque, decorreu a 19ª Sessão Extraordinária da Assembleia Geral da ONU, em que participaram 180 países, para avaliação dos resultados da Cimeira da Terra. Os avanços não tinham sido satisfatórios, em especial quanto à Agenda 21, cuja implementação estava bastante atrasada, e por isso procurou-se identificar as principais dificuldades de execução e foram propostas alternativas. Foram novamente definidas as prioridades de ação para os anos vindouros, mas, ainda mais importante, esta cimeira deu dinâmica política às negociações ambientais em curso e contribuiu para gerar o ambiente político propício à aprovação do Protocolo de Quioto.

Entre 21 e 25 de julho de 1997, realizou-se a Quarta Conferência Internacional sobre Promoção da Saúde (Fourth International Conference on Health Promotion, em inglês), em Jacarta, Indonésia, subordinada ao tema "Promoção da Saúde no Século XXI". Foi a primeira a ter lugar num país em desenvolvimento e a incluir o setor privado no apoio à promoção da saúde. Foi oferecida uma reflexão sobre os determinantes da saúde na identificação das diretivas e estratégias necessárias para enfrentar os desafios do século XXI. Foi elaborada, nessa conferência, a Declaração de Jacarta.

Em 11 dezembro de 1997, foi adotado o Protocolo de Quioto (Kyoto Protocol - KP, em inglês), um tratado internacional com compromissos mais rígidos para a redução da emissão de gases com efeito estufa, responsáveis pelo atual aquecimento global, mas apenas entrou em vigor a 16 de fevereiro de 2005, logo depois de cumprida a condição que exigia a sua ratificação por pelo menos 55% do total de países-membros da Convenção e que fossem responsáveis por pelo menos 55% do total das emissões de 1990 (o objetivo foi atingido em novembro de 2004, quando a Rússia procedeu à referida ratificação).

Quanto aos objetivos e metas, o Protocolo de Quioto não introduz diferenciação entre metas de redução entre diferentes países. Esse conceito, introduzido na negociação pelos Estados Unidos, permitia diferentes tipos de argumentos que pudessem justificar circunstâncias especiais na consideração de metas para cada Parte. No final, o conjunto de reduções e limitações acordadas (nem todas as Partes se comprometeram a reduzir, algumas Partes, como a Austrália, têm um compromisso de limitar o crescimento) resultam na redução estimada global das emissões destes países em cerca de 5%. Infelizmente, a não-ratificação pelos Estados Unidos limitou severamente a eficácia ambiental do Protocolo.

O Protocolo de Quioto é um dos tratados internacionais sobre o ambiente mais inovadores, por ter sido pioneiro no reconhecimento do potencial de utilização da economia de mercado como instrumento para ajudar à concretização das metas acordadas. Os mecanismos de flexibilidade inscritos no Protocolo permitem às Partes com metas (anexo B do Protocolo)[137] adquirir direitos de emissão adicionais, permitindo a essas Partes uma forma potencialmente mais eficiente de atingir o seu objetivo global. No entanto, o Protocolo estabelece que as metas devem ser alcançadas pelos países principalmente por meio de medidas nacionais, devendo ser o último recurso o cumprimento das metas por meio da aquisição de direitos de emissão adicionais. São três os mecanismos de mercado flexíveis, baseados no comércio de permissões de emissão do Protocolo de Quioto: (i) Mecanismo de

---

[137] O anexo B estabelece metas obrigatórias de redução de emissões para 37 países industrializados e economias em transição, e para a União Europeia. No geral, esses alvos somam uma redução média de 5 por cento nas emissões em comparação com os níveis de 1990 durante o período de cinco anos de 2008 – 2012 (o primeiro período de compromisso).

Desenvolvimento Limpo; (ii) Mecanismo de Implementação Conjunta (MIC); e (iii) Mecanismo do Comércio Internacional de Emissões.

Ao definir as metas de redução de emissões de gases com efeito de estufa (GEE) para os países industrializados e para as economias que, à época, estavam em transição para o capitalismo, sob o princípio da "responsabilidade comum, mas diferenciada e respetivas capacidades", pois reconhece que são eles os grandes responsáveis pelos altos níveis atuais de emissões de GEE na atmosfera e pela mudança atual do clima, o Protocolo operacionalizou a Convenção Quadro das Nações Unidas sobre as Alterações Climáticas - CQNUAC) (United Nations Framework Convention on Climate Change – UNFCCC, em inglês).

Ademais, o Protocolo é o único tratado jurídico internacional, até à data, que explicitamente pretende limitar as emissões quantificadas de gases com efeito de estufa dos países desenvolvidos, e herdou da CQNUAC os princípios fundamentais do regime climático, em particular o princípio das responsabilidades comuns, mas diferenciadas, princípio que explica o facto de replicar a divisão mundial em: (i) países desenvolvidos (Anexo I), nos quais se dsistingue um subconjunto (denominado anexo B do Protocolo de Quioto) constituído pelos países que têm limites quantificados às suas emissões (de fora ficam países como a Turquia); e (ii) países em desenvolvimento, conhecidos como os "não-Anexo I, que não têm metas quantificadas de redução de emissões.

Entre 2 e 4 de junho de 1998, realizou-se em Lisboa, Portugal, a Terceira Conferência Ministerial para a Proteção das Florestas na Europa (CMPFE) (Third Ministerial Conference on the Protection of Forests in Europe, em inglês), sob a presidência conjunta de Portugal e Áustria. O slogan utilizado foi: "Reconhecendo os múltiplos papéis das florestas" (Recognising the Multiple Roles of Forests, em inglês).

A Conferência focou em particular a relação e interação entre floresta e sociedade, foi dada ênfase aos aspetos socioeconómicos da gestão florestal sustentável, e foram confirmados os importantes resultados no seguimento de Helsínquia. Foi desenvolvido um programa de ação para colocar em prática os compromissos assumidos pelas Partes, constituído por mais de 40 iniciativas pan-europeias comuns, que viria a ser adotado em outubro de 1999. Este programa de trabalho da Conferência também abordava instrumentos importantes para a política florestal, como programas florestais nacionais e critérios e indicadores para a gestão sustentável da floresta. Foram aprovados os critérios pan-europeus de gestão florestal sustentável (RESOLUTION L2. Pan-European Criteria, Indicators and Operational Level Guidelines for Sustainable Forest Management. ANNEX 2 OF THE RESOLUTION L2. Pan-European Operational Level Guidelines for Sustainable Forest Management, Third Ministerial Conference on the Protection of Forests in Europe)[138], a saber: (i) Recursos florestais e armazenamento de carbono; (ii) Saúde e vitalidade das florestas; (iii) Funções produtivas; (iv) Diversidade biológica; (v) Funções protetoras; e (vi) Funções sociais e económicas. Para além disso, foi estabelecida uma cooperação com o Processo Ministerial "Ambiente para a Europa" através da aprovação do Programa de Trabalho Pan-Europeu de Conservação e Aperfeiçoamento da Diversidade Biológica e Paisagística nos Ecossistemas Florestais 1997-2000 (Programa de Trabalho Biodiversidade). No final deste ano, pela Resolução do Conselho de 15 de dezembro de 1998 (1999/C 56/01), foi adotada uma estratégia florestal para a União Europeia.

Na viragem para o século XXI, John R. Krebs e Richard B. Bradbury, do Departamento de Zoologia, do Edward Grey Institute of Field Ornithology, Universidade de Oxford, Jeremy D. Wilson, da Royal Society for the Protection of Birds, e Gavin M. Siriwardena, da British Trust for Ornithology, Thetford, Norfolk, lançaram novo alerta na revista científica Nature que intitularam "A Segunda Primavera Silenciosa" ("The Second Silent Spring", em inglês). Se em "Silent Spring", em 1962, Rachel Carson alertava para os perigos dos produtos químicos em geral e dos pesticidas em particular, em especial dos organofosforados como o DDT, um pesticida letal que estava a ser utilizado intensivamente na agropecuária, neste artigo os investigadores focam a perda de biodiversidade registada nos últimos 25 anos na Europa do Norte, particularmente em espécies de pássaros, invertebrados e plantas. Segundo eles, só nos últimos 20 anos,

---

[138] https://foresteurope.org/wp-content/uploads/2016/10/MC_lisbon_resolutionL2_with_annexes.pdf#page=18 (08/10/2020).

desapareceram do mundo rural britânico dez milhões de indivíduos reprodutores de dez espécies de aves de terras agrícolas, em resultado da agricultura intensiva e da adoção de grandes extensões de monoculturas (Krebs *et al.*, 1999, p. 611-612).

Tendo em vista ampliar os objetivos de desenvolvimento acordados em conferências internacionais e em cimeiras mundiais até à década de 1990, ao virar do século os dirigentes mundiais intensificaram os contactos a fim de definirem as metas fundamentais da Declaração do Milénio das Nações Unidas, que viria a estabelecer objetivos ambiciosos para a erradicação da pobreza e a proteção do ambiente (UNRIC, 2002).

Em 2000, Kofi Annan, Secretário-Geral da ONU, apresentou o Relatório do Milénio, intitulado: "Nós, os Povos, as Nações Unidas do Século XXI", com recomendações para o novo milénio (Annan, 2000).

Entre 5 e 9 de julho de 2000, realizou-se na Cidade do México a Quinta Conferência Internacional sobre Promoção da Saúde (Fifth International Conference on Health Promotion, em inglês) subordinada ao tema "Promoção da Saúde: Rumo a Maior Equidade", que reconheceu a responsabilidade dos governantes nas políticas de saúde, assim como a necessidade do compartilhar essas estratégias entre todos os setores sociais. O documento proposto, a Declaração do México, constatou uma melhoria significativa do bem-estar social em muitos países do mundo, porém ressaltou a persistência de problemas que exigiam solução urgente e, para tanto, estabeleceu ações para o setor da saúde, em especial a saúde pública.

Na Cimeira do Milénio da Organização das Nações Unidas, realizada de 6 a 8 de setembro de 2000, em Nova Iorque, e depois de muitos meses de conversações, foi aprovada a Declaração do Milénio (Resolução A/RES/55/2, de 8 de setembro de 2000). Os dirigentes mundiais reafirmaram as suas obrigações comuns para com "todas as pessoas do mundo, especialmente as mais vulneráveis e, em particular, as crianças do mundo a quem pertence o futuro". O objetivo era lançar as bases para um mundo mais pacífico, mais próspero e mais justo, com menos pobreza (Cimeira do Milénio, 2000). O documento integrou as preocupações que vinham de reuniões regionais e do Fórum do Milénio.

A seção III da Declaração do Milénio, subordinada ao tema "Desenvolvimento e erradicação da pobreza", serviu de referência para a formulação dos Objetivos de Desenvolvimento do Milénio (ODM), que comprometeram a comunidade internacional na lutar contra a pobreza, a fome, as doenças, o analfabetismo, a degradação ambiental e a discriminação contra as mulheres.

A designação "Objetivos do Milénio" advinha do facto de a Cimeira do Milénio ter ocorrido no início de um novo milénio (em 2000). A partir deste momento, para além do Índice de Desenvolvimento Humano (IDH), o Programa das Nações Unidas para o Desenvolvimento (PNUD) também passou a fomentar o comprometimento e a discussão em prol do alcance dos Objetivos de Desenvolvimento do Milénio (ODM).

As metas do milénio que deviam ser atingidas até 2015 pelos 189 Estados membros das Nações Unidas, eram: 1 - Acabar com a fome e a miséria; 2 - Oferecer educação básica de qualidade para todos; 3 - Promover a igualdade entre os sexos e a autonomia das mulheres; 4 - Reduzir a mortalidade infantil; 5 - Melhorar a saúde das gestantes; 6 - Combater a VIH/SIDA, a malária e outras doenças; 7 - Garantir qualidade de vida e respeito ao meio ambiente; e 8 - Estabelecer parcerias para o desenvolvimento.

Os Objetivos de Desenvolvimento do Milénio (ODM) ajudaram a alcançar avanços notáveis que se traduziram na melhoria das condições de vida de milhões de pessoas. Porém, esses progressos não foram iguais para todos, deixando um grande número de cidadãos, incluindo milhões de crianças, à margem dos benefícios alcançados, e a comunidade internacional renovou o processo com os novos Objetivos de Desenvolvimento Sustentável (ODS), aprovados em 25 de setembro de 2015 na Assembleia-Geral das Nações Unidas, como veremos a seguir.

Um ano depois, em setembro de 2001, o Secretário-Geral Kofi Annan examinou pormenorizadamente de que modo os Estados Membros, os órgãos das Nações Unidas, as organizações internacionais e a sociedade civil estavam a colocar em prática as metas determinadas na Declaração do Milénio, e apresentou o relatório "Plano para a Execução da Declaração do Milénio das Nações Unidas" (Road Map towards the Implementation of the United Nations Millennium

Declaration, em inglês) (documento A/56/326), através do qual sugere caminhos a seguir e apresenta "estratégias para avançar" em relação a cada uma das metas indicadas na Declaração (UNRIC, 2013, p. 1).

Importa salientar que as Metas do Desenvolvimento do Millennium (MDM) foram criadas no sentido de condensar acordos internacionais alcançados nas várias reuniões mundiais ao longo da década de 1990 relativas ao ambiente, desenvolvimento e desenvolvimento social, e que a Declaração do Millennium comportava uma série de compromissos concretos que, se cumpridos nos prazos fixados, segundo os indicadores quantitativos que os acompanhavam, tinham tudo para melhorar o destino da Humanidade neste século. E foram efetivamente muito importantes para esse efeito.

Em 2001, o Painel Intergovernamental sobre Alterações Climáticas (Intergovernmental Panel on Climate Change – IPCC, em inglês) publicou o terceiro relatório de avaliação, tendo focado a atenção nos impactos das alterações climáticas e na necessidade de adaptação.

Entre 6 e 8 de junho de 2001, a Assembleia Geral das Nações Unidas convocou uma sessão especial dedicada à revisão geral e à avaliação da implementação, em todo o mundo, da Agenda Habitat adotada na Conferência "Habitat II". No mesmo ano, as Nações Unidas criaram o Fórum Urbano Mundial (World Urban Forum – WUF, em inglês), para analisar a rápida urbanização e o seu impacto nas comunidades, cidades, economias, alterações climáticas e políticas. Convocado pelo Programa das Nações Unidas para os Aglomerados Humanos (UN-Habitat), que é quem o dirige, o Fórum é uma plataforma de alto nível, aberta e inclusiva para enfrentar os desafios da urbanização sustentável. O Fórum Urbano Mundial tem por objetivo:

> "Desenvolver ações de sensibilização para a urbanização sustentável junto das partes interessadas e dos círculos eleitorais, incluindo o público em geral;
>
> Melhorar o conhecimento coletivo sobre desenvolvimento urbano sustentável através de um debate aberto e inclusivo, do intercâmbio das melhores práticas e políticas, e da partilha dos ensinamentos obtidos;

> Promover a colaboração e cooperação entre diferentes partes
> interessadas e círculos eleitorais envolvidos no avanço e
> implementação da urbanização sustentável".[139]

Em 14 de novembro de 2001, numa reunião ministerial da Organização Mundial do Comércio (OMC), foi lançada a Agenda de Desenvolvimento de Doha, também conhecida como Agenda de Doha para o Desenvolvimento (Doha Development Agenda - DDA, em inglês). Esta nova agenda de negociações resultou da consciência de que o desenvolvimento das tecnologias de informação e de comunicação tinha suprimido as fronteiras e expandido as trocas comerciais e o investimento estrangeiro e, por consequência, tinha estreitado as relações de interdependência entre os países, tornando-se o principal motor do fenómeno da globalização mundial. Ou seja, as questões do desenvolvimento já não eram exclusivas dos países em desenvolvimento, ou dos menos avançados, eram transversais a todos os países e afetavam a todas as economias.

O programa de trabalho definido para a Agenda de Doha para o Desenvolvimento abrangia, no seu início, cerca de vinte áreas relacionadas com o comércio. Algumas delas foram sendo abandonadas, embora a esmagadora maioria se tenha mantido em negociação, destacando-se: agricultura (incluindo o algodão), serviços, acesso ao mercado de produtos não agrícolas (NAMA), propriedade intelectual (incluindo Indicações Geográficas), facilitação do comércio, regras (antidumping, subsídios e acordos regionais), resolução de litígios, comércio e ambiente, e comércio eletrónico.

Para além destas áreas temáticas, a Agenda de Doha para o Desenvolvimento definia como objetivos transversais aprofundar o Tratamento Especial e Diferenciado para os países em desenvolvimento (PED) e para os países menos avançados (PMA), bem como abordar

---

[139] Texto original: "Raising awareness of sustainable urbanization among stakeholders and constituencies, including the general public; Improving collective knowledge on sustainable urban development through open and inclusive debate, exchange of best practices and policies, and sharing of lessons learnt; Promote collaboration and cooperation between different stakeholders and constituencies engaged in the advancement and implementation of sustainable urbanization" (https://wuf.unhabitat.org/page/about-wuf, em 12/10/2020).

questões associadas a dificuldades na implementação dos acordos já existentes. No entanto, as negociações da Agenda de Doha para o Desenvolvimento confrontaram-se com obstáculos importantes, estando o principal associado ao processo de decisão da própria OMC, assente nos princípios de "um membro, um voto" e de *single undertaking* ("nada está decidido até que tudo esteja decidido"), que torna extremamente complexa a articulação dos interesses dos diferentes países membros, ainda que se tenha adotado uma organização que os divide em grupos negociais de menor dimensão.

Entre 18 e 22 de março de 2002, em Monterrey, no México, realizou-se a primeira Conferência Internacional sobre Financiamento do Desenvolvimento, também conhecida como Conferência de Monterrey, que procurou discutir e formular recomendações sobre comércio internacional, ajuda externa, investimento estrangeiro direto, redução da dívida, mobilização interna de recursos e uma eficaz estruturação financeira global. Neste evento reconheceu-se que as fontes de financiamento externas não seriam suficientes para atingir os Objetivos de Desenvolvimento do Milénio, e, por isso, era necessário desenvolver novas estratégias para mobilizar recursos internos, bem como para atrair investimentos privados e utilizar adequadamente os recursos recebidos. Foram então discutidas as políticas nacionais para uma supervisão e regulamentação mais rígidas dos fluxos de capital, serviços bancários domésticos e empréstimos às corporações bem como supervisão dos bancos centrais. Conseguiu-se assim obter o chamado "Consenso de Monterrey".

Logo depois, entre 2 e 4 de setembro de 2002, em Joanesburgo, na África do Sul, decorreu a Conferência Mundial sobre o Desenvolvimento Sustentável (Earth Summit 2002, em), também conhecida como "Rio+10", por assinalar o 10º aniversário da Cimeira da Terra realizada no Rio de Janeiro em 1992. Teve como objetivo principal avaliar o nível de implementação dos acordos firmados na Cimeira da Terra, os seus problemas e potencialidades, e fortalecer o compromisso de todas as Partes na sua execução. A Agenda 21, um plano global de ação a desenvolver nas diversas áreas onde se verificam impactos significativos no ambiente, mereceu especial atenção, para que pudesse ser aplicada de forma coerente e com ética, não só pelos governos, mas também pelos cidadãos. Note-se que este era o projeto mais ambicioso e abrangente na tentativa de criação de um novo padrão para o desenvolvimento do século XXI, tendo por base os conceitos de desenvolvimento sustentável.

Também visava identificar novas prioridades que emergiram depois da Cimeira da Terra e reafirmar os compromissos com os acordos estabelecidos no período que mediou as duas cimeiras, especialmente com a Declaração do Milénio das Nações Unidas, que estabeleceu as Metas de Desenvolvimento do Milénio (MDM), objetivos ambiciosos para a erradicação da pobreza e a proteção do ambiente. Havia ainda o interesse em adotar medidas nos domínios do saneamento básico e da energia, defendidas sobretudo pela União Europeia, mas este assunto reunia poucos consensos; os avanços foram poucos, mas ainda assim positivos.

Apostava-se na reversão da destruição dos recursos naturais e da biodiversidade e na sua gestão sustentável e integrada, para que desta forma os países em desenvolvimento tirassem partido da conservação e da utilização sustentável da sua riqueza em recursos naturais. Reconhecia-se a importância da ética para o desenvolvimento sustentável e assumia-se a "responsabilidade coletiva de fazer avançar e fortalecer os pilares interdependentes e mutuamente apoiados do desenvolvimento sustentável - desenvolvimento económico, desenvolvimento social e proteção ambiental - nos âmbitos local, nacional, regional e global" (Declaração de Joanesburgo).[140]

Este conceito de desenvolvimento que se procura afirmar integrava a pobreza, a paz, a segurança, a solidariedade, o respeito pela diversidade cultural, pelos direitos humanos e pelas liberdades fundamentais, e também o direito ao desenvolvimento, ao ambiente e à utilização de recursos naturais que servem de base ao desenvolvimento económico e social de forma a assegurar que os benefícios eram repartidos para todos. Assumia-se o compromisso de se criar uma sociedade global

---

humanitária, equitativa e solidária, ciente da necessidade de dignidade humana para todos.

Este evento conferiu um novo ímpeto à ação global de combate à pobreza e de proteção do ambiente, e à promoção do desenvolvimento humano, e colocou o desenvolvimento sustentável como tema central na agenda internacional, tendo daqui resultado dois novos documentos: a Declaração de Joanesburgo, um documento político que expressa os compromissos e as linhas orientadoras para se chegar ao tão almejado desenvolvimento sustentável, nos termos atrás referidos, e o plano de implementação (ou plano de ação), que determina as ações a desenvolver e estabelece as metas a alcançar, de forma a orientar os países na implementação dos compromissos subscritos. Ambos os documentos vieram reforçar o conceito de parcerias entre governos, setor empresarial e sociedade civil.

Ainda em 2002, Kofi Annan, Secretário-Geral das Nações Unidas, adjudicou o Projeto do Milénio, um plano de ação concreto para o mundo que visava alcançar os Objetivos de Desenvolvimento do Milénio e reverter a pobreza extrema, a fome e a doença que afetam milhares de milhões de pessoas. Sob a direção do Prof. Jeffrey D. Sachs, dez grupos de trabalho desenvolveram uma área de trabalhos e os seus contributos foram consubstanciados no relatório "Investindo no Desenvolvimento: um plano prático para atingir os Objetivos de Desenvolvimento do Milénio".

Em 2005, o órgão consultivo independente dirigido pelo Professor Jeffrey Sachs, apresentou as recomendações finais ao Secretário-Geral, Kofi Annan, em um volume de síntese "Investindo no Desenvolvimento: um plano prático para atingir os Objetivos de Desenvolvimento do Milénio". Este relatório enumerou formas de alcançar os Objetivos do Milénio (indicou o caminho a seguir) (Millennium Project, 2005). No contexto dos oito Objetivos de Desenvolvimento do Milénio, os governos acordaram em fixar 18 metas e 48 indicadores, a fim de avaliar os progressos conseguidos.

Entre 5 e 11 de agosto de 2005, em Banguecoque, na Tailândia, realizou-se a Sexta Conferência Internacional sobre Promoção da Saúde (Sixth International Conference on Health Promotion, em inglês), subordinada ao tema "Promoção da Saúde num Mundo Globalizado". Foi produzido um documento de síntese, a Carta de Banguecoque, que identificou as ações, os compromissos e as promessas necessárias para abordar os determinantes da saúde num mundo globalizado, através da promoção da saúde. A Carta de Banguecoque era dirigida a todas as organizações responsáveis pela manutenção dos objetivos de saúde e defendia como requisito do desenvolvimento global o estabelecimento de políticas e alianças capazes de capacitar as comunidades para a melhoria social, além de reafirmar os valores e estratégias da Carta de Ottawa.

Em 22 de dezembro de 2005, a Assembleia Geral das Nações Unidas declarou o ano de 2008 como Ano Internacional da Batata (Resolução 60/191) e designou a FAO para organizar e calendarizar as atividades e as ações políticas, educacionais, económicas e sociais que deviam nortear a participação dos Estados membros, assim como da comunidade internacional como um todo. O tema era apresentado com o slogan: "Batata – Um Tesouro Enterrado". A designação do Ano Internacional da Batata em aditamento ao Ano Internacional do Planeta Terra visava destacar a importância da batata como alimento básico para uma grande parte da população mundial, e, sobretudo, ressaltar a importância da totalidade dos sistemas agrícolas que afetam e são afetados praticamente por todos os aspetos do desenvolvimento sustentável.

Em 2007, o Painel Intergovernamental sobre Alterações Climáticas (Intergovernmental Panel on Climate Change – IPCC, em inglês) publicou o quarto relatório de avaliação (AR4), conhecido por "Climate Change 2007", que foi o que teve maior repercussão na comunicação social internacional e serviu de base para um acordo pós-Quioto, com foco na limitação do aquecimento a 2° C.

O referido relatório, à semelhança dos demais, divide-se em quatro partes elaboradas por três grupos de trabalho: na primeira parte reúne evidências científicas de que as alterações climáticas resultam da ação antrópica; na segunda parte, aborda as consequências das alterações climáticas para o ambiente e para a saúde humana, adaptações e vulnerabilidade; na terceira parte aborda as metodologias de combate às alterações climáticas e de mitigação dos seus efeitos no curto, médio e longo prazos, e sugere alternativas de adaptação às populações; na quarta e última parte, sintetiza as conclusões das partes anteriores.

A qualidade e seriedade do trabalho realizado pelo Painel Intergovernamental sobre Alterações Climáticas (Intergovernmental Panel on Climate Change – IPCC, em inglês), que envolve milhares dos mais reputados cientistas da atualidade, especialmente "pelos seus esforços para desenvolver e disseminar mais conhecimentos sobre as alterações climáticas causadas pelo homem, e lançar as bases para as medidas necessárias para neutralizar essas alterações"[141], valeram-lhe o Prémio Nobel da Paz, que partilhou com Al Gore, vice-presidente dos EUA.[142] Curiosamente, tanto Al Gore como o IPCC não estão livres das críticas daqueles que acreditam que as alterações climáticas são naturais e não de origem antrópica.

Entre 29 de novembro e 2 de dezembro de 2008, realizou-se em Doha, no Qatar, a segunda Conferência Internacional sobre Financiamento do Desenvolvimento, organizada pela Organização das Nações Unidas (ONU), com o objetivo de reunir Chefes de Estado e de Governo, ministros responsáveis não apenas pelo desenvolvimento mas também pelas finanças, bem como representantes das organizações financeiras internacionais, da banca, do sector empresarial e da sociedade civil, para avaliarem os progressos realizados desde a Conferência de Monterrey (2002), e reafirmarem as metas pré-estabelecidas na Declaração de Doha, assegurando financiamento para o desenvolvimento ainda que num cenário externo marcado pela incerteza.

O financiamento do desenvolvimento, para além de ser o meio mais eficaz de dar resposta às necessidades a nível mundial, era urgente tendo em conta o desafio das alterações climáticas e das respetivas implicações, incluindo as catástrofes naturais, e a particular vulnerabilidade dos países em desenvolvimento. Era por isso importante e urgente encontrar

---

[141] Texto original: "for their efforts to build up and disseminate greater knowledge about man-made climate change, and to lay the foundations for the measures that are needed to counteract such change" (https://www.ipcc.ch/site/assets/uploads/2018/02/Nobel_statement_final.pdf, consultado em 04/10/2020).

[142] Em 2006, Al Gore lançou a obra "An Inconvenient Truth" (Uma Verdade Inconveniente), documentário sobre mudanças climáticas, mais especificamente sobre o aquecimento global, que ganhou o Óscar de melhor documentário em 2007.

recursos financeiros adequados, previsíveis e sustentáveis, necessários em larga monta para a consecução dos Objetivos de Desenvolvimento do Millennium - ODM. De notar que a União Europeia era o maior doador mundial de ajuda ao desenvolvimento, também um dos principais atores nas instituições financeiras internacionais e o mais importante parceiro comercial dos países em desenvolvimento.

Em 2010, comemorou-se o Ano Internacional da Biodiversidade, uma iniciativa das Nações Unidas para promover a consciencialização da sociedade no que respeita à importância da biodiversidade, às ameaças esta enfrenta, e à urgência dos esforços para promover a sua conservação. Inserido no Ano Internacional da Biodiversidade, a Europa tinha estabelecido um objetivo para travar a perda de biodiversidade. No entanto, os objetivos fixados para 2010 não foram atingidos, e continuam a ser necessários novos e melhores esforços. Ainda assim, a iniciativa é de louvar, porque apesar da mobilização da comunidade internacional em torno das alterações climáticas, houve tempo para alertar para a acentuada degradação da biodiversidade, um problema que também é muito grave.

Importa notar que a diversidade de seres e ecossistemas influenciam e concorrem para o equilíbrio natural da Terra, pelo que está intimamente ligada à sustentabilidade. Se é certo que a biodiversidade aumentou desde a origem da vida na Terra, embora de forma descontínua, o seu pico máximo foi atingido antes do aparecimento da Humanidade, tendo começado a decrescer desde então. Isto ocorre, em parte, graças à atividade direta do Homem, como sejam a seleção de espécies consoante a sua utilidade/rentabilidade (em detrimento da sua variedade e especificidade genética) e a destruição de habitats (nomeadamente as florestas tropicais), mas também devido à ação indireta, de que é exemplo a poluição gerada pelas suas ações.

Entre 13 e 22 de junho de 2012, na cidade do Rio de Janeiro, no Brasil, realizou-se a Conferência das Nações Unidas sobre Meio Ambiente e Desenvolvimento, também conhecida como "Rio+20", por se realizar 20 anos depois da Cimeira da Terra (1992). Marcaram presença os Chefes de Estado e de Governo de 188 nações, das quais, 185 dentre os 193 países membros da Organização das Nações Unidas

(ONU), além de representantes do Vaticano, da Palestina e da Comunidade Europeia, e centenas de participantes de vários setores da sociedade civil, com o objetivo principal de renovar e impulsionar o compromisso político com o desenvolvimento sustentável.

A Conferência teve dois temas nucleares: a economia verde no contexto da erradicação da pobreza e do desenvolvimento sustentável, e a estrutura institucional para o desenvolvimento sustentável. No final foi produzido um documento de síntese agregador das principais concussões intitulado "O Futuro que Queremos". Dentre os principais resultados destaca-se o lançamento do processo intergovernamental para a criação dos Objetivos de Desenvolvimento Sustentável (ODS), importantes pela sua centralidade para ajudar a definir a agenda de desenvolvimento nos anos seguintes, o lançamento das bases para a criação de um fórum político de alto nível sobre desenvolvimento sustentável, que viria a ser formalmente constituído no ano seguinte, e o compromisso de fortalecerem o Programa das Nações Unidas para o Ambiente (PNUA), que é a autoridade responsável pela agenda ambiental global. Merece ainda destaque a inclusão da erradicação da pobreza extrema como objetivo prioritário para o desenvolvimento sustentável, o que passou a ser uma prioridade aceite pelos governos, e o reconhecimento da existência de um elo essencial entre sustentabilidade ambiental e erradicação da pobreza à escala global. De referir ainda a clarificação do conceito de desenvolvimento sustentável, que passou a ser organizado em três pilares: económico, social e ambiental, e, subjacente aos discursos oficiais, uma renovada consciência sobre as várias dimensões dos problemas ambientais.

I. NOSSA VISÃO COMUM

"Erradicar a pobreza é o maior desafio global que o mundo enfrenta hoje, e um requisito indispensável para o desenvolvimento sustentável. Neste sentido temos o compromisso de libertar a humanidade, urgentemente, da pobreza e da fome."

"Afirmamos, portanto, a necessidade de uma melhor integração dos aspetos económicos, sociais e ambientais do desenvolvimento sustentável em todos os níveis, e reconhecemos as relações existentes entre esses diversos aspetos para se alcançar o desenvolvimento sustentável em todas as suas dimensões."

"Reconhecemos que a erradicação da pobreza, a mudança dos modos de consumo e produção não viáveis para modos sustentáveis, bem como a proteção e gestão dos recursos naturais, que estruturam o desenvolvimento económico e social, são objetivos fundamentais e requisitos essenciais para o desenvolvimento sustentável. Reafirmamos também que, para a realização do desenvolvimento sustentável, é necessário: promover o crescimento económico sustentável, equitativo e inclusivo; criar maiores oportunidades para todos; reduzir as desigualdades; melhorar as condições básicas de vida; promover o desenvolvimento social equitativo para todos; e promover a gestão integrada e sustentável dos recursos naturais e dos ecossistemas, o que contribui notadamente com o desenvolvimento social e humano, sem negligenciar a proteção, a regeneração, a reconstituição e a resiliência dos ecossistemas diante dos desafios, sejam eles novos ou já existentes."

"Reafirmamos nosso compromisso de não poupar esforços para acelerar a consecução das metas de desenvolvimento acordadas internacionalmente, incluindo os Objetivos de Desenvolvimento do Milénio (ODM) até 2015".[143]

Nem tudo foi positivo. A principal crítica a fazer deve ser direcionada às nações mais ricas por não terem tido a coragem de ir mais além, comprometendo-se com soluções e metas para ultrapassar a crise ambiental global. É que isso obrigaria a repensar o modelo de

---

[143] Conferência Rio+20: "O Futuro que Queremos", p. 3. Disponível em: <https://apambiente.pt/_zdata/Politicas/DesenvolvimentoSustentavel/2012_Declara cao_Rio.pdf>. Acedido em 07Out2020.

desenvolvimento predominante, e, neste aspeto, existiu pouca vontade de alterar o estado das coisas.

Pouco depois, em 8 de dezembro de 2012, na oitava sessão da Conferência das Partes do Protocolo de Quioto, realizada em Doha (Qatar), as Partes adotaram a "Alteração de Doha" (Doha Amendment, em inglês) pela Decisão 1 / CMP.8., de acordo com os artigos 20 e 21 do Protocolo de Quioto. Esta Alteração estabeleceu um segundo período de compromisso, em que as Partes se comprometeram a reduzir as emissões de GEE em pelo menos 18% abaixo dos níveis de 1990 no período de oito anos de 2013 a 2020 (a composição das Partes no segundo período de compromisso é diferente da do primeiro). No entanto, a Alteração de Doha ainda não entrou em vigor; para que tal aconteça, é necessário um total de 144 instrumentos de aceitação.

Em 2013, a Comissão das Nações Unidas para o Desenvolvimento Sustentável (CSD), órgão do Conselho Económico e Social das Nações Unidas, foi substituído pelo Fórum Político de Alto Nível sobre Desenvolvimento Sustentável, como determinado na Conferência "Rio+20", com o intuito de dar maior dinâmica às conferências dedicadas ao ambiente humano.

Entre 24 e 26 de junho de 2013, em Bamako, realizou-se a primeira Conferência das Partes à Convenção de Bamako sobre a Interdição de Importação em África e o Controlo de Movimento Transfronteiriço e a Gestão dos Resíduos Perigosos em África, e, para reafirmarem o compromisso, as Partes realizaram uma segunda conferência, em janeiro de 2018, em Abidjan (Costa do Marfim), na qual participaram mais de 35 países, especialistas e representantes do setor privado, da sociedade civil e de organizações económicas regionais. Neste segundo encontro, as Partes adotaram a Declaração de Abidjan, de forma a sublinhar a importância desta Convenção para a África, e também para encorajarem e reforçarem o compromisso e a sua efetiva implementação. Queriam torná-la uma "plataforma para a África livre de poluição, em consonância com os objetivos da Agenda 2063 da União, os Objetivos do Desenvolvimento Sustentável e as resoluções adotadas na Terceira Assembleia das Nações Unidas para o Meio Ambiente. A mensagem comum que surgiu na Conferência foi que medidas urgentes e mecanismos eficazes deveriam ser implementados nos níveis nacional e regional para implementar efetivamente a Convenção de Bamako".[144]

Entre 2013/14, foi finalizado o quinto relatório de avaliação do Painel Intergovernamental sobre Alterações Climáticas (Intergovernmental Panel on Climate Change – IPCC, em inglês), o qual forneceu a contribuição científica necessária para o estabelecimento do Acordo de Paris.

Em 2014, cientistas da Universidade Radboud, em Nijmegen, e do Dutch Centre for Field Ornithology and Birdlife Netherlands (SOVON) publicaram na revista científica Nature um novo alerta semelhante ao lançado em "Silent Spring" de Rachel Carson. Desta feita, os investigadores publicaram um artigo a alertarem para os perigos dos inseticidas neonicotinóides, também muito eficazes na eliminação de pragas e que têm vindo a ser cada vez mais utilizados (são fáceis de aplicar), porque podem estar a ser responsáveis por uma significativa perda de diversidade biológica. Os principais perigos advêm do facto de os agricultores "regarem" as plantas com este inseticida para matar as pragas de insetos, o que significa que as flores, o pólen e o néctar absorvem altas concentrações do mesmo e tornam-se venenosas. Ademais, os neonicotinóides são perigosos mesmo sem serem ingeridos e podem persistir no solo durante anos. Aliás, pode acontecer se uma planta que nasça em solo contaminado absorver a contaminação (Hallmann *et al.*, 2014, p. 341-343).

Neste artigo os cientistas analisaram as estatísticas populacionais de mais de uma dúzia de espécies de pássaros comuns que habitam em terras agrícolas na Holanda, a maioria com uma dieta alimentar total ou parcialmente dependente de insetos (algumas alimentavam-se de sementes e grãos), que cruzaram com a análise das concentrações químicas nas águas superficiais, e descobriram que em áreas onde a água continha altas concentrações de imidaclopride - um pesticida neonicotinóide comum - as populações de pássaros tendem a reduzir em média 3,5% ao ano. Identificaram duas formas pelas quais estes

---

[144] https://hesa.africa/pt-news/convencao-de-bamako-sobre-a-proibicao-de-importacao-em-africa-control-dos-movimentos-transfronteiricos-e-gestao-de-residuos-perigosos (26/09/2020).

inseticidas podem prejudicar as aves: pela ingestão direta ou pela eliminação das suas fontes de alimento (moscas, percevejos, lagartas, gafanhotos, e outros) (Hallmann *et al.*, 2014, p. 341-343).

Quando ingeridos em doses elevadas, os neonicotinóides podem ser letais, mas é através da eliminação das fontes de alimento que a situação se torna mais grave para as aves, uma vez que estes inseticidas eliminam todos os insetos que os agricultores querem matar, inclusive os benéficos, como as abelhas, pelo que se recomenda cautela e maior controlo na sua aplicação. Os investigadores concluíram pela correlação entre as altas concentrações de neonicotinóides e o declínio das populações de aves, mas não encontraram fundamento para afirmar que os inseticidas são os responsáveis diretos pela redução do número de aves (Hallmann *et al.*, 2014, p. 341-343). Isto revela como ainda estamos longe de conseguir um desenvolvimento equilibrado.

O Relatório do Desenvolvimento Humano (RDH) de 2014, intitulado "Sustentar o Progresso Humano: Reduzir as Vulnerabilidades e Reforçar a Resiliência", apresenta uma nova perspetiva sobre a vulnerabilidade (sobre o risco de as capacidades das pessoas se deteriorarem, em função do contexto social, económico, de governança e ambiental) e analisa formas possíveis de reforçar a resiliência (de capacitar as pessoas na saúde, na educação e no controlo sobre os recursos, para lidarem e se adaptarem às crises, nomeadamente a choques económicos, catástrofes naturais, alterações climáticas, perigos industriais, conflitos e agitação civil, entre outros) (PNUD, 2014).

O Relatório do Desenvolvimento Humano adota em geral uma abordagem centrada nas pessoas, focando as disparidades entre e dentro dos países, e é um importante instrumento de sensibilização em matéria de desenvolvimento humano, de longo prazo, centrado em três dimensões: uma vida longa e saudável, acesso ao conhecimento e qualidade vida. No Relatório do Desenvolvimento Humano de 2014 os dados analisados e as recomendações, especialmente para a construção de resiliências, são muito importantes para a discussão da Agenda do Desenvolvimento Pós-2015, que estava a ser preparada pela comunidade internacional para substituir os Objetivos do Desenvolvimento do Milénio (ODM) que não foram totalmente alcançados. Parece-me, salvo melhor opinião, que a Agenda do Desenvolvimento Pós-2015 terá de reconhecer que não é possível ter desenvolvimento (eliminar a pobreza, mitigar as desigualdades e as causas estruturais da marginalização, exclusão e discriminação) se não forem respeitados os limites do Planeta. Citando o Relatório, "a vulnerabilidade ameaça o desenvolvimento humano — e, a menos que seja abordada de forma sistemática, mediante a alteração das políticas e normas sociais, o progresso não será nem equitativo nem sustentável" (PNUD, 2014, p. 10). Portanto, este é um indicador de desenvolvimento económico que se interliga com o desenvolvimento sustentável, e não de crescimento económico.

O Relatório do Desenvolvimento Humano 2014 fala de um caminho positivo, mas ainda longe de ser satisfatório. Por resolver estão ainda aspetos cruciais responsáveis pelo agravamento da vulnerabilidade das pessoas e das comunidades, como a corrupção, tensões políticas, populações em situação de crise extrema e privação, discriminação social, criminalidade, conflitos violentos, incompreensões culturais, danos ambientais, aumento das disparidades, carência de serviços básicos de saúde e educação, desemprego e fraca proteção social, entre outros.

O Relatório dá particular atenção às vulnerabilidades no ciclo de vida, em especial na primeira infância (sugere maior aposta na educação e nas oportunidades de emprego) e na velhice (defende a melhoria da qualidade de vida dos idosos). Refere que "as capacidades relacionadas com a vida são afetadas por investimentos feitos em etapas anteriores da vida, e a exposição a choques de curto prazo pode produzir efeitos a longo prazo. Um revés sofrido na primeira infância, por exemplo, pode ter sérias repercussões ao longo de toda a vida de uma pessoa, incluindo nas suas oportunidades de conservar um emprego, nas incertezas associadas ao envelhecimento e na transmissão da vulnerabilidade à geração imediata" (PNUD, 2014, p. 4).

No que se refere à parte económica, o Relatório deixa claro que "a segurança económica e a segurança pessoal estão interligadas" (PNUD, 2014, p. 25). Esta ligação é indiscutível, sobretudo agora que as pessoas aparentam uma enorme insegurança quanto à capacidade de fazer face às suas despesas, especialmente os mais jovens, que enfrentam um futuro de elevada insegurança tanto a nível financeiro como da empregabilidade. A instabilidade económica conduz à instabilidade social e gera desemprego, incerteza e um sentimento de desespero, como tem acontecido com a crise atual devido à pandemia do Coronavírus.

A emergência leva a que alguns direitos fundamentais não sejam satisfeitos, o que acaba por conduzir à violência. Muitas pessoas acabam por enveredar pelo trabalho informal, sem segurança laboral ou proteção social, como acontece com a apanha da amêijoa-japonesa no Estuário do Tejo, arriscando uma vida imprevisível e precária, onde ficam vulneráveis a abusos e corrupção. O pleno emprego reduz a criminalidade, aumenta o bem-estar geral e deixa as pessoas mais confiantes no futuro. É determinante assegurar um desenvolvimento económico sustentável.

Na mesma altura, o World Resources Institute (WRI) preparou o documento intitulado "Relatório de Recursos Mundiais 2013-2014: Criando um Futuro Alimentar Sustentável" (World Resources Report 2013-2014: Creating a Sustainable Food Future, em inglês), onde tentou responder à questão: "como pode o mundo alimentar mais de 9 mil milhões de pessoas até 2050 de forma a promover o desenvolvimento económico e reduzir a pressão sobre o ambiente?".[145] Considera mesmo que esta questão é a mais importante que se irá colocar nas próximas quatro décadas. Em síntese, reporta o estudo, em 2050 serão necessárias cerca de mais 60% das calorias dos produtos alimentares, por comparação com 2006, isto se o consumo global mantiver o ritmo atual de crescimento. Não será abusivo afirmar que é um reviver da teoria malthusiana, mas numa versão otimista, à moda cornucopiana[146], uma vez que existe a convicção de que a população mundial não está em perigo, porque o impacto ambiental da atividade agrícola, provocado pelo desmatamento, pela emissão de gases efeito estufa (24%), e pelo

---

[145] Texto original: "how can the world adequately feed more than 9 billion people by 2050 in a manner that advances economic development and reduces pressure on the environment?".

[146] Segundo Boserup (1965), o aumento da massa demográfica e a intensificação da agricultura não levam necessariamente à degradação ambiental.

consumo de água doce de rios, lagos e aquíferos subterrâneos (70% de toda a água retirada), pode ser mitigado e a atividade pode contribuir para o desenvolvimento social e económico inclusivo, capaz de aumentar a produção para reduzir a pobreza, aligeirar a fome e gerar emprego e receitas.

Entre 13 e 16 de julho de 2015, realizou-se a terceira Conferência Internacional sobre Financiamento ao Desenvolvimento em Adis Abeba, capital da Etiópia. Este encontro de alto nível reuniu representantes políticos, incluindo Chefes de Estado e de Governo, ministros das Finanças, dos Negócios Estrangeiros e da Cooperação para o Desenvolvimento, e também representantes de instituições financeiras internacionais, de organizações não governamentais, do setor privado e da sociedade civil. Foram avaliados os progressos, identificados os impedimentos e determinadas as ações e iniciativas para os superar, e foram avaliadas estratégias para as questões emergentes no contexto dos esforços multilaterais que vinham a ser feitos para promover a cooperação internacional para o desenvolvimento. A Agenda de Ação de Adis-Abeba, ainda que sem unanimidade (as opiniões eram díspares quanto ao nível de ambição do texto), forneceu um quadro financeiro global para o desenvolvimento sustentável.

Em 25 de setembro de 2015, na septuagésima sessão da Assembleia Geral das Nações Unidas, em Nova Iorque (EUA), os líderes mundiais aprovaram a Agenda de Desenvolvimento Pós-2015, um plano de ação para erradicar a pobreza, proteger o Planeta e garantir que as pessoas alcançam a paz e a prosperidade (Resolução A/RES/70/1, que entrou em vigor a 1 de janeiro de 2016).[147] O documento final intitulado: "Transformar o nosso mundo: Agenda 2030 de Desenvolvimento Sustentável" (Transforming our world: the 2030 Agenda for Sustainable Development, em inglês), oferece uma visão de um mundo mais justo e pacífico, no qual ninguém fica para trás.

---

[147] Resolução A/RES/70/1, de 25 de setembro de 2015, da Assembleia Geral das Nações Unidas. Disponível em:
<https://www.un.org/ga/search/view_doc.asp?symbol=A/RES/70/1&Lang=E>.
Acedido em 10/10/2020.

A Agenda 2030 assenta em cinco dimensões prioritárias, também chamadas de "5 Ps": (i) pessoas, para acabar com a pobreza e a fome em todas as suas formas e garantir dignidade e igualdade; (ii) prosperidade, para garantir vidas prósperas e satisfatórias em harmonia com a natureza; (iii) planeta, para preservar os recursos naturais e o clima para as gerações futuras; (iv) participação coletiva, para implementar a Agenda através de uma sólida aliança global; e (v) promoção da paz, da justiça e das sociedades inclusivas. É desta forma que o conceito de desenvolvimento sustentável adquire um significado mais profundo com a adoção da Agenda 2030, que se baseia nesta abordagem tradicional (inclusão social, crescimento económico e proteção ambiental) ao agregar dois componentes essenciais: a participação coletiva e a paz.

A Agenda inclui 17 Objetivos de Desenvolvimento Sustentável (ODS), desdobrados em 169 metas e cerca de 230 indicadores, estes últimos em constante revisão, que foram aprovados por unanimidade pelos 193 Estados membros da Organização das Nações Unidas, bem como meios de execução dos objetivos com base numa aliança global, e revisão e acompanhamento. Os objetivos são: (i) Acabar com a pobreza em todas as suas formas e em todos os lugares; (ii) Acabar com a fome, alcançar a segurança alimentar e a melhoria da nutrição e promover a agricultura sustentável; (iii) Garantir uma vida saudável e promover o bem-estar para todos, em todas as idades; (iv) Garantir uma educação inclusiva e equitativa de qualidade e promover; oportunidades de aprendizagem ao longo da vida para todos; (v) Alcançar a igualdade de género e capacitar todas as mulheres e raparigas; (vi) Garantir a disponibilidade e a gestão sustentável da água e saneamento para todos; (vii) Garantir o acesso à energia fiável, sustentável, moderna e a preço acessível para todos; (viii) Promover o crescimento económico sustentado, inclusivo e sustentável, o emprego pleno e produtivo e o trabalho digno para todos; (ix) Construir infraestruturas resilientes, promover a industrialização inclusiva e sustentável e fomentar a inovação; (x) Reduzir a desigualdade dentro dos países e entre eles; (xi) Tornar as cidades e os aglomerados humanos inclusivos, seguros, resilientes e sustentáveis (integração do Programa Habitat da ONU nesta estratégia); (xii) Garantir padrões de produção e de consumo sustentáveis; (xiii) Tomar medidas urgentes para combater as alterações climáticas e os seus impactos; (xiv) Conservar e utilizar de forma sustentável os oceanos, os mares e os recursos marinhos, para o desenvolvimento sustentável; (xv) Proteger, recuperar e promover o uso sustentável dos ecossistemas terrestres, gerir as florestas de forma sustentável, combater a desertificação, travar e reverter a degradação dos solos e estancar a perda de biodiversidade; (xvi) Promover sociedades pacíficas e inclusivas para o desenvolvimento sustentável, proporcionar o acesso à justiça para todos e construir instituições eficazes, responsáveis e inclusivas a todos os níveis; e (xvii) Fortalecer os meios de implementação e revitalizar a parceria global para o desenvolvimento sustentável.

Os 17 Objetivos de Desenvolvimento Sustentável (ODS) foram estruturados com base nos progressos e nos ensinamentos obtidos com os 8 Objetivos de Desenvolvimento do Milénio (ODM), que orientaram os esforços globais para o desenvolvimento entre 2000 e 2015, mas representam uma mudança na visão global e na abordagem do desenvolvimento. São mais abrangentes e mais ambiciosos para as várias dimensões do Desenvolvimento Sustentável, e colocam o enfoque nas pessoas, tanto nos países desenvolvidos como nos países em desenvolvimento, enfatizando que ninguém deve ser deixado para trás, e também nos direitos humanos e na resposta às crescentes desigualdades sociais, e na erradicação de todas as formas de pobreza. Englobam questões centrais como a promoção da paz e da justiça, o funcionamento eficaz das instituições, a segurança e as alterações climáticas, abarcando ainda um vasto leque de tópicos interrelacionados. São também fruto do trabalho conjunto de governos e cidadãos de todo o mundo, de uma visão comum para a Humanidade, são um contrato elaborado entre os líderes mundiais e os povos para criar um modelo global de governança com a finalidade de acabar com a pobreza, proteger o ambiente e promover a prosperidade e o bem-estar de todos até 2030. Como tal, a sua concretização não depende apenas do compromisso dos governos, depende também e sobretudo do envolvimento dos cidadãos. As crianças e os jovens são centrais neste apelo global de participação e a escola é essencial para dar a conhecer a nova agenda global, inspirar e incentivar as pessoas a participarem no desenvolvimento das comunidades.

17 Objetivos de Desenvolvimento Sustentável (ODS), aprovados pelos líderes mundiais reunidos na Assembleia-Geral da ONU, a 25 de setembro de 2015.

Entre 30 de novembro e 12 de dezembro de 2015, realizou-se a Conferência de Paris sobre as alterações climáticas (ou Conferência do Clima de Paris), oficialmente conhecida como a 21ª Conferência das Partes ou "COP 21" da Convenção Quadro das Nações Unidas sobre as Alterações Climáticas - CQNUAC) (United Nations Framework Convention on Climate Change – UNFCCC, em inglês), que é o órgão das Nações Unidas responsável pelo clima. Ao mesmo tempo também se realizou a 11ª Reunião das Partes do Protocolo de Quioto, também conhecida como "CMP 11", que supervisionava a implementação do Protocolo de Quioto e as decisões tomadas para aumentar a sua eficiência. Participaram neste evento de topo delegações de cerca de 150 países. Há que salientar que a COP reunia todos os anos para tomar decisões relativas à implementação da CQNUAC e para combater as alterações climáticas.

No último dia da Conferência do Clima de Paris, a 12 de dezembro de 2015, foi alcançado um novo acordo mundial juridicamente vinculativo com o objetivo de descarbonizar as economias mundiais, fortalecer a resposta global à ameaça das alterações climáticas e reforçar a capacidade dos países para responder ao desafio, num contexto de desenvolvimento sustentável. Foi designado "Acordo de Paris", e esteve aberto à assinatura durante um ano, a partir de 22 de abril de 2016, em Nova Iorque. Entrou em vigor em 4 de novembro de 2016, depois de ter sido ratificado pelos 55 países responsáveis por, pelo menos, 55% das emissões mundiais de gases com efeito de estufa. A União Europeia assinou o Acordo de Paris a 21 de abril de 2016.

O Acordo estabelece como um dos seus objetivos de longo prazo limitar o aumento da temperatura média global a níveis bem abaixo dos 2º C acima dos níveis pré-industriais e prosseguir esforços para limitar o aumento da temperatura a 1,5º C, reconhecendo que isso reduzirá significativamente os riscos e impactos das alterações climáticas.

Entre 17 e 20 de outubro de 2016, em Quito, no Equador, realizou-se a Conferência das Nações Unidas sobre Habitação e Desenvolvimento Urbano Sustentável, também conhecida como "Habitat III". Foi a primeira vez que esta Conferência aconteceu no chamado "Sul Global"[148], e no final foi adotada a Declaração de Quito sobre Cidades Sustentáveis e Aglomerados Humanos para Todos (Quito Declaration on Sustainable Cities and Human Settlements for All, em inglês) (A/RES/71/256)[149], que aprovou a Nova Agenda Urbana (NAU) e o respetivo Plano de Implementação, sucedendo à Agenda Habitat e à Declaração de Istambul de 1996, para impulsionar um novo modelo global de habitação e urbanismo sustentável (ONU-HABITAT, 2016).

O ambiente e o urbanismo sustentável, em estreita relação com a Agenda 2030 para o Desenvolvimento Sustentável, ocupam um lugar de relevo na Nova Agenda Urbana, e não podia ser diferente face aos problemas que as cidades enfrentam e à previsão do aumento exponencial da urbanização. Se em 2019 cerca de 55% da população mundial vivia em áreas urbanas, a espectativa é que essa proporção aumente para 70% até 2050, segundo dados da Organização das Nações Unidas.[150]

---

[148] Termo utilizado em estudos pós-coloniais e transnacionais que pode referir-se tanto ao Terceiro Mundo como ao conjunto de países em desenvolvimento. Também pode incluir as regiões mais pobres de países ricos.

[149] https://undocs.org/en/A/RES/71/256 (12/10/2020).

[150] https://news.un.org/pt/story/2019/02/1660701 (12/10/2020).

A Nova Agenda atua como guia para os decisores políticos na demanda pela habitação e desenvolvimento urbano sustentável, em todos os níveis de aglomerados urbanos (áreas urbanas, periurbanas e rurais), e também contribui para a concretização da Agenda 2030 para o Desenvolvimento Sustentável, aprovada nas Nações Unidas em setembro de 2015. Propõe que se transformem as cidades em espaços inclusivos, sustentáveis, prósperos, habitáveis, seguros e justos (sem violação de direitos), planeados e organizados, com mobilidade sustentável (uso de transportes públicos), pluralismo e coexistência pacífica, que tenham serviços básicos, saúde e educação, segurança alimentar, empregos condignos, espaços verdes e de lazer (destinar de 30 a 50% do solo para espaços públicos), façam uso predominante de energias renováveis, adotem políticas de reciclagem e de consumo responsável (aproveitem a água, conservem solos e aquíferos), abrandem as desigualdades e cessem a discriminação das minorias, favoreçam a biodiversidade (protejam a fauna e a flora autóctones), e sejam resilientes aos fenómenos naturais (ONU-HABITAT, 2016).

Este compromisso internacional impele-nos a alterar profundamente a forma como construímos, administramos e vivemos nas cidades, e inspira-nos a adotar padrões globais de desenvolvimento urbano sustentável. O cidadão tem um papel essencial na mudança, cumulativo ao das instituições e dos políticos. A situação é mais difícil nos países de médio rendimento, onde 75% das pessoas vivem na pobreza. Como alerta a Agenda, a situação tem vindo a melhorar desde a Conferência das Nações Unidas sobre Aglomerados Urbanos, realizada em Vancouver (Canadá), em 1976, também conhecida como "Habitat I"

> "3. Desde a Conferência das Nações Unidas sobre Aglomerados Urbanos em Vancouver, em 1976, e a de Istambul, em 1996, e a adoção dos Objetivos de Desenvolvimento do Milénio, em 2000, têm-se observado melhorias significativas na qualidade de vida de milhões de habitantes em áreas urbanas, incluindo de moradores em construções clandestinas e precárias, de bairros de barracas e aglomerados informais. Contudo, a persistência de múltiplas formas de pobreza, de crescentes desigualdades e degradação ambiental subsistem entre os maiores obstáculos para o desenvolvimento sustentável em todo o mundo, sendo a exclusão

socioeconómica e a segregação espacial realidades frequentemente manifestas em cidades e aglomerados urbanos. (…)

19. Reconhecemos que na implementação da Nova Agenda Urbana deve ser dada particular atenção aos desafios únicos e emergentes de desenvolvimento urbano comuns a todos os países, em particular aos países em desenvolvimento, incluindo países Africanos, países menos desenvolvidos, países em desenvolvimento sem litoral e pequenos Estados insulares em desenvolvimento, bem como desafios específicos enfrentados por países de médio rendimento. Especial atenção deve ser dada também a países em situação de conflito, bem como a países e territórios sob ocupação estrangeira, países em pós-conflito e países afetados por desastres naturais e provocados pelo homem.

20. Reconhecemos a necessidade de dar particular atenção a situações de múltiplas formas de discriminação enfrentadas por, *inter alia*, mulheres e meninas, crianças e jovens, pessoas com deficiências, pessoas vivendo com VIH/SIDA, idosos, povos autóctones e comunidades locais, moradores em construções clandestinas e precárias de bairros de barracas e aglomerados informais, sem-abrigo, trabalhadores, pequenos proprietários rurais e pescadores, refugiados, retornados, deslocados internos e migrantes, independentemente do seu estatuto legal migratório.

21. Exortamos todos os governos nacionais, subnacionais e locais, assim como todos os atores relevantes, alinhados com políticas e legislação nacionais, a revitalizar, fortalecer e criar parcerias, aumentando a coordenação e cooperação para implementar efetivamente a Nova Agenda Urbana e concretizar a nossa visão partilhada.

22. Adotamos esta Nova Agenda Urbana como uma visão coletiva e um compromisso político para promover e concretizar o desenvolvimento urbano sustentável, e como uma oportunidade histórica para alavancar o papel fulcral das cidades e dos aglomerados urbanos como catalisadores do desenvolvimento sustentável num mundo cada vez mais urbanizado" (ONU-HABITAT, 2016, p. 3, 9).

O primeiro balanço dos progressos realizados e dos obstáculos encontrados na implementação da Nova Agenda Urbana será apresentado em 2026, com consta no seu texto, no relatório quadrienal do secretário-geral das Nações Unidas, juntamente com propostas para ultrapassar as dificuldades. A vontade dos decisores políticos, arquivada no texto da Agenda, é a de que a Assembleia Geral realize a "próxima Conferência das Nações Unidas sobre Habitação e Desenvolvimento Urbano Sustentável (Habitat IV) em 2036, no contexto de um compromisso político renovado para avaliar e consolidar o progresso da Nova Agenda Urbana" (ONU-HABITAT, 2016, p. 45).

Entre 6 e 17 de novembro de 2017, realizou-se em Bona a Conferência das Nações Unidas sobre Alterações Climáticas (CQNUAC), ou "COP 23", tendo sido realizados progressos concretos sobre o programa de trabalho de Paris e elaboradas orientações para a implementação do Acordo de Paris.

Em 22 de janeiro de 2018, em Davos, na Suíça, por ocasião do Fórum Económico Mundial, e no âmbito do Ano Europeu do Património Cultural, foi aprovada a Declaração de Davos (Déclaration de Davos, em francês)[151], que sublinha a necessidade da qualificação da construção do território e da paisagem com base numa visão holística centrada na cultura, e a importância do papel da cultura no desenvolvimento económico e social sustentáveis, no sentido de melhorar a qualidade de vida dos cidadãos e deixar um legado qualificado às futuras gerações.

Entre 3 e 14 de dezembro de 2018, em Katowice, na Polónia, realizou-se a 24ª Conferência das Nações Unidas sobre Alterações Climáticas ou "COP24", que terminou com a adoção do Pacote de Katowice em matéria de clima, o qual especifica a forma como o Acordo de Paris será aplicado de forma transparente e equitativa para todos. O Pacote define os procedimentos e mecanismos essenciais que permitirão pôr em prática o Acordo de Paris.

Em julho de 2019, no Fórum Político de Alto Nível 2019 sobre Desenvolvimento Sustentável, na sede das Nações Unidas, em Nova

---

[151] https://davosdeclaration2018.ch/media/D%C3%A9claration_de_Davos_2018-22.01.2018_fr.pdf (12/10/2020).

Ioque, subordinado ao tema: "Capacitar as pessoas e garantir inclusão e igualdade", participaram centenas de representantes vindos um pouco de todo o mundo, atraídos pelo lançamento da edição especial do Relatório do Secretário-Geral sobre os progressos dos Objetivos de Desenvolvimento Sustentável (ODS), e sobre a resposta global à Agenda 2030, incluindo as realizações bem sucedidas, as deficiências e alternativas. Este Fórum promoveu a troca de conhecimentos, experiências e lições aprendidas entre participantes com o objetivo de haver um ganho comum e criar um futuro sustentável, tendo sido abordadas políticas capazes de criar um mundo com mais dignidade para todos.

Este encontro era muito aguardado porque, apesar dos esforços conjuntos, estava longe a concretização de muitos dos objetivos da Agenda 2030. Como advertiu na abertura do Fórum Liu Zhenmin, subsecretário-geral para os Assuntos Económicos e Sociais, para cumprir as metas dos Objetivos de Desenvolvimento Sustentável (ODS) era necessária "uma ambição coletiva que dependa de como são administrados os riscos, os desafios e são aproveitadas as oportunidades sociais, económicas e ambientais". Sem isso, alertou, "não haverá capacidade de cumprir a tempo os Objetivos de Desenvolvimento Sustentável, ODSs".[152] O foco estava no necessário trabalho conjunto, pois só assim se conseguiria alcançar sociedades inclusivas, onde os direitos existiriam e seriam iguais para todos, e todos seriam capacitados.

Não podem existir dúvidas de que a base de um futuro sustentável está numa governança democrática interativa/reflexiva, pressupondo uma autoanálise na avaliação do desenvolvimento por parte do indivíduo. O equilíbrio dos três "pilares" - económico, social e ambiental -, não tem um caráter estático, como refere Meadwcroft (2007), antes causas dinâmicas, como refere Viriato Soromenho-Marques. É necessário haver dinamismo nas comunidades, até porque têm de ser tomadas decisões com impacto na vida das pessoas, mas também dedicação por parte dos líderes e outros agentes políticos. A sociedade civil tem um papel crucial, sucintamente através do conjunto de instituições e organização de iniciativas e da participação dos cidadãos na

---

[152] https://news.un.org/pt/story/2019/07/1679391 (07/10/2020).

vida coletiva. No envolvimento não só de ações e políticas de orientação, mas também na discussão coletiva.

Em dezembro de 2019, na cidade de Wuhan, na China, foi pela primeira vez identificado em seres humanos um novo coronavírus, designado SARS-CoV-2[153], responsável pela doença Covid-19. Em 11 de março de 2020, quando já havia mais de 118 mil casos de infeção em 114 países e 4 291 mortes, Tedros Adhanom Ghebreyesus, diretor-geral da Organização Mundial da Saúde (OMS), declarou a doença como pandemia. Os níveis alarmantes de propagação e inação continuaram, e este vírus mergulhou o mundo numa profunda crise económica e social, tendo as questões ambientais sido remetidas para um segundo plano, motivo pelo qual não se registaram eventos da dimensão dos referidos anteriormente até ao final de 2020.

Em jeito de reflexão final, o percurso tem sido positivo, mas a mudança para as pessoas nunca é fácil, nem é possível de operacionalizar num curto espaço de tempo, pois bem sabemos que os assuntos do desenvolvimento sustentável não podem ser concebidos como se de uma produção em massa se tratasse, à semelhança do que foi o fordismo. Trata-se de um processo a realizar com pessoas, e não com bens materiais. Não é possível colocar os indivíduos defensores da sustentabilidade fraca e do *status quo* no início de uma linha de montagem industrial, automatizada, e esperar que eles saiam no final adeptos da sustentabilidade forte e da transformação (ou até da reforma) imediata para um mundo sustentável.[154]

É necessário todo um trabalho de formação e educação para a criação de identidades ricas, para a liderança, para a democracia,

---

[153] Significa Severe Acute Respiratory Syndrome (Síndrome Respiratória Aguda Grave) – Coronavírus – 2.

[154] Hopwood *et al.*, 2005, classificaram e mapearam três abordagens sobre o conceito de desenvolvimento sustentável: *status quo*, reformista e transformadora. A abordagem que defende o *status quo*, politicamente dominante, considera o modelo de desenvolvimento atual adequado, mas a nosso ver não responde às necessidades atuais. A abordagem reformista critica as políticas adotadas pelas empresas e pelos governos, considera que atualmente existem vários problemas, mas não deseja a rutura nos sistemas social e ecológico. Defende que o desenvolvimento tecnológico e os governos são essenciais para o progresso em direção ao desenvolvimento sustentável. A abordagem transformadora defende a equidade social e a mudança radical na relação do homem com a natureza, desde logo, respeitando o valor intrínseco da natureza.

incluindo também os aspetos de uma educação multicultural. É necessário desenvolver o pensamento sistémico e a alfabetização ecológica, contribuindo nesse sentido para o desenvolvimento integral do ser humano, desenvolvendo o planeamento e a ação coletiva transformadora, a construção ativa do conhecimento e a liderança compartilhada. A educação no geral, incluindo a ambiental e para o desenvolvimento sustentável, deve ser um processo permanente em que os indivíduos e a comunidade tomam consciência do seu ambiente e adquirem conhecimentos, valores, competências, experiências e determinação, tornando-se mais aptos, em termos de conhecimentos e consciência, para agir no sentido de resolver problemas ambientais, sociais e económicos, numa perspetiva temporal. É um processo muito incompleto, pois só assim se justifica que possam atualmente coexistir fome, sofrimento e pobreza, com o excesso e o desperdício de comida, e afeta muitas pessoas (Santos, 2018).

Por resolver estão as grandes questões do desenvolvimento económico na sua relação com a sustentabilidade, que dependem da transição urgente do nosso modelo industrial para um modelo de economia mais verde. É claro que esta transição tem um elevado custo socioeconómico, desde logo pelo emprego que destrói e pelos custos de organização produtiva que acarreta, sendo esse o grande obstáculo político para a sua adoção, apesar de que, como mostrava o relatório Stern (2007) em relação às alterações climáticas, se nada for feito com celeridade, é muito provável que o processo de degradação cause uma grave crise económica, muito mais custosa e com consequências ambientais irreversíveis. Em síntese, se a economia mundial tal como está estruturada continuar a expandir-se desta forma, acabará por destruir o sistema físico no qual está baseada e afundará.

Referências Bibliográficas

ACOT, Pascal. **Histoire du climat - Du Big Bang aux catastrophes climatiques**. Coleção "Pour l'histoire". Paris: Perrin, 2003. ISBN: 978-2-262-02161-0.

ACOT, Pascal. Vladimir Vernadsky, La Biosphère. Préf. de Jean-Paul Deléage (Paris: Diderot Éd., 1997). *In:* **Revue d'histoire des sciences**. Tomo 53, N.ᵒˢ 3-4, 2000, p. 635-636. Disponível em: <https://www.persee.fr/docAsPDF/rhs_0151-4105_2000_num_53_3_2102_t1_0635_0000_1.pdf>. Acedido em 12Set2020.

ACT OF FOUNDATION OF A CONSULTATIVE COMMISSION FOR THE INTERNATIONAL PROTECTION OF NATURE. Disponível em: <https://iea.uoregon.edu/treaty-text/1913-consultativecommissionprotectionofnaturefrtxt>. Acedido em 7Set2020.

ADAMS, Alexander B. **First World Conference on National Parks**. Washington: National Parks Services, United States Dept. of the Interior, 1964. Disponível em: < https://ia800308.us.archive.org/15/items/firstworldconfer00adam/firstworldconfer00adam.pdf>. Acedido em 11Set2020.

ALMEIDA, J.F. **Introdução à Sociologia**. Lisboa: Universidade Aberta, 1994. 233 p. ISBN: 972-674-137-8.

AN ACT TO SET APART A CERTAIN TRACT OF LAND LYING NEAR THE HEAD-WATERS OF THE YELLOWSTONE RIVER AS A PUBLIC PARK. U.S. Congress. 42nd. 2nd Session. United States: Massachusetts: Boston Little, Brown and Company, 01/03/1872. Disponível em: <http://memory.loc.gov/cgi-bin/query/r?ammem/consrvbib:@field(NUMBER+@band(amrvl+vl002))>. Acedido em 13Nv2019.

ANAND, R.P. **Origin and Development of the Law of the Sea**. Publications on ocean development. Vol. VII. Hague: Martinus Nijhojj Publishers, 1982. Disponível em: <http://publicinternationallaw.in/5467BA4E-7A00-4460-8B57-6C8540FADA41/FinalDownload/DownloadId-AB6D4D93D10ADEDA4227133A9E308BE6/5467BA4E-7A00-4460-8B57-6C8540FADA41/sites/default/files/books/ODLS.pdf>. Acedido em 30Set2019.

ANGUS, I. The Myth of the Tragedy of the Commons. **Climate & Capitalism**. 2008. Disponível em: <http://climateandcapitalism.com/2008/08/25/debunking-the-tragedy-of-the-commons/>. Acedido em 1Out2015.

ANNAN, K. A. **Nós, os Povos, as Nações Unidas do Século XXI**. Nova Iorque: Nações Unidas, 2000. ISBN: 92-1-200245-5. Disponível em: <https://www.unric.org/html/portuguese/uninfo/Nosospovos.pdf>. Acedido em 27Nov2019.

ANSBAUGH, N.; SHANNON, J.; MORI, M.; FARRIS, P.E.; GARZOTTO, M. Agent Orange as a Risk Factor for High-Grade Prostate Cancer. **Cancer**, Vol. 119, n.º 13, 2013, p. 2399-2404. DOI: 10.1002/cncr.27941.

APIA (Aleutian Pribilof Islands Association). **History**. 2015. Disponível em: http://www.apiai.org/culture-history/history/. Acedido em 2Fev2020.

AUBRÉVILLE, André. **Climats: forêts et désertification de l'Afrique tropicale**. Paris: Société d'éditions géographiques, maritimes et coloniales (impr. de Jouve), 1949.

AXELROD, R.S.; VANDEVEER, S.D.; DOWNIE, D.L. **The Global Environment: Institutions, Law, and Policy**. 3ª Ed. Washington, D.C.: SAGE Publications, Inc., 2010. 332 p. ISBN: 978-0-87289-966-7.

BAKER, S. **Sustainable Development**. New York: Routledge, 2006. 264 p. ISBN13: 9-78-0-415-28211-6.

BARRETT, S. The North Pacific Fur Seal Treaty and the Theory of International Cooperation. In: BARRETT, S. (author). **Environment and Statecraft: The Strategy of Environmental Treaty-Making**. Oxford: Oxford University Press, 2005. DOI: 10.1093 / 0199286094.003.0002.

BERING SEA TRIBUNAL OF ARBITRATION. **Fur seal arbitration. Proceedings of the Tribunal of arbitration, convened at Paris, under the treaty between the United States ... and Great Britain, concluded at Washington, February 29, 1892, for the determination of questions between the two governments concerning the jurisdictional rights of the United States in the waters of Bering sea**. Washington, Govt. print. off.,1895. DOI: http://dx.doi.org/10.5962/bhl.title.8804. Disponível em: <http://www.biodiversitylibrary.org/bibliography/8804#/summary>. Acedido em 30Out2020.

BERTRAND, A. R. **Transport maritime et pollution accidentelle par le pétrole – faits et chiffres (1951-1999)**. Paris: Editions Technip, 2000. 146 p. ISBN: 978-2710807759.

BEURIER, Jean-Pierre; KISS, Alexandre. **Droit International de l'Environnement**. 4ª Ed. Paris: Pedone, 2010. ISBN: 978-2-233-00598-4.

BOARDMAN, Robert. **International Organization and the Conservation of Nature**. 1. Ed. Londres: The Macmillan Press Lta, 1981. ISBN: 978-0-333-26265-8.

BOETTCHER, Daniel. **The UK's oldest environmental charity faces closure. BBC: section Science & Environment, 28 de novembro de 2011**. Disponível em: <http://www.bbc.com/news/science-environment-15924233>. Acedido em 20Set2020.

BOFF, Leonardo. Porque ainda importa cuidar do nosso único planeta. **Revista XAPURI**, publicado em 24/11/2016. Disponível em: <https://www.xapuri.info/meio-ambiente/porque-ainda-importa-cuidar-do-nosso-unico-planeta/>. Consultado em 25Set2020.

BORGES, L.E. Direito Ambiental Internacional e Terrorismo: Os Impactos no Meio Ambiente. **Boletim Científico - Escola Superior do Ministério**

Público da União, Ano II, n.º 9, 2003, p. 75-94. Disponível em:<http://boletimcientifico.escola.mpu.mp.br/boletins/boletim-cientifico-n.-9-2013-outubro-dezembro-de-2003/direito-ambiental-internacional-e-terrorismo-os-impactos-no-meio-ambiente>. Acedido em 23Set2020.

BOSERUP, E. **The Conditions of Agricultural Growth: The Economics of Agrarian Change under Population Pressure**. London: G. Allen and Unwin, 1965; Chicago: Aldine, 1965. 124 pp.

BOWMAN, Michael; DAVIES, Peter; REDGWELL, Catherine. The Convention on Nature Protection and Wildlife Preservation in the Western Hemisphere. *In:* **Lyster's International Wildlife Law**. Cambridge: Cambridge University Press, 2010, p. 241-261. DOI:10.1017/CBO9780511975301.010.

BREWER, Anthony. Luxury and Economic Development: David Hume and Adam Smith. **Scottish Journal of Political Economy**. Vol. 45, n.º 1, 1998, p. 78-98. DOI: https://doi.org/10.1111/1467-9485.00082.

BROADHEA, L. A. **International environmental politics: the limits of green diplomacy**. EUA: Lynne Rienner Publishers, 2002. 223 p. ISBN: 978-1588260680.

BROMLEY, D.W.; CERNEA, M.M. **The management of common property natural resources: some conceptual and operational fallacies**. World Bank Discussion Paper, n.º WDP 57. Washington, D.C.: The World Bank, 1989. Disponível em: <http://www-wds.worldbank.org/external/default/WDSContentServer/WDSP/IB/1999/12/03/000178830_98101903572526/Rendered/PDF/multi_page.pdf>. Acedido em 11Jun2020.

BRUNDTLAND, Gro. **Our Common Future**. Report of the World Commission on Environment and Development, transmitted to the General Assembly as an Annex to document A/42/427 - Development and International Cooperation: Environment. Oxford University Press. 245p., 1987. Disponível em <http://www.un-documents.net/our-common-future.pdf>. Acedido 24Set2020.

BULLOCH, W. **The History of Bacteriology**. New York: Oxford University Press, 1938.

CALDWELL, Lynton K. **International Environmental Policy: From the Twentieth to the Twenty-First Century**. 3º Ed. Durham: Duke University Press, 1996.

CARAPETO, C. **Poluição das águas: causas e efeitos**. Lisboa: Universidade Aberta, 1999. 241 p. ISBN 978-972-674-523-5.

CARSON, R. **Primavera Silenciosa**. 2 Ed. Desenhos de Lois e Louis Darling. Tradução de Raul de Polillo. São Paulo: Edições Melhoramentos, 1969 [1962]. Disponível em: <https://biowit.files.wordpress.com/2010/11/primavera_silenciosa_-_rachel_carson_-_pt.pdf>. Acedido em 5Set2020.

CARTA DE OTTAWA. Adotada na primeira Conferência Internacional sobre Promoção da Saúde, realizada em Ottawa em 21 de novembro de 1986.

Disponível em: <https://www.iasaude.pt/attachments/article/152/Carta_de_Otawa_Nov_1986.pdf>. Acedida em 5Out2020.

CASSESE, Antonio. **Diritto internazionale. Vol. 2: Problemi della comunità internazionale**. Bolonha: Il Mulino, 2004. ISBN: 978-8815093721.

CES. **Globalização – Implicações para o desenvolvimento sustentável**. Parecer aprovado na Sessão Plenária de 21 de julho de 1997. Relator Conselheiro Álvaro Martins. Lisboa, Conselho Económico e Social, 1997. 42 p. ISBN: 973-8395-07-8.

CEZARIO, L.F. O caso da fundição trail (*trail smelter case*) - Estados Unidos x Canadá: características transfronteiriças dos danos ao meio ambiente e a responsabilidade internacional do Estado por danos ambientais. **Conteúdo Jurídico**, Brasilia-DF: 12 jun. 2010. Disponível em: <http://www.conteudojuridico.com.br/?artigos&ver=2.27121&seo=1>. Acedido em 23Mai2020.

CHOI, J.; PATTENT. B. Sustainable development: Lessons from the paradox of enrichment. **Ecosystem Health**, Vol. 3, n.º 7, 2001, p. 163-177. DOI: 10.1046/j.1526-0992.2001.01024.x

CHRISTOFFERSEN, L.E. IUCN: A Bridge-Builder for Nature Conservation. BERGESEN, H.O; PARMANN, G. (eds.). **Green globe yearbook 1997: yearbook of international cooperation on environment and development**. Washington, USA: Oxford University Press, p. 59-70. Disponível em: <http://www.fni.no/YBICED/97_04_christoffersen.pdf>. Acedido 27Mar2020.

CIMEIRA DO MILÉNIO. **Declaração do Milénio das Nações Unidas**. 2000. Disponível em: <https://www.unric.org/html/portuguese/uninfo/DecdoMil.pdf>. Acedido em 2Ago2019.

CLAPP, B.W. **An Environmental History of Britain since the Industrial Revolution**. Longman: Londres e Nova Iorque, 1994.

CLAYTON, Clayton. Is sustainable development an oxymoron?. **Trans. I. Chem. E.**, 79 (Parte B), 2001, p. 327-328. Official Journal of the European Federation of Chemical Engineering: Part B. Process Safety and Environmental Protection (ISSN: 0957-5820). Disponível em: <https://www.academia.edu/6357013/Is_Sustainable_Development_an_Oxymoron>. Acedido em 12Out2020.

COMMONER, Barry. **The Closing Circle: Nature, Man, and Technology**. 6.ª Ed. United States of America: Bantam Book, [1971] 1974. ISBN 0-553-12921-X. Disponível em: <http://markstoll.net/HIST4323/2011/Commoner%3B_Closing_Circle_excerpt.pdf>. Acedido em 30Set2020.

CONFÉRENCE DES NATIONS UNIES sur le droit de la mer de 1973 (Session du comité préparatoire de juillet-août 1972). *In:* **La Pêche Maritime** (ISSN: 0031-3726). Paris: Boulevard Haussmann, Année 51, n.º 1135 (Octobre), 1972, p. 772-778.

CONFRONTATION over fishing limits. *In:* **Fishing News International** (ISSN: 0015-3044). London: Arthur J. Heighway Publications, Vol. 11, n.º 9 (setembro), 1972, p. 13.

CONVENCIÓN PARA LA PROTECCIÓN DE LOS PÁJAROS ÚTILES A LA AGRICULTURA. Paris, De Marcha, 19 de março de 1902. Disponível em: <http://www.ecolex.org/server2.php/libcat/docs/TRE/Full/Sp/TRE000067.txt>. Acedido em 27OUT15.

CONVENTION BETWEEN THE UNITED STATES, GREAT BRITAIN, RUSSIA AND JAPAN FOR THE PRESERVATION AND PROTECTION OF FUR SEALS or THE FUR SEAL TREATY OF 1911. 5 p. Disponível em: <http://docs.lib.noaa.gov/noaa_documents/NOS/ORR/TM_NOS_ORR/TM_NOS-ORR_17/HTML/Pribilof_html/Documents/THE_FUR_SEAL_TREATY_OF_1911.pdf>. Consultado em 27Out2020.

CONVENTION DESIGNED TO ENSURE THE CONSERVATION OF VARIOUS SPECIES OF WILD ANIMALS IN AFRICA, WHICH ARE USEFUL TO MAN OR INOFFENSIVE. British Parliamentary Papers, 1900, Cd. 101., Vol. 56, p. 825-837. Disponível em: <https://iea.uoregon.edu/treaty-text/1900-preservationwildanimalsbirdsfishafricaentxt>. Acedido em 05Set2020.

CONVENTION ON FISHING AND CONSERVATION OF THE LIVING RESOURCES OF THE HIGH SEAS. 1958. Disponível em: http://www.gc.noaa.gov/documents/8_1_1958_fishing.pdf. Acedido em 15Set2020.

CONVENTION ON FISHING AND CONSERVATION OF THE LIVING RESOURCES OF THE HIGH SEAS, Done at Geneva on 29 April 1958. Entered into force on 20 March 1966. Disponível em: <http://www.gc.noaa.gov/documents/8 1 1958 fishing.pdf>. Acedido em 8Jun2020.

CONVENTION ON NATURE PROTECTION AND WILD LIFE PRESERVATION IN THE WESTERN HEMISPHERE. 1940. Disponível em: <http://www.oas.org/juridico/english/treaties/c-8.html>. Acedido 6Jul2020.

CONVENTION ON THE CONSERVATION OF EUROPEAN WILDLIFE AND NATURAL HABITATS. Bern, 19.IX.1979. Disponível em: <https://rm.coe.int/CoERMPublicCommonSearchServices/DisplayDCTMContent?documentId=0900001680078aff>. Acedido em 08Out2020.

CONVENTION RELATIVE TO THE PRESERVATION OF FAUNA AND FLORA IN THEIR NATURAL STATE. 1933. Disponível em: <http://www.jus.uio.no/english/services/library/treaties/06/6-02/preservation-fauna-natural.xml>. Acedido em 25Ago2020.

CONVENTION RELATIVE TO THE PRESERVATION OF FAUNA AND FLORA IN THEIR NATURAL STATE. Londres, (08 de novembro) 1933. Disponível em: <http://www.jus.uio.no/english/services/library/treaties/06/6-02/preservation-fauna-natural.xml>. Acedido em 27Out2020.

CURT, Meine. **Aldo Leopold – His Life and Work**. Madison, London: University of Wisconsin Press, 2010. ISBN: 978-0-299-24904-5.

CYSNE, M.; AMADOR, T. (Eds.). **Direito do Ambiente e Redacção Normativa: teoria e prática nos países lusófonos. Estudo de Política e Direito do Ambiente da UICN, Nº 42**. Centro de Direito Ambiental da UICN, UICN - União Mundial para a Natureza, 2000. ISBN: 2-8317-0474-X. Disponível em: <http://data.iucn.org/dbtw-wpd/edocs/EPLP-042.pdf>. Acedido em 18Nov2019.

DECLARAÇÃO DA CONFERÊNCIA DAS NAÇÕES UNIDAS SOBRE O MEIO AMBIENTE HUMANO. 1972. Disponível em: < https://www.apambiente.pt/_zdata/Politicas/DesenvolvimentoSustentavel/1972_Declaracao_Estocolmo.pdf>. Acedido em 21Set2020.

DECLARAÇÃO DA CONFERÊNCIA DAS NAÇÕES UNIDAS SOBRE O MEIO AMBIENTE HUMANO – 1972, também conhecida como DECLARAÇÃO DE ESTOCOLMO. Disponível em: <https://www.apambiente.pt/_zdata/Politicas/DesenvolvimentoSustentavel/1972_Declaracao_Estocolmo.pdf>. Acedido em 16Set2020.

DECLARATION OF ALMA-ATA. Adotada durante a Primeira Conferência Internacional sobre Cuidados Primários de Saúde realizada entre 6 e 12 de setembro de 1978, na cidade de Alma-Ata (atual Almaty), no Cazaquistão. Disponível em: <https://www.mgfamiliar.net/wp-content/uploads/almaata_declaration_en.pdf>. Acedida em 25Out2020.

DECRETO N.º 18/2002, DE 3 DE MAIO. **Aprova, para adesão, a Convenção Internacional para a Regulação da Actividade Baleeira, assinada em Washington em 2 de Dezembro de 1946, bem como o Protocolo da Convenção Internacional para a Regulação da Actividade Baleeira, assinado em Washington em 9 de Fevereiro de 1956**. Emissor: Ministério dos Negócios Estrangeiros. Diário da República n.º 102/2002, Série I-A de 2002-05-03, p. 4193 – 4225. Disponível em: <https://dre.pt/application/file/a/371100>. Acedido em 07Set2020.

DECRETO N.º 20/93, DE 21 DE JUNHO. **Aprova, para ratificação, a Convenção Quadro sobre Alterações Climáticas**. Diário da República n.º 143/1993, Série I-A de 1993-06-21, p. 3336 – 3356. Ministério dos Negócios Estrangeiros. Disponível em: <https://dre.pt/application/file/a/268328>. Acedido em 04Out2020.

DECRETO n.º 50/80, DE 23 DE JULHO. **Aprova, para ratificação, a Convenção sobre o Comercio Internacional das Espécies de Fauna e Flora Selvagens Ameaçadas de Extinção**. Ministério dos Negócios Estrangeiros, Serviços Jurídicos e de Tratados. Disponível em:

<http://dre.pt/pdf1sdip/1980/07/16800/18061833.PDF>. Acedido em 14Nov2019.

DEVY-VARETA, N. Para uma geografia histórica da floresta portuguesa. As matas medievais e a 'Coutada Velha' do Rei. **Revista da Faculdade de Letras – Geografia**. Porto, Série I, vol. I, 1985, p. 47-67.

DEVY-VARETA, N. Para uma geografia histórica da floresta portuguesa. Do declínio das matas medievais à política florestal do Renascimento (séc. XV e XVI). **Revista da Faculdade de Letras – Geografia**. Lisboa, Série I, Vol. I, Porto, 1986, p. 5-37.

DOUGHTY, RW. **Feather, Fashions and Bird Preservation**. Berkeley, C.A.: University of California Press, 1975.

DUPUY, J. A catástrofe de Chernobyl vinte anos depois. **Estudos Avançados** (ISSN: 0103-4014) «Dossiê Sustentabilidade», Vol. 21, n.º 59, 2007, p. 243-252. DOI: http://dx.doi.org/10.1590/S0103-40142007000100019.

EDMUNDS, W.M.; BOGUSH, A.A.. V.I. Vernadsky – Pioneer of Water-Rock Interaction. **Procedia Earth and Planetary Science**. Vol. 7, 2013, p. 236-239. DOI: 10.1016/j.proeps.2013.03.141.

EHRLICH, P. R. **The Population Bomb**. New York: Ballantine Books, 1968.

EUROPEAN WATER CHARTER. Conselho da Europa. **Res (67) 10E (26 de maio), 1967**. 16 p. Disponível em: <https://wcd.coe.int/com.instranet.InstraServlet?command=com.instranet.CmdBlobGet&InstranetImage=583639&SecMode=1&DocId=630428&Usage=2>. Acedido em 11Mar2020.

EVELYN, John. **Fumifugium, or, The inconveniencie of the aer and smoak of London dissipated: together with some remedies humbly proposed by J.E., Esq., to His Sacred Majestie and to the Parliament now assembled**. London: Printed by W. Godbid for Gabriel Bedel, and Thomas Collins, and are to be sold at their shop, 1661. Disponível em: <https://archive.org/details/fumifugium00eveluoft>. Acedido em 8Jan2020.

FAIRHOLME, Edward G.; PAIN. Wellesley. **Century of Work for Animals: The History of the RSPCA, 1824-1924**. 1.ª Ed. London: John Murray, 1924.

FALK, R. A. **This endangered planet: prospects and proposals for human survival**. New York: Random House, 1971. 495 p. ISBN: 9780394461786.

FAO. **Report of the FAO World Conference on Fisheries Management and Development: Rome, 27 June to 6 July 1984**. Rome: Food and Agriculture Organization of the United Nations, 1984. ISBN: 9251021481.

FAO. **The Prospects for World Fishery Development in 1975 and 1985**. Prepared by I.W.P. / Department of Fisheries. Fisheries Circular N. 118. FEe/C118. Rome, June 1969.

FIDÉLIS, T. **Planeamento Territorial e Ambiente**. Cascais: Principia, 2001.

FISH MEAL INDUSTRY IN 1972. *In:* **Fishing News International** (ISSN: 0015-3044). London: Arthur J. Heighway Publications, Vol. 11, n.º 9 (setembro), 1972, p. 28-29.

FISHING LIMIT proposals for Sea Law meeting. *In:* **Fishing News International** (ISSN: 0015-3044). London: Arthur J. Heighway Publications, Vol. 11, n.º 11 (november), 1972, p. 81-82.

FLEMING, J. R.; KNORR, B. R. **History of the Clean Air Act: a guide to clean air legislation past and present**. 2013. Disponível em: <http://www.ametsoc.org/sloan/cleanair/>. Acedido em 25Set2019.

FORTEY, Richard. Archives of Life: Science and Collections. *In:* BRYSON, Bill. **Seeing Further. The Story of Science & The Royal Society**. London: Harper Press, 2010, p. 184-201. ISBN: 978-0-00-730257-4.

FOUNEX REPORT. **The founex report on development and environment**. 1971. Disponível em: <http://www.stakeholderforum.org/fileadmin/files/Earth%20Summit%20201 2new/Publications%20and%20Reports/founex%20report%201972.pdf>. Acedido 23Jan2020.

FRANCO, José Luiz de Andrade; DRUMMOND, José Augusto. **Proteção à Natureza e Identidade Nacional, anos 1920-1940**. Rio de Janeiro: Fiocruz, 2009. Cleção História e Saúde. ISBN: 978-85-7541-171-1.

FRIEDMANN, J. **Empowerment: the politics of alternative development**. Cambridge Mass: Blackwell Publishers, 1992. 207 p. ISBN: 155787-299-0.

GEORGESCU-ROEGEN, Nicholas. The entropy law and the economic process in retrospect. **Eastern Economic Journal**. Vol. 12, n.º 1, 1986, p. 3-25.

GILMAN, Charlotte Perkins. **The Dress of Women: A Critical Introduction to the Symbolism and Sociology of Clothing**. Contributions in Women's Studies, Number 193. London: Greenwood Press, 2002. Disponível em: <http://sociology.sunimc.net/htmledit/uploadfile/system/20110523/2011052 3220610953.pdf>. Acedido em 13Out2020.

GODARD, Oliver. **Environnement soutenable et développement durable: le modèle néoclassique en question**. Paris: Environnement et societé, series CIRED 91/5, 1991.

GONÇALVES, M.C. F. A construção do conceito schellinguiano de natureza a partir do diálogo crítico com a filosofia transcendental. **Revista Filosófica de Coimbra**. Vol. 23, n.º 46, 2014, p. 317-348. Disponível em: <http://www.uc.pt/fluc/dfci/public_/publicacoes/vol_23_n_46_textos/A_co nstrucao-do-conceito>. Acedido em 12Set2020.

GOYER, Robert A.; CHERIAN, M. George (Edit.). **Toxicology of Metals**. 1ª Ed. Berlin: Springer-Verlag, 1995. ISBN-13: 978-3-642-79164-2.

GRAHAM, Frank. **The Audubon Ark: A History of the National Audubon Society**. Austin: University of Texas Press, 1992.

GRAY, Murray. **Geodiversity: Valuing and Conserving Abiotic Nature**. Chichester: John Wiley & Sons, Lta., 2004. Disponível em: <https://geoduma.files.wordpress.com/2010/02/geodiversity.pdf>. Acedido 18Mar2020.

GRIFFIN, Andrew. MARPOL 73/78 and Vessel Pollution: A Glass Half Full or Half Empty?. **Indiana Journal of Global Legal Studies**. Vol. I, N.º 2, 1994, p.

489 – 513 (artigo 10). Disponível em: < https://www.repository.law.indiana.edu/cgi/viewcontent.cgi?article=1021&context=ijgls>. Acedido em 19Set2020.

GWP & INBO. **A Handbook for Integrated Water Resources Managementin Basins**. Elanders, Sweden, Global Water Partnership (GWP) and International Network of Basin Organizations (INBO), 2009. 104 p. ISBN: 978-91-85321-72-8. Disponível em: <http://www.unwater.org/downloads/GWP-INBOHandbookForIWRMinBasins.pdf>. Consultado em 27Out2020.

HABERL, H.; FISCHER-KOWALSKI, M.; KRAUSMANN, F.; MARTINEZ-ALIER, J.; WINIWARTER, V. A Socio-metabolic Transition towards Sustainability? Challenges for Another Great Transformation. **Sustainable Development**, Vol. 19, n.º 1 (abril), 2009, p. 1-14. DOI: 10.1002/sd.410.

HALLMANN, Caspar A.; FOPPEN, Ruud P. B.; VAN TURNHOUT, Chris A. M.; KROON, Hans de; JONGEJANS, Eelke. Declines in insectivorous birds are associated with high neonicotinoid concentrations. **Nature**. Vol. 511, 2014, p. 341-343. DOI: https://doi.org/10.1038/nature13531.

HAMMOND, Samuel H. **Wild Northern Scenes; Sporting Adventures with the Rifle and the Rod**. New York: Derby & Jackson,1857. Disponível em: <http://www.biodiversitylibrary.org/item/66944#page/11/mode/1up>. Acedido em 27Jun2019.

HANSON, S., LAKE, R. **Towards a comprehensive geographical perspective on urban sustainability**. Final report of the 1998. National Science Foundation Workshop on Urban Sustainability. New Brunswick-NJ, Center for Urban Policy Research, 2000. 29 p. Disponível em: <http://policy.rutgers.edu/cupr/sustainability/sustain.pdf>. Acedido em 23Set2019.

HARDIN, G. **Exploring new ethics for survival**. New York: The Viking Press, 1972. ISBN: 9780670302680.

HARDIN, Garrett. **Exploring New Ethics for Survival. The Voyage of the Spaceship Beagle**. New York, Viking Press, 1972.

HARDIN, Garrett. The Tragedy of the Commons. **Science 13**, Vol. 162, n.º 3859, 1968, p. 1243-1248. DOI: 10.1126/science.162.3859.1243.

HARROY, Jean Paul. **Afrique, terre qui meurt: la dégradation des sols Africains sous l'influence de la Colonisation**. Bruxelles: Office International de Librairie, 1944.

HOBSBAWM, E. **Era dos extremos: O breve Século XX, 1914-1991**. 2ª ed. Lisboa: Editorial Presença, 1998. 607 p. ISBN: 972-23-2020-3.

HOGAN, Daniel Joseph. População e Meio Ambiente: a emergência de um novo campo de estudos. HOGAN, Daniel Joseph (Org.). **Dinâmica populacional e mudança ambiental: cenários para o desenvolvimento brasileiro**. 1ª Ed. Campinas: Núcleo de Estudos de População-Nepo/Unicamp, 2007, p. 13-57. ISBN: 978-85-88258-09-9. Disponível em: < https://brazil.unfpa.org/sites/default/files/pub-pdf/livro_dinamica%20%281%29.pdf>. Acedido em 21Set2020.

HOPWOOD, B.; MELLOR, M.; O'BRIEN, G. Sustainable development: mapping different approaches. **Sustainable Development**, Vol. 13, n.º 1, 2005, p. 38-52. DOI: 10.1002/sd.244.

HOPWOOD, B.; MELLOR, M.; O'BRIEN, G.. Sustainable development: mapping different approaches. **Sustainable Development**, Vol. 13, n.º 1 (fevereiro), 2005, p. 38-52. DOI: 10.1002/sd.244.

INTERNATIONAL CONVENTION FOR THE PROTECTION OF BIRDS. Paris, 18 de outubro 1950. Disponível em: < https://sedac.ciesin.columbia.edu/entri/texts/protection.of.birds.1950.html>. Acedido em 09Set2020.

ISAAC, P. C. G. Air pollution and man's health. **Public Health Reports**, Vol. 68, n.º 9, 1953, p. 868–874. Disponível em: http://www.ncbi.nlm.nih.gov/pmc/articles/PMC2024105/pdf/pubhealthrepo rig00189-0046.pdf. Acedido em 7Fev2019.

IUCN, UNEP, WWF. **World conservation strategy: Living resource conservation for sustainable development**. Switzerland: Gland, 1980. DOI: 10.2305/IUCN.CH.1980.9.en.

IUCN–UNEP–WWF. **World Conservation Strategy: Living Resource Conservation for Sustainable Development**. Gland: IUCN, 1980. DOI: https://doi.org/10.2305/IUCN.CH.1980.9.en. Disponível em: <https://portals.iucn.org/library/efiles/documents/WCS-004.pdf>. Acedido em 21Set2020.

JEVONS, W. S. **The Coal Question**. London: Macmillan and Co., 1865. Disponível em: <http://www.econlib.org/library/YPDBooks/Jevons/jvnCQ.html>. Acedido em 13Jun2019.

JONES, D.M. **A Century of Servitude: Pribilof Aleuts Under U.S. Rule**. Lanham, M.D.: University Press of America, 1982. Disponível em: http://arcticcircle.uconn.edu/HistoryCulture/Aleut/Jones/preface.html. Acedido em 18Abr2019.

KENNY, A. Nova história da filosofia ocidental. **Vol. 3: Ascenção da Filosofia Moderna**. Lisboa: Gradiva, 2010. ISBN: 978-989-616-384-6.

KHAN, M.T. **The project in Bangladesh: gas, forests, and livelihood!**. 2013. Disponível em: <http://e-publications.une.edu.au:8000/1959.11/16984>. Acedido em 28Mai2019.

KIBERT, C.J. Establishing principles and model for sustainable construction. *In:* KIBERT, C.J. (Eds.). **Sustainable construction: Proceedings of the First International Conference of CIB TG Tampa**. Florida: University of Florida, 6-9 November, 1994, p. 3-12.

KISS, A.; SHELTON, D. **International Environmental Law**. 3ª Ed. Netherlands: Brill / Transnational Publishers, 2004.

KREBS, John R.; WILSON, Jeremy D.; BRADBURY, Richard B.; SIRIWARDENA, Gavin M. The second silent spring? **Nature.** Vol. 400, 1999, p. 611-612. DOI: https://doi.org/10.1038/23127.

LAGO, A. **Estocolmo, Rio, Joanesburgo: o Brasil e as três conferências ambientais das Nações Unidas**. Brasília: Fundação Alexandre de Gusmão, 2006. 276 p. Disponível em: http://www.funag.gov.br/biblioteca/dmdocuments/0356.pdf. Acedido em 22Jun2020.

LANGONE, John. **Our Endangered Earth**. Boston: Little, Brown and Company, 1992.

LATOUCHE, Serge. **La apuesta por el decrecimiento. ¿Cómo salir del imaginario dominante?**. Barcelona: Icaria Edotorial, S.A., 2008. ISBN: 978-84-7426-984-0.

LE PROGRAMME AMBITIEUX DE L´ARGENTINE: bâtir une industrie des pêches sur l´extension à 200 milles. **France Peche** (ISSN: 0296-3353). N.º 179 (avril), 1973, p. 51-52. Lorient: Société Générale d'Éditions, 1973.

LEBRUN, Zending J. **Exploration du Parc National Albert - Exploratie van het Nationaal Albert Park - Mission - Zending J. Lebrun (1937-1938) - La végétation de la plaine alluviale au sud du lac Édouard**. 1947. Disponível em: <http://www.apncb.be/archives/publications/exploration-national-park-albert/exploration-national-park-albert-first-series/mission-j-lebrun-1937-1938/1947-fascicule-1-la-vegetation-de-la-plaine-07698/lebrun1947.pdf/download/en/1/lebrun1947.pdf?action=view>. Acedido em 09Set2020.

LEI N.º 9/70, DE 19 DE JUNHO. **Atribui ao Governo a incumbência de promover a protecção da Natureza e dos seus recursos em todo o território, de modo especial pela criação de parques nacionais e de outros tipos de reservas.** Presidência da República: Diário do Governo n.º 141/1970, Série I de 1970-06-19, p. 801-803. Disponível em: <https://dre.pt/application/file/a/140919>. Acedido em 19Set2020.

LEOPOLD, Aldo. **A Sand County Almanac, and Sketches Here and There**. Ilustrado por Charles Walsh Schwartz. Introdução por Robert Finch. Oxford: Oxford University Press, 1989 [1949]. Disponível em: <http://www.umag.cl/facultades/williams/wp-content/uploads/2016/11/Leopold-1949-ASandCountyAlmanac-complete.pdf>. Acedido em 23Set2020.

LLOYD, W. **Two Lectures on the Checks to Population**. Inglaterra, Oxford University Press, 1833. Disponível em: <http://www.unz.org/Pub/LloydWilliam-1833>. Acedido em 6Jan2019.

MAATHAI, W. **The Green Belt Movement: Sharing the Approach and the Experience**. New York: Lantern Books, 2003. 117 p. ISBN: 978-1590560402.

MADDISON, Angus. The West and the Rest in the World Economy: 1000–2030. Maddisonian and Malthusian interpretations. **World Economics**, Vol. 9, n.º 4, outubro/dezembro de 2008, p. 75-99. Disponível em: < http://citeseerx.ist.psu.edu/viewdoc/download?doi=10.1.1.546.9890&rep=rep1&type=pdf>. Acedido em 25Set2020.

MALTHUS, T. R. **An Essay on the Principle of Population**. London: J. Johnson, in St. Paul's Church-yard, 1978. Library of Economics. Disponível em: <http://www.econlib.org/library/Malthus/malPop.html>. Acedido em 18Ago2020.

MARSH, George Perkins. **Man and Nature: Or, Physical Geography as Modified by Human Action**. New York: Charles Scribner, 1864. Disponível em: <http://memory.loc.gov/cgi-bin/query/r?ammem/consrvbib:@FIELD(NUMBER(vg07))>. Acedido em 13Jan2020.

MCHARG, Ian L. **Design With Nature**. Londres: John Wiley & Sons Inc., 1995 [1969]. ISBN: 9780471114604.

MCLAUGHLIN, Dorothy. Fooling with nature: Silent Spring revisited. **Frontline. PBS**. 2014. Disponível em: < https://www.pbs.org/wgbh/pages/frontline/shows/nature/disrupt/sspring.html>. Acedido em 4Set2020.

MEADOWCROFT, James. Who is in Charge here? Governance for Sustainable Development in a Complex World. **Journal of Environmental Policy & Planning**. Vol. 9, n.ᵒˢ 3-4, 2007, p. 299-314. DOI:10.1080/15239080701631544.

MEADOWS, D. H., MEADOWS, D.L., RANDERS, J., BEHRENS III, W.W. **The limits to growth: a report for the Club of Rome's Project on the Predicament of Mankind**. EUA: Universe Books, 1972. ISBN: 0-87663-165-0. Disponível em:<http://www.donellameadows.org/wp-content/userfiles/Limits-to-Growth-digital-scan-version.pdf>. Acedido em 12Set2020.

MEDEIROS, Carlos Alberto. Parte III - A Pesca. *in:* MEDEIROS, Carlos Alberto (Dir. e Coord.). **Geografia de Portugal. Vol. III. Actividades económicas e espaço geográfico**. Casais de Mem Martins, Rio de Mouro: Círculo de Leitores e Autores, 2006, p. 155-171. ISBN: 972-42-4538-6.

MELA, A.; BELLONI, M.; DAVICO, L. **A Sociologia do Ambiente**. Lisboa: Estampa, 2001. 240 p. ISBN: 978-972-33-1638-4. Título Original: Sociologia dell´ambiente. Tradução de Isabel Teresa Santos.

MELLOS, Koula. **Perspectives on Ecology. A Critical Essay**. Londres: Palgrave Macmillan, 1988. ISBN: 978-1-349-19600-5.

MESAROVI, M.; PESTEL, E. **Mankind at the Turning Point**. Nova York: EP Dutton, 1974.

MILLENNIUM PROJECT. **Projeto do Milênio das Nações Unidas 2005**. Investindo no Desenvolvimento: Um plano prático para atingir os Objetivos de Desenvolvimento do Milênio. Visão Geral. 2005. Disponível em: <http://www.unmillenniumproject.org/documents/portugueseoverview.pdf>. Acedido em 27Nov2019.

MITCHELL, R.B. **International Environmental Agreements (IEA) - Database Project, 2002-2015**. 2015. Disponível em: <http://iea.uoregon.edu/page.php?query=list_subject.php>. Acedido em 08Out2020.

MONIZ, M.G.A.E.C. Direito Internacional do Ambiente: o caso da Fundição de Trail. **Diversitates**, Vol. 4, n.º 2, 2012, p. 1-33.

MUNRO, David A. **Cuidando do planeta terra: uma estratégia para o futuro da vida: sumário**. São Paulo: IUCN, UNEP, e WWF, 1991. ISBN: 85-85454-01-6.

MURPHY, C. N. **The United Nations Development Programme: A Better Way?**. Cambridge: Cambridge University Press, 2006. 392 p. ISBN: 978-0521683166.

NAÇÕES UNIDAS. **Consolidation of the Special Fund and the Expanded Programme of Technical Assistance in a United Nations Development Programme**. Resolução ECOSOC 2029, XX, 1965. Disponível em: <http://www.un.org/esa/rptc/docs/ECOSOC_res_2029_XX_of_22_11_196 5.pdf>. Acedido em 3Fev2019.

NAÇÕES UNIDAS. Oceans: **The Source of Life: The United Nations Convention on the Law of the Sea 20th Anniversary (1982-2002)**. New York: United Nations & Law of the Sea, 2002. 18p. Disponível em: <http://www.un.org/depts/los/convention_agreements/convention_20years/ oceanssourceoflife.pdf>. Acedido em 12Out2020.

NAÇÕES UNIDAS. RESOLUÇÃO N.º 2398. PROBLEMS OF THE HUMAN ENVIRONMENT. Vigésima terceira sessão, de 3 de dezembro de 1968. Disponível em: <http://daccess-dds-ny.un.org/doc/RESOLUTION/GEN/NR0/243/58/IMG/NR024358.pdf?O penElement>. Acedido em 23Mai2020.

NATHAN, Simon. Story: Conservation – a history - Page 4. A background issue, 1908–1965. *In:* **Te Ara – the Encyclopedia of New Zealand**, 2 de março de 2009. Disponível em: <https://teara.govt.nz/en/conservation-a-history/page-4>. Acedido em 04Set2020.

NGO, A.D.; TAYLOR, R.; ROBERTS, C. L. Paternal exposure to Agent Orange and spina bifida: a meta-analysis. **Eur J Epidemiol**, Vol. 25, n.º 1, 2010, p. 37-44. DOI: 10.1007/s10654-009-9401-4.

NGO, A.D.; TAYLOR, R.; ROBERTS, C.L.; NGUYEN, T.V. Association between Agent Orange and birth defects: systematic review and meta-analysis. **International Journal of Epidemiology**, Vol. 35, n.º 5, 2006, p. 1220–1230.

NOAA (National Oceanic and Atmospheric Administration). **The Treaty as a Landmark in Marine Mammal Conservation**. 2012. Disponível em:<http://celebrating200years.noaa.gov/events/fursealtreaty/welcome.html# treaty>. Acedido em 8Jun2020.

NORTH PACIFIC FUR SEAL TREATY OF 1911. Disponível em: <https://celebrating200years.noaa.gov/events/fursealtreaty/welcome.html#tre aty>. Acedido em 7Set2020.

NUTTALL, Thomas. **Manual of the Ornithology of the United States and of Canada**. Cambridge, Hilliard and Brown, 1832. Disponível em: <https://archive.org/details/manualofornithol01nutt>. Acedido em 20Set2020.

OECD. **Chernobyl: Assessment of radiological and health impacts: 2002 Update of Chernobyl: Ten years on**. França: Organization for Economic Co-operation and Development (OECD) / Nuclear Energy Agency (NEA), 2002. 157 p. Disponível em: <https://www.oecd-nea.org/rp/reports/2003/nea3508-chernobyl.pdf>. Acedido em 18Mar2020.

OECD. **Directory of Non-governmental Environment and Development Organisations in OECD Member Countries**. Participou: Organisation for Economic Co-operation and Development. Development Centre, Environment Training Programme. Geneve: OECD Publishing, 1992. 409 p. ISBN: 978-9264035362.

OLLITRAULT, S. Les ONG et l'alerte écologique. **La Vie des idées**, (8 décembre), 2009. ISSN: 2105-3030. Disponível em: <http://www.laviedesidees.fr/IMG/pdf/20091208_ollitrault.pdf>. Acedido em 16Jun2020.

ONU-HABITAT. **Nova Agenda Urbana**. Quito: ONU-HABITAT, 2016. Disponível em: <http://habitat3.org/wp-content/uploads/NUA-Portuguese.pdf>. Acedido em 10Out2020.

OSTROM, E. An agenda for the study of institutions. **Public Choice**, Vol. 48, n.º 1, 1986, p. 3-25. DOI: 10.1007/BF00239556.

OSTROM, E. Beyond Markets and States: Polycentric Governance of Complex Economic Systems. **American Economic Review**, Vol. 100, n.º 3, 2010, p. 641-672. DOI: 10.1257/aer.100.3.641.

OSTROM, E. **Governing the Commons. The Evolution of Institutions for Collective Action**. Cambridge: Cambridge University Press, 1990.

PACHECO-TORGAL, F.; JALALI, S. **A Sustentabilidade dos materiais de construção**. Guimarães: TecMinho, 2010. 460 p. ISBN: 978-972-8600-22-8.

PECCEI, Aurelio. **One Hundred Pages for the Future. Reflections of the President of the Club of Rome**. 1.ª Ed. Pergamon, 1981.

PECCEI, Aurelio. **The chasm ahead**. New York, Macmillan, 1969.

PECCEI, Aurelio. **The Human Quality**. Oxford: Pergamon Press, 1977.

PIGOU, Arthur Cecil. **The Economics of Welfare**. 4.ª Ed. Londres: Macmillan, 1932. Disponível em: <http://oll-resources.s3.amazonaws.com/titles/1410/0316_Bk.pdf>. Acedido em 12Set2020.

PNUD. **Relatório do Desenvolvimento Humano 2014. Sustentar o Progresso Humano: Reduzir as Vulnerabilidades e Reforçar a Resiliência**. New York, PNUD, 2014. eISBN 978-92-1-056669-8. Disponível em: <http://hdr.undp.org/sites/default/files/hdr2014_pt_web.pdf>. Acedido em 07Out2020.

PRENDERGAST, D.K.; ADAMS, W.M. Colonial wildlife conservation and the origins of the Society for the Preservation of the Wild Fauna of the Empire (1903–1914). **Oryx - The International Journal of Conservation**, Vol. 37, n.º 2, 2003, p. 251-260. DOI: 10.1017/S0030605303000425.

PROCEEDINGS OF A CONFERENCE OF GOVERNORS IN THE WHITE HOUSE. Washington, D.C. May, 13-15, 1908. Washington: Government Printing Office, 1909. Disponível em: <http://memory.loc.gov/cgi-bin/query/r?ammem/consrvbib:@FIELD(NUMBER(vg16))>. Acedido em 28Ago2020.

QUENTAL, N.; LOURENÇO, J.; SILVA, F. Sustainable Development Policy: Goals, Targets and Political Cycles. **Sustainable Development**, Vol. 19, n.º 1, 2011, p. 15-29. DOI: 10.1002/sd.416.

RANDERS, J. **2052 - A Global Forecast for the Next Forty Years**. EUA: Chelsea Green Publishing, 2012. ISBN: 978-1603584210.

REMSEN, J. V., Jr.; CADENA, C. D.; JARAMILLO, A.; NORES, M.; PACHECO, J. F.; ROBBINS, M. B.; SCHULENBERG, T. S.; STILES, F. G.; STOTZ, D. F.; ZIMMER, K. J. **A Classification of the Bird Species of South America. South American Classification Committee**. United States: American Ornithologists' Union, 2010. Disponível em: <http://www.museum.lsu.edu/~Remsen/SACCBaseline.htm>. Acedido em 27Set2020.

RESOLUÇÃO DO CONSELHO DE MINISTROS N.º 152/2001. **Diário da República n.º 236/2001, Série I-B de 2001-10-11**. Presidência do Conselho de Ministros. Disponível em: <https://dre.pt/application/file/a/621428>. Acedido em 04Out2020.

RESOLUTION H1. **General Guidelines for the Sustainable Management of Forests in Europe. Second Ministerial Conference on the Protection of Forests in Europe, 16-17 June 1993, Helsinki/Finland**. Disponível em: < https://www.foresteurope.org/docs/MC/MC_helsinki_resolutionH1.pdf>. Acedido em 08Out2020.

RESOLUTION L2. **Pan-European Criteria, Indicators and Operational Level Guidelines for Sustainable Forest Management. ANNEX 2 OF THE RESOLUTION L2. Pan-European Operational Level Guidelines for Sustainable. Forest Management Third Ministerial Conference on the Protection of Forests in Europe, 2-4 June 1998, Lisbon/Portugal**. Disponível em: <https://foresteurope.org/wp-content/uploads/2016/10/MC_lisbon_resolutionL2_with_annexes.pdf#page=18>. Acedido em 08Out2020.

RICARDO, David. **On the Principles of Political Economy, and Taxation**. Cambridge: Cambridge University Press, 2015 [1817]. ISBN: 9781107589421

RIST, Gilbert. **The History of Development: From Western Origins to Global Faith**. London and New York: Zed Books, 1997.

RODRIGUES, V.J. **Desenvolvimento Sustentável: uma introdução crítica**. Parede: Princípia, 2009. 286 p. 978-989-8131-42-3.

ROOTES, Christopher. Nature Protection Organisations in England. *In:* MARKHAM, W.T.; van KOPPEN, C.S.A. (Eds.). **Protecting Nature: Networks and Organizations in Europe and the United States**. Cheltenham: Edward Elgar, 2007, p. 34-62.

ROUSSEAU, J.J. **Émile, Ou De L'Éducation**. Livro 1, 1ª parte. Paris. 1762. Disponível em: <https://books.google.com.br/books?id=Y9hVAAAAcAAJ&pg=PA9&hl=pt-PT#v=onepage&q=esclave&f=false>. Acedido em 9Jul2020.

RUSSELL, Francis Albert Rollo. **London fogs**. London: Edward Stanford, 1880. Disponível em: http://www.jstor.org/stable/60239874. Acedido em 16Set2020.

SALISBURY, E. J. The British Islands and their Vegetation. **Nature,** n.º 144, 1939, p. 305-306. Doi:10.1038/144305a0.

SALMON, John Tenison. Are we carving up New Zealand's scenery?. **Travel Digest 2**, n.º 3, julho de 1959, p. [5], [7].

SALMON, John Tenison. **Forest and Bird**. N.º 170, november 1968, p. 14 (back).

SALMON, John Tenison. **Heritage Destroyed — The Crisis in Scenery Preservation in New Zealand**. Wellington, [N.Z.]: A.H. & A.W. Reed, 1960. 100 p.

SANDERSON, J. B. The national smoke abatement society and the Clean Air Act (1956). **Political Studies**, Vol. 9, n.º 3, 1961, p. 236-253. DOI: 10.1111/j.1467-9248.1961.tb00765.x.

SANTOS, Marco Pais Neves dos. **Ética Ambiental e Cidadania nas Pescarias. Realidade ou utopia? Uma perspetiva transversal a marítimos, políticos e sociedade civil**. Saarbrücken, Germany: Novas Edições Académicas, 2013. 144p. ISBN 978-3-639-89799-9.

SANTOS, Marco Pais Neves dos. O luso-tropicalismo enquanto modelo ideológico da gestão colonial portuguesa. **Revista Militar**, n.º 2549/2550 (junho/julho), 2014, p. 577-604. Disponível em: <http://www.revistamilitar.pt/artigo.php?art_id=932>. Acedido em 30Out2020.

SANTOS, Marco Pais Neves dos. **Perceção da comunidade de pescadores de cascais sobre a pesca ambientalmente sustentável**. Dissertação de Mestrado em Cidadania Ambiental e Participação. Lisboa: Universidade Aberta, Portugal, 2012.

SANTOS, Marco Pais Neves dos. A importância da ação individual e dos processos de socialização no combate às alterações climáticas de origem antrópica. **Revista Monografias Ambientais – REMOA**, Vol. 13, n.º 4, 2014, p. 3542-3568. DOI:10.5902/2236130813820.

SANTOS, Marco Pais Neves dos. **Contributos para um mundo mais sustentável. O equilíbrio da biosfera, os obstáculos à sustentabilidade e a educação para uma identidade sustentável**. Sintra, Edição autor, 2018. ISBN: 978-1-9833-1516-9.

SANTOS, P. Ecologia e ambiente. Contribuições da Ciência ecológica para a compreensão da crise ambiental. **Educação, sociedade e culturas**, nº 21, 2004, p. 73-92. ISSN: 0872-7643. Disponível em: <http://www.fpce.up.pt/ciie/revistaesc/ESC21/21-4.pdf>. Acedido em 17Mar2020.

SCANDINAVIA. *In:* **World Fishing**. London: Morgan-Grampian Ltd., Vol. 22, n.º 12 (december), 1973, p. 20-48.

SCEP. **Man´s impact on the global environment, Assessment and recommendations for action report of the study of critical environmental problems**. EUA: MIT Press Classics SCEP, 1970.

SCHELLING, F.W.J.. **Ideen zu einer Philosophie der Natur**. Breitkopf und Haertel, 1797. Disponível em: <https://books.google.pt/books?id=CmAOAAAAQAAJ&printsec=frontcover&hl=pt-PT&source=gbs_ge_summary_r&cad=0#v=onepage&q&f=false>. Acedido em 4Ago2020.

SCHUMACHER, E. F. **Small Is Beautiful: a study of economics as if people mattered**. London: Blond and briggs, 1973. 290 p. ISBN: 0-06-091630-3. Disponível em: <http://www.ditext.com/schumacher/small/small.html>. Acedido em 25Set2020.

SCHUMACHER, E. F.. **Small Is Beautiful: a study of economics as if people mattered.** London: Vintage Digital, 2011. Introdução de Jonathan Porritt. 274 p. ISBN: 978-0099225614. Disponível em: <http://books.google.pt/books?id=IKo3ALhVFKcC&printsec=frontcover&hl=pt-PT&source=gbs_ge_summary_r&cad=0#v=onepage&q&f=false>. Acedido em 2Out2020.

SCHWEITZER, A. The Ethics of Reverence for Life. **Christendom**, n.º 1, 1936, p. 225-239. Disponível em: <http://www1.chapman.edu/schweitzer/sch.reading4.html>. Acedido em 5Mai2020.

SEN, Amartya. **Development thinking at the beginning of the 21st century**. Paper presented at a conference on "Development Thinking Practice", of the Inter-American Bank, Washington, D.C., 3-5 September 1996. LSE STICERD Research Paper No. DEDPS02, March 1997. Disponível em: <https://papers.ssrn.com/sol3/papers.cfm?abstract_id=1126934#>. Acedido em 25Set2020.

SILVA, M.C. Crise, democracia e desenvolvimento: o lugar semiperiférico de Portugal. *In:* **Revista Española de Sociología (RES)**, nº 19, 2013, p. 153-168. ISSN: 1578-2824. Disponível em: <http://www.fes-web.org/uploads/files/res/res19/11.pdf>. Consultado em 19Mai2020.

SIMMONDS, K.R. **The Community's declaration upon signature of the U.N. Convention on the Law of the Sea.** Common Market law review, n.º 23, 1986, p. 521-544.

SMITH, Adam. **An inquiry into the nature and causes of the wealth of nations**. 5 Vols. Londres: William Strahan e Thomas Caldell, 1776.

SOROMENHO-MARQUES, V. A longa marcha de Estocolmo a Joanesburgo: as idades de política internacional de ambiente. **Fórum Ambiente**, edição especial, n.º 85, Outubro de 2002, p. 5-6.

SOROMENHO-MARQUES, V.. **Metamorfoses: entre o colapso e o desenvolvimento sustentável**. Coleção Biblioteca das Ideias. Mem Martins: Publicações Europa-América, 2005. 212 p. ISBN: 972-1-05545-X.

SPENCER, Herbert. **The Man Versus the State**. USA: LibertyClassics, 1981 [1884]. ISBN: 0-913966-98-3. Disponível em: <http://files.libertyfund.org/files/330/0020_Bk.pdf>. Acedido em 25Set2020.

SPETH, J. G. The global environmental agenda: origins and prospects. In: SPETH, J. G.; HAAS, P. M. **Global environmental governance**. Washington, D.C.: Island Press, 2006. 179 p. ISBN: 1-59726-081-9.

STEINHART, Edward I. **Black Poachers, White Hunters: A Social History of Hunting in Colonial Kenya (Eastern African Studies)**. Ohio: Ohio University Press, 2006. ISBN: 978-0-8214-1664-8.

STELLMAN, J.M.; STELLMAN, S.D.; CHRISTIAN, R.; WEBER, T.; TOMASALLO, C. The extent and patterns of usage of Agent Orange and other herbicides in Vietnam. **Nature**, n.º 422, 2003, p. 681-687. DOI:10.1038/nature01537.

STERN, Nicholas. **The Economics of Climate Change: The Stern Review**. Cambridge: Cambridge University Press, 2007. ISBN: 978-0-521-70080-1.

STOKKE, O. **The UN and Development: From Aid to Cooperation**. Bloomington e Indianapolis: Indiana University Press, 2009. 752 p. ISBN: 978-0253-220813.

STRONG, M. **Where on earth are we going?**. London: Texere Publishing, 2001. 431 p. ISBN: 978-1587990922.

SUESS, Eduard. **Das Antlitz der Erde**. Vol. 3. N.º 1. F. Tempsky, 1901.

TABOR, Roger. The national body for naturalists— the British Naturalists' Association. **Journal of Biological Education**. Vol. 20, n.º 1, 1986, p. 20-24. DOI: 10.1080/00219266.1986.9654770.

TANSLEY, A. G. Sir. **Types of British vegetation**. Cambridge: University Press, 1911. http://dx.doi.org/10.5962/bhl.title.55266. Disponível em: < http://www.biodiversitylibrary.org/item/115925#page/5/mode/1up>. Acedido em 09Set2020.

THE SOCIETY FOR THE PRESERVATION OF THE WILD FAUNA OF THE EMPIRE. 1927. Disponível em: <http://www.fauna-flora.org/wp-content/uploads/setting-up-of-FFI_1904.pdf>. Acedido em 15Mai2020.

TIETENBERG, T. **Environmental and natural resource economics**. 5º Ed. Reading, M.A., Massachusetts: Addison-Wesley Longman, Inc., 2000.

TINBERGEN, J. **Reshaping the International Order**. Nova York: E.P. Dutton, 1976.

UNCLOS. **United Nations Convention on the Law of the Sea of 10 December 1982**. United Nations: Division for Ocean Affairs and the Law of the Sea, Office of Legal Affairs, 1982. 202p. Disponível em <http://www.un.org/depts/los/convention_agreements/texts/unclos/unclos_e.pdf>. Acedido em 14Mai2020.

UNECE. **Convention on long-range transboundary air pollution. United Nations Economic Commission for Europe (UNECE)**. 1979. Disponível em: <http://www.unece.org/fileadmin/DAM/env/lrtap/full%20text/1979.CLRTAP.e.pdf>. Acedido em 22Out2020.

UNEP. **The Unep Biodiversity Programme And Implementation Strategy: A Framework For Supporting Global Conservation And Sustainable Use Of Biodiversity**. [Nairobi]: UNEP, 1995. ISBN: 92-807-1566-6. Disponível em: <http://hdl.handle.net/20.500.11822/30293>. Acedido em 08Out2020.

UNRIC. **Kofi Annan apresenta plano para consecução dos objectivos da cimeira do milénio. Relatório do secretário-geral aponta caminho a seguir e sugere um calendário**. 2013. Disponível em:<https://www.unric.org/html/portuguese/uninfo/roadmap.pdf>. Acedido em 27Nov2016.

UNRIC. **Objetivos de desenvolvimento do milénio: perguntas e respostas**. 2002. Disponível em: <https://www.unric.org/html/portuguese/uninfo/MDGs/P___R.pdf>. Consultado em 27Nov2016.

VALLE, C.; LAGE, H. **Meio ambiente: acidentes, lições, soluções**. São Paulo: SENAC, 2003. 256p. ISBN 85-73593-11-3.

VAN DEN BERGH, J.C.J.M. Relax about GDP Growth: Implications for climate and crisis policies. **Journal of Cleaner Production**. Vol. 18, n.º 6, 2010, p. 540-543. DOI: 10.1016/j.jclepro.2009.08.011.

VAN DEN BERGH, J.C.J.M. The GDP paradox. **Journal of Economic Psychology**. Vol. 30, n.º 2, 2009, p. 117-135. DOI: doi:10.1016/j.joep.2008.12.001. Disponível em: <https://dnr.maryland.gov/mdgpi/Documents/GDP_Paradox.pdf>. Acedido em 25Set2020.

VARGAS, P. R. O insustentável discurso da sustentabilidade. *In:* BECKER, D. F. (Org.). **Desenvolvimento sustentável: necessidade e/ou possibilidade?**. Santa Cruz do Sul, R.S.: EDUNISC, 2002, p. 211-241. ISBN: 978-8575780121.

VERNADSKY, Wladimir. **La Biosphère**. Leningrado: Nauchnoe khimiko-technicheskoye izdatel'stvo, 1926.

WARD, B.; DUBOS, R. **Only one Earth: the care and maintenance of a small planet**. Conferência das Nações Unidas sobre o Meio Ambiente Humano. New York and London: W. W. Norton & Company, 1972.

WEGENER, Alfred. **Die Entstehung der Kontinente und Ozeane**. Braunschweig, Germany: Vieweg & Sohn, 1920.

WHITE, G. **The Natural History and Antiquities of Selborne, in the County of Southampton**. London: Printed by T. Bensley, for B. White, 1789. Disponível em: <https://archive.org/details/naturalhistorya04whitgoog>. Acedido em 3Set2020.

WHITE, Gilbert. **The Natural History of Selborne**. Richard Mabey (Ed.). London: Penguin Books, 1977.

WILLIAMS, W.H. **The Commons, Open Spaces, and Footpaths Preservation Society, 1865–1965: A Short History of the Society and Its Work.** London: Commons, Open Spaces & Footpaths Preservation Society, 1965.

WITCOVER, J. **Sabotage at Black Tam: Imperial Germany's Secret War in America, 1914 - 1917**. Chapel Hill: Algonquin Books of Chapel Hill, 1989.

WORLD BANK. **World Development Report 1992: Development and the Environment**. New York: Oxford University Press, 1992. Disponível em: <https://openknowledge.worldbank.org/handle/10986/5975>. Acedido em 12Out2020.

WORLD CHARTER FOR NATURE. RESOLUÇÃO A/RES/37/7, 48ª REUNIÃO PLENÁRIA DA ASSEMBLEIA GERAL DAS NAÇÕES UNIDAS, EM 28 DE OUTUBRO DE 1982. Disponível em: <https://www.dh-cii.eu/0_content/investigao/files_CRDTLA/convencoes_tratados_etc/carta_mundial_da_natureza_de_28_de_outubro_de_1982.pdf>. Acedido em 21Set2020.

WRI. **World Resources Report 2013-2014: Creating a Sustainable Food Future**. World Resources Institute. Disponível em: <http://www.wri.org/our-work/project/world-resources-report/world-resources-report-2013-2014-creating-sustainable-food>. Acedido em 1Jun2020.

YASSI, A.; KJELLSTRÏOM, T.; KOK, T.; GUIDOTTI, T. **Basic Environmental Health**. New York: Oxford University Press, 2001.

YOUNG, A.L. **The History, Use, Disposition and Environmental Fate of Agent Orange**. New York, NY: Springer, Science and Business Media, 2009. DOI: 10.1007/978-0-387-87486-9.

SUBSÍDIOS PARA A COMPREENSÃO DA SUSTENTABILIDADE SOCIAL E DESENVOLVIMENTO NO DISCURSO DE VANDANA SHIVA AQUANDO DA ENTREGA DO SYDNEY PEACE PRIZE. [155]

Contributions to the understanding of social sustainability and development in Vandana Shiva's Sydney Peace Prize acceptance speech.

RESUMO

Este trabalho é uma reflexão teórica da comunicação de Vandana Shiva aquando da entrega do Sydney Peace Prize, em 03 de novembro de 2010, subordinada ao tema *Making Peace with the Earth*. Tem como objeto alertar, com base nas palavras da autora, para os problemas do eco-imperialismo, associado à biopirataria extractivista, destruidora da biodiversidade e castradora de tradições sociais e culturais, e do colonialismo tecnológico, enquanto fator de dependência técnica e tecnológica, e sensibilizar para o que Shiva designa de democracia da vida da Terra, necessária e responsável pelos direitos da Terra e das pessoas, um modo diferente de viver em harmonia com a terra. Dada a sua natureza e foco, foi desenvolvido sob texto corrido, mas podem individualizar-se dois momentos: um primeiro, onde se analisa a vida e obra da autora, e a sua forma de ver o mundo, e um segundo, onde se analisa a comunicação. Terminamos com uma concisa reflexão, seguida de referências biográficas.

ABSTRACT

This paper presents a theoretical reflection on Vandana Shiva's acceptance speech entitled *Making Peace with the Earth* for the Sydney Peace Prize, on 3 November 2010. Its purpose is to call the attention, on the basis of the author's words, to the problems arising from eco-imperialism linked to extractivist bio-piracy, which destroys biodiversity and represses social and cultural traditions, as well as from technological colonialism as a factor of technical and technological dependence. It also aims to raising awareness of what Shiva calls "the Earth democracy", which is necessary to and responsible for Earth's and people's rights, a different way of living in harmony with the Earth. Given its nature and focus, the paper is written in the form of continuous text, although it can be divided into two moments: first, we analyze the author's life and work as well as her world view; second, we analyze her communication. To conclude, we make a brief reflection, followed by bibliographical references.

[155] Artigo publicado pela primeira vez na Revista Direitos Emergentes na Sociedade Global – REDESG (ISSN: 2316-3054), Vol. 3, nº 1, 2014, p. 143-173. DOI: 10.5902/2316305415502.

Introdução

O presente artigo tem como quadro analítico central a comunicação que Vandana Shiva apresentou aquando da entrega do Sydney Peace Prize, em 3 de novembro de 2010, e que versa o tema *Making Peace with the Earth*, onde a palestrante aborda a incontornável crise ambiental e a iminente rota de colisão entre a civilização técnica e a biosfera.

Vandana Shiva é uma proeminente ativista social e ambiental, que luta diariamente contra o paradigma vigente do capitalismo industrial e da dominação tecnológica, o que diz ser um imperativo de sobrevivência para a espécie humana (Shiva, 2014). Propõe a paz com a Terra - promoção de um desenvolvimento ecológico, viável socialmente, economicamente e culturalmente - como solução para ultrapassar os grandes desafios societais.

A dominação tecnológica, escurada pelo capitalismo industrial, não é um problema recente. Já faz tempo que o chefe dos Índios Sioux, numa carta dirigida ao Governador de Dakota, afirmou que "a terra não pertence ao homem, é o homem que pertence à terra" (Condesso, 2001, p. 571). Consideramos, por isso, que é importante refletir sobre o trabalho de Vandana Shiva, nomeadamente sobre as suas preocupações no âmbito **do eco-imperialismo** associado à biopirataria extractivista, destruidora da biodiversidade e castradora de tradições sociais e culturais, e do **colonialismo tecnológico**, enquanto fator de dependência técnica e tecnológica. O mesmo acontece em relação ao seu entendimento acerca da importância do capital social na concretização do desenvolvimento sustentável, e em relação ao que designa de "democracia da vida da Terra", necessária e responsável pelos direitos da Terra e das pessoas, um modo diferente de viver em harmonia com a terra.

O objetivo deste trabalho é, pois, trazer à discussão a comunicação *Making Peace with the Earth*, um texto promotor do *habitus da sustentabilidade* (*homo ecologicus*), que nos remete para a necessidade de renunciarmos à fé cega na tecnologia (*homo tecnocraticus*) e na economia capitalista (*homo economicus*), por estas serem "espécies" formadas por indivíduos egoístas que procuram a gratificação pessoal e a acumulação material.

O trabalho foi redigido em texto corrido, dada a sua natureza reflexiva, teórica e encadeada. Procurámos uma abordagem inovadora e de interesse jurídico. Num primeiro momento, refletimos sobre a vida e obra da autora e sobre a sua forma de ver o mundo, e depois, após melhor conhecermos a autora, analisamos a comunicação que esta apresentou aquando da entrega do Sydney Peace Prize. Terminamos com a conclusão e com as referências biográficas.

Sobre a autora...

Vandana Shiva nasceu em 1952, em Dehradun, no Norte da Índia. Durante a infância e adolescência, na companhia e por influência dos seus pais, incorporou os mais elementares valores do Universo, pela terra e pela natureza, fundados no amor e na felicidade, que hoje orientam o seu caminho e são reconhecidos como determinantes para a vida na Terra (Diener & Oishi, 2000; Zidanšek, 2007, p. 896). Do ponto de vista académico, Vandana Shiva é bacharel em Física, mestre e doutora em Filosofia, e tem uma longa lista de participações em colóquios e conferências internacionais. Escreveu cerca de 20 livros e mais de 300 artigos em revistas técnicas ou de arbitragem científica, maioritariamente na área socio-ambiental.

Assumida ecofeminista e antiglobalista, Vandana Shiva é uma das mais proeminentes pensadoras da atualidade, cujo maior mérito recai no trabalho de campo que tem realizado junto das populações rurais na Índia. Não concebe a Ciência virada sobre si mesma e enquistada dentro da academia, em textos escritos muitas vezes para serem lidos e apreciados pelos pares, por vezes mais parecidos com masturbações intelectuais.[156] Pelo contrário, trabalha casos reais e abre o conhecimento

---

[156] Vandana Shiva escreve para o mundo, não só para os pares, e no trabalho de campo, junto das populações rurais da Índia, realiza atividades práticas com consequências boas e reais, percorrendo o caminho ecopragmatista, ética ambiental melhor descrita por Vaz & Delfino (2010). Uma atitude nem sempre padrão no mundo académico, entre outras situações, devido à transformação da ciência num mercado, ao nível do significado que Shiva confere à "biopirataria", uma vez que, entre aqueles que exercem a atividade de docência ou investigação, são muitos os que podem ser acusados de conceber a produção científica como uma atividade comercial, e ainda mais os que publicam artigos em revistas que visam o lucro, o que fazem para exclusivamente obterem maior

ao exterior com enorme aplicabilidade, transformando-o em algo realmente útil. Em 1982, fundou a Foundation for Science, Technology and Ecology e, em 1987, o movimento Navdanya, uma ONG que tem como objetivo a preservação da integridade dos recursos vivos e da biodiversidade, a promoção da agricultura biológica, a preservação das sementes autóctones (luta contra os OGM) e o comércio justo. Pelo seu distinto trabalho académico e pela sua distinta atitude ativista, sempre frontal nas suas intervenções, foi agraciada com vários prémios, como o Right Livelihood Award (1993), o Sydney Peace Prize (2010), no âmbito do qual proferiu o discurso que está na base do presente trabalho, e mais recentemente o Fukuoka Asian Culture Prize (2012). Hoje, cruza a luta dos direitos humanos com a proteção do ambiente.

Convém referir que a Índia conserva um forte sistema de estratificação social, caracterizado por relações de hierarquia, de separação e de interdependência (sistema de castas) (Bouglé, 1935), cuja estruturação, segundo Louis Dumont, pode ser pensada com base em critérios de pureza e impureza, que significam superioridade hierárquica e inferioridade hierárquica, respetivamente (Dumont, 1966). Para Dumont, a pureza é definida por oposição a impureza, sendo esta última contraída quando os hindus entram em contacto com a vida biológica/orgânica. Isto significa, de forma muito simplista, que a mulher é o elemento mais impuro da sociedade - logo, com menos direitos - uma vez que o ciclo menstrual, a maternidade, os processos alimentícios, entre outros, englobam contacto com matéria orgânica (Dumont, 1966), o que é questionável, desde logo porque são os brâmanes que retiram a inauspiciosidade das castas inferiores (Raheja, 1988).

---

prestígio e reconhecimento próprio (portanto, por egoísmo). Mesmo que o façam gratuitamente, e nem podia ser de outra forma, já que na maior parte das vezes são remunerados pelo exercício da atividade, as empresas que suportam essas revistas comercializam esses trabalhos por valores exorbitantes. Isso faz com que a produção de conhecimento (destas revistas), geralmente não esteja disponível à sociedade, somente a uma pequena elite da academia (logo, para ser vista entre pares). Da mesma forma que as sementes pertencem à comunidade, e não à indústria das ciências da vida que passou a criar patentes que assumem o papel de detentoras da vida, através da engenharia genética, como advoga Shiva, também o conhecimento deve estar aberto à sociedade, e não fechado em revistas acessíveis a poucos ou entrincheirado entre áreas científicas, diríamos nós.

Compreende-se agora a visão ecofeminista de Vandana Shiva, formada através do conceito de ecofeminismo proposto por Françoise d´Eaubonne[157], enquanto forma de luta contra todos os tipos de opressão, sobretudo contra a relação de dominação dos homens sobre as mulheres e a natureza, como resultado histórico da sociedade patriarcal ocidental (d´Eaubonne, 1974). Segundo a autora, trata-se de uma opressão desde sempre presente, mas que atualmente é mais visível na dominação científica e tecnológica da política do capitalismo industrial.

> "A ciência moderna era uma atividade patriarcal conscientemente baseada no género. À medida que a natureza passou a ser encarada mais como uma mulher para ser violada, também o género foi recriado" (Shiva, 2010b, p. 5).[158]

Devido às suas habilidades bélicas (capacidades para fazer guerra), os homens têm ocupado ao longo de toda a História, em quase todas as civilizações, o topo da hierarquia da sociedade, impondo às mulheres a sua dominação. Esta hierarquização da sociedade, machista e patriarcal, fazia-se não só pela discriminação, com base no sexo e no fenótipo (racismo), mas também pela exploração de classes sociais e pela destruição ecológica (dominação ambiental) (Collins, 1974). Estas conceções são agora difíceis de aceitar, senão incompreensíveis, sobretudo a da biologia evolutiva, mais recente, com base na craniometria, que argumentava que os indivíduos masculinos eram mais inteligentes que os femininos, porque tinham cérebros maiores (trabalhos de Broca, séc. XIX). Gould (1980), na apresentação dos resultados do trabalho de Paul Broca (1824-1880), permite perceber a tentativa de justificar um argumento social através de uma perspetiva biológica: os brancos teriam um cérebro maior do que o dos negros, e estes teriam um cérebro com um tamanho semelhante ao das mulheres. Procurava-se assim, do ponto de vista biológico, uma justificação para o colonialismo, porque era necessário cuidar dos negros como se cuidava

---

[157] Conceito ético formulado por d´Eaubonne que estabelece uma conexão com o social e o ambiental (Brennan, 2011).

[158] Texto original: "Modern science was a consciously gendered, patriarchal activity. As nature came to be seen more like a woman to be raped, gender too was recreated".

das mulheres, igualmente inferiores em inteligência aos homens brancos. Talvez por isso Shiva associe a necessidade da proteção do ambiente à libertação da mulher e dos povos oprimidos, conjetura subscrita por extensão da ideia a Merchant e Vaz e Delfino (Merchant, 2005; Vaz & Delfino, 2010).

A visão antiglobalista de Shiva tem muito de historicista, centrada como está nos grandes descobrimentos e no processo de colonização. Como referiu recentemente em Lisboa, "há 500 anos atrás, os reis e rainhas da Europa pensaram que deviam enviar os seus mercantes aventureiros (…). Piratas foram enviados para todo o mundo, com a justificação de "civilizar os incivilizados" (…). Tal como na altura a colonização foi movida pela ânsia do poder, violência e ganância, hoje é movida pelos mesmos interesses" (Shiva, 2014).

Esta é uma visão que faz sentido, uma vez que a Índia foi colonizada pelos Ingleses, responsáveis pelo processo de hierarquização social ainda vigente, cujo dispositivo colonial industrial teve uma atuação predadora e extractivista, de degradação ambiental e social. Do ponto de vista ambiental, é exemplo disso a poluição da água por arsénio, provocada por vazamentos industriais, origem de problemas de saúde variados na população (danos no coração e nos vasos sanguíneos; danos no sistema nervoso central e periférico; defeitos de nascença e problemas reprodutivos; problemas de pele; cancro de pele, fígado, bexiga, pulmões, rins e próstata). Do ponto de vista social e cultural, temos como exemplo os movimentos de diáspora e a alteração da dinâmica social, organizacional e cultural, substituindo práticas ancestrais por técnicas e tecnologias modernas. Mas os seus efeitos também se fazem sentir a nível económico, devido à redução forçada da mão-de-obra e às inúmeras situações em que as pessoas com sintomas visíveis de doenças são despedidas e/ou não chegam a ser contratadas, como acontece no Bangladesh (Carson, Koundouri & Nauges, 2010).

Esta moldura continua a ser a realidade da Índia atual, onde não existe limite para a ganância e para a concentração de riqueza, contra a qual luta Vandana Shiva, como se verifica nesta palestra, em que explora a questão da destruição cultural provocada pela indústria das ciências da vida, através da engenharia genética, da poluição da indústria mineira e da globalização, e em que fala de uma guerra contra a Terra: "a economia global corporativa tornou-se numa economia de guerra permanente contra o planeta" (Shiva, 2010b, p. 2).[159] Esta presunção é partilhada por Saskia Sassen[160], professora de Sociologia na Universidade de Columbia, entre outras, que defende que os governos devem trabalhar entre si os assuntos socioambientais, empreendendo mais esforços na luta contra a fome, desnutrição, falta de educação, injustiça social, entre outros grandes problemas societais (ao contrário do que agora se verifica, cujo interesse se limita aos processos de globalização que trazem às suas fronteiras capitais e mão de obra qualificada). Sugere, para isso, a renovação de lideranças políticas, com vista à redefinição dos projetos desenvolvidos pelos agentes da economia global (Sassen, 2008).

Análise da comunicação "Making Peace with the Earth"

A comunicação de Shiva aquando da entrega do Sydney Peace Prize[161], em 2010, subordinada ao tema Making Peace with the Earth e agora alvo de análise, está estruturada em torno de oito temas, a saber: (i) Guerras contra a Terra; (ii) A indústria extrativa, uma forma de guerra; (iii) Guerras na mente: a violência da ciência reducionista; (iv) A agricultura industrial, uma extensão da guerra; (v) Solo não solo: guerras climáticas e paz climática; (vi) Recuperação dos bens comuns; (vii) Criar verdadeira riqueza e prosperidade; e (viii) Os direitos da Terra são direitos humanos. Termina com uma antiga prece indiana em que apela: (i) ao fim da guerra humana contra a Terra, que considera ser mental; (ii) à harmonia e paz entre todos os seus seres.[162]

---

[159] Texto original: "the global corporate economy has become a permanent war economy against the planet".

[160] Criou o conceito de "cidade global".

[161] É o único prémio de paz internacional concedido na Austrália.

[162] A comunicação de Vandana Shiva está disponível em formato de texto e em formato de vídeo, e em ambos os casos o conteúdo é o mesmo: SHIVA, Vandana. Marking Peace With The Earth. **City of Sydney Peace Prize Lecture**, 3 de novembro, 2010a. Vídeo da apresentação. Disponível em: <http://vimeo.com/17376439>. Acesso em: 25 abr. 2014. SHIVA, Vandana. Marking Peace With The Earth. **City of Sydney Peace Prize Lecture**, 3 de novembro, 2010b, p. 16. O Texto da comunicação. Disponível em: <http://sydneypeacefoundation.org.au/wp-content/uploads/2012/02/2010-SPP_Vandana-Shiva.pdf>. Acesso em: 25 abr. 2014.

Não é nosso objetivo resumir a comunicação, nem nos vamos reportar diretamente a cada item anterior, antes procuraremos explanar alguns assuntos estruturais da intervenção da autora. Desde logo, julgamos que é estrutural a ênfase que a autora confere à dominação e controlo dos recursos vitais (água, solo, biodiversidade, etc.) através de instrumentos como as guerras e a militarização enquanto escudos para a globalização corporativa, de tratados de livre comércio e de tecnologias de controlo (ex. a agricultura industrial suportada pela indústria dos herbicidas, que provocou a revolução verde, nos anos 60, na Índia, ou a substituição de sementes naturais por OGM).

Importa salientar que a globalização da economia e da sociedade comporta várias dimensões, nas diversas áreas, umas com mais desvantagens, como a globalização das finanças e capitais, dos modos de vida e dos padrões de consumo, outras com mais vantagens, como a globalização das perceções e da consciência, sobretudo a realizada por grupos de pressão, muito útil para a problemática ambiental, e a procurada por Shiva enquanto ativista.

> "Globalização das percepções e da consciência, resultante da convicção crescente de que vivemos num universo onde os recursos são finitos e devem ser preservados, tanto mais que erros cometidos num determinado momento e lugar se podem repercutir em todo o planeta, no imediato e/ou no futuro. O movimento ecológico tem sido, aliás, decisivo para reforçar esta consciência de cidadãos planetários, a qual não pode ser desligada também da extraordinária expansão da Internet. De igual modo, a preocupação com os direitos humanos tem levado algumas empresas a estabelecer códigos de comportamento aplicáveis às suas filiais e aos seus subcontratados, como sucedeu com a Nike e a Reebok, para citar dois exemplos da indústria de calçado" (CES, 1997, p. 7).

Vandana Shiva agrega na mesma equação, depreciativa por sinal, agrotóxicos para controlo de pragas e OGM. Apesar das dúvidas que recaem sobre os OGM (Kramkowska *et al.*, 2013; Long, 2013), não podemos esquecer que 4/5 de toda a produção mundial de soja e mais de metade da produção mundial de milho têm hoje origem nos OGM (Fonseca *et al.*, 2013). Acresce que os estudos sobre as plantas transgénicas nunca provaram inequivocamente qualquer dos problemas que lhes são atribuídos (Xavier *et al.*, 2009, p. 27-28). Aliás, é reconhecido que alguns OGM, quando devidamente regulamentados, monitorizados e sujeitos a fiscalização ao nível do desenvolvimento, plantação e comercialização, podem apresentar grandes vantagens do ponto de vista ambiental e trazer grandes melhorias à qualidade de vida, se forem úteis e seriamente alvo de contínuos testes.

Com todos os benefícios potenciais da engenharia genética - resistência a pragas, tolerância a herbicidas, resistência a doenças, tolerância ao frio, à seca e à salinidade - importantes para a nutrição, indústria farmacêutica e fitorremediação (Whitman, 2000; Helmuth, 2000; Danielle *et al.*, 2001; Scorza *et al.*, 2001; Moellenbeck, 2001), parece-nos, salvo melhor opinião, que é contraproducente ignorar esta tecnologia, mas advogamos a sua utilização cautelosa de modo a evitar possíveis danos não intencionais para a saúde humana. Este é um dos princípios de base da atual legislação europeia, que apenas permite a comercialização de produtos geneticamente modificados que demonstram ser tão seguros quanto os seus homólogos convencionais, e define procedimentos transparentes para a avaliação da segurança e para a rotulagem, que permite aos consumidores escolhas informadas (Schauzu, 2013, p. 6).

No entanto, o contrário também acontece: há autores que questionam a "excessiva regulamentação", considerando-a responsável por inibir a introdução do conhecimento acumulado e de novas variedades transgénicas, e por produzir um sinal oposto ao que seria de esperar, ao desencorajar o desenvolvimento de novas variedades de plantas transgênicas em países em desenvolvimento (Barrows *at el.*, 2014, 115-116). Trata-se de um tema muito polémico, que continua a fazer correr tinta, mas parece-nos que a crítica tecnológica, dos "biopiratas", feita por Shiva (2010a), por mais meritória que seja, esquece deliberadamente os muitos anos de experiência e conhecimento na produção de OGM, que, pelo menos, já merecem não ser considerados de risco incomensurável ou de grau de incerteza total.

Repare-se também que o discurso da autora releva uma aproximação ao ecofeminismo, no sentido do já anteriormente exposto, e uma crítica à globalização do controlo mundial dos recursos com base na tecnologia, numa espécie de recordação do passado, desde o expansionismo europeu entre os séculos XV e XX - tema que recentemente defendeu em Lisboa - até à crítica ao poder tecnológico do presente, de dominação, de recolonização, que segundo a autora tem subjacentes os mesmos interesses de há 500 anos atrás: de poder, violência e ganância (Shiva, 2012, 3:23 min. e seg.). Chama-lhe "biopirataria" – a substituição, para a mesma finalidade, dos mecanismos naturais de proteção contra pragas pelos agrotóxicos (Shiva, 2010b, p. 6-8) - enunciado que corroboramos, porque a "biopirataria" se mostra desadequada para a passagem de uma sustentabilidade fraca para uma economia ecológica ou sustentabilidade forte (Hopwood *et al.*, 2005).

Não tanto como a problemática dos efeitos dos OGM (para o consumo humano e animal, e para o ambiente, por eventuais problemas de polinização), consideramos muito preocupante a questão da apropriação da diversidade genética das plantas cultivadas por algumas empresas a nível mundial, nomeadamente as americanas, conhecidas por patentear plantas pertencentes ao conhecimento tradicional e obtidas nos países em desenvolvimento. À semelhança de Shiva, também Stiglitz refere a necessidade de por fim à "biopirata", para que se aposte mais no conhecimento tradicional, como forma de responder às preocupações dos países em desenvolvimento, e por uma questão ética (Stiglitz, 2007, p. 170; Shiva, 2007), porque os países mais pobres não conseguem em tribunal provar a sua propriedade dessas plantas. Ambos consideram que a capacidade de continuar a fazer agricultura depende da diversidade, o que subscrevemos, pelo que os genomas das plantas não podem tornar-se propriedade de ninguém. Stiglitz refere a Novartis, uma farmacêutica suíça, que foi considerada socialmente responsável quando reconheceu a necessidade de facilitar o acesso aos medicamentos contra a malária, oferecendo gratuitamente ou a preço simbólico alguns medicamentos aos países em desenvolvimento (Stiglitz, 2007, p. 170 e seg.).

Nesse sentido, Vandana Shiva advoga que os valores sociais, os conhecimentos tradicionais e a própria vida da Terra estão sob o ataque da tecnologia da globalização corporativa, e diga-se, o que acontece por cumplicidade dos próprios indivíduos e nações, que, ingenuamente, com base em promessas de menor trabalho e maior rentabilidade, são persuadidos a adotar tecnologias que os mantêm reféns para todo o sempre. No entanto, não só ficam reféns de uma tecnologia que não controlam, como colocam em causa a sua existência. Se refletirmos sobre os postulados da *teoria da adaptação* de Charles Darwin (1859)[163], que é igualmente atribuída a Alfred Wallace, e que sintetiza que na seleção individual a adaptação resulta da competição entre indivíduos e não da competição entre populações ou espécies, podemos deduzir, ainda que de uma forma simplista, e não catastrofista, que neste momento a vida humana na terra está biologicamente enfraquecida, fragilizada, uma vez que não depende da seleção natural, mas de aditivos criados pelo Homem para poder prosseguir com a hominização da natureza. Por outras palavras, as sementes OGM e os agrotóxicos referidos por Shiva (2010a) são barreiras à ação da seleção natural, cuja ineficácia poderá, contudo, aumentar a capacidade de destruição, uma vez que as espécies humanizadas estão mais vulneráveis e as pragas invasoras mais fortalecidas (por extensão da teoria de Darwin, 1859). Atente-se que, em situação normal, a seleção natural eliminaria as espécies de plantas menos adaptadas ao ambiente, preservando de forma natural as mais adaptadas às condições ambientais, que por sua vez se iriam multiplicar, gerando espécies mais resistentes às condições do meio (Darwin, 1859).

A "troca" de produtos transformados por recursos naturais é ainda agora recorrente, mas temos de concordar que nem sempre é desejável, porque condiciona em muitas situações a capacidade de cultivo, de autonomia e de organização dos povos. Temos relatos a esse nível um pouco por todo o mundo, de desrespeito pelas culturas locais e tradicionais, que configuram uma atuação criminosa, ainda que Shiva tenha explorado com maior detalhe a questão das sementes transgénicas e dos agrotóxicos, que são responsáveis por uma relação de dependência dos povos face à tecnologia, o que é natural, uma vez que é a realidade que mais conhece, a sua área de trabalho e vivência. Um outro exemplo

---

[163] Os postulados são: (i) luta pela sobrevivência (pressão ambiental – população infinita – capacidade do meio ambiente finita); (ii) variação na aptidão dos organismos; e (iii) herança da variação (Darwin, 1859).

dessa atitude criminosa, muito bem estudado por sinal, chega-nos do Brasil, associado às primeiras teorias contratualistas.

Roberto Cardoso Oliveira foi o responsável pelas primeiras formulações contratualistas no Brasil, em conjunto com Darcy Ribeiro. Ambos tinham contacto com o quadro analítico central, e procuraram perceber como é que as sociedades indígenas se comportam perante o contacto: Resistem? Assimilam-se? O que aceitam? O que rejeitam? Como reagem nos vários aspetos económicos, sociais, organizacionais, etc...? As suas conclusões eram pessimistas, apontando mesmo para o fim da genuinidade indígena, pois alegavam que os Índios estavam a passar por um processo de transfiguração étnica, de índios específicos para índios genéricos (Oliveira, 1994). Centrando o seu estudo nos Tukúna, Roberto Cardoso Oliveira enfatiza o conceito de ficção étnica visível na economia, no trabalho, na organização social, no sistema clânico e de parentesco, através do qual concebeu uma visão negativa do contacto, pois considera que estas populações estavam a sofrer um forte processo de caboclização, alterando a estrutura de vivência e formação tribal. Refere, por exemplo, que a estrutura clânica passou a ter um valor simbólico, e certos padrões de casamento alteraram-se, pela mistura das regras dos Tukúna com as regras dos Ocidentais (Oliveira, 1994).

Não obstante, convém referir que Catherine Howard, logo em seguida, sem negar o impacto negativo da cultura ocidental sobre a cultura indígena, realça algumas questões positivas, introduzindo o conceito de agencialidade (Índios mais ativos), e enfatiza o modo como as sociedades indígenas reagem ativamente ao contacto, tentando conservar a sua estrutura de vida e definir formas de convivências com o contacto (Howard, 2000). Ou seja, passa para segundo plano a destruição da cultura indígena, e enfatiza a luta dos Índios contra a invasão ocidental, num exercício claro que remete para o que deve ser a consciência ambiental de cada um de nós, e o que deve ser a nossa ação (agência), sem ceder ao poder capitalista fomentador dos ideais do consumo e ao ataque da tecnologia da globalização corporativa. Shiva promove esta ideia, da não desistência.

A propósito dos Tupinambá, do sul da Baía (Brasil), Susana de Matos Viegas traz-nos uma breve história da desapropriação, onde relata que os indivíduos, ingenuamente, trocavam com os brancos terra por álcool (cachaça) e, quando se aperceberam de que estavam a ser enganados, já tinham sido expropriados (Viegas, 2007). Neste caso, o Homem branco tinha interesse nas terras indígenas para grandes plantações, e foi durante a Ditadura Militar, após um calculado processo de sedentarização, que se desencadeou o maior processo de desapropriação. Esta superioridade perante os Índios, que pouco difere do observado no processo de colonização, é, por extensão de ideia, central nas críticas de Vandana Shiva (2010a, 2010b).

À semelhança de Vandana Shiva, também Susana Viegas aponta o caráter desproporcional dos valores da troca, neste caso de terra por cachaça, que muitas vezes ocorreu através de aliciamentos ilícitos, aceites ingenuamente. Segundo Susana Viegas, os pequenos proprietários brancos, através do aviamento, ou seja, da venda a fiado, vendiam álcool aos Índios, até que estes, sem poder pagar, eram obrigados a entregar as suas terras. Não era uma situação furtuita, era intencional, de forma a vincular os Índios a uma dívida e respetivos juros que os perseguiriam para todo o sempre até perderam a sua verdadeira riqueza, as suas terras. Uma situação em tudo equivalente à descrita por Shiva para Dongria Kond de Niyamgiri (Índia), onde existe perda de autonomia e dependência prolongada em relação aos OGM e agrotóxicos[164].

De acordo com Shiva, a desconsideração do valor da cultura e do ambiente contrasta diametralmente com a valorização da economia de mercado (favorecida pela tecnologia) e do Produto Interno Bruto (PIB).

---

[164] Segundo Viegas (2007), estamos perante uma compatibilidade equivoca, conceito que remete para o valor diferente da terra, para índios e brancos. Após esgotarem os recursos da terra os Índios circulavam para outras terras, dentro do seu território, ou seja, iam circulando de terra em terra aproveitando os recursos naturais (ex. frutos, caça, etc.). As terras que para eles não eram produtivas, naquele momento, eram as que cediam para pagamento ao homem branco. Pensavam que estavam a ceder as terras aos brancos de forma temporária, e que depois podiam voltar. Nesta perspetiva, estavam a fazer um bom negócio, uma vez que, na altura da cedência essas terras não tinham interesse para si. Mas não era isso que os brancos faziam, que executavam as dívidas em terras de forma permanente para fazerem plantações. Por isso os descendentes destes índios criticavam o abuso dos brancos, que enganavam os Índios para lhes tirar terras. Tal como acontece em Niyamgiri, em que os agricultores ficam dependentes dos OGM e dos agrotóxicos nas suas culturas, alimentando o sistema da globalização corporativa, também aqui os Índios estavam dependentes do álcool, abdicando da sua liberdade em função de um produto que, em boa realidade, constituía uma novidade apreciada.

Ou seja, mais tecnologia significa mais produção, e mais produção maior PIB. Neste ciclo, os interesses económicos substituíram os valores humanos, deixou de haver dignidade, e tudo passou a ter uma apreciação quantitativa. Perante esta dura realidade formulam-se teorias: os adeptos do crescimento consideram que o mundo é "infinito", escurado pela tecnologia (ou seja, que a tecnologia dará sempre resposta adequada às necessidades), enquanto os adeptos do decrescimento, encabeçados por Georgescu-Roegen (1995 [1979]), consideram que o mundo é finito e que está em causa o esgotamento dos recursos naturais e da energia.

Uma das críticas que se pode fazer à utilização do PIB, é a sua aplicação como uma régua cega de mediação económica, que não contabiliza o crescimento social e ambiental, ou a riqueza da sociedade e da natureza (Shiva, 2010b, p. 13). Esta é uma situação que agrada aos agentes da globalização corporativa, instituidores do antropoceno, adeptos do socio-metabolismo de Haberl *et al.* (2009), associado a valores de consumo, por regra especialistas em ferramentas de maximização do lucro, tais como, a troca comercial de bens manufaturados por recursos naturais (pela venda de produtos e serviços altamente valorizados, e pela compra de matérias-primas a preço de saldo, aprisionando os autóctones ao sistema), ou a especulação financeira e imobiliária, que desencadeou a atual crise mundial. Segundo Joel Kurtznian, da Harvard Business Review, citado por Shiva (2010b, p. 14), "por cada dólar que circula na economia do mundo produtivo, há 20 a 50 dólares a circular na economia das finanças globais".[165]

A crise financeira de 2008-2009, que teve um forte impacto na sociedade, foi só mais uma entre outras que afetam a humanidade: crise alimentar, crise energética, crise ambiental, crise de saúde, crise social, crise de educação, crise social pela excessiva pobreza e miséria, e, em especial, **crise de valores**. São disso exemplo os fracos resultados conseguidos no cumprimento das metas dos Objetivos de Desenvolvimento do Milénio (ODM), quando estamos a pouco mais de um ano de atingir a meta temporal (até 2015) (Santos, 2014b). Todas estas crises nos fazem compreender que **o problema da humanidade é**

---

[165] Texto original: "for every \$1 circulating in the productive world economy, \$20 to \$50 circulates in the economy of global finance".

mais profundo, e está ao nível de uma crise civilizacional. Referindo-se aos grandes obstáculos à sustentabilidade, Santos repara que "esta é a primeira época da história em que a fome coexiste com o excesso e o desperdício de comida", e conclui dizendo que "conseguimos a mundialização da pobreza, mas não do equilíbrio ou da riqueza" (Santos, 2014b, p. 71).

O início deste problema civilizacional é muito evidente na passagem do industrialismo para o capitalismo industrial. Dentre as inúmeras falhas, o atual modelo económico (teoria do capitalismo), no modo como agrega curvas de utilidade, falha na representação da natureza humana.

> "Na atual interpretação do capitalismo, os seres humanos envolvidos em negócios são representados como seres unidimensionais cuja única missão é maximizar o lucro. Supostamente, os seres humanos tentam alcançar este objetivo económico de uma forma que exclui qualquer outro. Esta é uma imagem distorcida do que é realmente um ser humano. Como um momento de reflexão bastará para demonstrar, os seres humanos não são robôs programados unicamente para fazerem dinheiro. O facto essencial sobre os seres humanos é que eles são multidimensionais. A felicidade advém-lhe de muitas fontes, não só da produção de riqueza. E, no entanto, os economistas construíram toda a sua teoria de negócios assente no pressuposto de que, do ponto de vista económico, os seres humanos não fazem mais nada a não ser tentar atingir os seus objetivos egoístas. A teoria conclui que o melhor resultado para a sociedade ocorrerá quando cada indivíduo tiver rédeas soltas para procurar benefícios pessoais. Esta interpretação dos seres humanos nega qualquer papel a outros aspetos da vida – políticos, sociais, emocionais, espirituais, ambientais e outros: não há dúvida de que os seres humanos são seres egoístas, mas também são seres altruístas [...]" (Yunus, 2011, p. 17-18).

A solução para as necessidades prementes da humanidade, em termos económicos, segundo Muhammad Yunus, está no modelo de empresa social, um tipo de empresa autossustentável, sem prejuízos ou dividendos, em que o lucro é utilizado, primeiro, para investir na expansão da empresa, e segundo, para constituir uma reserva que permita lidar com imprevistos. Neste modelo de negócio, de investimento ético socialmente responsável (Rego *et al.*, 2006)[166] e comércio justo (Leão, 2004), os sócios só podem retirar a quantia que investiram, de forma gradual, conforme for surgindo disponibilidade de tesouraria. Como refere o autor, "podemos pensar uma empresa social como um negócio abnegado, cujo objetivo é por fim a um problema social" (Yunus, 2011, p. 19).[167]

De um facto não temos dúvidas, e advogamos o postulado por Shiva: o industrialismo capitalista, constituído por corporações transnacionais que reiteradamente desrespeitam a sua responsabilidade social, apostando na predação, beneficia poucos e prejudica muitos. Mas esta situação pode ser alterada, por exemplo, a nível nacional, substituindo o Produto Interno Bruto (PIB) pela Felicidade Nacional Bruta (FNB), como régua de mediação económica, como ocorreu no Butão (Shiva, 2010b, p. 14), e também a nível local, e de forma individual, alterando a conceção do valor do dinheiro. Trata-se de algo que não é nada fácil de fazer, mas que ainda assim é possível, como advogam Aleksander Zidanšek, que postula a necessidade de um novo sentido da vida com base no amor e felicidade, abdicando do padrão materialista e consumista atual (conceito de felicidade) (Zidanšek, 2007, p. 896), e Viriato Soromenho-Marques, que propõe a refundação da conceção de conforto, com base numa ética comum e universalista, passando de um conforto de consumo e produção, para um conforto de responsabilidade social e ambiental, que traga ao homem sabedoria de viver em harmonia com a natureza (Soromenho-Marques, 2012a).

No âmbito dos bens comuns, Shiva confronta o eco-imperialismo, controlador dos recursos da terra, e dos direitos da Terra e das pessoas que nela habitam, com a democracia da vida da Terra, a qual considera responsável pelos direitos da Terra e das pessoas (Shiva, 2010b, p. 12). Ao eco-imperialismo estão associados a "biopirataria extractivista",

---

[166] Note-se que até à década de 90 do século XX, a responsabilidade social das empresas viveu uma forte instabilidade, chegou mesmo a ser desacreditada e marginalizada, não tendo registado uma evolução constante. Limitou-se a um conhecimento mais expansivo do que cumulativo, como advogam Crane *et al.*, 2008, citados por De Bakker *et al.*, 2005.

[167] O autor também explica de onde viria o dinheiro para criar as empresas socais. Dentre os vários canais, destaca-se o redireccionamento do investimento mundial no apoio ao desenvolvimento.

destruidora da biodiversidade e castradora de tradições sociais e culturais, e o "colonialismo tecnológico", enquanto fator de dependência técnica e tecnológica. Os sistemas tecnológicos e económicos são os responsáveis pela tragédia dos bens comuns (por extensão da teoria de Hardin), por outras palavras, são a causa da indigência contínua e irremediável dos recursos naturais e da biodiversidade, do decesso da diversidade social e cultural da Terra, e do empobrecimento das comunidades locais (Hardin, 1968).

A questão dos bens comuns e da sua utilização responsável, sustentável e equitativa, é central ao Desenvolvimento Sustentável, e por isso amplamente abordada no Relatório de Brundtland, *Our Common Future*, elaborado pela World Commission on Environment and Development, a quem é atribuída a definição mais holística de Desenvolvimento Sustentável (Brundtland, 1987). Esta definição, mesmo criticada pela abrangência, faz pela primeira vez a ponte entre a economia, sociedade e ambiente, progredindo face à expressão sustentabilidade com conotação ecológica, cunhada no encontro internacional World Conservation Strategy (IUCN, UNEP, WWF, 1980).

Convém referir que apesar de o Relatório de Brundtland ter conseguido a aceitação e subscrição planetária do conceito proposto de Desenvolvimento Sustentável - "aquele que atende às necessidades do presente sem comprometer a possibilidade de as gerações futuras atenderem às suas necessidades" [168] (Brundtland, 1987, p. 43) -, a sua massificação e intensa internacionalização fica a dever-se ao trabalho do Center for Our Common Future (COCF) criado na Suíça (1988) com o objetivo de congregar a comunidade internacional apoiante do conceito de Desenvolvimento Sustentável (Broadhead, 2002, p. 48). Talvez por isso Susan Baker tenha considerado que o Relatório Brundtland obteve um "authoritative status" (Baker, 2006, p. 48).

A realidade é indesmentível: os recursos comuns têm vindo a sucumbir rapidamente perante a cada vez maior apropriação privada dos mesmos, como se verifica nas queimadas para fins de produção agrícola

---

[168] Texto original: "development that meets the needs of the present without compromising the ability of future generations to meet their own needs".

intensiva, e, como refere Shiva, no âmbito da poluição atmosférica, na substituição de sementes naturais por sementes de OGM (dá o exemplo do arroz basmati, a água e o solo para a sua produção), e consequentemente na biodiversidade (Shiva, 2010a). Isto não quer dizer que os OGM sejam totalmente insustentáveis, uma vez que, como já vimos, têm vindo a dar provas do contrário, mas carecem de rigor e controlo na sua cultura. Em contrapartida, o sistema de patentes condena a agricultura, porque as empresas estão a patentear produtos que na verdade não lhes pertencem, como já acima expusemos (Stiglitz, 2007, p. 170 e seg). Porventura, acreditamos nós, os OGM seriam uma alternativa positiva se fossem livres de direitos de patentes e se apenas os úteis fossem produzidos, na estreita medida do necessário e continuadamente submetidos a rigorosos testes.

Sabemos e aceitamos que a poluição atmosférica, materializada pelo industrialismo capitalista e fomentada pela economia de mercado, e os demais problemas ambientais referidos por Shiva representam uma subtração ao recurso global comum, que é do direito de muitos, e uma alocação dos proveitos a poucos, um problema já inscrito no Relatório de Brundtland: "uns poucos consomem os recursos da Terra a um tal ritmo que provavelmente pouco sobrará para as gerações futuras. Outros, em número muito maior, consomem pouco demais e vivem na perspetiva de fome, da miséria, da doença e da morte prematura" (Brundtland, 1987, p. 28).[169] Esta situação infringe o conceito proposto de democracia na Terra (Shiva, 2010b, p. 12), também considerado em James Meadowcroft, que, centrado no processo político, propõe abordagens *bottom-up*, mais flexíveis, em detrimento de abordagens *top-down*, que tratam todos os pacientes com o mesmo remédio, isto é, considera que o futuro sustentável passa necessariamente por uma governança democrática participada e reflexiva, com base na autoscopia individual (Meadowcroft, 2007).

Vandana Shiva aborda uma panóplia de incidentes ambientais equiparáveis a uma guerra contra a Terra e enfatiza a extração de óxido

---

[169] Texto original: "some consume the Earth´s resources at a rate that would leave little for future generations. Others, many in number, consume far too little live with the prospect of hunger, squalor, disease, and early death".

de alumínio, devido às suas consequências ambientais (poluição de solos e águas, e destruição de florestas e biodiversidade, entre outros), semelhantes às que já tínhamos referido para o arsénio. Considera que a globalização corporativa, desguarnecida de valores morais, por incompreensão da cultura e dos modos de vida locais, provoca danos ambientais e culturais, e por isso acusa as grandes corporações de crime cultural, ambiental e social. A sua presença junto dos Dongria Kond no Niyamgiri permite-lhe tentar a abordagem antropológica: "é um refúgio para os povos indígenas e diversas espécies. A biodiversidade de Niyamgiri não é um museu. É a base de uma vigorosa economia da abundância. Os povos indígenas tinham organizado uma festa da manga para celebrar o Dia Mundial do Ambiente".[170]

De forma fortuita, uma vez que procura fundamentar em teorias antropológicas, como sistemas de parentesco em comunidades indígenas, mas sem conteúdo antropológico, a autora estabelece relação próxima com o postulado por Philippe Descola, que trabalha a relação entre cultura e natureza, e diga-se, restitui alguma da ambição teórica à Antropologia.[171]

Segundo Shiva, "nós alimentamos os organismos que existem no solo e eles alimentam-nos a nós. Nós cultivamos a diversidade que suporta a diversidade".[172] Para Descola, os humanos e os não humanos apresentam fisicalidades distintas (ex. os pássaros têm penas, ou os peixes têm escamas, e os humanos peles) mas interioridades idênticas (o povo bororo está para as araras como as araras estão para os bororo, numa ligação real e não simbólica – lei da participação – considerando que os humanos e os animais pensam, sentem e falam entre si). Atente-se na definição de animismo:

> "Os humanos atribuem aos não humanos uma interioridade idêntica à sua. Esta disposição humaniza as plantas e sobretudo os animais, já que a alma de que são dotados lhes permite (...)

---

[170] Texto original: "is a sanctuary for the tribals and diverse species. The biodiversity of Niyamgiri is not a museum. It is the foundation of a living economy of abundance. The tribals had organized a mango festival to celebrate World Environment Day" (Shiva, 2010b, p. 3).

[171] Descola, 2005.

[172] Texto original: "we feed the soil organisms, and they feed us. We grow diversity which supports diversity" (Shiva, 2010b, p. 16).

estabelecer com estes últimos e entre eles relações de comunicação" (Descola, 2005, p. 183).[173]

É notória a similitude reflexiva de Shiva e Descola. Apesar da diferente fundamentação, muito mais erudita de Descola, ambos concebem uma forma diferente (nova) de pensar as continuidades e descontinuidades entre o homem e o meio, e no conjunto temos a interpretação cultural na forma como os próprios Índios interpretam a natureza e a si mesmos. Nesse sentido, Descola conclui que as comunidades indígenas têm uma forma diferente de conceber a sua relação com a natureza, interligando a sua alma com os espíritos, sendo que a natureza está povoada de espíritos (Descola, 2005).

De facto, esta é uma outra visão possível, subjacente à comunicação de Shiva, uma forma diferente, naturalista, de conceber a relação humana com a natureza, que não tem de ser sujeita ao escrutínio antropocêntrico ocidental (não tem de ser avaliada como certa ou errada, ou comparada com a ocidental); conceção bem criticada por Pierre Clastres, ao trilhar o caminho de uma *revolução copérnica* (Clastres, 1979, p. 9). É também uma forma de chegar ao nuclear em Shiva (2010b, p. 16), "a paz com a Terra", um "imperativo de sobrevivência para a espécie humana". Isto pela via do desenvolvimento sustentável, uma vez que ao longo de toda a história da humanidade, tudo o que o Homem fez ao nível do crescimento económico foi a pensar na sua sobrevivência (Soromenho-Marques, 2012b, 1:34 min. e seg).

Conclusão

Vandana Shiva propõe que se deixe de pensar a Terra de forma mecanicista, como matéria morta, mas antes como "a terra enquanto Gaia, um planeta vivo, a nossa mãe" (Shiva, 2010b, p. 16).[174] Porventura, acreditamos nós, esse terá de ser o caminho, um modelo a seguir por

---

[173] Texto original: "C'est l'imputation par les humains à des non humains d'une intériorité identique à la leur. Cette disposition humanise les plantes et surtout les animaux puisque l'âme dont ils sont dotés leur permet (...) d'établir avec ces derniers et entre eux des relations de communication".

[174] Texto original: "the earth as Gaia, a living planet, our mother".

todos os hóspedes deste Planeta, uma vez que o hospedeiro já deu sinais de fragilidade e está agora em fase terminal. Até porque o mundo não é binário, ao jeito de Lévi-Strauss, é antes um mundo múltiplo e complexo, com capacidade de institucionalizar e corporificar a "Democracia da Terra" (*homo ecologicus*) como o novo paradigma dominante. Shiva remete para a importância dos movimentos sociais e ativistas na defesa dos interesses das comunidades locais, contra os objetivos do eco-imperialismo e do colonialismo tecnológico, promovidos pelos grandes grupos económicos, aborda a relação humana com a natureza como sendo de respeito mútuo e co-dependência, e apela à consciência ecológica, planetária, cósmica e universal, e à agência individual (atitudes e ações), para que cada cidadão se torne um agente de mudança ecológica (Santos, 2014).

No entender da autora, necessitamos de um novo paradigma para a nossa habitabilidade, que promova uma verdadeira integração da humanidade numa entidade à qual pertencemos todos sem exceção: a Terra. A sua proposta de ação passa por uma mescla de vários atores e contextos que se vão adequando aos cenários de ação, colocando a ênfase na conduta individual, na motivação do indivíduo para a sustentabilidade (automobilização) e na participação cívica. É que esta não é só uma crise ecológica, é também uma crise civilizacional, cuja resolução depende de visão, método e organização. Deixar à omnipotência do pensamento a responsabilidade de resolver a crise socio-ambiental, que é também uma crise de valores, é não querer ter visão e não querer alterar o paradigma dominante.

Shiva defende que o desenvolvimento sustentável, alicerçado numa governança efetivamente democrática, participada e consciente, acontece só quando o indivíduo ganha um papel central na avaliação e reflexão sobre o desenvolvimento (Shiva, 2012). Sugere-nos, por isso, a substituição das espécies dominantes, *homo economicus* e *homo tecnocraticus*, pelo *homo ecologicus*, já pensando, talvez, no *homo sustentabilis*, por via do benefício que possa decorrer da dialética entre o *homo sapiens* local e o *homo sapiens* global (o *homo sapiens* global, produtor da globalização neoliberal, terá de abdicar da postura predadora e extractivista).

Não esqueçamos que a humanidade já viveu em larga escala em harmonia espiritual com o mundo natural e consigo própria (Renaud, 1996; Vaz & Delfino, 2010; Naess, 2005), mas essa vivência foi destruída pela cultura industrial e consumista e pelo utilitarismo do *"homo economicus"*, que nos transformou em exímios predadores, extractivistas e poluidores, afastando-nos de todos os anti-utilitarismos à volta do *"homo culturalis"*, da razão simbólica, da generosidade e da dádiva (Casal, 2005). O *homo ecologicus* é, pois, uma evolução imperiosa, se quisermos continuar a ser hóspedes deste Planeta.

Convém referir que no início do século XX ainda se verificavam comunidades dotadas de capital social positivo, fundadas em normas altruístas e recíprocas, de cooperação e confiança, e a viver segundo um modelo económico da redistribuição. São disso exemplo o "Kula", entre os Trobiandeses, um sistema de troca cerimonial, e o "potlach", entre os Maoris, instituições estudadas por Malinowski (1922) e Mauss (1923), respetivamente, ainda hoje existentes, com alterações que resultaram do contacto com os mercadores ocidentais.

As trocas funcionavam como um vasto sistema de prestações e de contraprestações, alicerçadas em círculos de alianças, e produziam relações de correspondência, hospitalidade, proteção e assistência mútua[175]. As coisas transacionadas continham, também elas, uma virtude que as obrigava a circular, isto é, a serem dadas, recebidas e retribuídas. Existia renúncia à lógica comercial. O valor económico não estava nos objetos de prestígio e riqueza, mas no simbolismo atribuído social e culturalmente, porque a troca implicava saber dar, receber e retribuir. Dava-se sem a preocupação de receber, ainda que os donatários se vissem obrigados a aceitar e retribuir, sob pena de perderem o prestígio, motivo pelo qual retribuíam, eventualmente, dando ainda mais (Casal, 2005). Vivia-se mais próximo do proposto por Zidanšek, ao associar a felicidade à liberdade política e económica, e à questão fulcral da criação de valores individuais, sobretudo baseados no "ser" em vez do "ter"

---

[175] Todos os objetos que circulavam com uso de representações de valor, sobretudo com a função de troca, podem ser entendidos como antepassados de moeda, mas não tinham um valor fixo, determinado por um poder governamental, eram objetos com aceitação social.

característico das sociedades de crescimento consumistas (Zidanšek, 2007).

Devemos acreditar que a demanda pela sustentabilidade é um ato de equilíbrio, de justiça e de respeito, que exige não só a implementação de políticas, estratégias, programas e projetos que tratem o ambiente e o desenvolvimento como um problema único, mas também mudanças nas mentalidades, atitudes e comportamentos, o que está a ser mais difícil de acontecer. Devemos apostar no *habitus da sustentabilidade*[176], gerador de práticas individuais e sociais, e na criação de capital social através de relações e normas de confiança e reciprocidade, cooperação e solidariedade, bem como regras e sanções (que permitam o fortalecimento cívico e incrementem o capital económico e humano, e reforcem o capital social) (Abu-El-Haj, 1999; Portes, 2000), e devemos adotar estratégias de poder simbólico, ao jeito de Pierre Bourdieu (1989), de persuasão na defesa da biosfera, como defende Shiva, "a mais importante luta pelos direitos humanos e pela justiça social do nosso tempo, o movimento pacifista mais abrangente do nosso tempo" (Shiva, 2010b, p. 18)[177]. Uma estratégia que nos ocorre, ambiciosa, passa pelo envolvimento de crenças e filosofias diferentes ao serviço da sustentabilidade e da "Democracia da Terra" (*homo ecologicus*).

Não sendo quadro analítico central, importa realçar a importância do capital social positivo, constituído por redes de relações de confiança e reciprocidade, visão partilhada e normas, que espontaneamente se associaram para materializar interesses partilhados no âmbito da

---

[176] É durante a socialização primária que se deve orientar as crianças para a Educação para o Desenvolvimento Sustentável (EDS), introduzindo-a ao *habitus da sustentabilidade*, por relação do conceito de *habitus* Bourdieu, porque, mais tarde, na socialização secundária, os estilos de vida, responsáveis por práticas individuais e sociais, resultam desse habitus já corporificado (no entanto, ainda pode ser alterado) (Bourdieu, 2007; Santos, 2014). A não introdução da criança à interiorização pré-reflexiva de valores socioambientais, portanto, à problemática da sustentabilidade, na vida adulta resulta na falta de agencialidade, na incapacidade de agir de forma independente e fazer as suas próprias escolhas livres, colaborando na reprodução do insustentável paradigma dominante, e perpetuação da estrutura crescimento dominação industrialista capitalista e globacionista, criticada por Shiva (2010a, 2010b, 2012) e advogada por Stones (2007), Barker (2008), Gulati & Srivastava (2014), Eichner (2014), entre outros.

[177] Texto original: "the most important human rights and social justice struggle of our times. It is the broadest peace movement of our times".

sustentabilidade. Com efeito, ele afasta as estratégias específicas das classes dominantes, que visam a sua própria reprodução, e promove novas culturas reflexivas, abertas e inclusivas, com vista a um mundo melhor, mais social e sustentável. A sua força motriz dominante operacionaliza-se numa visão partilhada e numa missão comum. Para o capital social ser positivo, deve obrigatoriamente resultar em benefícios, promover o desenvolvimento social e a sustentabilidade, onde se inclui sociedades mais justas e igualitárias, e um ambiente saudável e harmonioso (Abu-El-Haj, 1999; Portes, 2000; Grootaert & van Bastelaer, 2001; Ishihara & Pascual, 2009).

Discursos fatalistas ou alarmistas de legitimação da urgência de uma transformação radical para "ontem", com sonoridade de crise e colapso, como é visível em Steve Best (2013), se, por um lado, podem reforçar a visibilidade da causa, por outro, podem revelar-se inconsequentes. Com efeito, tratando-se de um processo de transformação de mentalidades, não é algo que se possa realizar da noite para o dia, é antes algo a fazer com as gerações atuais e vindouras num processo contínuo, em permanente mutação, tal como o interioriza o conceito de Desenvolvimento Sustentável (Brundtland, 1987, p. 43). Este é um caminho que, para atender às necessidades presentes e futuras do Ser Humano, deve seguir a "Democracia da Terra", permitindo-nos visualizar e criar democracias que vivam em consonância com o valor intrínseco de todas as espécies, povos e culturas; uma partilha justa e igualitária dos recursos naturais, compartilhando as decisões sobre o uso dos recursos da Terra (Gaia).

Já passámos por períodos de mudança revolucionários, mas nenhum tão intenso nem tão fecundo de perigo e oportunidade como os tempos que se avizinham. Temos de escolher: ou obedecemos às leis da ganância corporativa, protagonizada pelas multinacionais, ou às leis de Gaia, protegendo/mantendo os ecossistemas naturais terrestres e a sua biodiversidade. Acresce que a defesa dos direitos da Gaia é, portanto, o mais importante dos direitos humanos e da luta da justiça social, e este é o movimento de paz mais amplo da atualidade (Shiva, 2010a, 2010b).

Em suma, estamos perante o surgimento de uma relação completamente nova entre o poder agregado da civilização humana e os sistemas vulneráveis da Terra, dos quais depende a prosperidade contínua da Humanidade, e é urgente restabelecer uma relação saudável, confiante e equilibrada entre a civilização humana e o futuro.

Referências bibliográficas[178]

ABU-EL-HAJ, Jawdat. O Debate em torno do Capital Social: Uma revisão Crítica. **BIB - Revista Brasileira de Informação Bibliográfica em Ciências Sociais** (ISSN: 1516-8085), n.º47, jan./jun. 1999, p. 65-79, (BR-CrUES) 32882.

BAKER, Susan. **Sustainable Development**. New York: Routledge, 2006. 264 p. ISBN: 978-0415282116.

BARKER, Chris. **Cultural Studies: Theory and Practice**. 3.ª ed. London: SAGE Publications, 2008. ISBN: 9781412924153.

BARROWS, Geoffrey; SEXTON, Steven; ZILBERMAN, David. Agricultural Biotechnology: The Promise and Prospects of Genetically Modified Crops. **The Journal of Economic Perspectives**, Vol. 28, n.º 1, 2014, p. 99-119. DOI: 10.1257/jep.28.1.99.

BEST, Steve. **Ecological Crisis and Veganism**. Luxembourg: IARC, 2013. Disponível em: <https://www.youtube.com/watch?v=mkvss2bY5HA>. Acesso em: 25 abr. 2014.

BOUGLÉ, Célestin. **Essais sur le régime des castes**. 3.ª ed. France: Universitaires de France, 1935. ISBN: 978-0-521-08093-4. Disponível em: <http://classiques.uqac.ca/classiques/bougle_celestin/essai_regime_des_caste s/essais_regime_castes.pdf>. Acesso em: 25 abr. 2014.

BOURDIEU, Pierre. **O Poder Simbólico**. Rio de Janeiro: Bertrand Brasil, 1989. Tradução de Fernando Tomaz. 315 p. ISBN: 972-29-0014-5.

BOURDIEU, Pierre. **A Distinção: crítica social do julgamento**. São Paulo/Porto Alegre: EDUSP/Zouk, 2007. 556 p.

BRENNAN, Andrew; LO, Yeuk-Sze. Environmental Ethics. In: ZALTA, Edward (editor principal). **The Stanford Encyclopedia of Philosophy**. Stanford University, Fall 2011 Edition. Disponível em: http://plato.stanford.edu/archives/ fall2011/entries/ethics-environmental>. Acesso em: 25 abr. 2014.

BROADHEAD, Lee-Anne. **International environmental politics: the limits of green diplomacy**. EUA: Lynne Rienner Publishers, 2002. 223 p. ISBN: 978-1588260680.

BRUNDTLAND, Gro Harlem (Presidente). **Our Common Future**. London: Oxford University Press, 1987. 383 p. Disponível em:

---

[178] Todas as referências foram validadas no dia 25 de abril de 2014, após a conclusão do artigo, para garantir que não existiu erro na digitação, tendo essa data ficado em quase todas as referências como a data do último acesso.

<http://issuu.com/atomcatt/docs/our-common-future>. Acesso em: 25 abr. 2014.

CARSON, Richard, KOUNDOURI, Phoebe; NAUGES, Céline. Arsenic mitigation in Bangladesh: A household labor market approach. **American Journal of Agricultural Economics**, Vol. 93, n. ° 2, 2010, p. 407-414. DOI: 10.1093/ajae/aaq110.

CASAL, Adolfo Yáñez. **Entre a Dádiva e a Mercadoria. Ensaio de Antropologia Económica**. Amadora: Edição do Autor, 2005. ISBN: 972-9171-16-5.

CES. **Globalização – Implicações para o desenvolvimento sustentável**. Parecer aprovado na Sessão Plenária de 21 de julho de 1997. Relator Conselheiro Álvaro Martins. Lisboa: Conselho Económico e Social, 1997. 42 p. ISBN: 973-8395-07-8.

CLASTRES, Pierre. Copérnico e os Selvagens. In: CLASTRES, Pierre. (Org.). **A sociedade contra o Estado**. Porto: Edições Afrontamento, 1979, p. 5-24.

COLLINS, Sheila. **A Different Heaven and Earth**. EUA: Judson Press, Valley Forge, PA, 1974.

CONDESSO, Fernando dos Reis. Política do ambiente. In: ASSOCIAÇÃO PORTUGUESA DE CIÊNCIA POLÍTICA (Ogr.). **A reforma do Estado em Portugal: Problemas e perspectivas**. Actas do I Encontro Nacional de Ciência Política, Lisboa: Bizâncio, 2001, p. 571-640.

CRANE, Andrew; MCWILLIAMS, Abagail; MATTEN, Dirk; MOON, Jeremy; SIEGEL, Donald S. The Corporate Social Responsibility Agenda. In: CRANE, Andrew; MCWILLIAMS, Abagail; MATTEN, Dirk; MOON, Jeremy; SIEGEL, Donald (Eds.). **The Oxford Handbook of Corporate Social Responsibility**. Oxford: Oxford University Press, 2008, p. 3-10. DOI: 10.1093/oxfordhb/9780199211593.003.0001.

DANIELL, Henry; STREATFIELD, Stephen; WYCOFF, Keith. Medical molecular farming: production of antibodies, biopharmaceuticals and edible vaccines in plants. **Trends in Plant Science**, Vol. 6, n. ° 5, 2001, p. 219-226. DOI: 10.1016/S1360-1385 (01) 01922-7.

DARWIN, Charles. **On the Origin of Species by Means of Natural Selection, or the Preservation of Favoured Races in the Struggle for Life**. London: John Murray, 1859. Disponível em: <http://www.stephenjaygould.org/library/darwin_on-the-origin.html>. Acesso em: 25 abr. 2014.

DE BAKKER, Frank G. A.; GROENEWEGEN, Peter; DEN HOND, Frank. A Bibliometric Analysis of 30 Years of Research and Theory on Corporate Social Responsibility and Corporate Social Performance. **Business & Society**, Vol. 44, n.° 3, 2005, p. 283-317. DOI:10.1177/0007650305278086.

D'EAUBONNE, Françoise. **Le Féminisme ou la Mort**. Paris: Pierre Horay, 1974. 274 p. ISBN: 978-2705800178.

DESCOLA, Philippe. **Par-Delá Nature et Culture**. Paris: Gallimard, 2005. 623 p. ISBN: 978-2070772636.

DIENER, Ed; OISHI, Shigehiro. Money and happiness: income and subjective well-being across nations. In: DIENER, Ed; SUH, Eunkook M. (eds.). **Culture and subjective well-being**. Cambridge (MA): The MIT press, 2000, p. 185-218. ISBN: 978-0262541466.

DUMONT, Louis. **Homo Hierarchicus: le systéme des castes et ses implications**. Paris: Gallimard, 1966.

EICHNER, Susanne. **Agency and Media Reception. Experiencing Video Games, Film, and Television**. Germany: Springer Fachmedien Wiesbaden, 2014. ISBN: 978-3-658-04672-9. DOI: 10.1007/978-3-658-04673-6.

FONSECA, Ricardo; AGUIAR, Ana; SOTTOMAYOR, Miguel. **Cultivo com recurso a organismos geneticamente modificados no Brasil e na União Europeia – uma análise comparativa**. In: ESADR 2013 (ed.). Alimentar Mentalidades, Vencer a Crise Global. Évora, Portugal, 15-19 Outubro, 2013. In: CARVALHO, Maria Leonor da Silva; HENRIQUES, Pedro Damião de Sousa; NARCISO, Vanda (coords.). Alimentar Mentalidades, Vencer a Crise Global – Atas do ESADR 2013. Évora: Universidade de Évora, 2013, p. 329-347. ISBN: 978-989-8550-19-4. URI: http://hdl.handle.net/10400.14/14582.

GEORGESCU-ROEGEN, Nicholas. **La décroissance: entropie-écologie-économie**. 2.ª ed. Paris: Sang de la terre, 1995. 254 p. Disponível em: <http://classiques.uqac.ca/contemporains/georgescu_roegen_nicolas/decroiss ance/la_decroissance.pdf>. Acesso em: 25 abr. 2014.

GOULD, Stephen Jay. Women's brains. In: GOULD, Stephen Jay (ed.). **The panda's thumb: More reflections in natural history**. New York: Norton, 1980, p. 152-159. Disponível em:<http://faculty.washington.edu/lynnhank/wbgould.pdf>. Acesso em: 25 abr. 2014.

GROOTAERT, Christiaan; van BASTELAER, Thierry. **Understanding and Measuring Social Capital: A synthesis of findings and recommendations from the social capital initiative**. Social Capital Initiative Working Paper, n°. 24, World Bank, Washington, 2001. Disponível em: <http://siteresources.worldbank.org/INTSOCIALCAPITAL/Resources/Soci al-Capital-Initiative-Working-Paper-Series/SCI-WPS-24.pdf>. Acesso em: 25 abr. 2014.

GULATI, Ranjay; SRIVASTAVA, Sameer. Bringing Agency Back into Network Research: Constrained Agency and Network Action. In: BRASS, D.; LABIANCA, G.; MEHRA, A.; HALGIN, D.; BORGATTI, S. (ed.). **Contemporary Perspectives on Organizational Social Networks** (Research in the Sociology of Organizations, Volume 40), Emerald Group Publishing Limited, 2014, p. 73-93. DOI:10.1108/S0733-558X(2014)0000040004.

HABERL, Habertl; FISCHER-KOWALSKI, Marina; KRAUSMANN, Fridolin; MARTINEZ-ALIER, Joan; WINIWARTER, Verena. A Socio-metabolic Transition towards Sustainability? Challenges for Another Great Transformation. **Sustainable Development**, Vol. 19, n. º 1 (abril), 2009, p. 1-14. DOI: 10.1002/sd.410.

HELMUTH, L. Biotechnology: Both Sides Claim Victory in Trade Pact. **Science**, Vol. 287, n.º 5454, 2000, p. 782-783. DOI: 10.1126/science.287.5454.782b.

HOPWOOD, Bill; MELLOR, Mary; O'BRIEN, Geoff. Sustainable development: mapping different approaches. **Sustainable Development**, Vol. 13, n.º 1, 2005, p. 38-52. DOI: 10.1002/sd.244.

HOWARD, Catherine. A domesticação das mercadorias. In: ALBERT, Bruce; RAMOS, Alcida Rita (coord.). **Pacificando o Branco. Cosmologias de Contato no Norte-Amazônico**. São Paulo: UNESP/Editora Oficial do Estado, 2000, p. 25-60.

ISHIHARA, Hiroe; PASCUAL, Unai. Social capital in community level environmental governance: A critique. **Ecological Economics**, Vol. 68, n.º 5, 2009, p. 1549-1562. DOI: 10.1016/j.ecolecon.2008.11.003.

IUCN, UNEP, WWF. **World conservation strategy: Living resource conservation for sustainable development**. Switzerland: Gland, 1980. DOI: 10.2305/IUCN.CH.1980.9.en.

KRAMKOWSKA, M.; GRZELAK, T; CZYŻEWSKA, K. Benefits and risks associated with genetically modified food products. **Annals of Agricultural and Environmental Medicine**, Vol. 20, n. º 3, 2013, p. 413 – 419.

LEÃO, Carolina. Comércio Justo e Justiça no Comércio. In: REVISTA FORUM DC. (Org.). **Responsabilidade social e globalização (empresas, ONG e Estado na era da globalização): comunicações**. Conferência Internacional Responsabilidade Social e Globalização, Lisboa, 24 e 25 de novembro de 2003. Lisboa: Instituto Marquês de Valle Flôr, 2004.

LONG, Khuất Đăng. Notes on genetically modified organisms, perception of their benefits, risks and potential hazards. **Journal of Biology**, Vol. 35, n.º 4, 2013, p. 397-416. DOI: 10.15625/0866-7160/v35n4.3767.

MEADOWCROFT, James. Who is in Charge here? Governance for Sustainable Development in a Complex World. **Journal of Environmental Policy & Planning**, Vol. 9, n. 3-4, 2007, p. 299-314. DOI:10.1080/15239080701631544.

MERCHANT, Carolyn. **Radical Ecology: The Search for a Livable World**. 2. ed. New York: Routledge (Revolutionary Thought and Radical Movements), 2005. 304p. ISBN: 978-0415935784.

MOELLENBECK, D.J.; PETERS, M.L.;BING, J.W; ROUSE, J.R.; HIGGINS, L.S.; SIMS, L.; NEVSHEMAL, T.; MARSHALL, L.; ELLIS, R.T.; BYSTRAK, P.G.; LANG, B.A.; STEWART, J.L.; KOUBA, K.; SONDAG, V.; GUSTAFSON, V.; NOUR, K.; XU, D.; SWENSON, J.; ZHANG, J.; CZAPLA, T.; SCHWAB, G.; JAYNE, S.; STOCKHOFF, B.A.; NARVA, K.; SCHNEPF, H.E.; STELMAN, S.J.; POUTRE, C.; KOZIEL, M.; DUCK, N. Insecticidal proteins from Bacillus thuringiensis protect corn from corn rootworms. **Nature Biotechnology** (ISSN: 1546-1696), Vol. 19, n.º 7, 2001, p. 668-672.

NAESS, Arne. The Basics of Deep Ecology. **Trumpeter** (ISSN: 0832-6193), Vol. 21, n.º 1, 2005, p. 61-71. Disponível em:

<http://trumpeter.athabascau.ca/index.php/trumpet/article/view/44/39>. Acesso em: 25 abr. 2014.

OLIVEIRA, Roberto Cardoso de. **O índio e o Mundo dos Brancos**. Campinas: Unicamp, 1994.

PORTES, Alejandro. Capital Social: Origens e Aplicação na Sociologia Contemporânea. **Sociologia Problemas e Práticas** (ISSN: 0873-6529), n.º 33, 2000, p. 133-158.

RAHEJA, Gloria Goodwin. Índia: Caste, Kingship, and Dominance Reconsidered. **Annual Review of Anthropology** (ISSN: 0084-6570), Vol. 17, 1988, p. 497-522. DOI: 10.1146/annurev.an.17.100188.002433.

REGO, Arménio; CUNHA, Miguel Pinha; COSTA, Nuno Guimarães da; GONÇALVES, Helena; CABRAL-CARDOSO, Carlos. **Gestão ética e socialmente responsável: Teoria e Prática**. Lisboa: Editora RH, 2006. ISBN: 978-9728871093.

RENAUD, Isabel. Ética e Ecologia. In: ARCHER, Luís; BISCAIA, Jorge; OSWALD, Walter (Coord.). **Bioética**. Lisboa: Editorial Verbo, 1996, p. 131-134. ISBN: 972-22-1719-4-120109.

SANTOS, Marco Pais Neves dos. A importância da ação individual e dos processos de socialização no combate às alterações climáticas de origem antrópica. **Revista Monografias Ambientais – REMOA** (ISSNe 2236 1308), Vol. 13, n.º 4, 2014a, p. 3542 – 3568. DOI: 10.5902/2236130813820.

SANTOS, Marco Pais Neves dos. Os grandes obstáculos à Sustentabilidade: a fome e a miséria. **Revista Pensando em Você. Educação Ambiental**. Ano 2, n.º 5, 2014b, p. 71-78. Disponível em: <http://pt.calameo.com/read/001961655d11cbd24828b>. Acesso em: 23 nov. 2014.

SASSEN, Saskia. **Territory, Authority, Rights: From Medieval to Global Assemblages**. 4.ª ed. EUA: Princeton University Press, 2008. 112p. ISBN: 978-0691136455512.

SCHAUZU, Marianna. The European Union's Regulatory Framework on Genetically Modified Organisms and Derived Foods and Feeds. **Advancements in Genetic Engineering**, Vol. 2, n.º 2, 2013, 1000109. DOI:10.4172/2169-0111.1000109.

SCORZA, Ralph; CALLAHAN, Ann; LEVY, Laurene; DAMSTEEGT, Vern; WEBB, Kevin; RAVELONANDRO, Michel. Post-transcriptional gene silencing in plum pox virus resistant transgenic European plum containing the plum pox potyvirus coat protein gene. **Transgenic Research**, Vol. 10, n.º 3, 2001, p. 201-209. DOI: 10.1023/A:1016644823203.

SHIVA, Vandana. Bioethics: A Third World Issue. **Native Web**, 22 mai 2007. Disponível em: <http://www.nativeweb.org/pages/legal/shiva.html>. Acesso em: 25 abr. 2014.

SHIVA, Vandana. Marking Peace With The Earth. **City of Sydney Peace Prize Lecture**, 3 de novembro, 2010a. Vídeo da apresentação. Disponível em: <http://vimeo.com/17376439>. Acesso em: 25 abr. 2014.

SHIVA, Vandana. Marking Peace With The Earth. **City of Sydney Peace Prize Lecture**, 3 de novembro, 2010b. Documento escrito da apresentação. Disponível em: <http://sydneypeacefoundation.org.au/wp-content/uploads/2012/02/2010-SPP_Vandana-Shiva.pdf>. Acesso em: 25 abr. 2014.

SHIVA, Vandana. **Vandana Shiva: O Tempo e o Modo**. Lisboa: Rádio e Televisão de Portugal (RTP 2), 2012. Disponível em: <http://vimeo.com/45069821>. Acesso em: 25 abr. 2014.

SOROMENHO-MARQUES, Viriato. **Alterações climáticas: a crise que não sabemos pensar 3 - As alterações climáticas como problema político**. Lisboa: Culturgest, 2012a. Disponível em: <http://vimeo.com/42833976>. Acesso em: 25 abr. 2014.

SOROMENHO-MARQUES, Viriato. **Alterações climáticas: a crise que não sabemos pensar 4 - As alterações climáticas e o enigma do nosso futuro comum**. Lisboa: Culturgest, 2012b. Disponível em: <http://vimeo.com/43423538>. Acesso em: 25 abr. 2014.

STIGLITZ, Joseph. **Tornar eficaz a Globalização**. Coleção Ler e saber. Porto: Edições Asa, 2007. ISBN: 978-9724152936.

STONES, Rob. Structure and Agency. RITZER, George (ed). **Blackwell Encyclopedia of Sociology**. Blackwell Publishing, 2007. DOI: 10.1111/b.9781405124331.2007.x.

VAZ, Sofia Guedes; DELFINO, Ângela. **Manual de ética Ambiental**. Lisboa: Universidade Aberta, 2010. 250p. ISBN: 978-972674713.

VIEGAS, Susana de Matos. **Terra Calada: Os Tupinambá na Mata Atlântica do sul da Bahia**. Rio Janeiro: 7Letras, 2007. ISBN: 978-85-7577-424-3.

WHITMAN, Deborah B. Genetically Modified Foods: Harmful or Helpful?. **CSA - Discovery Guides.** 2000. Disponível em: http://www.csa.com/discoveryguides/gmfood/review.pdf >. Acesso em: 25 abr. 2014.

XAVIER, E.G; LOPES, D.C.N.; PETERS, M.D.P.. Organismos Geneticamente Modificados. **Archivos de zootecnia**, Vol. 58 (R), 2009, p. 15-33. Disponível em: <http://www.uco.es/organiza/servicios/publica/az/php/img/web/19_18_56_1215REVISIONOrganismosXavier.pdf>. Acesso em: 25 abr. 2014.

YUNUS, Muhammad. **A Empresa Social: a nova dimensão do capitalismo para fazer face às necessidades mais prementes da humanidade**. Lisboa: Editorial Presença, 2011. ISBN: 978-9722345293.

ZIDANŠEK, Aleksander. Sustainable development and happiness in nations. **Energy**, Vol. 32, n.º 6, 2007, p. 891–897. Doi:10.1016/j.energy.2006.09.016.

CRUZAMENTO DO SOCIAL E DO AMBIENTAL NA MÚSICA "CONSTRUÇÃO" DE CHICO BUARQUE. [179]

Chico Buarque's *"Construção"* – A cross-analysis from a social and environmental point of view.

RESUMO

A música *"Construção"* de Chico Buarque, editada pela Polygram em 1971, em São Paulo, difundiu habilmente a ausência de escrúpulos e a falta de dignidade a que era votado o ser humano dentro do seu próprio Estado, tendo ficado conhecida como uma bandeira de luta política contra a Ditadura Militar no Brasil. No entanto, sem ignorar o facto político, procuramos neste ensaio dilatar as possibilidades de compreensão do texto, analisando-o na perspetiva das questões ambientais e da ecologização das relações sociais. Mostramos que se trata de uma música que utiliza símbolos sonoros polissémicos e plurivalentes, comportando portanto uma linguagem rica em significações e conotações, que permite fazer uma interpretação das questões sociais da época, conotando-as com as questões ambientais e de ecologização das relações sociais atuais, porque apresentam o mesmo nível de significância. Concluímos que, mesmo ao fim de 40 anos, a letra conserva toda a sua atualidade e tem conotações diretas com questões prementes da sociedade atual, onde se procura a construção de uma mudança rumo à sustentabilidade.

ABSTRACT

Chico Buarque's song named *"Construção"* (Construction), released by Polygram in 1971, in São Paulo, ingeniously exposed the lack of scruples and the indignity the human being was submitted to in his own State and became famous as a symbol of political fight against the Military Dictatorship in Brazil. However, without ignoring the political fact, in this paper we endeavour to enlarge the possibilities of understanding the text, by including in our analysis the environmental and ecological issues of social relations. We show that this song uses polysemic and polyvalent sound symbols, thus allowing for a very rich language in terms of meaning and connotations, which enables an interpretation of the social issues at the time, by connoting them with the environmental and ecological issues of modern social relations, because they have the same level of significance. We conclude that, even after forty years, the lyrics remain highly topical and have direct connotations with the urgent issues of today's society, where the construction of a change towards sustainability is sought..

---

[179] Artigo publicado pela primeira vez na Revista Terceiro Incluído (ISSN: 2237-079X), Vol. 6, n.º 1, 2016, p. 43-56. DOI: 10.5216/teri.v6i1.39711.

Introdução

A arte tem constituído ao longo do tempo uma das formas mais utilizadas de contestação e luta contra as forças opressivas, os desequilíbrios sociais e os regimes ditatoriais. Dentro do universo da arte, destaca-se a música, uma poderosa ferramenta de comunicação que tem boas hipóteses de chegar à maior parte da população (se não for censurada), tornando-se, portanto, um importante veículo no processo de difusão e proliferação de conhecimento e mensagens.

Durante a Ditadura Militar do Brasil, Chico Buarque foi exímio em retratar através da arte e, sobretudo, através da música, a vivência social e política, refletindo a imagem de um país socialmente dilacerado pelo poder ditatorial. A sua luta foi inteligente e sagaz, e permitiu a consciencialização externa da realidade de um povo que vivia oprimido e era desrespeitado e fortemente reprimido. Do conjunto da sua extensa obra, que só na música conta com mais de três centenas de títulos, surge a música *"Construção"*, editada em 1971, da qual foi autor e intérprete.

Esta canção é primeiramente uma bandeira a favor da luta política contra a ditadura militar, ainda que o autor lhe dê outras interpretações, como veremos ao longo do artigo. No entanto, as nossas possibilidades de compreensão da letra estendem-se para além do contexto político, seguramente até às questões ambientais e de ecologização das relações sociais e, nesse sentido, apesar de volvidos 40 anos, ainda faz toda a diferença na sociedade atual e merece a nossa reflexão. O significado inicial está lá, na letra, mas a beleza das figuras usadas consegue adaptar-se. A genialidade de Chico Buarque está aí, na sua capacidade de produzir música que continua a ser ouvida e interpretada de formas diferentes, durante anos a fio, tanto em termos individuais como coletivos, independentemente da faixa etária, classe social ou espaço geográfico, como um processo mnemónico de constante (re)conotação.

Na *"Construção"* encontramos um Homem "em construção", o que nos remete para a necessidade de construir uma sociedade mais responsável, a vários níveis mas sobretudo do ponto de vista ético e socio-ambiental, com comportamentos, valores e princípios adequados à salvaguarda do ambiente. É nesse sentido que neste ensaio procuramos relacionar a vertente social com a vertente ambiental na canção

"Construção"[180], e simultaneamente refletir, de forma integrada, sobre a ideia central da letra: o facto de não serem só as ações a ter importância, mas também o modo como as realizamos.

A música e o seu criador

A arte não vive apenas da intenção do seu criador, até porque a sua definição alterna no tempo e no espaço (nas várias culturas humanas). Também a música, enquanto subárea da arte, é uma construção cultural variável. A comunicação artística musical, que utiliza sinais sonoros, polissémicos e plurivalentes, ao contrário das linguagens mais técnicas (ex. académica), ou das mais populares (ex. quotidiana), não é informativa ou explicativa, é plurissignificativa, ou seja, é especialmente rica em significações e conotações. Como tal, a partir do momento em que uma música é divulgada, o forte poder sugestivo que encerra em si revelar-se-á tanto mais intenso quanto maior for a capacidade de interpretação, de associação e de inter-relação simbólica por parte de quem a degustar. Por isso mesmo, toda a música gera sentimentos diversos e está aberta a novas e diversas interpretações, como acontece sobretudo com as músicas de Chico Buarque, todas elas muito humanizantes. No entanto, por mais interpretações de que as músicas possam ser alvo, a título individual ou coletivo, no mesmo momento ou em épocas diferentes, em circunstâncias iguais ou diferentes, no mesmo espaço ou em locais distintos, elas não se anulam mutuamente e todas têm de ser interpretadas nos seus contextos, para que delas se possa extrair o seu sentido; elas são simplesmente complementares. Como refere Max Weber, no âmbito das bases epistemológicas do *"Método Compreensivo"*, qualquer realidade social e histórica tem aspetos incomensuráveis, muito complexos, muito dinâmicos e, como tal, o conhecimento é sempre frágil, pois existe sempre outro conhecimento que se pode fazer com base nos mesmos elementos, ou seja, o conhecimento obtido nunca é o último (absoluto), é sempre a parte, muito pequena, de um processo em evolução (Weber, 1996).

---

[180] Utilizámos a versão: "Construção". Chico Buarque. **Philips**. Faixa 04, n. 836013-2, Polygram, São Paulo, 1971, CD. Na análise só consideramos as primeiras três estrofes, porque são as mais conhecidas, e aquelas que aparecem no videoclip.

A música *"Construção"* de Chico Buarque é equiparável, em Portugal, às músicas *"E Depois do Adeus"*, de José Nisa, e *"Grândola, Vila Morena"*, de José Afonso, que ficaram para sempre como as músicas mensageiras da *Revolução de 25 de Abril de 1974*, e também se equipara à música *"Liberdade"*, do álbum "À Queima-roupa" de Sérgio Godinho, que surgiu logo após a *Revolução de 25 de Abril de 1974*. De forma comparativa, ao fim de cerca de 40 anos, a música *"Grândola, Vila Morena"*, de José Afonso, que teve uma grande importância na História do Portugal contemporâneo, é agora muito utilizada como forma de protesto contra as políticas económicas impostas pelo governo português, sob a liderança de Pedro Passos Coelho, e pela "troika", constituída pela Comissão Europeia (CE), Banco Central Europeu (BCE) e Fundo Monetário Internacional (FMI). Este regresso da antiga canção *"Grândola, Vila Morena"* para marcar presença em numerosas manifestações de ordem social mas de origem, estrutura ou finalidade diversas, sobretudo ao longo do mês de fevereiro de 2013, remete para uma revalorização da música, agora como hino de revolta e contestação popular, por parte de quem vive uma situação de emergência económica e financeira, e também uma situação de emergência social e, consequentemente, ambiental, lutando contra a fome, o desemprego, o excesso de impostos, a redução de salários e a perda de direitos, o despejo por falta de pagamento do crédito à habitação, a destruição do Estado Social, a segmentação social, a fraude económica, a corrupção política e a promiscuidade e/ou submissão interesseira entre poder político e poder económico.

À semelhança da música *"Construção"*, cujos múltiplos sentidos interpretativos não têm fonteiras geográficas, também a *"Grândola, Vila Morena"* de José Afonso foi cantada em Madrid, na Puerta del Sol, pelo Movimento 15-M, em 16 de fevereiro de 2013.

Alguns elementos biográficos de Chico Buarque

Francisco Buarque de Hollanda, mais conhecido por Chico Buarque, afamado compositor, dramaturgo e cantor brasileiro, filho do historiador e sociólogo Sérgio Buarque de Holanda (autor do clássico *"Raízes do Brasil"*) e da pianista Maria Amélia Cesário Alvim, nasceu no Rio de

Janeiro em 1944. Em 1963, ingressou na Faculdade de Arquitetura e Urbanismo da Universidade de São Paulo, curso que haveria de abandonar três anos mais tarde, motivado pelo clima de repressão, para dar início à sua carreira musical. No entanto, ainda na faculdade, tocou e dançou no grupo "Sambafo", que tinha constituído com alguns dos seus colegas (Meneses, 1980, 1982).

Chico Buarque adquiriu notoriedade quando venceu, com a canção *"A Banda"* (1966), o Festival de Música Popular Brasileira. Seguiram-se dezenas de outras músicas, de grande repercussão, onde o lirismo, a sensualidade e a preocupação social eram as principais vertentes, e onde está bem patente o poder quase mágico das suas palavras. Para o teatro escreveu, entre outras, *"Roda-viva"* (1967) e *"Ópera do Malandro"* (1979) (Fernandes, 2004, p. 25-26).

A sua obra musical "confunde-se" com poesia, de grande qualidade, virtuosidade e universalidade, ainda que inicialmente tenha sido criticado por abusar do lirismo e da nostalgia, e rotulado de conservador e reacionário. Só depois de lançar os dois primeiros romances de sucesso é que se esbateria a carga negativa subjacente à sua imagem criada pela comunicação social e seria atribuído valor poético à sua obra (Ridenti, 2000).

Enquadramento histórico da música *"Construção"*

Em 1964 iniciou-se a Ditadura Militar no Brasil. Apesar de o governo militar atuar de forma repressiva, tal como aconteceu em outros regimes autoritários, pode considerar-se que a repressão no Brasil era "moderada", na medida em que eram toleradas as manifestações de artistas e intelectuais de esquerda. Aliás, entre 1964 e 1969, em plena ditadura da Direita, houve uma *relativa hegemonia cultural da esquerda no país*, frase clássica de Roberto Schwarz, ainda que, em resposta, o governo militar tivesse aprovado o Decreto do AI-5[181], em 13 de dezembro de 1968 (Fernandes, 2004, p. 32). Este diploma instituía um mecanismo autoritário para controlar a oposição e mitigar a contestação, até porque

---

[181] O AI-5 foi o principal instrumento de arbitragem da ditadura militar (não democrático), que permitia reprimir, censurar, torturar e perseguir opositores ao regime.

o regime autoritário preservou algumas heranças, ou pelo menos não atacou tão veementemente o samba, que mimetizava um forte sentimento de identidade nacional.[182]

Em janeiro de 1969, no seio desta conjuntura, Chico Buarque se autoexilou na Itália, onde permaneceu exilado durante um ano, fazendo alguns espetáculos (ex. com Toquinho). Regressou ao Brasil em março de 1970, mas a censura militar obrigou-o a adotar um pseudónimo para poder continuar a editar as suas músicas. Ainda assim, *passou a ser um dos artistas mais perseguidos pela censura e na primeira metade da década de 70, [foi] várias vezes intimado a comparecer ao Exército e à Polícia Federal* (Fernandes, 2004, p. 33).

A conjuntura mundial não era muito favorável. Vivia-se uma época conturbada da história da humanidade que colaborava para este espírito crítico de Chico Buarque: os regimes ditatoriais em alguns países (ex. Chile e Portugal); a violência policial noutros (ex. Alemanha, França, Itália e Grécia); a Guerra do Vietname que se arrastava desde 1959; e, entre outros acontecimentos mais recentes, o *"Maio de 68"*, uma greve geral com proporções revolucionárias que se instalou em França. Mas também se assistiu a acontecimentos positivos, como a chegada do Homem à Lua, ou mesmo o festival de Woodstock que marcou o auge da contracultura hippie com o famoso lema *"make love, not war"* e estava em sintonia com as esperanças utópicas dos anos 60 (Ridenti, 2000).

Nessa altura, na década de 70 do século XX, o Brasil estava mergulhado numa crise profunda, com grande instabilidade social, num ambiente de revolta, de indignação, de crispação, de estrangulamento cívico, de agonia social (ex. salários muito baixos, inflação muito alta e moeda sem valor) (Meneses, 1982), e a população encontrava-se carenciada, oprimida e sem condições mínimas de subsistência

---

[182] O Samba é um género musical de origem africana, uma das principais manifestações culturais populares brasileiras, que germinou entre os mestiços. Foi com o apoio do Estado Novo (Getúlio Vargas), e dos intelectuais da sociedade brasileira, e beneficiando do sucesso do mito da democracia racial (Skidmore, 1989), que passou de canção popular do Rio de Janeiro a canção nacional, portanto, a elemento de Identidade Nacional (Viana, 2004). O samba está para os brasileiros como o fado para os portugueses, já que em ambos os países governos autoritários transformaram uma realidade musical nascida nas classes populares numa forma musical de identidade nacional (Almeida, 1995; Viana, 2004).

("desnutrida", como se dizia à data). Como em qualquer governação ditatorial, a imprensa vivia sob censura e havia muitas denúncias de tortura, morte e desaparecimento de presos políticos. As guerrilhas de esquerda (rurais e urbanas) eram eliminadas, e o poder reprimia pela força as manifestações populares. No entanto, os empréstimos e investimentos estrangeiros permitiram que este fosse também um período de grande crescimento económico, sobretudo entre as classes mais abastadas, devido ao aumento da atividade no setor da construção civil e obras públicas, ao aumento do consumo de bens e ao controlo da inflação (o milagre económico brasileiro). Esta situação gerou ainda maior segregação social e acentuou a desigualdade entre ricos e pobres. Para denunciar carências sociais, económicas e culturais, e a ausência de liberdade, Chico Buarque cria e interpreta a música *"Construção"*, editada pela primeira vez em 1971, num LP com o mesmo nome (Fernandes, 2004).

Esta canção retrata a vida e a morte de um trabalhador da construção civil, o setor que mais se expandiu durante a governação militar, enfatizando disparidades, pobreza e injustiça social, reforçando a irrelevância da classe operária numa sociedade consumista, comandada por valores materiais e não morais, o que também remete para a insustentabilidade das relações entre pessoas, no meio em que vivem, tudo isto com a cumplicidade do poder político e económico (Kutting, 2004). É, portanto, uma crítica à (des)ecologização das relações humanas e sociais, e uma bandeira de luta política contra a ditadura militar brasileira (Meneses, 1982, p. 73). Esta visão tem enquadramento na análise de Luís Sá, que dá razão a Maquiavel, pelo menos num ponto, em relação ao facto de não existirem poderes perfeitos, nem homens ou mulheres perfeitos, o que permite o aparecimento de "válvulas de escape" na política, ou seja, mecanismos de defesa, controlo e combate ao abuso de poder (Sá, 1999, p. 13-14).

Julgamos que a composição de canções de crítica social foi o mecanismo encontrado por Chico Buarque para, fora do sistema político formal de controlo, combater o poder militar, sobretudo depois da implementação do AI-5 (apesar de inicialmente as suas canções evidenciarem sensibilidade social, sobressaía em primeiro plano alguma nostalgia) (Meneses, 1982, p. 48). No entanto, ele próprio não se considera um cantor/poeta de intervenção[183] (Meneses, 1980) e justifica isso com o facto de sempre ter trabalhado da mesma forma: antes, durante e depois da ditadura militar. Considera que as suas letras retratavam a vida, o quotidiano, de forma jornalística e não com fundamento político. Segundo ele, numa conjuntura política, social e económica tão delicada, era normal que as suas letras refletissem essas tendências. Advoga a favor desta hipótese o facto de o seu trabalho refletir em muito as leituras dos periódicos da altura (Meneses, 1980, p. 3), e, como ele próprio diz: *o bom cabrito berra* (Martins, 2005, p. 3).

É possível que Chico Buarque tenha criado músicas de protesto contra o poder dominante sem se rever nesse registo, e que isso seja uma consequência do momento. No entanto, depois de se ter autoexilado em Itália, com receio dos militares, e depois de ter regressado ao Brasil sob pseudónimo para poder continuar a editar as suas músicas, já nos parece "estranho" que, apesar de perseguido pelo Exército e pela Polícia Federal, continuasse a manter nas suas canções o registo provocatório ao regime. Se, eventualmente, não era sua intenção fazer oposição ao regime militar, então não teria de provocar de forma reiterada esse mesmo regime, com todas as consequências que daí lhe advieram. Parece óbvio que o quotidiano poderia ser retratado de muitas outras perspetivas e que a sátira não era um fim em si mesma, mas uma forma de atingir um fim maior, a crítica política (a "válvula de escape" referida por Sá, 1999, p. 13-14).

Interpretação da música "Construção": pertinência social e ambiental

A letra da canção *"Construção"* permite várias interpretações, o que, aliás, motivou críticas ao autor, que o acusam de ser alienante, porque as suas mensagens são bastante subliminares, não acessíveis para todos. Fora deste debate, a primeira interpretação possível é que o compositor

---

[183] O termo *música de intervenção* (ou de protesto) é uma designação que engloba canções de música popular compostas com o objetivo de despertar atenção dos ouvintes para um determinado problema que esteja em voga, seja ele de origem social, política ou económica, e mais recentemente ambiental.

procura demonstrar uma sociedade em dismonia, o que radica em desordem cívica e ilegalidade, e como tal invoca os seus responsáveis: governo ditatorial, serviçais do governo ditatorial, e cidadãos. Em termos macro, considerando esta interpretação, os governantes eram culpados pelas políticas de repressão e por menosprezarem a sociedade (*Subiu a construção como se fosse máquina; Seus olhos embotados de cimento e lágrima*); os serviçais do governo ditatorial, clássicos intermediários entre os detentores dos meios de produção e os trabalhadores (no sentido conferido por Pierre Bourdieu), por prestarem vassalagem ao poder, em quase total subserviência, colaborando na repressão do povo (*Agonizou no meio do passeio público; Morreu na contramão atrapalhando o tráfego*); e os cidadãos, por estarem em condição de estagnação, sem atitude, sem ação e reação, movendo-se com desânimo e apatia, mostrando inércia e moribundez (*Sentou pra descansar como se fosse sábado; Sentou pra descansar como se fosse um príncipe; E se acabou no chão feito um pacote tímido*).

Ao poder da classe dominante, combatida por alguns, uma grande franja da sociedade resignava-se. Ora, é hoje fundamental alterar tal atitude, tanto nas questões sociais como ambientais, promovendo uma cultura de cidadania e de participação cívica ativa. Ter atitude significa ser responsável pelo que se faz e, principalmente, pelo que não se faz. O ser humano é um ser livre, mas, se não exercer a plena cidadania, não pode exercer a sua própria liberdade. Falta-nos a sintonia com o meio, a consciência das nossas fragilidades e a convicção das nossas capacidades, mas sobra nos o comodismo e principalmente o egoísmo.

Após uma interpretação transversal/generalista, vamos desconstruir e interpretar a letra da *"Construção"* de forma pormenorizada, percorrendo um caminho construtivo, colocando no mesmo patamar a sustentabilidade social e ecológica, sem nunca perder de vista o que refere Adriano Senkevics (2007): *resumir o trabalho do Chico devia ser considerado uma infração moral.*

As três estrofes em análise são muito semelhantes. Todas começam em "amou" e terminam em "morreu", transmitindo a ideia de que tudo tem um princípio e um fim, e que depende de nós próprios alterarmos esse fim, tornando-o melhor. Registe-se o facto de a última palavra do último verso de cada estrofe ser sempre uma palavra esdrúxula.

A letra apresenta um carácter cíclico e comparativo, e demostra a importância dos adjetivos no contexto, isto é, as ações que apresenta uma e outra vez são as mesmas, mas a maneira de as realizar é diferente, como se pode ver a seguir, através de um exercício simples, em que comparamos os sete versos da terceira estrofe com os sete versos equivalentes, em termos de informação, constantes nas duas estrofes anteriores:

Fragmento da 1ª Estrofe	Fragmento da 2ª Estrofe	3ª Estrofe
Amou daquela vez como se fosse a última	*Amou daquela vez como se fosse o último*	*Amou daquela vez como se fosse máquina*
Beijou sua mulher como se fosse a última	*Beijou sua mulher como se fosse a única*	*Beijou sua mulher como se fosse lógico*
Ergueu no patamar quatro paredes sólidas	*Ergueu no patamar quatro paredes mágicas*	*Ergueu no patamar quatro paredes flácidas*
Sentou pra descansar como se fosse sábado	*Sentou pra descansar como se fosse um príncipe*	*Sentou pra descansar como se fosse um pássaro*
E flutuou no ar como se fosse um pássaro	*E flutuou no ar como se fosse sábado*	*E flutuou no ar como se fosse um príncipe*
E se acabou no chão feito um pacote flácido	*E se acabou no chão feito um pacote tímido*	*E se acabou no chão feito um pacote bêbado*
Morreu na contramão atrapalhando o tráfego	*Morreu na contramão atrapalhando o público*	*Morreu na contramão atrapalhando o sábado*

Os versos assim dispostos permitem refletir sobre o facto de não serem só as nossas ações que têm importância, mas também o modo com as executamos, o que tanto é válido para as questões sociais como para as ambientais. Aliás, em relação ao comportamento humano, às nossas ações socio-ambientais, mais importante do que tornar os nossos comportamentos adequados, só mesmo refundá-los em valores e princípios adequados, capazes de garantir de forma sustentada o futuro da sociedade. É essa pró-atividade que faltava aos cidadãos, de acordo com a crítica que lhes é feita por Chico Buarque, e que ainda continua a faltar, isto claro, na nossa interpretação, que tem subjacente a ideia sintetizada no quadro a seguir:

Esta empresa não contamina, porque consideramos ser nosso dever contribuir para um ambiente mais saudável.	*Esta empresa não contamina porque pagamos multa se o fizer.*	*Esta empresa não contamina porque vendemos mais se não contaminarmos.*

A letra da música remete para um homem que trabalha na construção civil e que tem uma família de quem gosta (mulher e filhos). Pode interpretar-se que anda desanimado (beija como se fosse a última vez) e que pertence a um estrato social baixo (anda bêbado, tem muitos filhos e tem um trabalho cansativo).

A alternância na velocidade a que caminha - devagar quando atravessa a rua e depressa quando sobe à obra - remete para o particularismo social que se viveu durante a ditadura, sempre a potenciar a padronização e mecanização da sociedade, ou também pode remeter para um sentimento de inferioridade por pertença a um estrato social mais baixo.

A alimentação é um pouco pobre. Isso pode indicar que se trata de um homem com uma rotina muito acentuada, que não tem tempo para fazer uma alimentação cuidada/diferenciada, que possivelmente realiza um intenso trabalho braçal, e por isso o pequeno descanso da hora de almoço tem um sabor especial, como se de um sábado se tratasse (final de semana). A indicação de que bebeu como se fosse um náufrago, ou seja, bebeu até ficar bêbado, remete para a existência de traumas ou para a pertença a uma classe social baixa, o que é reforçado pelo verso que refere as lágrimas e o cimento nos seus olhos, pois também remete para a dureza da vida e para o sofrimento da condição social, possivelmente agravada pela rigidez e opressão política.

O homem estava a trabalhar alcoolizado e terá sido o álcool que potenciou o descuido que originou a queda em altura na obra e, consequentemente, a sua morte. Isto remete para uma sociedade pouco deliberativa, pouco participativa, muito isolada e socialmente pouco evoluída, que valoriza os deveres e não os direitos (ex. ausência de regras de segurança e higiene no trabalho), e onde não importam os meios mas sim os fins; uma estrutura social característica de uma ditadura militar. Segundo Chico Buarque, terá voado como um pássaro e caído com estrondo no chão, de tal forma que o seu corpo ficou flácido. Voar simboliza liberdade. Aliás, desde sempre uma inspiração humana, movida pelo desejo de transcendência. Então, será que o humilde operário conseguiu inconscientemente a liberdade? De um mundo cruel e desumano, acabou por ter uma morte gloriosa? A morte é sempre negativa, mas podemos considerar que sim, desde logo se a compreendermos como a "válvula de escape" (a uma vida dolorosa), ou seja, foi a forma encontrada por Chico Buarque para puxar pelo saudável no meio da decadência e da destruição.

Perdeu-se uma vida, ficou uma família fragmentada, em sofrimento, mas o que mais preocupou as pessoas que circulavam no passeio foi o estorvo que o cadáver causou. Nunca será possível viver num mundo sustentável enquanto os cidadãos não compartilharem das mesmas preocupações, não lutarem pelos mesmos objetivos e não possuírem uma consciência coletiva, mesmo em períodos de governação política autoritária, tal como se pode ler em Unamuno (1989, p. 218), que escalpeliza ao detalhe o sentido da existência humana ao dizer: *a minha conduta tem de ser a melhor prova, a prova moral do meu desejo supremo.*

A indiferença da população perante o acidente é reveladora de uma frieza extrema entre indivíduos da mesma espécie (humana), e demonstra que o humilde trabalhador era invisível aos olhos de uma sociedade claramente dominada pelo capitalismo industrial, que negligenciava a necessária ecologização das relações sociais. Este é um bom exemplo para se perceber que comportamento gera comportamento (Goleman, 1996), que todos precisamos de viver em sociedade, partilhando, e que é o indivíduo o gestor da evolução humana (Goleman, 2006).

No entanto, a palavra "partilha" não faz parte da canção e, apesar de uma grande parte da população viver carenciada, oprimida, com fome e sem condições mínimas de subsistência, podemos perceber que, no oposto, existia quem vivesse confortavelmente, recebendo influências de um forte marketing comercial (na canção *"Televisão"*, Chico Buarque critica os meios de comunicação). O marketing transmitia ao consumidor a vontade de "comprar/consumir", aproveitando o facto de esse ser o alicerce da felicidade e do bem-estar das sociedades modernas. Após dilatado, o paradigma consumista passou a servir de régua para definir a posição social dos indivíduos (ostentar riqueza material é sinónimo de posição social) (Baudrillard, 2005). A classe de operários, que não tinha acesso a estes recursos, sentia-se relegada na sua posição social. Por isso mesmo, devemos também considerar a equidade, tanto nas relações sociais e na distribuição de riqueza, como na relação consumo *vs* disponibilidade (de recursos naturais).

Tal como vem dizendo Goleman, primeiro com as teorias da inteligência emocional (1996) e da inteligência social (2006), onde enfatiza a necessidade de harmonizar sentimentos e pensamentos nas relações interpessoais (empatia social), e recentemente com a teoria da inteligência ecológica (2009), onde releva as consequências da demanda consumista e aponta a necessidade de uma classificação séria dos produtos considerados ecológicos, de forma a filtrar os "falsos produtos verdes", ensinando consumidores e produtores a avaliar de forma precisa o quão ecológicos eles realmente são nas suas atividades, **é necessária e urgente uma revolução cívica (empatia ecológica)**. Esta alteração do paradigma vigente está nas mãos do consumidor responsável e "inteligente" (Goleman, 2009).

Importa salientar que, quando uma sociedade minimiza, ignora, exclui ou desvaloriza uma parte dos indivíduos ou toda uma classe social, tal como parece preconizar a letra da *"Construção"*, está a potenciar o afloramento do debate moral sobre valores humanos, culturais, ecológicos e económicos, e abre espaço à instabilidade e à crítica social. As políticas para a sustentabilidade devem afastar comportamentos entrincheirados, elitistas, antissociais e anticolaboracionistas, objetivo tão importante como a necessidade de ecoalfabetizar, de passar à ação e de aplicar os conhecimentos das ciências ecológicas e a sabedoria da consciência ecológica às situações da vida, na sociedade e na cultura (Ribeiro, 2009).

E isso é possível: basta tomar como exemplo o trabalho de Michael K. Stone, editor sénior do *Center for Ecoliteracy* (organização presidida pelo carismático e prestigiado Fritjof Capra), que comporta um manancial de boas ideias, de inúmeras estratégias e estudos de caso (refere-se a escolas da América do Norte), projetados para apoiar os educadores e mostrar aos educandos que são parte integrante da natureza. Além disso, considerando que a educação para a sustentabilidade está em constante aperfeiçoamento, realça que essa deve acontecer em todo o lugar e não só nas escolas, ainda que, em relação a estas, a obra tenha efeitos de antídoto, demolindo por completo a ideia de que as instituições de ensino estão a falhar, ou de que é obvio que vão falhar, e mostrando que são muitos os casos de sucesso, onde os currículos escolares integram a educação para a sustentabilidade, de forma simples e extremamente inovadora, com significativos ganhos para o potencial dos alunos, que estão mais habilitados e são mais capazes, e para o planeta (Stone, 2009).

Analisando em pormenor a questão da morte, surgem várias ideias, mas será mais interessante ver como evoluem as referências de que é alvo nas três estrofes: na primeira, o autor refere a morte na contramão atrapalhando o tráfego, na segunda substitui o tráfego pelo público, e na terceira substitui este pelo sábado. Pode-se estabelecer um paralelismo entre a força das palavras e a crítica social, na medida em que esta se acentua com o evoluir da letra. Inicialmente o tráfego (mais materialista), depois o público (mais fechado em si mesmo), e por fim o sábado (força máxima da crítica porque é no sábado que as pessoas ditas normais passeiam, enquanto as invisíveis trabalham). Se compararmos esta análise com a ênfase que Chico Buarque imprime à letra quando a canta, percebemos que acentua o tom no penúltimo verso de cada estrofe, e no último verso, quando refere a morte, acentua a expressão de vazio, de perda, de desolação. De facto, apesar de cada indivíduo ser construtor da sua própria realidade, é fortemente influenciado pelo ambiente social, do grupo ou do espaço onde está inserido (Smith & Mackie, 1995), pelo que, entrando numa espiral de pessimismo, de fracasso, abdicando do viver e do saber, pressão a que estavam sujeitos os indivíduos e os grupos, nomeadamente os mais carenciados da sociedade, o fracasso fica a um passo.

Parece que o autor nos conta a história desde a vida até à morte em três fases: começa na juventude, passa pela idade adulta e acaba na velhice. Contudo, a forma como canta a música desloca-se num percurso que parte do agradável (amor/família) para terminar no trágico (morte/desprezo). Este deslocamento do bom para o mau é comparável à rapidez com que o ser humano se desloca para o abismo, ao insistir em controlar e domesticar a natureza a seu bel-prazer (Moral & Walker, 2009).

Chico Buarque indica-nos que o homem era chefe de família e isso conferia-lhe poder, mas na sociedade ele era completamente invisível, desprezável ou substituível. O mesmo se aplica ao ser humano, que tem poder no local onde está inserido através das suas ações ou atitudes, mas no cômputo geral está submisso às forças da natureza, que inclusive podem deslocar a vida humana do agradável para o trágico (Moral & Walker, 2009; Sassa & Canuti, 2009).

Reflexão Final

Expomos neste artigo a nossa interpretação da canção *"Construção"*, que naturalmente diverge da do próprio autor, podendo gerar controvérsia. Mas tudo isso é de somenos importância perante uma realidade: qualquer música, depois de editada, deixa de identificar e representar somente a intenção do seu autor e passa a ser interpretada e recriada pelo público que com ela se identifica e nela se revê, que a absorve e lhe atribui significado e simbologia, o que resulta numa diversidade de interpretações. Se é possível extrair da letra desta canção algo verdadeiramente importante, será a enunciação de que também a sociedade deve reconfigurar a sua consciência, alinhando-a com valores sustentáveis, ecológicos, pensando sempre no conjunto e não nos indivíduos de forma isolada (Goleman, 2009).

Mais importante que o fim último da canção (música de intervenção), é a sua validade em qualquer momento histórico e político, porque identifica um problema social, à semelhança do que se pode referir em relação à visão extremamente crítica que Gil Vicente tinha da sociedade portuguesa, no século XVI, ou em relação à sátira do Padre António Vieira através do *Sermão aos Peixes*, no século XVII, que ainda não foram esquecidas e adquirem cada vez mais força na sociedade atual, em prol da cada vez maior *diferença entre o que o poder proclama e o que o poder realmente faz* (Sá, 1999, p.13).

O início do século XXI, fortemente marcado por problemas ambientais, financeiros e sociais, mostra-nos que o papel do opressor no futuro será certamente desempenhado pelas grandes empresas, na demanda pelo lucro a qualquer custo, ou pela ditadura das relações sociais. Mas a opressão é camuflada e ocorre com a conivência dos próprios cidadãos. Por comparação com a letra da obra *"Construção"*, os gestos mecânicos e pouco humanistas representarão a sociedade de consumo, que também age mecanicamente, em busca da realização imediata e efémera dos desejos, tal como o pássaro e o príncipe da canção.

Para refrear a força das empresas defensoras do capitalismo neoliberal, não cumpridoras da responsabilidade empresarial (social e ambiental), para mitigar a vergonhosa promiscuidade entre o mundo político e o mundo económico, e para alterar o paradigma vigente na sociedade, passando de uma sociedade consumista e predatória para uma sociedade responsável e equilibrada, que defenda os desígnios do Desenvolvimento Sustentável, já defendidos no Relatório Brundtland (1987), o Homem atual terá de mudar a forma de ser e estar, terá de começar a construir, tijolo a tijolo, um mundo mais sustentável. Temos de ser nós próprios a pegar nos tijolos, como operários, e construir um mundo melhor. Tal como procurou mostrar Goleman, que consubstanciou em *"Ecological Intelligence"* atributos de obras anteriores, nomeadamente da *"Social Intelligence"*, os indivíduos enquanto seres gregários carecem de alguns ingredientes na organização da vida social, como a empatia, a solidariedade, o estar em sintonia com o próximo, e a capacidade de nos colocarmos no lugar do outro (Rapport[184]), ingredientes que se mantêm fundamentais na relação com o ambiente natural. Com rigor, para Goleman existem duas formas de nos relacionarmos com os outros: uma primeira, maligna ("I and Thou" ou "Eu e Tu"), onde as pessoas são tratadas como objetos e não como pessoas; e uma segunda, benigna ("I-You" ou "Eu-Tu"), onde existem a afinidade e o respeito recíproco, inspiração que Goleman (2009) pretende ver inscrita na atitude humana perante a biosfera. Não restam dúvidas de que o individualismo e a indiferença, a exemplo da letra de Chico Buarque, levam ao isolamento, ao materialismo, à destruição sustentada e progressiva, e à não ecologização das relações sociais, portanto, não são solução.

O grito neste tempo será, ainda mais que na altura, uma ação, um gesto, um mudar de vida. Ao contrário do pedreiro referido por Chico Buarque, embora já não sejamos calados, a verdade é que nos resignámos a viver sob a pressão das necessidades que nós próprios criámos e que reiteradamente procuramos justificar como sendo básicas à nossa existência, sob o comodismo de não agir. Precisamos de reinventar a nossa consciência, pessoal e coletiva, para que, ao alterarmos a nossa forma de agir, consigamos de facto alcançar uma sociedade sustentável. Como disse Chico Buarque, a *sociedade é que deve se aperfeiçoar por uma dinâmica própria, de baixo pra cima, com a participação da grande massa de indivíduos, certo? Quer dizer, o homem modificando a sociedade para a sociedade modificar o homem* (Buarque, 1976, citado por Martins, 2005, p. 6).

Para finalizar, a canção *"Construção"* de Chico Buarque, que remete para a necessária ecologização das relações sociais, entrecruza as vertente social, económica, ambiental e de governança, e, tal como refere Diamond (2008), citado por Goleman (2009, p. 247), guarnece a sociedade de força e incentivo para *(…) parar de falar que é preciso curar a terra (…). A Terra não precisa de cura. Nós, sim*[185]. De facto, nós é que

---

[184] É a capacidade de perceber o próximo, fazendo-o sentir que está a ser compreendido, e que existe uma forte empatia, correspondida, no laço estabelecido entre as duas partes.

[185] Texto original: *We have to stop speaking about the Earth being in need of healing (…). The Earth doesn't need healing. We do.*

precisamos do tratamento. É essencial que mudemos os tijolos que constroem a nossa realidade, para que no fim não nos sintamos apenas mais um pacote bêbado a atrapalhar o sábado do planeta. Não percamos a sabedoria para construirmos o nosso futuro, para o tornarmos possível. É isso que torna os nossos comportamentos sustentáveis.

Referências Bibliográficas

ALMEIDA, Miguel. **Marialvismo: a moral discourse in the Portuguese transition to modernity. Série Antropologia, 184. Brasília: Departamento de Antropologia, Universidade de Brasília,** 1995.

BAUDRILLARD, Jean. **A sociedade de consumo**. Trad. bras. de Artur Mourão. Rio de Janeiro: Elfos, 1995.

BRUNDTLAND, Gro. **Our Common Future**. Report of the World Commission on Environment and Development, transmitted to the General Assembly as an Annex to document A/42/427 - Development and International Cooperation: Environment. Oxford University Press. 245p., 1987. Disponível em http://conspect.nl/pdf/Our_Common_Future-Brundtland_Report_1987.pdf. Acedido em 3 de janeiro de 2013.

BUARQUE, Chico. Construção. **Polygram**. CD, Faixa 04, n. 836013-2, São Paulo, 1971.

BUARQUE, Chico. *Revista 365*, 1976. Disponível em http://www.chicobuarque.com.br/texto/mestre.asp?pg=entrevistas/entre_365 _76.htm. Acedido em 28 de fevereiro de 2013.

FERNANDES, Rinaldo. **Chico Buarque do Brasil: textos sobre as canções, o teatro e a ficção de um artista brasileiro**. Rio de Janeiro: Garamond, pp. 25-26, 2004.

GOLEMAN, Daniel. **Ecological intelligence: how knowing the hidden impacts of what we buy can change everything**. New York: Broadway Books, 2009.

GOLEMAN, Daniel. **Emotional Intelligence: Why It Can Matter More Than IQ**. London: Bloomsbury, 1996.

GOLEMAN, Daniel. **Social Intelligence: The New Science of Social Relationships**. New York: Bantam Books, 2006.

KUTTING, Gabriela. **Globalization and the Environment: Greening Global Political Economy**. Albany: State University of New York Press, 2004.

MARTINS, Christian. O Inconformismo Social no Discurso de Chico Buarque. **Fênix – Revista de História e Estudos Culturais**, Vol.2, Ano II, n.º 2 (abril/ maio/ junho), pp. 1-18, 2005. ISSN: 1807-6971. Disponível em http://www.revistafenix.pro.br/PDF3/Artigo%20Christian%20Alves%20Mart ins.pdf. Acedido em fevereiro de 2013.

MARTINS, Christian. O Inconformismo Social no Discurso de Chico Buarque. **Revista de Revista de História e Estudos Sociais**, Uberlândia, v.2, n. 2, p. 1-18, 2005.

MENESES, Adélia. **Chico Buarque de Hollanda: Literatura Comentada**. São Paulo: Abril Educação, 1980.

MENESES, Adélia. **Desenho Mágico: Poesia e Política em Chico Buarque**. São Paulo: Ateliê Editorial, 1982.

MORAL, Roger; WALKER, Lawrence. **Environmental disasters, natural recovery and human responses**. Cambridge: Cambridge University Press, 2009. DOI:http://dx.doi.org/10.1017/CBO9780511541995.

RIBEIRO, Maurício. **Ecologizar**. 4ª ed. Vol. II e III. Brasília: Universa, 2009.

RIDENTI, Marcelo. **Em busca do povo brasileiro**. Rio de Janeiro: Record, 2000.

SÁ, Luís de. **Introdução à Ciência Política**. Lisboa: Universidade Aberta, 1999.

SASSA, Kyoji; CANUTI, Paolo. **Landslides - disaster risk reduction**. Berlin/Heidelberg: Springer, 2009.

SKIDMORE, Thomas. **Uma História do Brasil**. São Paulo: Editora Paz e Terra, 1998.

SMITH, Eliot; MACKIE, Diane. **Social psychology**. New York: Worth Publishers, 1995.

STONE, Michael. **Smart by Nature: Schooling for Sustainability**. Healdsburg CA: Watershed Media, 2009.

UNAMUNO, Miguel. **Do sentimento trágico da vida**. Trad. port. de Artur Guerra. Lisboa: Círculo de Eleitores, 1989.

VIANA, Hermano. **O Mistério do Samba**. Rio de Janeiro: Jorge Zahar Editores/Editora da UFRJ, 2004 [1995].

WEBER, Max. **A Ética Protestante e o Espírito do Capitalismo**. 4ª Ed, Lisboa: Presença, 1996.

Anexo I – Estrofes analisadas da composição "Construção" de Chico Buarque

Amou daquela vez como se fosse a última
Beijou sua mulher como se fosse a última
E cada filho seu como se fosse o único
E atravessou a rua com seu passo tímido
Subiu a construção como se fosse máquina
Ergueu no patamar quatro paredes sólidas
Tijolo com tijolo num desenho mágico
Seus olhos embotados de cimento e lágrima
Sentou pra descansar como se fosse sábado

Comeu feijão com arroz como se fosse um príncipe
Bebeu e soluçou como se fosse um náufrago
Dançou e gargalhou como se ouvisse música
E tropeçou no céu como se fosse um bêbado
E flutuou no ar como se fosse um pássaro
E se acabou no chão feito um pacote flácido
Agonizou no meio do passeio público
Morreu na contramão atrapalhando o tráfego

Amou daquela vez como se fosse o último
Beijou sua mulher como se fosse a única
E cada filho seu como se fosse o pródigo
E atravessou a rua com seu passo bêbado
Subiu a construção como se fosse sólido
Ergueu no patamar quatro paredes mágicas
Tijolo com tijolo num desenho lógico
Seus olhos embotados de cimento e tráfego
Sentou pra descansar como se fosse um príncipe
Comeu feijão com arroz como se fosse o máximo
Bebeu e soluçou como se fosse máquina
Dançou e gargalhou como se fosse o próximo
E tropeçou no céu como se ouvisse música
E flutuou no ar como se fosse sábado
E se acabou no chão feito um pacote tímido
Agonizou no meio do passeio náufrago
Morreu na contramão atrapalhando o público

Amou daquela vez como se fosse máquina
Beijou sua mulher como se fosse lógico
Ergueu no patamar quatro paredes flácidas
Sentou pra descansar como se fosse um pássaro
E flutuou no ar como se fosse um príncipe
E se acabou no chão feito um pacote bêbado
Morreu na contra-mão atrapalhando o sábado

A IMPORTÂNCIA DA AÇÃO INDIVIDUAL E DOS PROCESSOS DE SOCIALIZAÇÃO NO COMBATE ÀS ALTERAÇÕES CLIMÁTICAS DE ORIGEM ANTRÓPICA. [186]

The significance of individual action and the socialization processes in the fight against anthropogenic climate change.

RESUMO

O presente ensaio, de base monográfica, subordinado ao tema da sociologia das alterações climáticas no contexto da vida é sobretudo um exercício de reflexão sobre como o comportamento pessoal e as oportunidades de vida são influenciadas pelas estruturas da sociedade em que vivemos. No início, para contextualização, introduzimos a problemáticas das alterações climáticas. Segue-se o núcleo central do trabalho, estruturado em duas áreas: uma primeira, mais teórica, sobre a importância dos processos de socialização para o desenvolvimento social e ambiental, e para as questões das alterações climáticas, grande problemática ambiental do século XXI e, uma segunda, com base num estudo de caso, a própria vida do autor, refletimos sobre o poder que este sente deter no interior do conjunto das estruturas em que se movimenta, e que lhe são próprias, e na ação individual que considera possível exercer no seio dessas estruturas sociais. Conclui-se que a sua interação com a estrutura, e a sua ação individual, têm influenciado a atitude dos que o rodeiam face às alterações climáticas, o que significa que é possível um mundo melhor, e que tudo depende de nós próprios (da nossa agência).

ABSTRACT

This monograph-based paper on the sociology of climate change in the context of life experiences is mostly a reflection exercise on how individual behaviour and life opportunities are affected by the structures of the society we live in. To place this in context, we start with an introduction to climate change issues. We then present the main focus of our work, which is divided into two parts: the first one is more theoretical and examines the significance of the socialisation processes for the social and environmental development and for climate change issues, a major environmental concern in the 21st century; the second one is based on a case study - the author's own life – and reflects upon the power he feels he has within the structures he moves in, and of his own, as well as on the individual influence he thinks he can have within these social structures. We come to the conclusion that his interaction with the social structure and his individual action as regards climate change have been influential in the attitudes of people around him, which means that the world can be better and everything depends on us (on our agency).

---

[186] Trabalho realizado no âmbito do IMOOC "Alterações Climáticas: o contexto das experiências de vida", na Universidade Aberta de Portugal, entre 14 de maio de 2013 e 1 de julho de 2013, para efeitos de avaliação do Tópico 4. "A perspetiva sociológica sobre a alteração climática". Artigo publicado pela primeira vez na Revista Monografias Ambientais – REMOA (ISSNe 2236-1308), Vol. 13, n.º 4, p. 3542 – 3568. DOI: http://dx.doi.org/10.5902/2236130813820.

As alterações climáticas: uma contextualização

O clima da Terra[187], considerado estável à escala histórica, sofreu intensas variações à escala geológica (Baud *et al.*, 1999, p. 54), e essas evidências chegam da paleoclimatologia (Hotz, 2010), da paleontologia, da dendrocronologia, entre outras. Foi no Quaternário, período de evolução e dispersão da espécie humana (Boyd & Silk, 2006), também um período de mudanças climáticas de grande impacto, que ocorreram na Terra diversos episódios de arrefecimento e aquecimento (alternância de períodos glaciários e interglaciários). O Holocénico, que chegou até hoje, é considerado o último período interglaciário do Quaternário. Não obstante, nas variações climáticas mais recentes, considera-se uma "pequena era glaciária" o período entre 1550 e 1850.

> "O quaternário foi marcado por uma alternância de períodos glaciários e períodos interglaciários cujo sincronismo planetário é notável. Quanto às variações recentes, têm sido estudadas principalmente pelos historiadores que identificaram, desde há 1000 anos, períodos mais quentes – o século XI, por volta de 1750 e cerca de 1850 – alternando com períodos de frio mais intenso – o século XIII e sobretudo o período que vai de 1550 a 1850, chamado "pequena era glaciária"" (Baud *et al.*, 1999, p. 65-66).

Quando analisamos dados climatológicos de um longo período de tempo, percebemos que as alterações climáticas sempre existiram na vida do planeta, há mais de 4600 milhões de anos, até com alguma previsibilidade, causadas por fatores naturais como a variação na inclinação do eixo terrestre, a variação da excentricidade da órbita terreste em volta do sol, os ciclos solares, a precessão do eixo de rotação terrestre, a queda de meteoritos e o vulcanismo[188]. É, por isso,

---

[187] Os climas da Terra são muito diversificados, e podem ser explicados pela latitude, continentalidade e altitude. Para caracterizar um clima importam as características médias da atmosfera num determinado lugar durante um longo período.

[188] Enquanto fator natural das alterações climáticas, o vulcanismo tem sido contestado por alguns cientistas, considerando que: (i) as partículas do pó vulcânico são demasiado grandes para absorver a radiação; (ii) as poeiras teriam de permanecer muito tempo em suspensão, o que não é espectável que aconteça, para fazer aumentar a temperatura da Terra. No entanto, considerámos que "volcanic eruptions cause short-term climate changes and contribute to natural climate variability", como refere Georgiy Stenchikov,

importante distinguir variações climáticas de baixa amplitude de variações climáticas de elevado impacto, como foram as quaternárias, e também distinguir variações longínquas, produzidas por fatores naturais, de alterações recentes do clima, produzidas por fatores humanos, e potenciais causas.

> " [...] sabe-se que houve uma alternância entre épocas glaciares e períodos mais quentes e que as temperaturas na Terra oscilaram entre 9° e 22° C (a temperatura média mundial é actualmente de 15° C). Estas oscilações deveram-se a causas naturais, como variações na órbita da Terra à volta do Sol e no eixo da Terra, alterações na actividade solar e erupções vulcânicas" (Comissão Europeia, 2006, p. 10).

Se durante milhares de anos as alterações climáticas aconteceram de forma lenta, associadas a causas naturais, desde a Revolução Industrial que a humanidade tem acelerado a tendência de subida da temperatura[189], que já existia desde o fim da última glaciação, pelo aumento de emissões de gases com efeito de estufa (GEE), cuja presença na atmosfera está a aumentar muito rapidamente devido às atividades humanas. Ou seja, o que agora está em causa é existirem alterações climáticas de origem antropogénica, induzidas pela nossa ação, isto é, trata-se da nossa ação como causadora de uma mudança climática, de forma muito célere (ou pelo menos a uma velocidade superior à alteração verificada pela ação da natureza), e com implicações novas, que não podemos comparar com outros períodos da história do clima, porque só agora a nossa população atingiu um grande número, e está a ter cada vez mais práticas excessivas, fazendo desta uma crise planetária.

No entanto, só no segundo quartel do século XX, numa comunicação apresentada à Royal Meteorological Society de Londres (1938), é que, pela primeira vez, um cientista teve a audácia de estabelecer uma relação de causa e efeito entre as atividades humanas e o

---

professor e investigador do Departamento de Ciências Ambientais da Universidade de Rutgers (Stenchikov *et al.*, 1998; Kirchner *et al.*, 1999).

[189] Nos últimos 10 mil anos, o clima manteve-se estável em torno de 1°C. Os governos fixaram a barreira de subida no máximo de 2°C. No entanto, para este século, alguns cientistas apontam 3°C (Roberts, 2012).

clima. O engenheiro Guy Stewart Callendar afirmou que "o aumento da temperatura média global observado desde o início do século XX era resultante das emissões de CO2 para a atmosfera provocadas pela combustão dos combustíveis fósseis – carvão, petróleo e gás natural (…). O artigo de Callendar foi recebido com grande ceticismo e praticamente esquecido" (Santos, 2007, p. 49).

Nos anos 70, e apesar de o Eng. Callendar ter levantado a questão na década de 40[190], o conhecimento nesta matéria ainda era reduzido, o que se deve à pouca informação, pouco estudo, e pouco financiamento. Era um assunto que ainda não tinha conquistado espaço de excelência entre a academia.

Só nos anos 80, na posse de provas suficientes, é que vários governos consideraram a subida da temperatura do planeta como uma ameaça à economia (Comissão Europeia, 2006, p. 12). Sabe-se, desde essa altura, que as fontes/atividades humanas que mais libertam GEE na atmosfera, cujas concentrações levam ao efeito de estufa, contribuindo para o aquecimento do clima, são: a queima de combustíveis fósseis (carvão, petróleo e gás) na produção de eletricidade, nos transportes, na indústria e em utilizações domésticas (CO2); a agricultura (CH4) e as alterações da utilização dos solos, por via de queimadas descontroladas e desflorestação (CO2); os aterros sanitários (CH4); e a utilização de gases industriais fluorados.

Os países perceberam que este era um problema mundial, em vários níveis, desde logo pela transversalidade, mas também porque todos os países eram potenciais contribuidores e recebedores de consequências, em tempo e espaço diferentes, mas nenhum poderia resolver o problema de forma unilateral e isolada.

Formalizou-se um acordo internacional aceite por 189 países, considerando responsabilidades comuns, mas diferenciadas, que contribuiu amplamente para a criação de linhas orientadoras e princípios-chave para a luta internacional contra as alterações climáticas:

---

[190] Foi em 1958 que o cientista norte-americano Charles David Keeling fez as primeiras medições da concentração do gás carbónico na atmosfera no vulcão de Mauna Loa, no Havai. O gráfico que mostra a variação da concentração do CO2 na atmosfera desde o início das medições ficou conhecido como a "Curva de Keeling". Em memória deste cientista é muito usada no monitoramento deste gás.

a Convenção Quadro das Nações Unidas sobre as Alterações Climáticas (*United Nations framework Convention on Climate Change* - UNFCCC)[191], adotada em Nova Iorque, em 9 de maio de 1992.

A definição de alterações climáticas, produzida pela Convenção-Quadro, distingue claramente alterações climáticas de natureza antrópica, capazes de alterar a composição da atmosfera, da variabilidade climática resultante de causas naturais. No n.º 2 do artigo 1.º do texto da Convenção, pode ler-se que as alterações climáticas "resultam de uma mudança do clima atribuída diretamente ou indiretamente à atividade humana, que altera a composição global da atmosfera e que, conjugada com as variações climáticas naturais, é observada durante períodos de tempo comparáveis" (UNFCCC, 1992, p. 7).[192]

O Painel Intergovernamental sobre Alterações Climáticas (Intergovernmental Panel on Climate Change – IPCC, em inglês), numa outra perspetiva complementar, refere que estamos perante alterações climáticas quando existe "variação estatisticamente significativa (no mínimo mais de 30 anos) no estado médio do clima ou na sua variabilidade, sem identificação absoluta das causas da mudança", advogando o princípio consagrado na UNFCCC de que "estas tanto podem resultar de processos internos naturais ou de forças externas, ou ainda de mudanças antropogénicas persistentes na composição da atmosfera ou no uso da terra" (IPCC, 2001, p. 711).[193]

No Relatório de Avaliação (AR5) recentemente apresentado pelo IPCC, que coloca as atividades humanas como responsáveis pelo previsível aumento de temperatura na Terra, consta a metodologia do cálculo da média ou da variabilidade das características de um clima

---

[191] A Convenção Quadro sobre Alterações Climáticas foi ratificada em Portugal pelo Decreto n.º 20/93, publicado no Diário da República n.º 143/93, Série I-A, de 21 de junho de 1993.

[192] Texto original: "2. Climate change" means a change of climate which is attributed directly or indirectly to human activity that alters the composition of the global atmosphere and which is in addition to natural climate variability observed over comparable time periods.

[193] Texto original: "Climate change refers to a statistically significant variation in either the mean state of the climate or in its variability, persisting for an extended period (typically decades or longer). Climate change may result from natural internal processes or external forcings, or to persistent anthropogenic changes in the composition of the atmosphere or in land use."

durante um longo período de tempo. A base fundamental para este argumento provém dos dados colhidos e registados das amostras do solo, ou seja, dos dados retirados em cada profundidade, que após analisados são associados a uma data na história da terra e posteriormente comparados ao estado do clima nessa época. Isto permitiu, com base no padrão criado, constatar que as alterações climáticas sempre existiram, mas não eram tão rápidas como hoje (IPCC, 2013).

A UNFCCC principiou a luta internacional contra as alterações climáticas, abriu o diálogo e incentivou o debate, serviu eficazmente para o reforço da consciencialização mundial, a vários níveis. No entanto, por não contemplar compromissos quantificados e detalhados por país, em termos de redução das emissões de gases de efeito de estufa, dependia de um tratado jurídico internacional, vinculativo quanto à redução de emissões. Este seria o **Protocolo de Quioto**[194], cujas negociações começaram durante a primeira conferência das partes (COP1), em Berlim (1995), e foi adotado em 11 de dezembro de 1997, na cidade que lhe emprestou o nome, Quioto (Japão). Entrou em vigor em 16 de fevereiro de 2005. Os Estados que ratificaram o Protocolo de Quioto representam 55% das emissões de carbono no ano de 1990.

O Protocolo de Quioto, sucedâneo da UNFCCC, herdou desta alguns princípios fundamentais, especialmente o princípio das responsabilidades comuns mas diferenciadas, observável na divisão entre países desenvolvidos (listados no Anexo I – com limites quantificados às suas emissões) e países em desenvolvimento (conhecidos como os não Anexo I – sem metas quantificadas para a redução de emissões[195]). Estabeleceu ainda a aplicação de medidas para limitar as emissões de gases responsáveis pelo aquecimento global nos países desenvolvidos (ou industrializados), e para as reduzir em pelo menos 5% (em relação aos níveis de 1990), durante o período 2008-2012. O Anexo A do

---

[194] O Protocolo de Quioto foi aprovado em Portugal pelo Decreto n.º 7/2002, publicado no Diário da República n.º 71, Série I-A, de 25 de março de 2002.

[195] Para estes países não foram definidas metas quantificadas para a redução das emissões, somente foram definidas medidas (suportadas em recursos financeiros e acesso a tecnologia cedida pelos países industrializados) que, não estancando o seu crescimento económico, permitiam mitigar o crescimento das emissões.

Protocolo lista esses gases: dióxido de carbono (CO_2), metano (CH_4), óxido nitroso (N_2O), hidrocarbonetos fluorados (HFC), hidrocarbonetos perfluorados (PFC), e hexafluoreto de enxofre (SF6), assim como as categorias de emissão setoriais.

Os países listados no Anexo I, nos termos deste Tratado, teriam de reduzir as emissões, mas, caso não conseguissem, ou se considerassem mais vantajoso, poderiam optar por três mecanismos de mercado, com vista à redução das suas emissões de carbono, a saber: Comércio de Emissões – (*Emissions Trading*); Mecanismo de Desenvolvimento Limpo – MDL (*Clean Development Mechanism*); e Implementação Conjunta - IC (*Joint Implementation*). Este último, um mecanismo flexível, permitia aos países desenvolvidos do Anexo I reduzir as suas emissões com efeito de estufa sem tomar medidas no próprio país. De entre os países desenvolvidos do Anexo I (da UNFCCC), o Protocolo distingue no Anexo B um subconjunto de 39 países, com limites quantificados às suas emissões. Existe uma forte semelhança entre os países do Anexo I da UNFCCC e os países do Anexo B do Protocolo de Quioto. Excetuam-se a Bielorrússia e a Turquia, ausentes neste último.

O tema das alterações climáticas tem ganho relevo e espaço em quase todos os meios, ainda que esta propagação não tenha tido as consequências desejadas, sobretudo mais recentemente, pela introdução de teses de negação das alterações climáticas, por grupos de reflexão conservadores (Dunlap e Jacques, 2013)[196], e pelo recuo das forças

---

[196] Os autores estudaram 108 livros que negam as alterações climáticas, redigidos em língua inglesa, de primeira edição, com ISBN e publicados até 2010, e concluem que 90% destes livros não foram submetidos a avaliação de pares, sendo que, na maioria dos casos, os seus autores não têm credenciais académicas e científicas adequadas. Referem que o Instituto Heartland, o Instituto CATO, o Instituto Marshall, entre outros, onde estão muitos dos peritos independentes que servem de "conselheiros" políticos, estão focados em lançar incerteza sobre os estudos das alterações climáticas, minando a credibilidade da ciência do clima e simultaneamente atacando os próprios cientistas do clima. Os autores mostram que os conservadores (CTT) utilizam os livros como forma de espalhar a incerteza sobre as alterações climáticas, rejeitando as evidências de que estamos perante o cada vez maior aquecimento global induzido por ação antrópica e que o aquecimento global vai ter impactos negativos nos sistemas humanos e naturais. A publicação de livros de negação teve um forte crescimento a partir de 2007, um ano depois de Al Gore lançar *Uma Verdade Inconveniente* (2006), em vídeo e em livro. Este crescimento significativo de publicações ocorre especialmente entre 2007 e 2009, ou seja, o livro de Al Gore, de alguma forma, animou o mercado da

políticas mundiais, de que será o maior exemplo os EUA (Soromenho-Marques, 2012c). Essa negação alimenta-se em grande parte do designado "monstro da incerteza", associado à ciência do clima, que estende a sua teia às incertezas da relação entre ciência e política, e aos desafios que tal representa, à complexidade dos problemas ambientais e do sistema climático, e à politização das políticas propostas para reduzir a vulnerabilidade da sociedade às alterações climáticas (Curry & Webster, 2011).

A negação das alterações climáticas será, porventura, um dos maiores obstáculos ao seu combate. No entanto, as inquietações relativamente à confiabilidade dos modelos, métodos, dados e técnicas científicas, e às incertezas no conhecimento científico gerado, nomeadamente pelo IPCC, que serve de base de informação para decisores/políticos, não se justificam só pela complexidade dos problemas ambientais e do sistema climático, ou pela politização das políticas, ou pelo potencial dos impactos socioeconómicos das alterações climáticas, ou ainda pela incerteza espalhada por autores sem credenciação académica (DUNLAP e JACQUES, 2013), devem-se também, salvo melhor opinião, a alguma "redundância lexical", reveladora das limitações enunciadas pelos modelos de estudo do clima, do quanto podem ser perversos os seus resultados e as suas previsões (CURRY e WEBSTER, 2011). A título de exemplo, verifique-se a terminologia na evolução dos relatórios do IPCC.

❖ **No AR4** afirmava-se que "a maior parte do aumento observado nas temperaturas médias globais desde meados do século XX fica a dever-se **muito provavelmente** *(very likely)* ao aumento observado nas concentrações antropogénicas de gases com efeito de estufa" (IPCC, 2007 – negrito nosso)[197].

❖ **No AR5** lê-se que "é **extremamente provável** *(extremely likely)* que mais de metade do aumento

---

negação das alterações climáticas, que se apressou a negar e minar o protagonismo de Al Gore, que recebeu um Óscar para o melhor documentário e o Prémio Nobel da Paz de 2007, em conjunto com o IPCC.

[197] Texto original: "Most of the observed increase in global average temperatures since the mid-20th century is **very likely** due to the observed increase in anthropogenic concentrations of greenhouse gases" (negrito nosso).

> observado na temperatura média da superfície global de
> 1951-2010 foi causada pelo aumento nas concentrações
> antropogénicas de gases com efeito de estufa em conjunto
> com outras forças antropogénicas" (IPCC, 2013b, p. 17 –
> negrito nosso)[198].

Convém referir que, também no AR5, os níveis de confiança relativamente aos efeitos colaterais dos métodos "Carbon Dioxide Removal" [CDR] e "Solar Radiation Management" [SRM] sobre o carbono e outros ciclos biogeoquímicos são muito baixos. Ambos apresentam vantagens e desvantagens, porém o desconhecimento ainda é um facto, referindo uma possível consequência, nomeadamente a intensificação do ciclo hidrológico.

Tudo consubstanciado, o efabular da incerteza pelos "grupos conservadores", como referem Dunlap & Jacques (2013), e o "monstro da incerteza"[199] dos modelos climáticos, de que nos falam Curry & WebsteR (2011), fazem com que a ambiguidade permaneça, sobretudo no que se refere à estimativa da contribuição humana para o aquecimento global, como advogam Stott & Hegerl (2014). Morss (2012), no seu artigo publicado na Global Economic Intersection, faz aumentar ainda mais essa dúvida, pois percebemos que não é apenas a China que contribui para o aumento de CO2 na atmosfera (750% entre 1971 e 2009); países como o Irão (1119% no mesmo período) e a Coreia do Sul (890%, idem) mostram um apetite voraz pelo consumo de energia de origem fóssil, o que remete para a imprecisão das previsões para o futuro próximo contidas nos painéis de avaliação de instituições como o IPCC.

---

[198] Texto original: "It is **extremely likely** that more than half of the observed increase in global average surface temperature from 1951 to 2010 was caused by the anthropogenic increase in greenhouse gas concentrations and other anthropogenic forcings together" (negrito nosso).

[199] O "monstro da incerteza" é um conceito introduzido por Van der Sluijs (2005) numa análise das diferentes formas que a comunidade científica responde às incertezas que são difíceis de domesticar. O "monstro" é a confusão e ambiguidade associadas ao conhecimento *versus* ignorância, à objetividade *versus* subjetividade, aos factos *versus* valores, à previsão *versus* especulação, e à ciência *versus* política. Esta incerteza é inerente ao uso de modelos complexos não-lineares.

Se temos todos as mesmas responsabilidades perante a ameaça, não somos todos iguais nas respostas que temos de levar a cabo: princípio das responsabilidades comuns mas diferenciadas (Soromenho-Marques, 2008). Sy (2008) refere mesmo que os países ricos deveriam ser "autoindulgentes", e renunciar aos proveitos do crescimento económico de que desfrutaram nos últimos tempos. Uma perspetiva que é de saudar, por uma questão de equidade na distribuição mundial dos sacrifícios, mas que denuncia um otimismo excessivo que dificilmente consegue uma plataforma de entendimento entre os conservadores e os pró-ambientais, ou entre os defensores da sustentabilidade fraca e os defensores da sustentabilidade forte.

O estilo de vida europeu ou o americano, ainda mais grave, porque assente num consumismo exacerbado e escurado no baixo custo da energia e em orçamentos elevados, que não garante o comércio justo nem o desenvolvimento humano equitativo, contribuem para a insustentabilidade ambiental, pela elevada pegada de carbono, e estão a contribuir intensamente para as alterações climáticas. Na aldeia global todos vão ser afetados, especialmente os países menos desenvolvidos, pela subida do nível da água, pela maior vulnerabilidade social, institucional e falta de infraestruturas (UNDP, 2007; UNDP, 2013); e diga-se, foram os que menos contribuíram para essa situação (Samson *et al.*, 2011). Aliás, só agora começaram a contribuir, ainda que de forma intensa, porque as emissões em África passaram de 0,6 para 0,9 ($GtCO^2$), e na Ásia de 6,4 para 9,7 ($GtCO^2$), enquanto a Europa reduziu de 8,2 para 6,8 ($GtCO^2$), dados por comparação entre 1990 e 2003 (Banuri & Opschoor, 2007, p. 7). Isto ocorre porque, tal como a Europa e os EUA centraram a sua economia no consumo de energia, o mesmo estão a fazer estes países, e o aumento de emissões está em linha com a dilatação do consumo de energia, como acontece no Irão e na Correia do Sul (Morss, 2012). Não obstante o crescimento das emissões nos países em desenvolvimento - algo espectável, como aconteceu durante a industrialização dos EUA ou da Europa -, a sua escala não é comparável à da degradação já provocada pelos países industrializados. O debate aglutinador do modelo de desenvolvimento pretendido, e do custo do combate às alterações climáticas, obriga a um maior esforço de cedência de contrapartidas, pelos europeus, uma vez que na relação população *vs* poluição, a sua pegada é muito superior (Banuri & opschoor, 2007, p. 7).

De entre as implicações climáticas da intensificação do efeito de estufa, destacam-se, em termos macro, o aumento da temperatura média do planeta, a alteração do regime de chuvas, a intensificação dos furações[200], e as tempestades tropicais. Ao nível local e regional as consequências das alterações climáticas de origem antrópica são muitas e diversificadas, como: (i) a desertificação dos campos de cultivo, por via da redução das reservas de água doce e de secas rigorosas, o que pode condicionar a produção agrícola, levando à escassez de alimento, malnutrição e fome (a mudança de clima é ainda favorável à propagação de doenças); (ii) o ataque de pragas em áreas agrícolas e florestais, e tempestades e incêndios mais frequentes, o que leva à diminuição da produção florestal; (iii) alterações nos ecossistemas marinhos, pela aceleração da fusão dos glaciares e aumento da temperatura da água do mar, que provocam inundações e erosão costeira (devido ao aumento do nível da água do mar)[201], e pelo aumento da acidificação dos oceanos (pH), um verdadeiro desafio à biodiversidade marinha[202], que poderá levar à degradação dos ecossistemas marinhos (e menor disponibilidade de recursos pesqueiros); (iv) alterações nos ecossistemas terrestres, sobretudo através do avanço dos desertos, pelo desaparecimento de muitas espécies de fauna e flora, e pela transformação de solos férteis em solos áridos, o que leva à redução de biodiversidade[203] (Maggs, 1989; Dolan & Walker, 2004; Banuri & Opschoor, 2007; IPCC, 2007; Weart, 2008; Saunders & Lea, 2008; Rockstrüm *et al.*, 2009; Graham & Harrod, 2009; Wolf *et al.*, 2010; Smithm, 2011; Delicado *et al.*, 2012; Hansen *et al.*, 2012; Bulkeley, 2013; Sorte *et al.*, 2013).

---

[200] Saunders & Lea (2008), para o período entre 1996 e 2005, indicam um crescimento de 40% na ocorrência de furações devido a uma subida de apenas 0,5°C na temperatura da água do mar.

[201] Dolan e Walker (2004) referem que as áreas costeiras serão as mais afetas pelos impactos das alterações climáticas.

[202] Rockstrüm *et al.* (2009) aludem à problemática da biodiversidade nos recifes de coral.

[203] Hansen *et al.* (2012, p. 8) alertam que as alterações climáticas trazem consequências negativas ao nível da conversão de terras, destruição de habitats, homogeneização da biota, etc., mas o maior impacto vai ocorrer no ciclo da água.

A estes fatores que invariavelmente afetam o ser humano[204], acrescem as previsões que indicam um rápido crescimento populacional nos continentes africano e asiático, o que pode resumir-se num aumento do consumo e consecutivamente multiplica o problema da escassez. Aliás, isso já se está a verificar com o dilatar do consumo de energia nestes dois continentes, situação que contribui amplamente para o aquecimento da temperatura da Terra (Banuri & Opschoor, 2007, p. 7).

Concomitantemente, a consequência destes problemas ambientais, sejam eles mais sentidos na dimensão global ou regional, é o aquecimento global, ou melhor, a destruição ambiental.

As cidades, suporte espacial da vida humana organizada em sociedade (Santos, 2014), responsáveis por 52% da população mundial, valor que se espera aumentar para 60% em 2030 (Rollnick & Naudin, 2011, p. 2), também serão afetadas pelas alterações climáticas. O futuro das cidades é o nosso desafio, não fossem estas a maior criação humana, mas é possível que seja sorridente, como nos diz Bulkeley (2013), ao apontar para a necessidade de uma reposta urgente e ambiciosa para responder aos riscos, através da forma como se encaram as opções e escolhas no contexto quotidiano.

São inegáveis os efeitos e consequências que as alterações climáticas induzidas por atividades humanas podem vir a ter na qualidade de vida e no modo de vida das populações.

É sobre estas alterações do clima, que podem ocorrer a nível regional e global, e que resultam da excessiva emissão de gases com efeito de estufa (GEE), que incide este trabalho de base monográfica. Ou melhor, este trabalho visa alertar para a importância da atitude individual (da agência) no combate às alterações climáticas de origem antrópica, classificadas como um dos mais graves problemas ambientais do século XXI. Tal como Haberl *et al.* (2011), que lembra que os constrangimentos ecológicos podem ser superados pelo trabalho humano e pela criatividade, neste trabalho recorremos à agência como resposta aos problemas ambientais e às alterações climáticas, indo assim ao encontro

---

[204] Em referência à humanidade é necessário deixar de utilizar a expressão «Homem», que é uma construção social da masculinidade, que negligencia o género feminino, e começar a adotar a expressão «ser humano». Neste trabalho seguimos esse princípio.

do desafio lançado por David Roberts, no seu filme "Climate change is simple": o de fazer algo acontecer, o impossível, ou seja, lutar para travar o aumento da temperatura global (Roberts, 2012). Não poderíamos recomendar outra coisa, que todos os indivíduos façam uso da sua agência no combate aos problemas ambientais de natureza antrópica, tema melhor abordado nos capítulos seguintes, mesmo que as estruturas da sociedade não sejam favoráveis a essa pretensão, porque o resultado pode sempre ser positivo.

A importância dos processos de socialização no combate às alterações climáticas.

A identidade de cada um de nós é influenciada pelo mundo que nos rodeia, ou seja, somos fruto do contexto, da educação e do ambiente de nascimento e criação, tal como se percebe das palavras de Berger *et al.* (1975), referindo-se à necessidade de adaptação ao mundo, numa experiência que começa com o nascimento:

> "Bem ou mal, a vida de todos nós tem início com o nascimento (…), e podemos afirmar que a experiência social também começa com o nascimento (…). Desde o início a criança desenvolve uma interação não apenas com o próprio corpo e o ambiente físico, mas também com os outros seres humanos. A biografia do indivíduo, desde o nascimento, é a história das suas relações com as outras pessoas." (Berger *et al.*, 1975, p. 200). (a citação deve ser compreendida no contexto que a precede).

É neste contexto que vai acontecer a socialização, dc forma natural, já que decorre de um processo contínuo, que se inicia com a formação do feto através dos estímulos que este recebe da progenitora e que criam uma relação de aprendizagem, que vai permitir à criança absorver informação importante para o seu desenvolvimento, tanto cerebral como de perceção.

Não obstante, como refere Anthony Giddens (2004, p. 29), "tal não significa que seja negada individualidade ou livre arbítrio aos seres humanos", ou seja, a nossa interação com o ambiente que nos rodeia e com as estruturas da sociedade molda a nossa personalidade e o nosso comportamento, por força de normas morais e hierárquicas e princípios consuetudinários, mas cabe a cada um de nós, individualmente, desenvolver um sentido crítico que nos identifique em relação aos restantes, com capacidade de pensar e agir de forma independente. O ditado já é velho, mas parece correto e adequado: "eu não escolhi o que sou (condicionado pela estrutura) mas posso escolher o que quero ser (pela agência) ".

A agência (*agency*) é um conceito antigo, nascido (senão antes) da célebre frase *"cogito ergo sum"* (penso, logo existo), de René Descartes, inicialmente inscrita na Parte 4 da obra *Discours de la méthode*[205] (1637) e, posteriormente, na Parte 7 da obra *Principia Philosophiae* (1644). Nesta altura considerava-se que qualquer cidadão que conseguisse pensar era um agente, e qualquer agente era capaz de pensar e refletir sobre um determinado assunto; definição continuada desde o ilusionismo até ao século XIX, altura em que é descontinuada, e se aceita que as escolhas humanas não dependem só da vontade própria, da razão, mas podem ser determinadas por forças externas.

Não obstante as várias interpretações atuais, neste trabalho vamos considerar a agência como a capacidade do ser humano para agir de forma independente e fazer as suas próprias escolhas livres (Stones, 2007; Barker, 2008; Gulati & Srivastava, 2014; Eichner, 2014). Ou seja, a capacidade de, individualmente ou em grupo, influenciar os acontecimentos, mitigando os efeitos das alterações climáticas (Wilson *et al.*, 2012, p. 155).

---

[205] "Mais aussitôt après je pris garde que, pendant que je voulois ainsi penser que tout étoit faux, il falloit nécessairement que moi qui le pensois fusse quelque chose; et remarquant que cette vérité, **je pense, donc je suis**, étoit si ferme et si assurée, que toutes les plus extravagantes suppositions des sceptiques n'étoient pas capables de l'ébranler, je jugeai que je pouvois la recevoir sans scrupule pour le premier principe de la philosophie que je cherchois" (Descartes, 1637, p. 36 – negrito nosso) (Mas, logo em seguida, notei que, enquanto assim queria pensar que tudo era falso, eu, que assim o pensava, necessariamente era alguma coisa. E notando esta verdade: eu penso, logo existo, era tão firme e tão certa que todas as extravagantes suposições dos céticos seriam impotentes para a abalar, julguei que a podia aceitar, sem escrúpulo, para primeiro princípio da filosofia que procurava – tradução nossa).
Foi uma das primeiras obras filosóficas modernas não escrita em Latim. O autor pretendia que mais pessoas lessem o seu trabalho e pensassem por si mesmas, incluindo as mulheres. Acreditava que as pessoas ao lerem a sua obra distinguiriam o verdadeiro do falso pela luz natural da razão. Procurou dotar as pessoas de sentido crítico e conhecimento, de confiança e determinação, caminho precursor da agência.

Para que exista agência, é necessário existir vontade própria e autonomia de decisão, e uma perceção ou consciência cívica que contrarie o "*statu quo*" dominante.

Das três abordagens sobre o conceito desenvolvimento sustentável, "*statu quo*", "reformistas" e "transformadoras", classificadas e mapeadas por Hopwood *et al.* (2005), é a transformadora, comprometida com a equidade social e com a qualidade ambiental, a que está mais próxima do conceito de agência agora proposto. Apresenta preocupações com os problemas ambientais e sociais que estão presentes na sociedade, resultado da forma como o ser humano se relaciona com os seus pares, e do modo como interage com o ambiente, e procura a efetiva transformação para uma sociedade mais sustentável.

A estrutura é representativa dos fatores que influenciam as oportunidades e condicionam a agência dos indivíduos (ex. fatores como educação, religião, sexo, família, classe social, subcultura, etnia, entre outros) (Stones, 2007). No entanto, sabemos que a estrutura é produzida e reproduzida pelas ações dos indivíduos, não tem de ser inflexível, pelo contrário, depende dos indivíduos a sua reformulação com vista à mitigação das alterações climáticas de origem antrópica (Giddens & Pierson, 1998, p. 77): "Society only has form, and that form only has effects on people, in so far as structure is produced and reproduced in what people do".

A aplicação do conceito de agência, no âmbito da compreensão das questões das alterações climáticas, excede o universo das sociedades organizadas, e pode e deve ser estendida às sociedades sem Estado (Clastres, 1979), muitas vezes erradamente consideradas arcaicas e sem poder, devido ao etnocentrismo cultural do pensamento ocidental. Nestas sociedades, a agência geralmente é visível em contextos de reconfiguração social, quando existe alteração da estrutura de vivência. Mas nem sempre é considerada, mesmo pelos especialistas, por ser a parte menos visível.

Roberto Cardoso de Oliveira e Darcy Ribeiro, quando procuraram responder às primeiras questões sobre o contacto no Brasil, enfatizaram o conceito de fricção-étnica, visível na economia, no trabalho, na organização social, no sistema clânico e de parentesco, que consideraram responsável pela gradual caboclização. Do ponto de vista económico, referem que o trabalho e a produção doméstica passaram a inserir-se na economia mercantil, e que as tarefas do trabalho foram direcionadas para o extrativismo (recursos naturais e minerais), frente agrícola e frente pastoril (ex. extraem latex, utilizado na borracha, somente para vender ao branco). Com base nesta visão dos povos indígenas brasileiros, de submissão e/ou vassalagem, apontam para o fim da genuinidade indígena, porque consideravam que os Índios estavam a passar por um processo de transfiguração étnica: de índios específicos para índios genéricos (Oliveira, 1994; Ribeiro, 1996). Argumentação que retira protagonismo à agência da população indígena e, do ponto de vista ambiental, pela extração de recursos, remete para a insustentabilidade.

No entanto, outras tendências eram possíveis, como vieram a acontecer, que não negando o impacto negativo do contacto na cultura indígena, e as consequências do extrativismo mercantil, invocam outros planos de análise menos negativistas, como a cosmologia, o ritual ou a mitologia; é exemplo disso Catherine Howard, que logo a seguir apresenta uma visão que restitui a agência aos Índios, considerando que estes são ativos nos processos de reconfiguração social e também no contacto, ou seja, são agentes deles próprios (Howard, 2000).

Os conceitos de "territorialização" e "viagem da volta", de que nos fala João Pacheco de Oliveira, no âmbito dos movimentos de identidade indígena (o conjunto de processos de reafirmação e revitalização da identidade indígena no Brasil), e que explicam o processo de renascimento étnico do Nordeste (NE) brasileiro, são também fontes importantes de agência. A territorialização nos grupos indígenas do Nordeste, conceito pensado à luz das contribuições de Fredrik Barth, remete para uma viagem de volta dos índios para recuperar o que perderam ao longo do tempo e criar uma nova unidade sociocultural mediante o estabelecimento de uma identidade étnica diferenciadora, com mecanismos políticos especializados e controle social dos recursos ambientais, e a revitalização da cultura e da relação com o passado (Oliveira, 2004). Demonstra que é possível fazer a diferença a partir da vontade individual e da disponibilidade coletiva, ou seja, que nós (humanos) podemos determinar a estrutura de vida e definir métodos de ação e vivência, combinando ambos os conceitos, que não têm de ser opostos, como nos referem Howard (2000), ou Allen e Thomas (2000) *apud* Wilson *et al.* (2012, p. 155).

Giddens (2004, p. 9) indica algumas das principais fontes de identidade: o género, a orientação sexual, a classe social, a nacionalidade e a etnicidade, e distingue identidade social de identidade pessoal. Refere que é na identidade pessoal que nos distinguimos enquanto indivíduos, produto ou resultado de um processo de aprendizagem pessoal através do qual "formulamos uma noção intrínseca de nós próprios e do relacionamento com o mundo à nossa volta". As decisões que tomamos, desde as mais simples até às mais complexas, tornam-nos o que somos, como advoga Giddens (2004, p. 30): "o mundo moderno força-nos a tornar-nos quem somos (...) como seres humanos cientes e auto-conscientes, criamos e recriamos as nossas identidades a todo o momento".

Esta afirmação de Anthony Giddens é rica pela informação e mensagem, pois refere que somos nós que temos de comandar o nosso navio, e para isso temos que, de forma consciente, criar e recriar a nossa identidade no contexto onde nos inserimos, nunca esquecendo que a socialização também representa liberdade, intimidade e individualidade.

Introduzindo a questão de outra forma, tal como a protagonizou Benedict Anderson, ao trabalhar a nação como uma comunidade imaginada, ao mesmo tempo limitada e soberana, e dando especial atenção à questão da nação imaginada, onde os seus membros não se conhecem, embora todos eles a idealizem e tenham uma imagem da comunidade, são os cidadãos que criam os limites da nação, e o mundo onde vivem (Anderson, 1991), produzindo e reproduzindo a estrutura pelas suas ações (Giddens & Pierson, 1998).

Esta conceção tem paralelo com as questões das alterações climáticas. Se a nação pode ser imaginada, construída como uma profunda relação horizontal da sociedade (apesar das divergências internas), formando alianças imaginárias na nação e entre nações que chegam a conduzir homens a grandes sacrifícios e a mortes heroicas, também pode conduzir os homens ao progresso harmonioso e ao desenvolvimento sustentado, estabilizando a emissão dos gases com efeito de estufa, estudando e controlando o aquecimento do planeta de origem antrópica, bastando para isso fazer o indicado por Giddens (2004), ou seja, sermos nós próprios a tomar decisões de forma consciente.

Wilson *et al.* (2012, p. 155-171) reportam primeiramente para as **estruturas** sociais de vivência, por extensão da **ação/agência** individual e sentimento de **poder** na sociedade de referência, o que a nosso ver representa elementos de uma socialização secundária, do decurso da vida. Numa abordagem mais completa e complexa temos de pensar nos processos de socialização em duas fases: socialização primária, desde o nascimento até à adolescência, levada a cabo essencialmente pela família e pela escola, e socialização secundária, que ocorre durante a vida adulta, da responsabilidade das estruturas sociais e relações de poder estabelecidas, dos grupos nos quais os indivíduos se inserem, sobretudo do laboral e/ou académico, que determinam em parte a capacidade de agência. É por intermédio do processo de socialização que os indivíduos aprendem os seus papéis sociais – expectativas socialmente definidas seguidas pelas pessoas de uma determinada posição social (Giddens, 2004).

Os agentes de socialização, enquanto "grupos estruturados ou contexto em que ocorrem os processos de socialização significativos", são os promotores do processo de socialização (Giddens, 2004). Segundo o autor, a família é o principal agente de socialização da criança durante a infância, em todas as culturas, ainda que também existam outras influências, onde se incluem os "grupos de pares, escolas e meios de comunicação". Estes agentes de socialização são fundamentais para a promoção das questões ambientais, sobretudo a família, por ser essencial nos primeiros anos de vida da criança, quando ocorre a interação inicial com o mundo que a rodeia.

É através da família que a criança inicia a aprendizagem básica e as relações afetivas. A família pode mesmo ser considerada um elo fundamental para a mudança do paradigma ambiental, quando formada por elementos que promovam práticas ambientais construtivas, porque é muito provável que a criança na sua vida adulta reproduza hábitos e adote uma vivência de acordo com as normas interiorizadas. Esta questão alerta-nos para a importância da família na promoção de uma sociedade mais justa e ambientalmente responsável. Não obstante, em todas as culturas essa aprendizagem recebe influências de outros agentes de socialização, que podem proceder à integração dos indivíduos ou à sua ressocialização.

Os grupos de pares também têm um papel ativo no processo de socialização do indivíduo. O ser humano, que possui uma forte natureza gregária, tem necessidade de se integrar em grupos, acabando por ser modelado e por modelar as expectativas e vivências de outros indivíduos com os quais apresenta afinidades. Em relação à problemática ambiental, e no que às alterações climáticas diz respeito, os grupos de pares poderão influenciar a forma como cada indivíduo perceciona e vive os problemas decorrentes das atividades humanas sobre o meio, portanto, a sua agência. Quando um determinado grupo tem uma intervenção mais ativa, e participa em discussões e organiza atividades de promoção de redução das emissões de gases de efeito de estufa, por exemplo, pode levar o indivíduo (membro) a assumir posições que individualmente não tomaria, potenciando o desenvolvimento sustentável. Pode também acontecer o inverso, isto é, um grupo pode defender um modo de vida agressivo para o ambiente ou simplesmente ignorar a problemática ambiental. Neste caso o indivíduo acaba por se afastar dos meios de defesa e não promove uma atitude ambiental de ação positiva.

A escola é um agente fundamental na problemática das questões ambientais, porque, para "além de contribuir ela própria para mudanças sociais e culturais de fundo, (...) recebe os impactes dos processos globais de transformação societal" (Almeida, 1994, p. 118). Tem um papel fundamental na promoção dos direitos e deveres dos alunos, e é essencial na dinamização da educação ambiental e da educação para o desenvolvimento sustentável. A instrução dos alunos levada a cabo pela escola, realizada com base nos currículos (nesse âmbito, para se tornar mais ativa e decisiva na interiorização, requer uma mudança na forma como encaramos a sua função), transmite ao aluno um conjunto de conhecimentos que ele tem de interiorizar e reproduzir, promovendo, por vezes, uma atitude de desafio e discussão sobre a informação instituída. Como advoga Carapeto (1998), "podemos encarar o ensino como um processo organizador de transmissão de conhecimentos ou de organização de aprendizagens, que visa, por isso, a formação intelectual dos alunos. São instruções e explicações dadas para um uso especial. O processo de educação visa, de outra maneira, a formação geral e integral, que acrescenta à formação intelectual, a formação socio-afetiva e moral".

A família e a escola, apesar da sua inegável importância, estão a perder peso no processo de socialização da criança e do jovem, surgindo outros agentes que ocupam um lugar de primazia, a denominada escola paralela. Os jovens começam muito cedo a ter contacto com o mundo através dos meios de comunicação social, que se tornam essenciais à sua socialização, aculturação e formação. A televisão começou por ser o meio de comunicação social com maior capacidade de captação e retenção de atenção, fruto do seu capital simbólico (na aceção de Bourdieu, 2003). No entanto, na transição do milénio, com a massificação da internet, surgiram mais intensamente outros agentes que podemos considerar fundamentais no processo de socialização dos indivíduos.

Embora os efeitos da internet e dos computadores ainda não tenham sido profundamente estudados, não podemos ignorar ou minimizar a importância que estes têm para as gerações atuais. Através de um conjunto de instrumentos como os blogues, *chats*, redes socais, entre outros, a internet assume cada vez mais um papel fundamental no processo de socialização das gerações mais novas. A internet tem a capacidade de atrair diariamente milhões de crianças e jovens que ocupam grande parte do seu tempo livre a navegar nas suas páginas, a alimentar as redes sociais. O Facebook, criado em 2004, foi muito importante na dinamização das redes sociais. Em 2007 já tinha mais de 21 milhões de membros registados (nessa altura um utilizador típico gastava cerca de 20 minutos por dia no site) (Ellison *et al.*, 2007, p. 1144). Já se verificam muitos movimentos de promoção ambiental que surgem e são divulgados nos espaços virtuais. Os agentes de socialização não podem ser encarados individualmente, todos contribuem para a interiorização de normas e valores. No entanto alguns têm um peso superior a outros, como é o caso das redes sociais na atualidade.

Os sites de redes sociais, como o Myspace, Linkedin, Friendster, Cyworld e, claro, o Facebook, não só permitem manter relações online com pessoas desconhecidas, como permitem estabelecer novos laços (Ellison *et al.*, 2007, p. 1143-1144). São determinantes na socialização primária e secundária, quando existe conteúdo formativo para o desenvolvimento sustentável, e, consequentemente, para a mitigação da poluição atmosférica. As redes sociais fornecem uma conexão fácil, primeiramente com outros indivíduos que tenham interesses idênticos, fortalecem a comunicação entre a população universitária, e proporcionam uma fácil ligação ao mundo do trabalho. Estas sustentam a manutenção e criação de laços sociais e de novas conexões[206]. Os laços sociais surgem da ideia de interação social. Quanto maior o número de laços sociais mais os indivíduos se encontram conectados entre si numa rede. É importante evidenciar que os vínculos baseados na internet criam a formação de laços fracos[207] que servem de base para a evolução do capital social (Recuero, 2005, p. 16). As redes sociais instituem-se como um instrumento determinante na luta em prol de um mundo mais sustentável, uma vez que grande parte de movimentos de contestação e protesto, de cariz ambiental e outros, têm ponto de partida nas redes sociais, nomeadamente o Facebook.

Durante a **socialização primária -** processo de aprendizagem que começa ainda com o feto na barriga da progenitora, momento em que a capacidade de descodificação da informação que recebe e absorve ainda não lhe permite questionar e constituir uma identidade – a criança

---

[206] Segundo Ellison *et al.* (2007), os inquiridos em idade universitária, que utilizam o Facebook, estão mais envolvidos nas medidas do capital social (Ellison *et al.*, 2007). Portanto, as interações *online* que os sites de redes sociais proporcionam não têm de ser vistas como "nocivas", quando mantêm em contacto pessoas que estão em constante mudança pelo mundo. Além de ajudar os estudantes, por exemplo, a obterem mais benefícios com a sua experiência universitária, podem contribuir ainda para auxiliar um indeterminado número de pessoas que precisam de manter laços, e são estruturantes para a sustentabilidade. O Facebook pode ainda servir para diminuir as barreiras à participação por parte de pessoas que se retraíam/coibiam de iniciar a comunicação com ou responder a outros. São, portanto, encorajadas a fazê-lo através das *affordances* do Facebook (Halpern *et al.*, 2013). O uso desta rede social pode estar a contribuir para a superação das barreiras com que se deparam as pessoas que têm baixa autoestima e baixos níveis de satisfação.

[207] Como refere Recuero (2005, p. 16), *"são os laços fracos os mais* beneficiados pelo uso da rede social".

reproduz o que recebe do exterior. É aqui que os progenitores devem intervir e fomentar o interesse das crianças por questões ecológicas, período em que estão mais recetivas.

Mesmo ainda na barriga da mãe o feto já pode perceber e identificar sinais sonoros, como reconhecer a voz da mãe, sonhar, descodificar e memorizar a forma como a mãe engole os alimentos; começa a adquirir conhecimento. Normalmente, no pós-parto, é a voz da progenitora que o recém-nascido mais conhece, e que mais gosta de ouvir, daí ser normal chorar quando a mãe se afasta. Isto demonstra que durante o período de gestação existe uma comunicação ativa, consciente e inconsciente, entre mãe e filho, que se vai intensificar logo após o nascimento através do desenvolvimento biopsicoafetivo da criança (Rosa *et al.*, 2010, p. 106), cimentando-se de tal forma que cria um elo que normalmente só se rompe com a morte. É esta, portanto, a fase de aquisição da capacidade de comunicação simbólica, da interpretação do mundo que o rodeia, da aquisição de valores, estruturas, referenciais e caracteres, e da aquisição de informação rotineira que resulta da sua observação sobre as atitudes e atividades dos seus progenitores. Constitui a primeira fase da vida, processo pelo qual as "crianças aprendem atitudes, valores, normas e comportamentos transmitidos pelos pais, representantes da sociedade em geral" (Amaro, 2006).

É aqui, no pós-parto, que deve começar a formação para a educação para o desenvolvimento sustentável, como advoga Amaro (2006): "é nesta fase que se inicia a formação do self e que se desenvolve a capacidade que nos permite colocar no lugar dos outros, a fim de compreendermos as suas expectativas a nosso respeito e podermos corresponder com um comportamento adequado." Os progenitores devem ensinar pelo exemplo, explicando às crianças o motivo da ação, para que o possam assimilar, e assim formular um pensamento consistente e não de fazer por fazer.

Aqui reside a chave da identidade da criança enquanto pessoa, os alicerces que determinam a sua agência e a sua relação com as estruturas da sociedade na vida adulta, tal como o interpreta Rudolf Steiner, fundador da pedagogia Waldorf, que conjetura que toda a verdadeira compreensão supõe a capacidade de percecionar. Uma experiência sensorial na sua máxima amplitude tem um papel fundamental no desenvolvimento dos sentidos, processo que acontece ao longo dos primeiros anos de vida da criança.

O passo seguinte no processo de aprendizagem é o progressivo aumento da tomada de consciência daquilo que compreende. A criança aprende então a reconhecer os aspetos essenciais de um determinado fenómeno. A aproximação fenomenológica às ciências naturais e humanísticas, cujo início se produz na quarta classe, tem um papel central na educação de Waldorf. Pela sua importância a pedagogia de Rudolf Steiner já existe em cerca de 994 escolas independentes, 1600 jardim-de-infância, centenas de estabelecimentos de pedagogia e 60 institutos para a formação de professores em mais de 50 países (até 2010).

No início do século XX, Rudolf Steiner afirmava que no começo do século XXI as crianças seriam confrontadas com problemas sociais e ecológicos a nível planetário, e que teria de existir uma alteração de paradigma. Ficou célebre pela frase: "a nossa mais elevada tarefa deve ser a de formar seres humanos livres que sejam capazes de, por si mesmos, encontrar propósito e direção para suas vidas". Steiner não se enganou nas suas previsões, e muitas das preocupações ambientais atuais, como o aquecimento global, podem ser ultrapassadas pela adoção de uma socialização primária rica em educação ambiental, onde a criança importa, interioriza e introduz significado ao que passa em seu redor.

Quando as crianças chegam à designada **socialização secundária**, reportando para o decurso da vida, onde é exigida uma vigorosa agência e bastante responsabilidade, estas estruturas e caracteres iniciais já têm de estar cimentados e articulados, e a criança já deve ter uma identidade própria.

Se a criança respeitar o ambiente natural, e se essa informação estiver na sua matriz identitária, vai adotar práticas conscientes para mitigar o aumento do aquecimento global, e pode intervir e influenciar positivamente as pessoas em seu redor, o grupo onde está inserida, e a descendência, se for o caso. Isto é por em prática a sua identidade, que pode reformular quando for necessário, tanto para o bem como para o mal. Por exemplo, um indivíduo que recebeu uma boa educação para o desenvolvimento social e a sustentabilidade pode, na fase adulta, perder essa identidade por influência de um determinado grupo social onde se venha a inserir. Mas o contrário também é possível, ou seja, é possível um cidadão receber e absorver caracteres amigos da sustentabilidade num estádio de vida superior sem que tenha recebido na infância uma educação respeitadora dos valores sociais e da sustentabilidade. Para esse realinhamento identitário, pró-ambiental, o indivíduo necessita saber conviver com fatores como relacionamento interpessoal, intrapessoal e organizacional, e lidar com atitudes ou motivações adversas. A reeducação, quer seja no seio de um grupo já com essa consciência, quer seja no seio de um grupo sem essa consciência, é possível e demonstra uma postura de responsabilidade.

Na idade adulta os grupos ligados ao mundo laboral são importantes agentes de socialização secundária, quando "(…) as estruturas sociais, os sistemas normas e valores, as correntes ideológicas, e as configurações de sentido estejam em relação, a vários níveis através de mediações diversas, com o mundo do trabalho das profissões" (Almeida, 1994, p. 75). É um meio que permite aos membros do grupo influenciar, mas também serem influenciados. O trabalho permite o acesso a recursos materiais e a um conjunto de princípios subjacentes às questões profissionais. O indivíduo integra no seu projeto pessoal de vida o profissional, cujas normas e valores poderão influenciar a forma como encara as diversas temáticas. Por vezes adquire um nível de vida diferente do que tinha durante a socialização primária. Se o grupo de trabalho onde está inserido estiver informado e mostrar abertura às problemáticas ambientais, o indivíduo tornar-se-á mais ativo; se, pelo contrário, for um local de manifesta passividade ou de incompreensão da sustentabilidade, o indivíduo pode ter uma atitude passiva ou até negligente. No entanto, pode acontecer o inverso, situação que todos desejaríamos, isto é, pode o grupo não mostrar abertura para as questões ambientais e o indivíduo com grande agência influenciá-lo no sentido dessa abertura, podendo realizar essa tarefa com grande propriedade e com resultados efetivos do seu trabalho.

Estas duas fases do processo de socialização secundário definem a identidade de cada indivíduo, "uma imagem de si próprio que é essencial à sua vida e lhe permite seleccionar as acções e as relações sociais", criando um "quadro de referência para valorização de si próprio e autojustificação, estruturando a acção individual" (Amaro, 2006).

Concluímos que os agentes de socialização são fundamentais para a interiorização de valores e normas ambientais no combate às alterações climáticas e, neste contexto, torna-se fundamental a promoção de uma educação para o desenvolvimento sustentável por parte da família, escola, grupo de pares, comunicação social e, com um papel cada mais decisivo, pela internet e recursos que lhe estão associados. Podemos ainda arrolar ao tema o papel de outros grupos de pertença mais alargados, como as associações cívicas e/ou defensoras do ambiente (ex. ONG). Neste caso, mesmo os indivíduos que não pertençam a tais grupos e/ou não adiram às suas propostas de desenvolvimento social e ambiental acabam por interiorizar preocupações, ganhar crenças e valores, possibilitando a modificação de práticas quotidianas.

A atitude individual (agência), a postura perante as estruturas sociais, o cumprimento de normas, regras e deveres, determinante para formular capital social (Portes, 2000; Putnam, 2002), até mesmo o poder que o indivíduo sente no interior do conjunto das estruturas sociais e formações grupais em que se movimenta, e que lhe são próprias (Wilson *et al.*, 2012, p. 155), são o resultado do quadro de valores absorvidos no contexto familiar e no meio envolvente: local (grupo laboral, social, familiar, desportivo, ambiental, cultural, musical, entre outros) e global (estruturas sociais regionais, nacionais, europeias e mundiais).

É no processo de socialização primária que se deve iniciar a consciencialização socio-ambiental no combate às alterações climáticas, para que na fase adulta os indivíduos se transformem em abelhas e procedam à polarização de boas práticas, que tanta falta faz em Portugal, na Europa e no Mundo, com destaque para os Estados Unidos da América, que foi no passado recente o principal emissor de gases com efeito de estufa (35% das emissões totais em 1990), mas que não ratificou o Protocolo de Quioto, justificando a sua decisão com o facto de a China não estar no acordo (Sunstein, 2007). Esta situação tem contribuído para o atraso nas negociações, porque a ausência dos EUA no Protocolo é invocada por outros países para também ficarem de fora[208]. Isso verificou-se na Conferência de Doha (2012) (COP18), em que saíram do acordo o Canadá, o Japão, a Nova Zelândia e a Rússia, o que dificultou as negociações, ainda que, não obstante o embaraço, no final se conseguisse um acordo mínimo, para estender o Protocolo de Quioto até 2020.

No entanto, não basta que só os cidadãos cumpram os seus deveres socio-ambientais, porque a sustentabilidade engloba a questão social, ambiental, económica e de governança. Não se trata da governança da dimensão económica, social ou ambiental, mas da governança num sentido mais amplo, agregando ao conceito de Desenvolvimento Sustentável a "capacidade das pessoas e das organizações da sociedade, mediante o uso de instrumentos e sistemas da democracia, definir o rumo do seu desenvolvimento e, portanto ter condições de exercer controlo sobre políticas públicas e sobre a dinâmica económica" (Born, 2011, p. 4).

Esta governança, numa aproximação ao institucional referido por Soromenho-Marques (2012a,b), implica que, no processo de socialização secundário, ao nível da interação dos agentes políticos e organizações internacionais, terá que existir uma efetiva atitude de combate às alterações climáticas, suportada com políticas adequadas e equitativas no espetro planetário.

Como referem Hopwood *et al.* (2005), a abordagem reformista considera que existem atualmente vários problemas e critica as políticas adotadas pelas empresas e pelos governos, mas, no entanto, não é desejável a rutura atual nos sistemas, social e ecológico, e o desenvolvimento tecnológico, e os governos, entre outros, segundo esta abordagem, são fulcrais, no progresso, em direção ao desenvolvimento sustentável. Ou seja, não podem ser pensados como elementos

---

[208] As dificuldades em negociar algo tão complexo, as emissões de gases com efeito de estufa, resultam dos principais emissores, EUA e a China, não terem interesse em reduzir as emissões de forma unilateral. Como refere Sunstein (2007, p. 3), "the reason is that such unilateral reductions would impose significant domestic costs and, by themselves, would be unlikely to produce significant domestic benefits. By contrast, the principal victims of climate change, above all in Africa and India, are not the principal contributors; their own efforts at emissions reduction will do nothing (in the context of Africa) and close to nothing (in the context of India) about the problema".

prescindíveis, mas como stakeholders que precisam de ser consciencializados.

Depois do fracasso da Conferência de Copenhaga (2009) (COP15), que não atingiu os planos de discussão ambicionados, e do fracasso da Conferência de Durban (2011) (COP17), na definição do sucessor de Quioto, que levou, em recurso, na Conferência de Doha (2012) (COP18), ao prolongamento da vida do Protocolo de Quioto até 2020 (expiraria em 2012), espera-se que os países, ou os grupos de países (blocos), prescindam da usual avaliação de curto prazo de problemas que colocam em causa o desenvolvimento sustentado e o futuro das gerações, e que os agentes políticos nacionais evitem o caminho para as alterações climáticas catastróficas, de origem antrópica, com base em decisões relevantes e grande agência na negociação em curso, que pretende levar a comunidade internacional a adotar, o mais tardar em 2015, na Conferência das Partes em Paris (2015) (COP21), um novo acordo universal juridicamente vinculativo, a partir de 2020, em substituição de Quioto (alargado aos países em desenvolvimento).[209] Concretamente, espera-se o sucesso da **Plataforma de Durban**, e do plano de negociações entre EUA, China e Índia, até porque, a China é líder desde 2006 na emissão de gases poluentes (Wilson *et al.*, 2012; Marcatto, 2013). Não podemos negligenciar a indicação de que nos últimos 100 anos a temperatura média do ar na superfície terrestre aumentou de 0,3 para 0,6°C, que a atuação humana continua a contribuir significativamente para o aumento da temperatura, que o balanço das evidências continua a demonstrar porque é pouco provável que o aquecimento verificado resulte de causas naturais, e que, no futuro, nas melhores previsões, a temperatura terrestre oscilará entre 0,3°C e 1,7°C, e a variação do nível do mar entre 26 e 54 centímetros, ao longo do século até 2100, como consta do quinto Relatório de Avaliação (AR5) do Intergovernmental Panel on Climate Change (IPCC) (a concluir no final de 2014) (IPCC, 2013, p. TS-75). Nas piores previsões, a temperatura oscilará entre 2,6°C e 4,8°C, e a variação do nível do mar entre 45 e 81 centímetros (IPCC, 2013, p. TS-75-TS-78). Precisamos da

---

[209] Convém referir que nenhum destes países está obrigado a metas de corte nas emissões até 2020. Os EUA porque não são signatários do Protocolo de Quioto, e a China e Índia porque este não estipula metas para os países em desenvolvimento.

tecnologia, e da nossa boa vontade, para combater este aumento brutal da temperatura. Sem a nossa agência ao serviço do Planeta, tudo fica como está, e não está nada bem, como se pode ver pelo aumento da temperatura nos últimos 100 anos.

Em jeito de retrospetiva, neste capítulo abordámos a formação da identidade dos indivíduos, passando pela socialização primária e secundária, e refletimos sobre a forma como essa identidade pode e deve ser formatada e direcionada para a cidadania e participação ambiental, mesmo em situação de reeducação e reaprendizagem. Também demonstrámos que a agência é muito importante para combater as alterações climáticas, porque, por via da ação individual, nas práticas quotidianas, é possível mitigar o aumento da concentração de gases com efeito de estufa (GEE) na atmosfera, e consequentemente contribuir para a redução da temperatura média global.

A seguir apresentamos um caso de estudo, uma reflexão sobre a história de vida do autor, explicativa de quanto a sua interação com a estrutura da sociedade moldou a sua ação individual e influenciou a sua atitude perante os desafios da sustentabilidade, nomeadamente das alterações climáticas. É um testemunho da importância da agência e um apelo à adoção de práticas de vivência consentâneas com a capacidade de carga do Planeta.

A importância da ação individual no combate às alterações climáticas. Caso de estudo – a vida do autor.

No seguimento da abordagem teórica anterior, posso dizer que toda a socialização primária foi realizada sem qualquer referencial de sustentabilidade, pelo isolamento do local de nascimento (espaço rural) (União de Freguesias de Carvalhal Redondo e Aguieira / Nelas / Viseu / Portugal)[210], baixas habilitações escolares dos progenitores (4ª classe incompleta), dificuldades económicas (agricultura de subsistência), e data de nascimento (1982), altura em que existia uma mentalidade individual e coletiva pouco evoluída em termos de desenvolvimento sustentado, algo que afetava não só o interior, mas todo o Portugal. Isto não é uma

---

[210] Latitude de (40° 31' 52" N) e Longitude de (7° 54' 29" W).

crítica aos agentes de socialização atrás referidos - família, escola, grupos de pares e comunicação social - uma vez que esses não estavam habilitados para fomentar valores e normas ambientais.

Localização geográfica do local de nascimento/socialização primária [211]

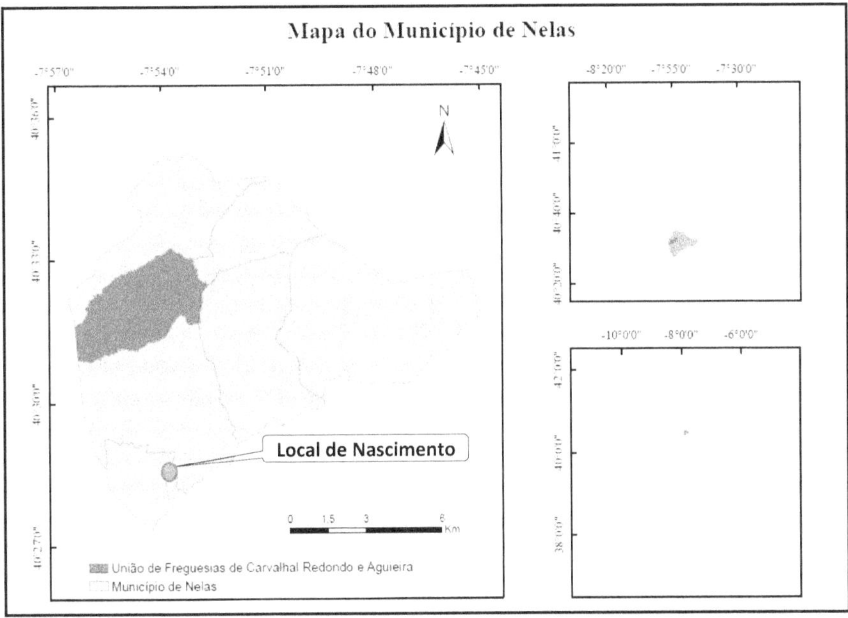

O conceito de Educação Ambiental começou a ser introduzido em Portugal nos anos 70 do século XX, através da criação de "instituições e estruturas onde as preocupações ambientais se vão equacionando em termos de intervenção pública", mantendo-se ainda, no entanto, um sistema de ensino pouco aberto a esta nova realidade mas que aceitava no seu seio "algumas mudanças" e permitia "novas dinâmicas de trabalho, muitas delas evidenciando a existência de conteúdos e

---

[211] Sistema de Coordenadas Geográficas: Datum 73, sistema de Hayford-Gauss. Instituto Português de Cartografia e Cadastro (IPCC). Elaboração própria.

metodologias multidisciplinares, onde o ambiente já tinha algum peso educativo" (Palma, 2006, p. 8).

Durante a socialização primária as estruturas sociais tiveram uma enorme influência na minha modelação e interiorização de valores e oportunidades de vida e, naturalmente, a minha ação individual foi totalmente condicionada pela influência dessas estruturas, que determinavam o bem e o mal, o belo e o feio, o correto e o incorreto, o que fazer e o que não fazer. O principal agente de socialização no seio dessas estruturas era a família, mas também essa refletia as normas morais e hierárquicas da comunidade, o que ainda hoje acontece em comunidades pequenas e isoladas de matriz rural do interior de Portugal.

No conjunto das estruturas que me eram próprias, onde fui integrado durante a socialização primária, o meu poder não existia, ou melhor, estava subordinado a um poder maior, ancestral e consuetudinário, às normas morais e hierárquicas da comunidade. Não existia um padrão ou uma estrutura de relações entre instituições sociais, tais como mercados, classes ou fações políticas (Wilson *et al.*, 2012, p. 155), mas existia um padrão de relações com três estruturas basilares da comunidade: família (casa familiar), igreja/religião (Católica) e grupo laboral (que atuava como classe social). Estes eram os três agentes de socialização determinantes para a vida da comunidade.

Casa principal (esquerda) / Casa de arrumos (direita)[212]

Estes três agentes de socialização constituem-se de regras de comportamento, como normas morais e hierárquicas, necessárias à organização social da comunidade, mas não comportam preocupações ambientais, muito menos com a problemática das alterações climáticas. A Igreja Católica postulava e continua a postular valores seculares em torno dos sete sacramentos: batismo, confissão, crisma, sagrado matrimónio, ordem e unção dos enfermos, e procura respeitar a cultura e a tradição dos seus fiéis. A família vivia segundo os dogmas da Igreja, e deve participar unida na eucaristia dominical, bem como em outras atividades religiosas, considerando que os sacramentos eram uma parte integrante e inalienável da vida de cada católico e fundamentais para a sua salvação.

A Igreja e a família são dois agentes de socialização indissociáveis. Ambos proclamam a necessidade de fazer o bem (boas ações), a necessidade de ajudar o próximo, de respeitar a Deus, de ter uma vida honrada, honesta e livre de pecado, mesmo que na pobreza. A Igreja defende que a vida humana deve ser regulada por critérios não materiais, como a felicidade e a harmonia, e não pela riqueza material, proporcionando de forma fortuita um pensamento amigo da causa ambiental. Não existe uma teologia da prosperidade, uma vez que essa surgiu recentemente com o pentecostalismo e o neopentecostalismo, designados de movimentos religiosos de revitalização (Mariano, 1996, 1999). É também preciso referir que esta organização social encontrava refúgio na ideologia do Estado Novo - *"Deus, Pátria e Família"*, a trilogia da educação nacional (Torgal, 2009, p. 426). O grupo laboral, equiparado a um grupo social, era constituído por elementos que trabalhavam os campos e faziam produções agrícolas de culturas tradicionais, como a vinha, o azeite, o cereal, as batatas e a horticultura para subsistência. Agricultava-se maioritariamente vinhas, porque o vinho oferecia maior lucro no processo mercantil (isto até ao início do século XXI). As imagens seguintes são elucidativas do tipo e forma de produção.

Cultura Tradicional – Sementeira da Batata
Cultura preparada para rega a rego [213]

Cultura Tradicional – Viticultura
Apanha de uvas por ajuda [214]

---

[213] Fotografias capturadas em janeiro de 2009, em Carvalhal Redondo (Viseu/Portugal). A trabalhar com a enxada, a Sr. ª Dona Luísa Gouveia Neves, e a colocar as batatas, Sr. ª Cássia de Souza. A apanha das batatas ocorre, normalmente, em junho.
[214] Fotografias capturadas em finais de setembro de 2009, em Carvalhal Redondo (Viseu/Portugal).

Cultura Tradicional – Viticultura

Transporte de uvas em balseiros plásticos de 40Kg (esquerda) e confeção do vinho em vasilha plástica de 400 lt (direita) [215]

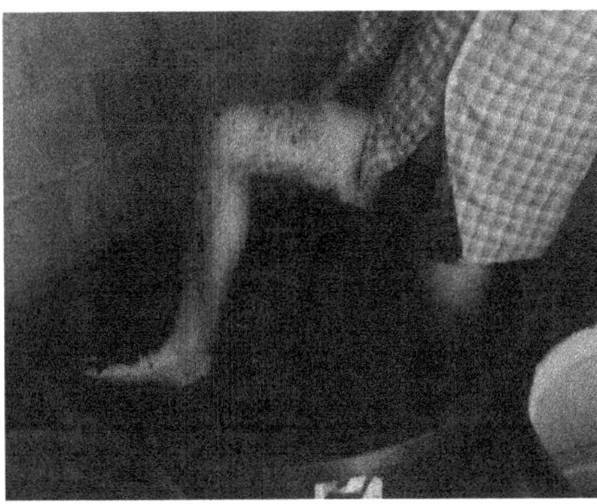

Cultura tradicional – Horticultura

Preparada para rega a rego [216]

Durante a minha socialização primária não existiu qualquer interação pessoal com a estrutura que tenha influenciado a minha atitude perante as alterações climáticas, nem qualquer ação individual (agência). O que é

---

[215] Fotografias capturadas em finais de setembro de 2009, em Carvalhal Redondo (Viseu/Portugal).

[216] Fotografias capturadas em janeiro de 2009, em Carvalhal Redondo (Viseu/Portugal).

negativo, porque, como vimos, é neste estádio que as crianças aprendem e interiorizam a linguagem, as regras básicas da sociedade, a moral e os modelos comportamentais do grupo a que pertencem. A socialização primária tem um valor primordial para o indivíduo, e deixa marcas muito profundas em toda a sua vida, porque é aí que se constrói o primeiro mundo do indivíduo. É nesta fase que a criança deve ser iniciada às questões do desenvolvimento sustentável, nas várias vertentes, nomeadamente para a problemática das alterações climáticas. Com rigor, os efeitos das emissões de gases poluentes continuam a ser um assunto desconhecido para a generalidade das pessoas que habitam a minha terra natal, no total de 558 habitantes, algo envelhecidos, segundo os censos da população de 2011. É uma situação que "urge ajustamento"...

Durante a socialização secundária, ao contrário do que se verificou na socialização primária, a minha interação pessoal com a estrutura da sociedade e ação individual levou à compreensão de um novo conceito - desenvolvimento sustentável - que por sua vez levou ao conhecimento da problemática das alterações climáticas. Para isso foi determinante a deslocação do espaço rural interior, local de nascimento, para um espaço urbano litoral, local de formação, de trabalho e residência (Lisboa), onde recebi influências provenientes de muitos agentes de socialização, mas sobretudo do grupo laboral, do grupo de amigos, do grupo académico e ainda, mas em menor intensidade, da comunicação social e da internet.

Fazendo a retrospetiva, a socialização secundária representa todo e qualquer processo subsequente (à socialização primária) que introduz um indivíduo já socializado em novos setores do mundo objetivo da sociedade, o que pode acontecer de diversas formas, através da imigração, do êxodo rural, da entrada no mercado de trabalho ou da saída do mesmo (ex. desemprego), da mudança do estado civil, do cumprimento de penas civis ou penais (ex. prisão), da formação académica ou profissional, da prestação de serviço em causas filantrópicas, entre outros. A mudança leva o indivíduo a uma nova aprendizagem - de valores, regras sociais, normas morais e hierárquicas (relações de poder) - necessária para a interiorização da cultura do novo grupo de pertença, ou ainda à adoção de outros mecanismos de socialização, através da imitação, que consiste na reprodução dos comportamentos observados, ou da identificação, que se processa quando o indivíduo se reconhece/identifica com uma pessoa ou realidade, da qual se aproxima progressivamente, acabando por adquirir os mesmos princípios e comportamentos. Como regra, toda a mudança comporta uma forte carga de agência.

No meu caso verificou-se uma mudança - o êxodo rural - após estar socializado. A saída da terra natal, uma sociedade ainda com grande força de valores tradicionais, para uma sociedade urbana, muito heterogénea e diversificada, que oferece maiores e melhores oportunidade de vida, realça a questão da agência, porque, perante as normas e hierarquias de uma sociedade tradicional, neste caso castradora de tudo o que é novidade e empreendedorismo, tive a capacidade necessária para pensar e agir de forma independente, desenvolver o sentido crítico e influenciar os acontecimentos. Ou seja, o comportamento pessoal e as oportunidades de vida foram determinados pela agência, pela capacidade de determinar a própria trajetória, e não por influências negativas emanadas da estrutura. Isso é visível no abandono da zona de conforto (saída da sociedade de nascimento), na qual sentia que tinha um lugar, um nome, uma característica, uma posição, para procurar alterar o rumo, perseguindo o ditado: eu não escolhi o que sou mas posso escolher o que quero ser!!!

Nessa mudança (por via do êxodo rural) ocorreram vários processos que potenciaram a renovação dos valores de base, ou seja, dos referenciais originários da socialização primária. Foram três os principais agentes de socialização. Primeiro, o grupo académico, seja através da formação académica, onde foi possível ter contacto com as questões ambientais, nas várias vertentes, e adquirir maior competência investigativa e crítica, seja através de formação profissional, como o IMOOC *"Alterações Climáticas: o contexto das experiências de vida"*, um curso aberto massivo *online* que permitiu o melhor conhecimento da problemática das alterações climáticas, base do presente trabalho. Segundo, o grupo de amigos, de diversas origens geográficas e diferentes condições sociais, com gostos e pensamentos diversificados, génese da nova aprendizagem. Este grupo tem suporte na Universidade, uma vez que foi o grupo de pertença após a mudança, e é formado por colegas de várias áreas científicas. Permite uma grande aprendizagem, mas também abre espaço para ensinar: "o objetivo é aprender e ensinar entre colegas". Terceiro, o grupo laboral, onde existiu aprendizagem para que fosse possível a inclusão, mas trata-se de uma aprendizagem meramente profissional. O grupo laboral, que deveria ter um sentido de responsabilidade para com as questões ambientais, pela profissão e setor de atividade (Administração Pública), apresenta-se profundamente desconhecedor e desinteressado da problemática da sustentabilidade, com demasiados vícios e pouca vontade para inovar ou fazer diferente.

A aprendizagem também ocorreu pela comunicação social (ex. periódicos gratuitos, como o *Metro* e o *Destaque*), através de ações de informação que ocorrem diariamente (o que não acontece no espaço interior rural), e pela internet (e redes sociais), o maior conglomerado de redes de comunicação à escala mundial, que facilita o acesso à informação em tempo real e constitui a base da "aldeia global", mas que ainda não é um recurso ao alcance da maior parte das famílias que residem no interior rural, sobretudo das que, ainda no ativo, apenas dispõem do rendimento proveniente da agricultura de subsistência e fazem a sua vida depender exclusivamente da força do seu trabalho, ou das que encontram na sua reforma, na maior parte das vezes inferior ao salário mínimo nacional (€ 485 em 2014), a única fonte de subsistência.

Com base na aprendizagem junto dos agentes de socialização, e graças à minha agência, foi possível solidificar argumentos e transformar as questões ambientais num assunto de referência, o que permitiu influenciar a organização da sociedade na sua atitude face às alterações climáticas, e impediu a estrutura da sociedade ou a ação individual ou coletiva dos indivíduos que a compõem de determinar ou influenciar as minhas oportunidades de vida.

Como foi possível intervir de forma eficaz na estrutura da sociedade? Essa intervenção só foi possível no espaço urbano, e não no espaço rural, apesar de este ser o local de nascimento. É muito difícil influenciar e alterar a estrutura social num espaço interior rural, constituído por cidadãos maioritariamente de idade avançada. O capital social formado em redes com normas, com relações baseadas na cooperação, confiança e reciprocidade altruísta (Portes, 2000; Putnam, 2002), condiciona a interferência externa. É muito complicado explicar a um agricultor tradicional que é errado fazer a rega por rego, justificando que é mais ecológico e económico fazer a rega com recurso ao sistema de rega gota-a-gota. A idade é um "posto", reflete poder, e as pessoas de maior idade são as mais sábias (uma espécie de anciãos). Estaremos, pois, ao nível das armadilhas mentais de que nos fala Miller (1999)[217], em posição de acrescentar uma outra, a "confiança excessiva", que impede um indivíduo de aprender aquilo que ele acha que já sabe. Como diz o ditado, "o ser humano deve fugir da confiança excessiva para não se transformar num mísero deslumbrado. Deve desconfiar de si mesmo, do que é, do que quer ser."

Quando uma pessoa que tenta ensinar é considerada parte integrante dessa estrutura social, isso não significa uma mais-valia, pelo contrário, é um elemento depreciativo, porque é dada maior importância ao que é de fora. O velho ditado é real: "prata da casa não faz milagres". No oposto, a estrutura da sociedade urbana "des"personifica, reduz a visibilidade de um cidadão comum, sobretudo quando este vem de fora. Este é o resultado mais notado no início da mudança, mas apresenta vantagens, porque, com boa agência, torna-se mais fácil desenvolver ou participar em ações de consciencialização para o desenvolvimento sustentável e para as questões do aquecimento global.

A aprendizagem adquirida através da socialização secundária, principalmente no grupo académico, permitiu-me introduzir as preocupações ambientais nos novos grupos de pertença pessoal e profissional. Nestes grupos procuro sistematicamente sensibilizar os indivíduos para o comércio justo e o consumo sustentável, para a necessidade de fazer uma vida não material, com base numa perspetiva de felicidade (Zidanšek, 2007), e para a necessidade de adotar hábitos e práticas sustentáveis, reduzindo a pegada ambiental e colaborando com o meio ambiente local e global, através de pequenas mudanças fáceis de aplicar no quotidiano, determinantes para assegurar o futuro das

---

[217] Miller (1999, p. 355) define várias armadilhas mentais, a saber: "pessimismo derrotista", o "otimismo tecnológico cego", o "fatalismo", a "extrapolação para o infinito", a "paralisia pela análise" e a "fé em respostas fáceis".

gerações vindouras (Brundtland, 1987). Esclareço que um modelo de vida consciente/sustentável, em harmonia com o cosmos, não passa por deixar de consumir e ou por abdicar de condições de vida, ao ponto de voltar ao "tempo das cavernas", mas por consumir produtos mais duráveis e ecológicos na quantidade suficiente (planeando a lista de compras, evitando gastos desnecessários e o desperdício de alimentos e de energia), de forma racional, avaliando antes de comprar os constituintes dos produtos e os impactos gerados com o tratamento final (abandono, aterro, valorização, etc.).

A capacitação ocorrida por via de processos de socialização secundários, diametralmente oposta à verificada na infância, condicionado que estava pela estrutura da sociedade, fez com que eu passasse de uma posição de submissão, de não aprendizagem ou evolução, para uma situação de inovação e grande agência, influenciando o grupo de amigos, pessoal e profissional.

Nota de reflexão final

Os indivíduos estão cada vez mais conhecedores da ciência das alterações climáticas, e sabemos que o conhecimento das causas do aquecimento global é "um poderoso preditor de intenções comportamentais", quando se acredita que as "alterações climáticas vão acontecer e ter consequências negativas" (O´Connor *et al.*, 1999, p. 461).

No entanto, talvez pela volatilidade da vida, diametralmente oposta à variabilidade natural do clima (Hansen *et al.*, 2012, p. 1), não existe uma relação direta e efetiva entre a perceção do perigo e a predisposição para alterar comportamentos (O´Connor *et al.*, 1999) com vista à alteração do paradigma dominante. Acresce que os indivíduos têm uma consciência ambiental individualista e agem de forma reativa, encarando as alterações climáticas como um problema longínquo que, mesmo a confirma-se, a tecnologia poderá resolver.

Mesmo quando existe vontade de mudar, muitas vezes falta a perseverança e o espírito de sacrifício, e as iniciativas resumem-se a comportamentos pontuais e seletivos, não estruturais. Por exemplo, um indivíduo pode apresentar uma elevada predisposição para acolher na sua casa (ou apartamento) sistemas de "climatização passiva" (de ventilação, aquecimento e arrefecimento) e, simultaneamente, ter uma reduzida predisposição para a partilha do automóvel nas deslocações pendulares (que permite maximizar a capacidade da viatura individual), ou para a utilização de transportes públicos, como sabemos, um fator importante para combater os efeitos das alterações climáticas (O´Connor *et al.*, 1999, p. 464).

Esta agência, mais vulgar do que é desejável, reflete um indivíduo ainda a viver no paradigma consumista, que resume as suas preocupações ambientais a um investimento em tecnologia (capaz de mitigar as emissões). Mas, se buscamos um mundo justo, esforços e sacrifícios têm de ser repartidos por todos, e todos temos de abdicar de parte do conforto materialista, um comportamento bem caracterizado nas armadilhas mentais de Miller (1999), nomeadamente: (i) o **pessimismo derrotista**, visível em expressões "não se justifica" ou "não vale a pena"; (ii) a **extrapolação para o infinito**, percetível em expressões como "fazer isto não muda nada", ou seja, nem vale a pena tentar; e (iii) também o **otimismo tecnológico cego**, ao acreditar que, abdicando dos nossos deveres, poderão a ciência e a tecnologia dar resposta a todos os nossos problemas.

É importante abordar as causas do aquecimento global, e alertar para a premente necessidade de mudança de comportamentos, mitigando a inércia instalada. Nunca será demais escrever sobre este assunto. Aliás, não haverá maior erro do que não fazer nada só porque não podemos fazer muito. Estaríamos a incorrer, nós próprios, nas armadilhas mentais de Miller (1999).

O futuro da humanidade não está determinado e não tem de ser miserável. É possível mitigar os efeitos da pressão humana sobre o Planeta, e ainda esperar um futuro mais digno e próspero, de harmonia na Terra. Mas, para isso, é necessário fazer as coisas acontecerem (Roberts, 2012). Ou seja, isso só é possível se a estrutura social assentar em normas de confiança, colaboração e reciprocidade, se existirem regras e sanções (Portes, 2000; Putnam, 2002), se existir criação de capital social, se desenvolvermos um pensamento crítico, e se tivermos agência.

Do lado da estrutura (com incidência na estrutura política), para que exista uma relação de segurança, legitimidade e confiança, é necessário mais transparência: acesso livre à informação – transparência dos processos decisórios, e imparcialidade. Do lado da agência, a chave passa pela educação e pela consciencialização, acompanhadas de uma grande humildade e vontade de mudar, ainda que com sacrifícios pessoais.

Os agentes de socialização são fundamentais para a interiorização individual de valores e normas ambientais, pelo que a família, a escola, os grupos de pares e, com um papel cada mais decisivo, a internet e os recursos que lhe estão associados, como as redes sociais, devem promover fortemente a educação para o desenvolvimento sustentável.

É muito importante sensibilizar a criança para a problemática da sustentabilidade durante a socialização primária, altura em que constitui a sua identidade, porque durante a socialização secundária, apesar de ser possível produzir alterações na formulação de convicções, é mais complicado alterar a matriz identitária.

No caso de vida que estudámos, própria do autor, após uma socialização primária regrada e dependente da estrutura, que condicionou o seu comportamento e oportunidades de vida, foi possível a reabilitação através da ação individual, na socialização secundária, adotando uma identidade de comprometimento com a causa ambiental, que permitiu receber e transmitir influências à estrutura da sociedade, e à ação individual dos que pertencem aos grupos em que está inserido. Tornou-se, assim, num "micro"-agente de socialização para as questões da sustentabilidade, onde se enquadra a problemática das alterações climáticas.

Este ensaio permite-nos concluir o quão importante é a ação individual para um mundo mais sustentável e para o combate às alterações climáticas, e releva a importância de cada um de nós para persuadir e capacitar quem está em nosso redor para o desenvolvimento social e a sustentabilidade.

Transmite uma mensagem positiva e otimista muito importante, de que é possível reverter a atual situação de delapidação dos recursos naturais, bastando para isso a colaboração de todos, mesmo daqueles que desconsideram estas questões, uma vez que é sempre possível mudar essa conceção/posição perante a vida ao longo da socialização secundária.

Mostra-nos uma rara oportunidade de repensar a sociedade, e o rumo que estamos a dar às nossas vidas, e enfatiza que não podemos assumir a posição de observadores. A vida com agência só pode seguir um rumo, o de fazer acontecer (Roberts, 2012).

Todos os indivíduos devem a si mesmos e às gerações futuras uma atuação com agência, escorada na felicidade e não em valores materiais (Zidanšek, 2007), e nenhum agente de socialização pode alhear-se da sua obrigação moral de educar e formar para a sustentabilidade.

Dicas para uma atitude ambiental mais responsável, simples de utilizar no quotidiano e fáceis de transmitir aos grupos de pertença:

(i) ao grupo de amigos pessoal (esfera privada): utilizar produtos de limpeza biodegradáveis em detrimento dos que comportam fosfatos na sua composição, ou então, utilizar produtos de limpeza caseiros, confecionados à base de sódio, limão e vinagre; a utilização de papel reciclado, que consome menos energia no processo industrial; reduzir ao máximo a utilização de garrafas e sacos de plástico, ou optar por garrafas de vidro e sacos de papel/pano, e quando não for possível substituir, reutilizar tantas vezes quanto possível; utilizar lâmpadas florescentes ou LEDs em detrimento das lâmpadas incandescentes, que consomem mais energia; retirar os aparelhos eletrónicos da tomada ao invés de os deixar em *standby*, o que permite poupar entre 15 e 40% de energia; manter o frigorífico afastado de fontes de calor, porque vai precisar de mais energia para compensar o aumento da temperatura; não ter o congelador totalmente preenchido e fazer a descongelação de forma regular, para evitar o excesso gelo que dificulta a circulação do ar frio e faz aumentar o consumo de energia; antes de abrir o frigorífico ou a arca frigorífica, pensar quais os produtos a retirar, para que a porta fique aberta o menos tempo possível; utilizar a ventoinha em vez do aparelho de ar condicionado; utilizar pilhas recarregáveis nos vários equipamentos domésticos (máquina fotográfica, despertador, balança, relógio de parede, etc.); utilizar água morna ou fria para lavar a roupa na máquina e fazer cargas completas, ou, não sendo possível, fazer meias cargas selecionando o modo de meia carga para reduzir o consumo de energia; utilizar o mesmo procedimento para a máquina de lavar a loiça, ou simplesmente não a utilizar, e lavar a loiça à mão; aproveitar o sol e o vento para secar a roupa e não a máquina de secar, que, para além de consumir imensa energia, deixa a roupa mais amassada, tornando mais difícil e morosa a passagem a ferro; substituir os eletrodomésticos avariados por outros com melhor eficiência energética; economizar água em todas as tarefas domésticas, por exemplo, fechando a torneira enquanto se escovam os dentes ou reduzindo o tempo médio de banho; utilizar chuveiro e não fazer banhos de banheira; recolher num recipiente a água fria inicial do chuveiro, enquanto se espera pela água quente; instalar nos pontos de água dos WC válvulas para regular a quantidade de água libertada, sobretudo quando se tem crianças; fazer refeições com alimentos da zona, que não carecem de longo transporte, porque os legumes são mais económicos e consomem-se mais frescos; consumir frutas da época; evitar alimentos congelados e enlatados, que são mais dispendiosos e consomem mais energia na confeção (os enlatados geram mais resíduos); consumir carne vermelha de forma controlada, não ultrapassando 170 gramas/dia, porque esta é responsável pela produção de um dos gases mais nocivos para a camada de ozono: o metano (CH4), ao que acresce o facto de cada quilo de carne vermelha necessitar para a sua produção de 200 litros de água, sendo que cada quilo de carne branca só necessita de 10 litros, e não necessita da mesma quantidade de terreno de pastagens, o que também ajuda a combater a desflorestação; dar preferência aos produtos orgânicos porque respeitam os ciclos de vida dos animais, vegetais e solo, e não contaminam o ambiente; tapar as panelas quando estão ao lume para não perderem calor, e dar preferência à panela de pressão, que confeciona uma refeição de forma mais rápida e económica; fazer a triagem do lixo produzido e depositá-lo no ecoponto, e depositar o óleo das frituras em local próprio para que possa ser valorizado (é um ato de profunda irresponsabilidade despejar este óleo na rede de saneamento básico, porque pode provocar entupimentos e leva à poluição das águas e do solo; cada litro de óleo chega a poluir um milhão de litros de água). Quem reside no espaço rural - ou residindo no espaço urbano, habita uma vivenda com área verde - pode fazer a compostagem do material orgânico, reduzindo assim a quantidade de lixo encaminhada para aterros sanitários e, consequentemente, a emissão de metano na atmosfera. Poderá utilizar a matéria orgânica no jardim. Os espaços verdes devem ser regados pela manhã ou pela tarde, mas nunca nas horas de maior calor, para evitar a evaporação da água e os choques térmicos nas plantas (ver Pinto (2004) e Ecosave (2012)).

(ii) ao grupo de amigos do trabalho (esfera pública): desligar as luzes e os equipamentos de climatização e refrigeração sempre que não são necessários; regular o ar condicionado para uma temperatura adequada; isolar o espaço quando o ar condicionado está ligado, para mitigar fugas; identificar e comunicar situações de perda de água nas instalações sanitárias; desligar a luz após utilizada a casa de banho; utilizar copos de cerâmica ou metal para beber água das máquinas de refrigeração (dispensadores), em detrimento do tradicional copo de plástico descartável, que tem uma vida mais curta – note-se que, em termos médios, são necessários 16 copos/dia para suprir a necessidade de uma pessoa de consumir 2 litros de água/dia, um ónus demasiado pesado para o ambiente, pelas emissões de CO_2 que decorrem da fabricação, transporte e reciclagem de embalagens, e, quando não são devidamente valorizadas, pelo tempo que demoram a ser decompostas na natureza; desligar o computador em longos períodos de ausência, ou, em períodos de ausência mais reduzidos, coloca-lo em modo de hibernação ou suspensão (existem situações em que os computadores ficam ligados de um dia para o outro); realizar reuniões em videoconferência, o que permite reduzir gastos, evitar o trânsito e reduzir a poluição atmosférica; reaproveitar folhas inutilizadas para rascunho, e fazer a reciclagem do papel; desligar a luz da sala de trabalho nos períodos de ausência; colocar as pilhas utilizadas no mini-pilhão, para que sejam recolhidas em segurança pela sociedade Ecopilhas; realizar passeios a pé pelos jardins da zona no tempo livre da hora de almoço, em detrimento dos passeios a pé pelas lojas dos centros comercias, muitas vezes comprando produtos desnecessários; partilhar informação relativa a ações de sensibilização ambiental, e a projetos e novidades tecnológicas na domótica; utilizar os transportes públicos em detrimento do transporte individual e, quando tal não seja possível, adotar soluções em que várias pessoas possam fazer uso do mesmo transporte particular (ver Pinto (2004) e Ecosave (2012)). Por fim, tratar os outros como gostamos de ser tratados.

Referências Bibliográficas

ALLAN, R.; SODEN, B. Atmospheric warming and the amplification of precipitation extremes. **Science**. Vol. 321, n.º 5895, 2008, p. 1481-1484. DOI: 10.1126/science.1160787.

ALLEN, T.; THOMAS, A. (ed.). **Poverty and Development into the 21st Century**. Oxford: Oxford University Press, 2000.

ALMEIDA, J.F. **Introdução à Sociologia**. Lisboa: Universidade Aberta, 1994.

AMARO, F. **Introdução à Sociologia da Família**. Lisboa: ISCSP, 2006.

ANDERSON, B. **Imagined communities. Reflections on the Origin and Spread of Nathionalism**. New York: Gopal Balakrishnan, 1991.

BANURI, T.; OPSCHOOR, H. **Climate Change and Sustainable Development**. Economic & Social Affairs. DESA Working Paper No. 56. ST/ESA/2007/DWP/56. New York: ONU, 2007. Disponível em: <http://www.un.org/esa/desa/papers/2007/wp56_2007.pdf>. Acesso em: 15 jun. 2014.

BARKER, C. **Cultural Studies: Theory and Practice**. 3ª ed. London: SAGE Publications, 2008. ISBN: 9781412924153.

BAUD, P.; BOURGEAT, S.; BRAS, C. **Dicionário de Geografia**. Trad. de Raquel Mota e João Atanásio. ISBN: 972-707-248-8. Título Original: Dictionnaire de géographie (1997). Lisboa: Plátano Edições Técnicas, 1999.

BERGER, P.; BERGER, B. **Sociology – A Biographical Approach**. 2.ª ed. Nova York: Basic Books, 1975, p. 49-69.

BORN, R.H. *Rio+20: questões sobre economia verde e governança do desenvolvimento sustentável. São Paulo:* Vitae Civilis, 2011. Disponível em: <http://vitaecivilis.org/home/images/stories/Docs/Artigos/Rio20_questoes_ sobre_economia_verde_e_governanca_do_desenvolvimento_sustentavel.pdf>. Acesso em: 18 mai. 2014.

BOURDIEU, P. **O poder simbólico**. Rio de Janeiro: Bertrand Brasil, 2003.

BOYD, R., SILK, J.B. **How Humans Evolved**. 4ª Ed. New York: Norton, 2006.

BRUNDTLAND, G.H. (coord.).. **Our Common Future**. Report of the World Commission on Environment and Development, transmitted to the General Assembly as an Annex to document A/42/427 - Development and International Cooperation: Environment. Oxford University Press. 245p., United Nations, 1987. Disponível em:

<http://conspect.nl/pdf/Our_Common_Future-Brundtland_Report_1987.pdf>. Acesso em: 21 mar. 2014.

BULKELEY, H. **Cities and Climate Change**. ISBN: 978-0-415-59704-3. USA: Routledge, 2013. Disponível em: <http://www.routledge.com/books/details/9780415597050/>. Acesso em: 22 nov. 2013.

CARAPETO, C. (Coord.). **Educação ambiental**. Lisboa: Universidade Aberta, 1998.

CLASTRES, P. Copérnico e os Selvagens. CLASTRES, P.. **A sociedade contra o Estado**. Porto: Edições Afrontamento, 1979, p. 5-24.

COMISSÃO EUROPEIA. **Alterações climáticas — De que se trata? Uma introdução para os jovens**. ISBN 92-894-8919-7. Luxemburgo: Serviço das Publicações Oficiais das Comunidades Europeias, 2006.

CURRY, J. A.; WEBSTER, P. J. Climate Science and the Uncertainty Monster. **American Meteorological Society**. Vol. 92, n.º 12, 2011, p. 1667 – 1682. DOI: http://dx.doi.org/10.1175/2011BAMS3139.1.

DECRETO n.º 20/93, de 21 de junho de 1993. Aprova, para ratificação, a Convenção Quadro sobre Alterações Climáticas. **Diário da República n.º 143/93, Série I-A, de 21 de junho de 1993**. Disponível em: <http://www.fd.uc.pt/CI/CEE/pm/LegCE/UN_convencao_sobre_alteracoes_climaticas.htm>. Acesso em: 12 jun. 2014.

DECRETO n.º 7/2002, de 25 de março de 2002. Aprova o Protocolo de Quioto à Convenção Quadro das Nações Unidas sobre Alterações Climáticas. **Diário da República n.º 71, Série I-A, de 25 de março de 2002**. Disponível em: <http://www.fd.uc.pt/CI/CEE/pm/LegCE/quioto.pdf>. Acesso em: 12 jun. 2014.

DELICADO, A.; SCHMIDT, L.; GUERREIRO, S.; GOMES C. Pescadores, conhecimento local e mudanças costeiras no litoral Português. **Revista de Gestão Costeira Integrada**. Vol. 12, n.º 4, 2012, p. 437-451. DOI:10.5894/rgci349.

DESCARTES, R. **Discours de la Méthode. Pour bien conduire sa raison, et chercher la vérité dans les sciences. Plus La dioptrique. Les Meteores. Et La Geometrie. Qui sont des essais de sete Methode**. A Leyde. De lÍmprimerie de Ian Maire. Avec privilege. Paris: Ian Maire, 1637.

DESCARTES, R. **Principia Philosophiae**. Amsterdam: Ludovic Elzevier, 1644. WITH: Specimina Philosophiae: seu Dissertatio de Methodo recte regendae rationis, & veritatis in scientiis investigandae: Dioptrice, et Meteora. Ex Gallico translata, & Ab auctore perlecta, variisque in locis emmendata. Amsterdam: Elzevier, 1644.

DOLAN, A.H.; WALKER, I.J. Understanding vulnerability of coastal communities to climate change related risks. **Journal of Coastal Research**. Vol. SI39, 2004, p. 1317-1324, West Palm Beach, FL, USA. (Proceedings of the 8th International Coastal Symposium). Disponível em: <http://cip2008.cip-icu.ca/_CMS/Files/dolan.pdf>. Acesso em: 21 jul. 2014.

DUNLAP, R.E.; JACQUES, P.J. Climate Change Denial Books and Conservative Think Tanks: Exploring the Connection. **American Behavioral Scientist**. Vol. 56, n.º 6, 2013, p. 699-731. DOI: 10.1177/0002764213477096.

ECOSAVE. **Guia para a utilização eficiente dos eletrodomésticos**. Setúbal: Agência de Energia e Ambiente da Arrábida (ENA), 2012. ISBN: 978-989-97705-0-8.

EICHNER, S. **Agency and Media Reception. Experiencing Video Games, Film, and Television**. Germany: Springer Fachmedien Wiesbaden, 2014. ISBN: 978-3-658-04672-9. DOI: 10.1007/978-3-658-04673-6.

ELLISON, N.B.; STEINFIELD, C.; LAMPE, C.. The Benefits of Facebook "Friends:" Social Capital and College Students' Use of Online Social Network Sites. **Journal of Computer-Mediated Communication**. Vol. 12, n.º 4, 2007, p. 1143 – 1168. DOI: 10.1111/j.1083-6101.2007.00367.x.

GIDDENS, A. **Sociologia**. 4.ª ed. Lisboa Fundação Gulbenkian, 2004.

GIDDENS, A.; PIERSON, C. **Conversations with Anthony Giddens: Making Sense of Modernity**. California: Stanford University Press, 1998. ISBN: 978-0804735681.

GRAHAM, C. T.; HARROD, C. Implications of climate change for the fishes of the British Isles. **Journal of Fish Biology**. Vol. 74, n.º 6, 2009, p. 1143-1205. DOI: 10.1111/j.1095-8649.2009.02180.x;

GULATI, R.; SRIVASTAVA, S. Bringing Agency Back into Network Research: Constrained Agency and Network Action. BRASS, D.; LABIANCA, G. (Joe); MEHRA, A.; HALGIN, D.; BORGATTI, S. (ed.). **Contemporary Perspectives on Organizational Social Networks** (Research in the Sociology of Organizations, Volume 40), Emerald Group Publishing Limited, 2014, p. 73-93. DOI: 10.1108/S0733-558X (2014) 0000040004.

HABERL, H.; FISCHER-KOWALSKI, M.; KRAUSMANN, F.; MARTINEZ-ALIER, J.; WINIWARTER, V. **A socio-metabolic transition towards sustainability? Challenges for another Great Transformation**. Sustainable Development, vol. 19, n.º 1, 2011, p. 1-14. DOI: 10.1002/sd.410.

HALPERN, D.; GIBBS, J. Social media as a catalyst for online deliberation? Exploring the affordances of Facebook and YouTube for political expression. **Computers in Human Behavior**. Vol. 29, n.º 3, 2013, p. 1159-1168. DOI: 10.1016/j.chb.2012.10.008.

HANSEN, J.; SATO, M.; RUEDY, R. Perception of climate change. 9 p. **Proceedings of the National Academy of Sciences of the United States of America** (PNAS - Early Edition). DOI: 10.1073/pnas.1205276109.

HEGERL, G.; STOTT, P. From Past to Future Warming. **Science**. Vol. 343, n.º 6173, 2014, p. 844-845. DOI: 10.1126/science.1249368.

HOPWOOD, B.; MELLOR, M.; O'BRIEN, G. Sustainable development: mapping different approaches. **Sustainable Development**. Vol. 13, n.º 1, 2005, p. 38-52. DOI: 10.1002/sd.244.

HOTZ, R.L. **Inside an Antarctic time machine**. TEDGlobal, 2010. Disponível em:

<http://www.ted.com/talks/lee_hotz_inside_an_antarctic_time_machine>. Acesso em: 15 jun. 2014.

HOWARD, C.A. domesticação das mercadorias: estratégias Waiwai. ALBERT, B.; RAMOS, A.R. (Orgs). **Pacificando o branco. Cosmologias do contato no Norte Amazônico**. São Paulo: Editora UNESP, 2000, p. 25-60.

IPCC. Appendices. In: **Climate Change 2001: Mitigation (Working Group III)**. Switzerland: IPCC and World Meteorological Organization, 2001, p 689-753. Disponível em: <http://www.ipcc.ch/ipccreports/tar/wg3/index.htm>. Acesso em: 12 jun. 2014.

IPCC. Climate Change 2007: Impacts, Adaptation and Vulnerability. In: PARRY, M.L.; CANZIANI, O.F.; PALUTIKOF, J.P.; LINDEN, P.J.; HANSON, C.E. (Eds.). **Contribution of Working Group II to the Fourth Assessment. Report of the Intergovernmental Panel on Climate Change (AR4)**. ISBN: 978-0521-70597-4. Cambridge, UK: Cambridge University Press, 2007. Disponível em: <http://www.ipcc.ch/pdf/assessment-report/ar4/wg2/ar4_wg2_full_report.pdf>. Acesso em: 9 jun. 2014.

IPCC. Summary for Policymakers. In: STOCKER, T.F.; QIN, D.; PLATTNER, G.-K.; TIGNOR, M.; ALLEN, S.K.; J. BOSCHUNG, NAUELS, A.; XIA, Y.; BEX, V.; MIDGLEY, P.M. (eds.). **Climate Change 2013: The Physical Science Basis. Contribution of Working Group I to the Fifth Assessment Report of the Intergovernmental Panel on Climate Change**. 1535 p. Cambridge, United Kingdom and New York, NY, USA: Cambridge University Press, 2013b. Disponível em: <http://www.climatechange2013.org/images/report/WG1AR5_ALL_FINAL. pdf>. Acesso em: 15 jun. 2014.

IPCC. **Working group i contribution to the IPCC fifth Assessment Report (AR5), "Climate Change 2013: The Physical Science Basis"**. Final Draft Underlying Scientific-Technical Assessment. Stockholm: IPCC, (26 september) 2013a. Disponível em: <http://www.climatechange2013.org/images/uploads/WGIAR5 WGI-12Doc2b_FinalDraft_All.pdf>. Acesso em: 24 mai. 2014.

KIRCHNER, I.; STENCHIKOV, G.L.; GRAF, H-F.; ROBOCK, A.; ANTUÑA, J.C. Climate model simulation of winter warming and summer cooling following the 1991 Mount Pinatubo volcanic eruption. **Journal of Geophysical Research: Atmospheres**. Vol. 104, n.º D16, 1999, p. 19039-19055. DOI: 10.1029/1999JD900213.

MAGGS, W.W. Warming will alter water resources. **Eos, Transactions American Geophysical Union**. Vol. 70, n.º 5, 1989, p. 67-74. DOI: 10.1029/89EO00041.

MARCATTO, T.I.; LIMA, L.A. Sociedade contemporânea e o protocolo de quioto: o mundo em prol do meio ambiente. CONNEXIO, **Revista Eletrônica da Escola de Gestão e Negócios** (ISSN 2236-8760). Ano II, n.º 2, 2013, p. 41-63. Disponível em: <http://repositorio.unp.br/index.php/connexio/article/view/311/280>. Acesso em: 9 mai. 2014.

MARIANO, R. **Neopentecostais: sociologia do novo pentecostalismo no Brasil**. São Paulo: Loyola, 1999.

MARIANO, R. Os pentecostais e a teologia da prosperidade. **Novos Estudos**. São Paulo: CEBRAP, 1996.

MILLER, Jr, T.G. **Sustaining the Earth**. 4ª Ed. USA: Brooks/Cole Publishing Company, 1999.

MORSS, E. **Global Warming Is Here, Getting Worse – What Should We Do?**. Global Economic Intersection (Econintersect), 2012. Disponível em: <http://econintersect.com/wordpress/?p=24963>. Acesso em: 15 jun. 2014.

O'CONNOR, R.E.; BORD, R.J.; FISHER, A. Risk Perceptions, General Environmental Beliefs, and Willingness to Address Climate Change. **Risk Analysis**. Vol. 19, n. ° 3, 1999, p. 461-471. DOI: 10.1111/j.1539-6924.1999.tb00421.x.

OLIVEIRA, J. Uma etnologia dos "índios misturados?" Situação colonial, territorialização e fluxos culturais. OLIVEIRA, J. (ed.). **A Viagem de Volta: Etnicidade, Política e Reelaboração Cultural no Nordeste Indígena**. Rio de Janeiro: Contra Capa/ LACED, 2004, p. 13-42.

OLIVEIRA, R. **O Índio e o Mundo dos Brancos**. Campinas: Editora Unicamp, 1994.

PALMA, J. **Manual de práticas ambientais para o ensino básico**. 2ª ed. Canelas: Gailivro, 2006.

PINTO, F. **Poupar mais, poupar menos, guia prático de acção ecológica**. Porto: Nova Gaia, 2004. ISBN: 972-712-357-0.

PORTES, A. Capital Social: origens e aplicações na sociologia contemporânea. **Sociologia, problemas e práticas**, n.º 33, 2000, p. 133-158.

PUTNAM, R. **Comunidade e democracia: a experiencia da Itália moderna**. Rio de Janeiro: FGV, 2002.

RECUERO, R.C. **Um estudo do Capital Social gerado a partir de Redes Sociais no Orkut e nos Weblogs**. Rio Alegre: Universidade Católica de Pelotas, 2005. Trabalho apresentado na Compós 2005, no GT de Tecnologias da Informação e da Comunicação. Disponível em: <http://www.ufrgs.br/limc/PDFs/recuerocompos.pdf>. Acesso em: 10 mai. 2014.

RIBEIRO, D. **Os Índios e a Civilização. A integração das populações indígenas no Brasil Moderno**, 7ª ed. Brasil: Companhia das Letras, 1996.

ROBERTS, D. **Climate change is simple**. TEDx, The Evergreen State College, 2012. Disponível em: <https://www.youtube.com/watch?v=A7ktYbVwr90>. Acesso em: 15 jun. 2014.

ROCKSTRÖM, J.; STEFFEN, W.; NOONE, K.; PERSSON, Â.; CHAPIN, F.S.; LAMBIN, III, E.; LENTON, T.M.; SCHEFFER, M.; FOLKE, C.; SCHELLNHUBER, H.; NYKVIST, B.; WIT, C.A. de; HUGHES, T.; Van Der LEEUW, S.; RODHE, H.; SÖRLIN, S.; SNYDER, P.K.; COSTANZA, R.; SVEDIN, U.; FALKENMARK, M.; KARLBERG, L.; CORELL, R.W.; FABRY, V.J.; HANSEN, J.; WALKER, B.; LIVERMAN, D.; RICHARDSON,

K.; CRUTZEN, P.; FOLEY, J. Planetary boundaries:exploring the safe operating space for humanity. **Ecology and Society**. Vol. 14, n.º2, art. 32, 2009. Disponível em: <http://www.ecologyandsociety.org/vol14/iss2/art32/>. Acesso em: 15 jun. 2014.

ROLLNICK, R.; NAUDIN, T.. **UN-Habitat Annual Report 2010**. ISBN: 978-92-1-132336-8. Nairobi: UNON Publishing Services Section, 2011.

ROSA, R.; MARTINS, F.E.; GASPERI, B.L.; MONTICELLI, M.; SIEBERT, E.R.C.; MARTINS, N.M. Mãe e filho: os primeiros laços de aproximação. **Escola Anna Nery Revista de Enfermagem** (ISSN: 2177-9465). Vol. 14, n.º 1, 2010, p. 105-12. Disponível em: <http://www.scielo.br/pdf/ean/v14n1/v14n1a16>. Acesso em: 12 mai. 2014.

SAMSON, J.; BERTEAUX, D.; MCGILL, B.J.; HUMPHRIES, M.M. Geographic disparities and moral hazards in the predicted impacts of climate change on human populations. **Global Ecology and Biogeography**. Vol. 20, n.º 4, 2011, p. 532-544. DOI: 10.1111/j.1466-8238.2010.00632.x.

SANTOS, F.D. *A Física das Alterações climáticas*. **Gazeta da Física**. Vol. 30, n.º 1, 2007, p. 48-57. Disponível em: <http://nautilus.fis.uc.pt/gazeta/revistas/30_1/vol30_fasc1_Art06.pdf>. Acesso em: 15 jun. 2014.

SANTOS, M.P.N. As novas dinâmicas da sustentabilidade urbana em territórios de pobreza e exclusão social: o caso da Cova da Moura. **Revista INVI**. Vol. 29, n.º 81, 2014. DOI: 10.4067/invi.v0i0.777 (no prelo).

SAUNDERS, M.; LEA, A. Large contribution of sea surface warming to recent increase in Atlantic hurricane activity. **Nature**. Vol. 451, 2008, p. 557-560. DOI: 10.1038/nature06422.

SMITHM, M.D. The ecological role of climate extremes: current understanding and future prospects. **Journal of Ecology**. Vol. 99, n.º 3, 2011, p. 651-655. DOI: 10.1111/j.1365-2745.2011.01833.x;

SOROMENHO-MARQUES, V. **Alterações climáticas: a crise que não sabemos pensar 3 - As alterações climáticas como problema político**. Lisboa: Conferência na Culturgest, 2012a. Disponível em: <http://vimeo.com/42833976>. Acesso em: 21 mai. 2014.

SOROMENHO-MARQUES, V. **Alterações climáticas: a crise que não sabemos pensar 4 - As alterações climáticas e o enigma do nosso futuro comum**. Lisboa: Conferência na Culturgest, 2012b. Disponível em: <http://vimeo.com/43423538>. Acesso em: 21 mai. 2014.

SOROMENHO-MARQUES, V. **Alterações climáticas: a crise que não sabemos pensar 1 - A construção científica das alterações climáticas**. Lisboa: Conferência na Culturgest, 2012c. Disponível em: <http://vimeo.com/43423538>. Acesso em: 20 mai. 2014.

SOROMENHO-MARQUES, V. Four Principles regarding the Bali Road Map From Kyoto to Copenhagen. In: **Climate Change and Energy security. 2.ª Conferência Internacional sobre Alterações Climáticas e Segurança**

Energética. ISBN: 978-972-556-497-4. Lisboa: Assembleia da República, 2008, p. 143-154.

SORTE, C.J.B.; IBÁÑEZ, I.; BLUMENTHAL, D.M.; MOLINARI, N.A.; MILLER, L.P.; GROSHOLZ, E.D.; DIEZ, J.M.; D'ANTONIO, C.M.; OLDEN, J.D.; JONES, S.J.; DUKES, J.S. Poised to prosper? A cross-system comparison of climate change effects on native and non-native species performance. **Ecology Letters**. Vol. 16, n.º 2, 2013, p. 261-270. DOI: 10.1111/ele.12017.

STENCHIKOV, G.L.; KIRCHNER, I.; ROBOCK, A.; GRAF, H-F.; ANTUÑA, J.C.; GRAINGER, R.G.; LAMBERT, A.; THOMASON, L. Radiative forcing from the 1991 Mount Pinatubo volcanic eruption. **Journal of Geophysical Research: Atmospheres**. Vol. 103, n.º D12, 1998, p. 13837-13857. DOI: 10.1029/98JD00693.

STONES, R. Structure and Agency. RITZER, G. (ed). **Blackwell Encyclopedia of Sociology**. Blackwell Publishing, 2007. DOI: 10.1111/b.9781405124331.2007.x.

SUNSTEIN, C.R. **The Complex Climate Change Incentives of China and the United States (August 2007)**. U of Chicago Law & Economics, Olin Working Paper No. 352; U of Chicago, Public Law Working Paper No. 176. DOI: http://dx.doi.org/10.2139/ssrn.1008598.

SY, A. Special issue on: Accounting for global warming. **Critical Perspectives on Accounting**. Vol. 19, 2008, p. 431 – 434. DOI:10.1016/j.cpa.2007.07.002.

TORGAL, L.R. **Estados novos, estado novo: ensaios de história política e cultural**. Vol. 1. Coimbra: Imprensa da Universidade de Coimbra, 2009.

UNDP. **Human Development Report 2007/2008. Fighting climate change: Human solidarity in a divided world**. ISBN 978-0-230-54704-9. USA: UNDP, 2007.

UNDP. **Human Development Report 2013. The Rise of the South: Human Progress in a Diverse World**. ISBN 978-92-1-126340-4. USA: UNDP, 2013. Disponível em: <http://www.undp.org/content/dam/undp/library/corporate/HDR/2013Gl obalHDR/English/HDR2013%20Report%20English.pdf>. Acesso em: 15 jun. 2014.

UNFCCC. **United Nations framework Convention on Climate Change**. New York: UNFCCC, 1992. Disponível em: <https://unfccc.int/files/essential_background/background_publications_htm lpdf/application/pdf/conveng.pdf>. Acesso em: 14 jun. 2014.

WEART, S.R. **The Carbon Dioxide Greenhouse Effect**. 2008. Disponível em: <http://www.aip.org/history/climate/co2.htm>. Acesso em: 22 mai. 2014.

WILSON, G. *et al.*. **T869 Climate change: from science to lived experience. Module 1: Introduction to climate change in the context of sustainable development**. United kingdom: Open University, 2012. Disponível em: <https://repositorioaberto.uab.pt/bitstream/10400.2/2127/1/LECHe_Modul e1_Textbook_2012.pdf>. Acesso em: 21 jul. 2014.

WOLF, S.G.; SNYDER, M.A.; SYDEMAN, W.J.; DOAK, D.F.; CROLL, D.A. Predicting population consequences of ocean climate change for an ecosystem sentinel, the seabird Cassin's auklet. **Global Change Biology**. Vol. 16, n.º 7, 2010, p. 1923-1935. DOI: 10.1111/j.1365-2486.2010.02194.x;

ZIDANŠEK, A. Sustainable development and happiness in nations. **Energy**. Vol. 32, n.º 6, 2007, p. 891–897. DOI:10.1016/j.energy.2006.09.016.

ZOLINA, O.; SIMMER, C.; GULEV, S.; KOLLET, S. Changing structure of European precipitation: Longer wet periods leading to more abundant rainfalls. **Geophysical Research Letters**. Vol. 37, L06704, 2010. DOI: 10.1029/2010GL042468.

AS NOVAS DINÂMICAS DA SUSTENTABILIDADE URBANA EM TERRITÓRIOS DE POBREZA E EXCLUSÃO SOCIAL: O CASO DA COVA DA MOURA. [218]

New dynamics of urban sustainability in areas of poverty and social exclusion: the case of Cova da Moura.

RESUMO

Durante a segunda metade do século XX verificaram-se vários fluxos migratórios direcionados à periferia da cidade de Lisboa, para os quais nem a habitação social do Estado, nem o mercado de habitação de investimento privado, conseguiram dar resposta em quantidade e qualidade à carência imobiliária. Os fluxos que mais acentuaram estas carências foram a chegada de emigrantes e o regresso dos retornados após a independência dos países africanos de expressão portuguesa entre 1975/76. Estes fluxos levaram à construção de muitos bairros de barracas e habitação clandestina, desordenados, pouco sustentáveis, de que é exemplo o Bairro da Cova da Moura, no concelho da Amadora. Como noutros bairros deste tipo, gerou-se um conjunto de questões sociais negativas, como a criminalidade, a pobreza e a exclusão, bem como carências na educação, saúde, higiene e alimentação. Este trabalho enfatiza o trabalho desenvolvido pela Associação Cultural Moinho da Juventude (ACMJ), na defesa e representação da comunidade, onde nos últimos tempos se implementou um conjunto de projetos que visam a sustentabilidade social, económica e ambiental do bairro. Comprovamos ser possível passar de um espaço isolado e marginalizado para um espaço apreciado pelo valor sociocultural, gastronómico e medicinal, valendo-se de um mercado turístico especializado (coétnicos).

ABSTRACT

During the second half of the twentieth century several migration flows directed towards the outskirts of Lisbon resulted in a housing shortage to which neither the State social housing nor the private housing market have been able to respond in terms of quantity and quality. This shortage has been aggravated mostly by the arrival of immigrants and returnees following the independence of the Portuguese-speaking African countries in 1975/76 and has led to the development of a number of uncontrolled, unsustainable neighbourhoods formed by slums and illegal houses, of which Cova da Moura at the municipality of Amadora is an example. Like other similar neighbourhoods, Cova da Moura has seen the emergence of a number of social problems such as crime, poverty, social exclusion and shortcomings in the fields of education, health, hygiene and nutrition. This paper emphasizes the work carried out by ACMJ (Associação Cultural Moinho da Juventude, or "The Youth Mill Cultural Association") in defending and representing the community, where more recently several projects have been implemented in order to promote the social, economic and environmental sustainability of the neighbourhood. It also proves that a specialized tourism market (co-ethnic) can make it possible to turn an isolated and marginalized area into a space that is appreciated for its socio-cultural, culinary and medicinal values.

---

[218] Artigo publicado pela primeira vez na Revista do Instituto de la Vivienda – INVI (ISSN: 0718-8358), Vol. 29, n.º 81, p. 115-155. DOI: 10.4067/invi.v0i0.777. Juntamos três anexos que complementam o quadro 2, e que não faziam parte do artigo inicial: o detalhe do levantamento de comércio e serviços no Bairro Alto da Cova da Moura (hierarquização funcional), realizado entre 9 e 16 de outubro de 2013; a primeira listagem das ruas e códigos postais do Bairro Alto da Cova da Moura, realizada pelos moradores; e uma cópia do projeto de construção de nova escola de raiz.

Introdução

> "A maior glória de viver não está em jamais cair,
> mas em levantarmo-nos cada vez que caímos".
> Nelson Mandela (1918-2013)

A humanidade caminha em direção a um mundo marcado por uma urbanização generalizada. Tal afirmação fundamenta-se no crescimento da população mundial verificado em áreas urbanas, e também na centralidade que os centros urbanos possuem nos processos económicos, políticos, sociais e culturais da vida contemporânea (Rollnick & Naudin, 2011).

Em Portugal, o processo de expansão do espaço urbanizado, que é um fenómeno do século XX e está intimamente associado à macrocefalia lisboeta (Soczka, 2005), teve uma evolução insuficiente e desordenada a partir dos anos 50, devido ao intenso êxodo rural para as cidades, em 1975/76, com o regresso a Portugal de cerca de meio milhão de retornados, provenientes das ex-colónias africanas (Campos e Vaz, 2013, p. 130), e a partir de meados dos anos 80, através de um elevado número de imigrantes oriundos dos PALOP (Oliveira, 2008; Mendes, 2008).

Foi sobretudo em 1975/76, com o regresso em massa dos retornados e de imigrantes dos Países Africanos de Expressão Portuguesa, que se manifestou a insuficiência do mercado de habitação privada e a incapacidade do Estado na atribuição de habitação social. Daí resultou um forte mercado paralelo em resposta às emergentes necessidades de habitação, proliferando bairros de barracas e habitação clandestina, de que é exemplo o Bairro da Cova da Moura, no concelho da Amadora na periferia de Lisboa (Mendes, 2008).

A facilidade com que se podia levantar uma barraca em qualquer lugar, sem qualquer respeito por princípios do ordenamento jurídico, disciplinadores do comportamento humano, promotores da harmonia, da segurança e da paz social, foi em tudo semelhante à inércia do Estado no combate a esta construção clandestina. O próprio Estado promoveu a construção clandestina, de diversas formas, nomeadamente através da organização de loteamentos onde as famílias carenciadas construíam uma barraca e pagavam uma renda mensal pelo terreno, como aconteceu nos anos 60 em Lisboa (Gaspar, 1989, p. 82), ou favorecendo os promotores imobiliários e os grandes empreiteiros nas zonas urbanas mais valorizadas (Cabral, 1989, p. 60). E quando não a promoveu, não teve a astúcia necessária para a controlar, mostrou passividade e inércia, e muitas vezes desinteresse na resolução dos problemas habitacionais. Atuou como uma espécie de "Estado-centauro" (guiado por uma cabeça liberal sobre um corpo autoritário), preocupando-se apenas com a contenção da desordem provocada pela exclusão social (Wacquant, 2012). As autarquias podem efetivamente ser responsabilizadas pelo crescimento desmedido e degradação incontrolável destes bairros, tristemente célebres pelas piores das razões: pobreza, tráfico de droga e violência (Pires, 2009, p. 50).

Devido à proximidade da cidade de Lisboa, o concelho da Amadora recebeu uma grande parte destes bairros considerados problemáticos, de que são exemplo, Quinta da Lage, Reboleira, Azinhaga dos Besouros, Estrela de África (Venda Nova), Bairro 6 de Maio (Damaia), Boba, Estrada Militar do Alto da Damaia, Bairro de Santa Filomena, Serra da Mira, Portas de Benfica e Alto da Cova da Moura.

Estes bairros são considerados pela sociedade como áreas desordenadas e insustentáveis, de não-direito, de subversão social, habitados e frequentados por dissidentes, onde imperam a criminalidade, a droga e a violência (Costa, 2006, p. 110). Contudo, os residentes da Cova da Moura têm vindo gradualmente a mudar a opinião pública, adotando um modelo de vida sustentável, honesto e respeitável, autossuficiente e criativo, empreendedor e dinâmico, de matriz cultural.

Sem querer desviar o foco da população, a grande responsável pela mudança, é necessário salientar que quando se fala no caminho da sustentabilidade seguido pelos habitantes da Cova da Moura, está-se obrigatoriamente a falar da Associação Cultural Moinho da Juventude (ACMJ), uma Instituição Particular de Solidariedade Social (IPSS), constituída pela população, que trabalha dentro da comunidade, e para a comunidade, que representa, promove, educa e forma, incentiva e fomenta o progresso, e proporciona à comunidade ferramentas para exprimir as suas capacidades e competências, procurando em conjunto o rumo a seguir, fazendo a diferença. O trabalho da população, sob a organização da ACMJ, tem sido muito importante para mudar a opinião da sociedade civil acerca do bairro, mitigando o estigma social de que a comunidade é alvo, através de um vasto conjunto de atividades e eventos de cariz cultural, que promovem a sustentabilidade ambiental e financeira dinamizando o comércio etnocultural, combatendo a pobreza e a exclusão, caminhando com passos largos em relação aos desígnios do Desenvolvimento Sustentável (Brundtland, 1987).

Mas não podemos ser injustos e esquecer o trabalho que outras instituições ou organismos têm vindo a realizar neste espaço de exclusão só porque não têm a mesma visibilidade. Assim, cabe aqui destacar o trabalho da Associação de Moradores do Bairro Alto da Cova da Moura, que no fim dos anos 80 orientou a planificação das ruas, a instalação de água canalizada, esgotos e eletricidade no bairro, da Associação Clube Desportivo do Alto da Cova da Moura, fundada em 1980 por um grupo de portugueses vindos da Angola, e aceite em 2001 como IPSS, muito importante na promoção da união, da partilha e do convívio, gerando a estabilidade necessária aos habitantes de um bairro de futuro incerto, e do Centro Infantil S. Gerardo - Centro Social e Paroquial N.ª Sr.ª Mãe de Deus da Buraca, pelo apoio social, fazendo muito com pouco (AAVV., 2006c, p. 2-8). Cabe aqui expedir o mesmo reconhecimento à Câmara Municipal da Amadora, por via do seu Gabinete Local, onde diariamente técnicos altamente qualificados ajudam a comunidade, ainda que, ao nível da decisão política, a sua atuação perante o Bairro tenha sido muito oscilante ao longo dos anos, ou até mesmo desleixada, nomeadamente no que se refere às negociações com os proprietários dos terrenos, o que dificultou a requalificação do bairro. Não tão diretamente, este reconhecimento pode ser estendido a uma enorme diversidade de entidades, como a Associação dos Amigos da Damaia, entre outros.

É sobre o caminho positivo e sustentável que os residentes deste bairro têm perseguido ao longo do século XXI, reunidos em torno da ACMJ, que incide o presente trabalho, no âmbito da Sustentabilidade Urbana em Territórios de Pobreza e Exclusão Social. Destacam-se metodologias empreendedoras (de fins educacionais, culturais, ambientais e económicos) que foram implementadas de forma responsável no Bairro da Cova da Moura, que impediram a demolição do bairro por interesses de especulação imobiliária, permitiram dinamizar o espaço de forma positiva, mantendo-o fiel às origens dos seus residentes, e promoveram uma melhor qualidade de vida do ponto de vista formativo, financeiro, cultural e social. Este facto permite a outros territórios marginalizados acreditar que é possível aplicar um modelo semelhante para a renovação de outros espaços.

A Sustentabilidade Urbana – um percurso de consciencialização.

A abordagem à Sustentabilidade Urbana, na perspetiva da responsabilidade individual e coletiva dos habitantes da Cova da Moura, muito centrados em torno da ACMJ, torna necessário definir o que é, qual a sua importância, como tem evoluído, as suas múltiplas dimensões, e quais os debates teóricos na atualidade sobre o tema.

O que se entende por Sustentabilidade Urbana? Segundo Maclaren (2004), não há uma definição única de sustentabilidade urbana, ainda que existam alguns indicadores ambientais que são transversais a todas as comunidades, porque cada espaço urbano tem uma conceção própria, que desenvolve com base nas suas condições económicas, ambientais, sociais e juízos de valor. Ainda assim, apesar de assumir formas distintas consoante o seu contexto geográfico, a urbanização é um fenómeno generalizado à escala mundial.

Considerando as particularidades do espaço em estudo, "uma cidade é sustentável na medida em que é capaz de evitar a degradação e manter a saúde de seu sistema ambiental, reduzir a desigualdade social, prover seus habitantes de um ambiente construído saudável, bem como estabelecer pactos políticos e ações de cidadania que o permitam, e enfrentar desafios presentes e futuros" (Braga *et al.*, 2002, p. 3). Esta definição, uma de muitas possíveis, para além de ser adequada à realidade local, inclui vários indicadores transversais a todas as comunidades (Maclaren, 2004), já que uma cidade será tanto mais sustentável, quanto mais conseguir integrar de forma satisfatória as questões sociais, económicas, ambientais e culturais, e mais promover o diálogo construtivo e empreendedor junto dos seus habitantes.

E porque é tão importante? O planeamento dos espaços de habitação comum ou social no seu todo e das cidades, afinal é uma prática ancestral, ainda que nem sempre recorrente. Atestam-no, entre outros exemplos possíveis, as plantas romanas de *urbe,* as quais sendo estabelecidas a partir de dois eixos principais (*cardo* e *decumanus*) procuravam exponenciar a articulação entre uma estética monumentalista e um construtivismo pragmatista. Séculos depois, os burgos medievais, não raras vezes amuralhados, sempre se corporizavam subordinadamente à importância e dimensão dos templos religiosos – ainda que pudesse ser tal mais simbólica, espiritual, que política propriamente (Gonçalves, 1996; Morris, 1998). Estes dois exemplos provam que, se ao longo do tempo se sucedem as gerações e se vão renovando as comunidades humanas, e se a par se muda o planeamento dos espaços, algo há que se mantém: a necessidade, básica, de existir e de se fazer criteriosamente esse mesmo planeamento, ainda que agora seja cada vez mais exigente. A cidade tornou-se no suporte espacial da vida humana, organizada em sociedade, responsável por 52% da população mundial, valor que se espera aumentar para 60% em 2030 (Rollnick & Naudin, 2011, p. 2).

As cidades desempenham um papel vital no desenvolvimento social e económico dos países, e são parte da sua matriz histórica e cultural. Quanto melhor planeadas e organizadas, mais eficientes e produtivas, e mais contribuem para a sustentabilidade, o que por sua vez vai gerar recursos que podem ser investidos em infraestruturas de saúde e educação, de beneficiação ambiental, e em projetos para melhorar as condições de vida, reduzir pobreza e assimetrias sociais (Limonad, 2010). As políticas públicas de desenvolvimento e planeamento inadequadas, e a gestão urbana ineficaz, levam à degradação ambiental, social e económica, e ao prejuízo cultural. No momento, em resultado do crescente aumento da população urbana, as carências de planeamento que se verificam nas cidades assumiram proporções calamitosas, sobretudo devido a problemas: **(i) ambientais** – poluição atmosférica, aumento das áreas impermeabilizadas, destruição de solo agrícola (classe A, B e C), aumento da área construída, efluentes domésticos e industriais, tratamento dos resíduos sólidos urbanos, menor quantidade de água potável disponível, aumento do consumo energético, degradação dos ecossistemas, circulação automóvel, e alteração definitiva e destruidora da paisagem natural[219]; **(ii) sociais** – pobreza, fome, desemprego, delinquência, insegurança, confrontos intergerações, idosos solitários e desamparados, transtornos afetivos/autoestima, e sociedades muito envelhecidas (Musterd e Ostendorf, 1998; Silva, 1998, p. 133); **(iii) económicos** – cultura do esbanjamento, distribuição desproporcional da riqueza, grandes disparidades remuneratórias, consumismo, materialismo, individualismo e ausência de uma cultura de partilha (Satterthwaite, 2009; Wallace & Gutiérrez, 2005)[220]; **(iv) saúde** – transtornos alimentares (anorexia, bulimia, obesidade), alimentação e cuidados de saúde deficitários, violência doméstica, doenças infecto-contagiosas, situações clínicas depressivas, e perturbação de *stress* pós-traumático (Silva, 1998, p. 133-134); e **(v) culturais** – confrontos étnicos, discriminação de minorias éticas, intolerância religiosa, racismo e xenofobia (Stucky, 2012)[221]. Sem se pretender esgotar o tema, estes são alguns dos problemas que assumem maior notoriedade na gestão da cidade, reclamando uma alteração de paradigma capaz de contribuir para a sustentabilidade urbana.

A cidade como ecossistema deve ser encarada como um recurso, muito importante, no contexto do qual ocorrem complexas interações Homem-Ambiente, com estruturas em permanente reajuste dinâmico, onde a implementação de um processo de sustentabilidade se aplica com maior premência e legitimidade (Silva, 1998). Por outro lado, a cidade também é a unidade ótima de análise para entender os desequilíbrios urbanos que afetam o mundo moderno, em termos arquitetónicos, sociais, económicos, políticos, naturais e ambientais, pelo que é por excelência o espaço ideal de aplicação de políticas de sustentabilidade (Dodman, 2009, p. 198-199).

---

[219] Carapeto, 1999; *Baker et al.*, 2013 (poluição de águas e saneamento); Dodman, 2009 (transportes, uso do solo, e emissão de gases de efeito de estufa - GEE); Hoornweg *et al.*, 2011 (forte correlação entre emissões de GEE e criação de resíduos sólidos urbanos).

[220] Segundo Satterthwaite (2009), as elevadas cargas de GEE na atmosfera resultam menos do crescimento da população (urbana ou rural), e mais do consumismo, do esbanjamento, e do materialismo praticado pela população, ou seja, os problemas não são as cidades, mas das pessoas que as habitam). Wallace & Gutiérrez (2005, p. 408) falam de assimetria económica e no acesso aos serviços de saúde. "our work suggests that economic growth alone does not improve equity of access, and there needs to be attention focused as well on equity of access to health care".

[221] Stucky (2012) refere o controlo social de minorias, racismo, criminalidade e violência.

As múltiplas dimensões da sustentabilidade urbana, que devem ser consideradas numa atuação prática no terreno, como forma de minimizar os desequilíbrios de um espaço humanizado, deverão ter em conta não só os interesses dos cidadãos atuais, mas também dos das gerações vindouras. É necessário a adoção de uma abordagem holística e multidisciplinar, numa visão integrada e estratégica, na medida em que a cidade enquanto sistema resulta da interação de diferentes domínios, nomeadamente: o edificado, os transportes e acessibilidades, a estrutura verde e o espaço público urbano, os aspetos socioeconómicos e funcionais, e a própria morfologia urbana, de entre outros (Silva, 1998). É também necessário considerar as exterioridades, comuns em contexto urbano, que se acentuam em áreas marginalizadas e ostracizadas.

A articulação entre a comunidade e o mundo exterior pode ser explorada com base na perspetiva de Anthony Leeds, que para o estudo de agrupamentos de pessoas rejeitou a ideia de "ilha", quer seja uma aldeia, uma tribo, uma cidade, ou uma aglomeração de pessoas no espaço (como as minorias), defendendo que um qualquer grupo localizado de pessoas tem de ser pensado como um núcleo ou ponto modal dentro de um sistema de relações com outros núcleos ou pontos modais, o que vai constituir o sistema urbano (Leeds, 1994; Bastos & Bastos, 1999, p. 14). Acresce que, ao inserir as minorias, fazemos cidade, como refere Coelho (Moura, 2010, p. 34-48).

O trabalho da população da Cova da Moura desenvolveu-se de forma a agregar todas essas necessidades, sobretudo na relação com o exterior, não só pela imagem que pretende transmitir, mas porque carece de harmonia e de proveitos económicos resultantes de serviços e comércio prestados internamente e ao exterior e, no âmbito da sustentabilidade urbana, baseia-se no cruzamento de três vertentes: (i) o equilíbrio do crescimento urbano (chegada e saída de emigrantes); (ii) os aspetos sociais, as atividades económicas, a vitalidade socioeconómica (manutenção de serviços e produtos coétnicos) (Costa, 2006), e a qualificação ambiental do espaço urbano, não só pela melhoria do património edificado, mas também as acessibilidades (quase inexistentes dentro do bairro); e (iii) o sistema de transportes públicos ajustado ao tipo de atividades e necessidades.

Como evoluiu o conceito? O termo "desenvolvimento" começou por ser usado pelo poder político e económico como sinónimo de "crescimento económico", aplicado ao crescimento das cidades por via do desenvolvimento industrial. Tratava-se de um "desenvolvimento" de génese capitalista e utilitarista (Vaz e Delfino, 2010), uma vez que as cidades não visavam proporcionar prazer e felicidade aos seus habitantes, mas antes alojar no menor espaço o maior número de pessoas. No entanto, ainda no século XIX vários autores tentaram alterar essa conceção de desenvolvimento das cidades, como Ebenezer Howard (1898), através da obra Garden Cities of Tomorrow (1902), publicada inicialmente com o título Tomorrow: a Peaceful Path for True Reform (1898), onde contabilizou as vantagens (e as desvantagens) de viver no campo e na cidade, e propôs um novo modelo, a "Cidade Jardim" (um mix de ambos os ambientes) (Howard, 1902).

Quase um século depois de Ebenezer Howard ter concebido a cidade jardim, um modelo de elevada sustentabilidade urbana, e depois de vários avanços e recuos na forma de conceber as cidades, é que adquire notoriedade o conceito de "Desenvolvimento Sustentável", com a publicação do relatório "Our Common Future" (Brundtland, 1987), altura em que também se reinventa a necessidade de controlar a desenfreada urbanização e de melhor adequar a relação da cidade-campo. O "The Limits to Growth" apontava no mesmo sentido, fazendo-o de forma mais incisiva e apontando para a redução da população mundial e não para a redução da expansão da urbanização (Meadows *et al.*, 1972), aliás, o que lhe motivou algumas das críticas, mormente de pessimismo (Tietenberg, 2000, p. 4).

A Conferência das Nações Unidas sobre os Povoamentos Humanos (UN-HABITAT), realizada em 1976, em Vancouver, deu o primeiro passo para alcançar a sustentabilidade urbana. Tinha como missão promover o desenvolvimento sustentável dos estabelecimentos humanos e a aquisição de abrigo adequado para todos. Posteriormente, no início de 1990, a UNEP e a UN-HABITAT criaram o Sustainable Cities Programme (SCP), um programa baseado em abordagens participativas (modelo colaborativo de base alargada) com vista à promoção de um espaço urbano planeado e ambientalmente sustentável (gestão urbana). Este programa teve uma primeira fase entre 1991 e 2001, e uma segunda entre 2002 e 2007, centrada na promoção de processos urbanos de governança ambiental.

Neste processo foi muito importante a Conferência das Nações Unidas (1992), especialmente devido à aprovação da Agenda 21 Local, sob o lema *"Pensar global, agir local"*, que proclama a necessidade de corrigir os modelos socioeconómicos orientados para o crescimento fácil e descomprometido, em nome do tão desejado desenvolvimento sustentável, bem como a primeira Conferência Europeia das Cidades Sustentáveis (1994), que iniciou a Campanha Europeia das Cidades e Vilas Sustentáveis (CECVS), onde foi discutida e aprovada a Carta das Cidades Europeias para a Sustentabilidade - Carta de Aalborg, documento que representa um compromisso político com vista ao desenvolvimento sustentável (nomeadamente a implementação da Agenda 21 Local), e que abre espaço à reflexão sobre a sustentabilidade do ambiente urbano.

Em 1996, em Istambul, aconteceu a segunda Conferência do Programa Habitat das Nações Unidas (HABITAT II), que teve como principal resultado a adoção da *Agenda Habitat*, estruturada em torno de dois temas centrais: a habitação e o desenvolvimento urbano sustentável, no sentido de atualizar os temas e debater os paradigmas que alicerçam a política urbana habitacional, visando a reorientação dos princípios de ação dos órgãos e agências de cooperação internacional. Segundo Antonucci (2011), esta conferência "iniciou a constituição de parcerias entre atores que constroem e operam as cidades, objetivando cada vez mais um encontro de nações".

Nas últimas duas décadas foram exponenciados os acontecimentos ou conferências em continuidade à Conferência de Vancouver (1976), um pouco por todo o mundo, o que revela que apesar da variedade das comunidades humanas existentes por todo o mundo, *per se* espelho das suas idiossincrasias socioculturais e de problemas mais ou menos exclusivos (princípio de Maclaren, 2004), é inegável a existência de problemas totalmente transversais, designadamente: migrações populacionais, sob diversas formas; preconceito, quando não hostilidade, em relação a certas minorias, sejam elas étnicas, religiosas, sexuais ou de outra qualquer natureza; o crescimento demográfico mundial e as suas repercussões mais imediatas no seio de um mundo movido pelas virtudes e deméritos do capitalismo e das sociedades de consumo. Ora, relacionando tais problemas com um urbanismo nem sempre preocupado nem harmonioso, diagnostica-se o panorama atual; e percebe-se o(s) porquê(s) de se promoverem cada vez mais conferências, colóquios, *workshops* e iniciativas várias, com propósito essencialmente duplo: por um lado, informar todos os cidadãos do que está em causa, por sermos todos vizinhos na *Aldeia Global*; por outro, procurar fazer com que se reflitam, debatam e alcancem consensos quanto às alterações comportamentais a adotar, ora individualmente ora em sociedade, para que se caminhe ao encontro desse amanhã, melhor e mais bem garantido – em que viver na cidade será tão possível e digno quanto possível e digna será a cidade em si mesma.

Metodologia

O estudo do território exige um conhecimento global e local das situações, que permita uma análise sistémica englobante das complexidades e das dinâmicas em jogo. Foi fundamental o recurso a metodologias qualitativas e quantitativas, numa perspetiva associativa, avaliativa e crítica (Vala, 1986).

Recorreu-se à observação direta, realizada no segundo semestre de 2013, através da qual se analisaram aspetos geográficos, históricos, antropológicos e sociológicos, permitindo uma análise com fundamento no conhecimento pluridisciplinar, e assim melhor se percecionar os aspetos físicos e humanos, as estruturas económicas, sociais e culturais, e as dinâmicas do território (Boutin *et al.*, 1990, p. 99).

Considerado como um espaço "marginalizado", para o qual não existem estatísticas oficiais fidedignas relativamente a todos os assuntos abordados, os dados mais fiáveis são os que provêm das organizações locais. Recorreu-se à informação transmitida pelos residentes e pelo guia do *Sabura*, no que se refere aos aspetos culturais do quotidiano, *e pelos* elementos da Associação Moinho da Juventude e do Gabinete Local da Câmara Municipal da Amadora. Foi assim possível ter dados quantitativos das atividades económicas e dinâmicas populacionais e do Projeto Sabura, que em muito completaram esta memória, bem como dados qualitativos sobre a economia etnocultural em todas as suas manifestações: idealizáveis, possíveis e visíveis.

É um território de forte economia subterrânea, e tem uma elevada dinâmica de circulação de pessoas, bens e serviços. O que é hoje, amanhã pode já não o ser. Assim, de forma complementar optou-se por fazer nova recolha da informação das atividades económicas e locais de comércio e serviços, por observação de participante, na semana entre 9 e 16 de outubro de 2013.

Caracterização da área de estudo

O Bairro da Cova da Moura localiza-se na parte oriental do município da Amadora (38º 44' 40" de latitude N e 9º 12' 50" de longitude W), nos arredores de Lisboa (Portugal), e abrange uma área aproximada de 16,5 ha (LNEC, 2008, p. 7). Foi construído de forma clandestina em terrenos maioritariamente privados, e para efeitos administrativos integra as freguesias da Damaia e Buraca.[222] Está próximo de alguns eixos rodoviários importantes, como o IC 19 e o Nó da Buraca, e é servido pela linha ferroviária de Sintra (Mendes, 2008).

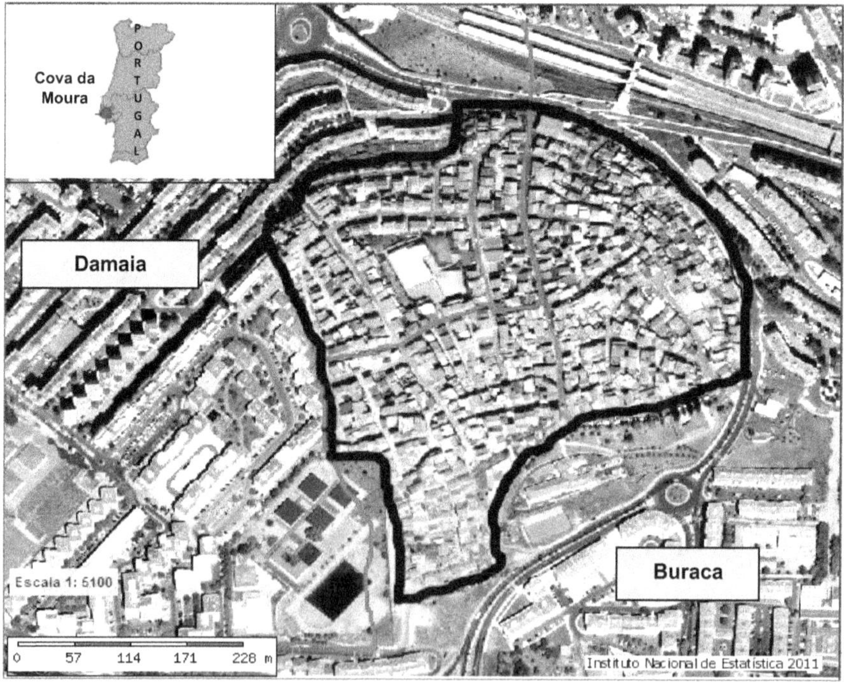

Figura 1: Localização geográfica do Bairro da Cova da Moura, na freguesia da Damaia e da Buraca. **Adaptado de:** INE, 2013.

A Cova da Moura teria cerca de 1000 residentes em 1981, entre 3500 e 4000 em 1991, 5.081 habitantes em 2000 (AAVV., 2006b, p. 3; CMA, 2012, p. 17), cerca de 5500 em 2006 (AAVV., 2006b, p. 3), e próximo de 5000 em 2008 (LNEC, 2008, p. 7). O censo de 2011 aponta para uma população residente de 3.571 indivíduos (1.838 mulheres e 1.733 homens) (INE, 2013), e o estudo de caracterização e diagnóstico realizado no âmbito do Plano de Pormenor da Cova da Moura para 3.638 indivíduos (CMA, 2012, p. 16-17). A população residente considera que o bairro terá cerca de 6.000 indivíduos residentes, e a Associação Cultural Moinho da Juventude (ACMJ) aponta para 7.000 indivíduos (ACMJ, 2013).

O Bairro da Cova da Moura foi um dos últimos bairros clandestinos a ser construído no concelho da Amadora, já com melhores condições habitacionais (alvenaria), por comparação com outros, como o Bairro Estrela de África, onde as barracas foram num primeiro momento construídas com recurso a madeira e chapas e, mais recentemente, na viragem do século, reconvertidas para alvenarias, geralmente recebendo acrescentos, em desrespeito pelas regras de planeamento e urbanismo português (Antunes, 2002, p. 174-175).

O Bairro da Cova da Moura constitui-se de edifícios maioritariamente para a função residencial (LNEC, 2008, p. 41), também um grande número de unidades de comércio e serviços, que resultaram da utilização de sistemas e processos de construção muito diversos, maioritariamente de autoconstrução[223], sem projeto, planeamento ou controlo de obras, quase sempre com recurso ao conhecimento que os proprietários tinham da construção. A forma e ornamentação dos vários elementos construtivos resultou dos materiais que conseguiam "recoletar", condicionados que estavam pela carência de recursos financeiros. Em consequência, existe um manto de edifícios que coexistem em estádios de construção diferentes (LNEC, 2008, p. 11), caracterizados por uma grande diversidade tipológica, tanto em termos funcionais como formais, e de materiais. No mesmo edifício pode existir: grande diversidade de materiais aplicados (ex. ferro, betão, madeira, etc.), de elementos e formas (ex. escadarias internas e externas), de cores (as pinturas internas e externas são de cores muito

---

[223] Clarificando Campos e Vaz (2013, p. 130), a Cova da Moura é um bairro clandestino maioritariamente de autoconstrução.

diversificadas, mas predominam tonalidades fortes e alegres), e caixilharia sem unidade formal (LNEC, 2008, p. 13). Não obstante, os edifícios espelham um quadro de referências simbólico-culturais, portanto, a identidade dos proprietários (pessoal e cultural), o seu modo de viver, a sua sensibilidade e os seus gostos. O mesmo acontece com o graffiti, dispositivo de reflexão identitária, mecanismo de intervenção, de contestação das representações predominantes. Como referem Campos e Vaz, os murais "parecem estar ligados a políticas de identidade que visam a contrariar o estigma e, simultaneamente, celebrar uma identidade étnica e de bairro" (Campos & Vaz, 2013, p. 136).

Campos & Vaz (2013, p. 136-137) individualizam dois grupos de murais, com base na iconografia existente no bairro, um de figuras negras no campo da luta política contra a descriminação e diminuição dos direitos cívicos das populações negras, como Martin Luther King e Amílcar Cabral, e outro ilustrativo de dificuldades sociais, violência e descriminação de que são alvo os habitantes. Estes murais estão maioritariamente localizados no interior do bairro, o que reduz o seu acesso, e para os visitantes o seu interesse advém exclusivamente da técnica e da beleza da pintura, e não da sua mensagem.

Uma estratégia de atração para o exterior, e de integração, seria a criação de murais representativos de uma linguagem comum, um passado e um destino comuns, por extensão da ideia de nacionalismo de Löfgren (1993). Acreditamos que a pintura recente do mural de homenagem a Eusébio da Silva Ferreira, uma figura de reconhecimento coletivo, um símbolo de identidade nacional, integrante da galeria de mitos e heróis nacionais, em área acessível entre o espaço do bairro e o espaço contíguo, é um sinal profícuo de abertura ao exterior, com vista ao desenvolvimento social e sustentabilidade.

Dos problemas construtivos mais graves detetados, destaca-se a proximidade entre edifícios, o que denuncia problemas de privacidade, insolação e segurança (existem edifícios que compartilham a mesma escada de acesso), problemas de salubridade, reduzidas áreas úteis das instalações sanitárias, e com pé-direito inferior ao regulamentar, acessibilidades realizadas por estreitas passagens, algumas vezes inferiores a um metro, com degraus em largura e altura de dimensões não regulamentares, ou até desnivelados ou sem proteção adequada, o que coloca em causa a segurança das pessoas em caso de necessidades de socorro, como um incêndio, e impede a circulação de pessoas de maior idade (LNEC, 2008).

Figura 2: Património edificado degradado no bairro (15/06/2010).

A demolição não é a melhor soluçao para as anomalias construtivas ou espaciais detetadas, muito menos a normalização ou padronização, porque a ausência de uma unidade unificadora não é um elemento depreciativo, pelo contrário, é distintivo. A destruição de elementos construtivos, se inevitável, deve ocorrer dentro do estritamente necessário à requalificação física do espaço, renovando o seu caráter próprio e único, como advoga Manuel Graça Dias, num artigo na Revista da Ordem dos Arquitetos:

> "[...] são casas populares lisboetas de hoje, escolhidas ao acaso entre as muitas que nos emocionam num conjunto para onde se prepara a "normalização".
>
> Casas, na sua maioria de imigrantes, entre o pragmatismo e a alegria; entre as formas modelares "modernas", propostas pela racionalização do betão (topos de laje, palas, pilares, vigas

arrastadas de dentro, vãos rectangulares) e uma intuição construtiva e estrutural quase "natural" (cachorros, capitéis, escoras, tirantes, balanços sobre a rua).

Pintadas com combinações disparatadas e expeditas ou completadas com mais demoradas texturas, entre desperdícios de mármore ou azulejos industriais. Recessos para a sombra, máscaras sobre alçados recuados, terraços imprevisíveis ou só incompletos, ainda. Vãos de tamanhos diferenciados, entre aquelas das janelas, pequenas, salvas do lixo, e as maiores, mais desejadas, ao lado" (Dias, 2010, p. 59).

Do ponto de vista populacional, em 2011 a estrutura etária tinha a seguinte composição: menos de 15 anos (15,27%); entre os 15 e os 24 anos (15,51%) (os populares dizem ser esta a classe mais desordeira); entre os 25 e os 64 anos (55,65%); e igual ou superior a 65 anos (13,57%). Na última década não só reduziu o grupo dos jovens como aumentou a representatividade da população mais idosa, o que aconteceu na mesma linha da evolução demográfica nacional (CMA, 2012, p. 23).

Grupos Funcionais	2001	2011	Variação
0-14 anos	23,1	15,27	-7,83
15-24 anos	23,0	15,51	-7,49
25-64 anos	53,9	55,65	1,75
65 ou mais anos	7,48	13,57	6,09
TOTAL	**100.0**	**100.0**	-

Quadro 1: Evolução da estrutura etária dos residentes no Bairro da Cova da Moura, entre 2001 e 2011. **Fonte:** CMA, 2012, p.23.

O desemprego entre jovens do sexo masculino é elevado, o que potencia a degradação social e fomenta a marginalidade. Os jovens, quando lhes é permitido trabalhar, fazem-no muito cedo, entre os 17/18 anos. Cerca de 50% da população masculina, em idade ativa, trabalha na construção civil. A população feminina trabalha essencialmente nas limpezas, restaurantes, peixarias, frutarias e serviços domésticos.

É um espaço de fortes "redes de sociabilidades, de vizinhança e de parentesco articulada com o emprego e o recrutamento de pessoal entre parentes, conterrâneos e vizinhos do bairro, o que é simultaneamente garantia e compromisso de entreajuda e reforço de laços, numa multiplicidade de facetas e valências sociais" (Costa, 2002, *apud* AAVV., 2006a, p. 3). Apesar de não poucas vezes os mais velhos considerarem os mais novos insubordinados, no oposto, os jovens consideram que colocar os seus familiares mais idosos em lares é sinónimo de abandono e refutam na totalidade esta possibilidade, ficando com os familiares idosos em suas casas, o que reforça as relações geracionais.

Não existe rivalidade entre classes sociais, grupos religiosos ou frações étnicas dentro do bairro. Existe mesmo um princípio precípuo de solidariedade intergeracional, de colaboração social, e de liberdade religiosa, de crença e consciência, que se materializa em diversos espaços de culto, alguns para as massas, outros reservados em casas particulares.

Os espaços de comércio e serviços são muitos e variados, e encontram-se dispersos pelas várias zonas do bairro. Considerando os 3.638 indivíduos residentes no bairro (CMA, 2012, p. 17), e os 123 estabelecimentos de comércio e serviços identificados em 2013 (quadro 2), temos qualquer coisa como $\cong 30$ habitantes p/ estabelecimento.

Bairro Alto da Cova da Moura Estabelecimentos de Comércio e Serviços[224]					
Atividade	2002 [225]	2006 [226]	2008 [227]	2013 [228]	Parceiros do Sabura 2013 [229]
Café, snack-bar, bar dancing, cervejaria, e afins	40	42	39	30	
Cabeleireiro e barbearia	20	33	21	19	-Cabeleireiro Lopes -Cabeleireiro Da Neuza

---

[224] Uniformizámos as categorias de todos os levantamentos anteriores, acrescentando as inexistentes, para permitir uma melhor comparação, e para servir de base de comparação a levantamentos posteriores. Não foram consideradas os serviços ou comércios de estabelecimentos públicos ou que funcionam com financiamento público, somente os espaços de iniciativa privada. Também não foram consideradas as vendas em rua.

[225] Levantamento realizado pela ACMJ em março de 2002. Não publicado.

[226] AAVV., 2006a, p. 5-6. No texto refere 148 estabelecimentos, mas em tabela só mensura 147.

[227] LNEC, 2008, p. 13.

[228] Levantamento e tratamento próprio, entre 9 e 16 de outubro de 2013.

[229] Estabelecimentos parceiros do Sabura.

					-Cabeleireiro Martuxa -Cabeleireiro Stalone -Cabeleireiro Pérola negra -Cabeleireiro Freestyle -Cabeleireiro Afro style
Cabeleireiro e Café	-	-	1	-	
Loja de produtos para cabelos	1	-	-	-	
Cabeleireiro e bijuteria	-	-	1	1	
Cabeleiro, Barbearia e Restaurante	-	-	3	-	
Cabeleiro, escritório e restaurante	-	-	1	-	
Restaurantes (com ou sem café, bar ou cervejaria)	7	18	9	18	-Restaurante Pedro Ramos -Restaurante A Princesa do Bairro -Restaurante Chili -Restaurante Coqueiro -Restaurante Passa Sabi -Restaurante Unidos da Fronteira -Restaurante Nós Casa -Restaurante Vulcão -Restaurante João Roque -Restaurante Di Nós -Restaurante Cantinho do Sossego -Restaurante Cantinho do Telhado -Restaurante Kok Bafa -Restaurante Santo Antão
Churrascaria (com ou sem café, bar ou cervejaria)	2	-	1	3	
Oficina de reparações (carros e eletrodomésticos), estofador, pinturas (com estufa), sucata e afins (ferro velho)	12	9	13	8	

Oficina e cabeleireiro	-	-	1	-	
Serralharias (ferro, inox-aluminio, PVC), marcenarias, canalizadores, armazens de materiais de construção (incluindo os escritórios) e comércio de tintas, e afins.	12	8	4	4	
Bijuteria, retrosaria e loja 300	3	3	2	2	
Loja vestuário, costureira, calçado e afins	2	3	6	4	
Talho e peixaria	3	3	2	3	
Mercearia, mini-mercado, charcutaria, e frutaria (com ou sem café, snack-bar ou cervejaria)	15	13	12	15	-Mercearia Bom Paladar Familiar -Mercearia Mumini -Doçarias da Noti
Mercearia e dentista	-	-	1	-	
Padaria, pastelarias e mercearia	1	2	1	1	
Pastelaria, Café, Snack-Bar	-	-	-	1	
Telemóveis e comunicações	-	2	-	2	
Sorveteria, internet e telecomunicações	-	-	1	1	
Tipografia, serigrafia e fotografia	3	3	2	-	
Mobiliário e decoração	1	1		1	
Loja discos e discoteca	2	1	1	1	
Discoteca e barbearia	1	-	-	-	
Agência viagens, contabilidade e serviços	4	1	1	1	
Mediação de Seguros / Agência de Publicidade, e afins	2	1	1	1	
Empresa transportes e transitários	1	1	-	-	
Lavagem e aspiração de carros	-	-	-	2	
Jardim de infância, creches e amas	3	-	-	2	
Comércio de gás	-	-	-	1	
Consultório Médico – Clinica Geral	1	-	-	1	
Fábrica de Redes e Vedações	1	-	-	-	

Engomadeira	1	-	-	-	
Escritório	-	-	5	-	
N/Identificados (confeção de iguarias caseiras típicas de Cabo Verde)	-	3	-	1	
Total	**138**	**147**	**129**	**123**	

Quadro 2: Quadro evolutivo do número de estabelecimentos de comércio e serviços entre 2002 e 2013.

Existem várias combinações de comércio e serviços que dependem do grau de proximidade e de inter-relação entre os serviços prestados e os produtos vendidos. O quadro 2, onde também se identificam os parceiros comerciais do Projeto Sabura, revela essa forte miscigenação nos espaços de comércio e serviços.

Os espaços comerciais mais visíveis e importantes para a sustentabilidade social e desenvolvimento do bairro são: restaurantes, cabeleireiros, mercearias, bares e cafés. Por registo visual constatámos que os comércios mais prósperos (pela dimensão do espaço e asseio, e volume de visitas diárias) são os associados ao Projeto Sabura (restauração, mercearias e cabeleireiros), acreditamos nós, por estarem integrados no percurso Sabura, o que induz ao consumo, e por estarem direcionadas ao comércio de coétnicos.

O comércio ao ar livre (não consta do quadro 2) faz-se geralmente de bens essenciais, de frutas, carne, peixe e espigas de milho verde assado, e de peças diversas de vestuário e fio de cobre. É o mais itinerante. Os comerciantes utilizam a sua habitação para armazenagem e a via pública para venda.

Figura 3: Comércio de fruta na rua Principal (11/10/2013).

Figura 4: Comércio de peixe na rua Principal (10/10/2013).

Figura 5: Comércio de espiga de milho verde assado na rua Principal (10/10/2013).

Figura 6: Descascar fio de cobre na rua 8 de Dezembro (12/10/2013).

Atuação da Associação Cultural Moinho da Juventude (ACMJ).

O Estado e a sociedade em geral, por falta de interesse ou desconhecimento, falharam na resolução dos problemas dos imigrantes. A estes restou constituir uma associação representativa e assim "forçar" o diálogo com as instituições públicas. Em 1984, fundaram a ACMJ, constituída oficialmente em 1987, que tem representado a comunidade com enorme dignidade, tem feito um trabalho notável, e granjeou o reconhecimento público a nível local e regional. Em 1989 foi reconhecida como IPSS, sendo ONGD desde 2010. É muito importante no projeto de reestruturação social do bairro, contando com o apoio e colaboração dos residentes, também fundadores da própria Associação, numa atuação conjunta à qual assenta o epíteto: todos juntos, todos unidos (*Djunta Mo* – em crioulo). Constitui, assim, um caso digno de registo, que adotou as melhores metodologias para gerar sinergias que têm vindo a potenciar a sustentabilidade urbana em territórios de pobreza e exclusão social.

São doze as premissas de atuação dos residentes que atuam na ACMJ: (i) interculturalidade, respeitando a cultura própria e a cultura dos outros; (ii) incentivo ao diálogo e à comunicação; (iii) estímulo à alegria e à boa disposição; (iv) estimulo das componentes masculinas e femininas que existem dentro de cada pessoa (*gender*); (v) respeito pelas convicções políticas e religiosas individuais; (vi) promoção do trabalho em grupo e da cooperação; (vii) valorização das capacidades próprias e dos outros, e participação na reflexão e na tomada de decisão baseada na reflexão (*empowerment*); (viii) respeito pelo ambiente; (ix) promoção da criatividade; (x) persistência e não desistência diante dos primeiros obstáculos; (xi) execução do trabalho com qualidade, eficiência e eficácia; e (xii) solidariedade, particularmente com as pessoas que tiveram menos oportunidades.

A ACMJ tem como prioridade lutar contra a insustentabilidade social, económica e ambiental, e contra o estigma externo e a degradação física do bairro. Foi determinante ao mediar as divergências entre os interesses dos residentes e os interesses dos proprietários do terreno, onde está implantada a comunidade, quando estes últimos, na última década, tentaram reaver o terreno e demolir o bairro, propondo o realojamento dos habitantes em apartamentos a construir pelo Estado (habitação social). Uma atitude dos proprietários que está relacionada com o valor comercial dos terrenos, fruto da sua posição geográfica, a escassos quilómetros da Capital, e que teve uma resposta firme da comunidade, surpreendente por ter produzido resultados contrários ao postulado por David Harvey, que considerava que num mundo globalizado o capitalismo localizado numa hierarquia de poder urbano, mas não situado num só lugar, é a perspetiva mais poderosa (Harvey, 1990).

A Associação procurou desde sempre dar voz aos habitantes, de forma a valorizar o capital humano, melhorando as possibilidades de harmonia social e desenvolvimento económico, e abriu horizontes ao apontar caminhos duradouros e sustentáveis, realçando as oportunidades, mas nunca negligenciando as ameaças. Foi um trabalho árduo, em parte porque trabalhar com pessoas não é fácil, principalmente quando estas se sentem hostilizadas pelo mundo em redor. Nesse âmbito, realça-se a batalha ideológica travada no sentido de ganhar a confiança da população, com vista à implementação do *Projeto Sabura*, grande referência do momento, o qual não poderia funcionar sem a colaboração de todos os residentes (Costa, 2006, p. 107).

Com base na dinâmica do bairro, observada no terreno, não será abusivo dizer que o trabalho desenvolvido pela ACMJ, com base no Projeto Sabura, foi fundamental para a alteração do paradigma depreciativo dominante, contribuindo para transformar um espaço estigmatizado pela marginalidade e pela criminalidade num espaço valorizado pelos traços culturais. Foi possível reforçar a identidade dos seus moradores e gerar proveitos financeiros essenciais para a sobrevivência dos agentes económicos que estão implementados no bairro, nomeadamente restaurantes, cervejarias, cabeleireiros e minimercados.

O Projeto Sabura apesar de ter tido bastante sucesso e até amplitude mediática, não resume toda a obra da ACMJ. Esta desenvolveu um trabalho social distinto, procurando a sustentabilidade social e desenvolvimento do bairro, e merece que seja referenciada, ainda que de forma sucinta, mencionando os principais projetos que permitiram alcançar a atual solidez estrutural. Não podemos esquecer que a sustentabilidade urbana depende de um bom ambiente social, económico e ambiental.

Entre 1990/93 realizou dois cursos, um de corte e costura e outro na área do serviço doméstico, resultado da colaboração com o Sindicato de Serviço Doméstico, tendo por objetivo ajudar as mulheres residentes no bairro a conseguirem emprego.

Em 1994/95 dinamizou o *Projeto NOW – New Opportunities for Women*, que visava a inserção das mulheres na vida ativa, com duas vertentes: um curso de formação de formadores com a duração de 60 horas, e um outro de formação profissional para Monitores dos Centros de Infância Multiculturais. Outro projeto simultâneo foi o *Horizon*, que constou de um curso de Formação Profissional de Animadores Sociais, destinado a jovens com poucas habilitações, mas com capacidade de liderança. Daí resultou a criação do "Espaço Jovem". Outra ação foi a pré-profissionalização de 14 jovens com problemas de inserção social.

Entre 1995 e 1998, conseguiu a equiparação dos cursos à escolaridade mínima obrigatória pelo Ministério da Educação. Criou e desenvolveu o "Núcleo de Esperança" para jovens adolescentes e o "Núcleo de Intervenção na Prevenção da Toxicodependência".

Entre 1997 e 1999, no âmbito do programa Leonardo e em parceria com a Associação para o Estudo e a Promoção do Desenvolvimento Comunitário de Barcelona, entre outras organizações europeias, contribuiu para a definição, a nível europeu, do Perfil do Mediador Intercultural e do *curriculum* de formação dos mediadores. No mesmo período, no âmbito do subprograma INTEGRAR, MEDIDA 2- Integração Económica e Social dos Desempregados de Longa Duração, promoveu o curso de formação "Economia de Bairro". Com o apoio do Centro de Emprego da Amadora realizou dois cursos certificados, de formação de formadores, destinados aos colaboradores e responsáveis dos diferentes núcleos da ACMJ, que trabalhavam com indivíduos de todas as idades.

Em 2004 iniciou o Projeto Cegonha no quadro do URBANII, e no quadro do POSI colocou a funcionar a sala NAVEGA, dotada de 12 computadores disponíveis para crianças, jovens e adultos do bairro.

Do ponto de vista educacional desenvolve as seguintes atividades: Creche "A Árvore" (acolhe 60 crianças dos 4 meses aos 3 anos), Creche Familiar "O Moinho" (acolhe 80 crianças dos 3 meses aos 3 anos), Jardim-de-infância (acolhe 84 crianças dos 3 aos 5 anos), Centro de Atividades de Tempos Livres (CATL) (colónia de férias e apoio escolar a 180 crianças e jovens), e Projeto PULO (formação parental) em que quatro "Mães de Bairro" acompanham ao domicílio 84 famílias com crianças entre 2 e 4 anos, tendo em conta o horário de trabalho dos pais e as necessidades do bairro. Existe ainda o projeto Caleidoscópio que assume a operacionalização do PULO, entre outros, como "Cozinha Comunitária". No Moinho funciona uma Cantina Social que fornece diariamente o almoço a 110 moradores.

Para integrar e familiarizar a comunidade com as Tecnologias de Informação e Comunicação (TIC), a ACMJ criou há mais de 14 anos um polo informático chamado Bê-á-bá da Net, onde administra formação a jovens e adultos, nas áreas de Internet, Windows, Word, correio eletrónico e motores de busca.

Criou vários núcleos de acordo com as necessidades locais: o Núcleo de Apoio aos Moradores com a função de melhorar as condições de habitação, limpeza e higiene do bairro, o Núcleo Socioprofissional, visando a formação ajustada à empregabilidade dos moradores, e o Núcleo Sociocultural, alicerce económico do bairro.

Tem apostado na área da formação profissional, realizando cursos de Educação e Formação de Adultos (EFA), em parceria com a Direção Geral de Formação Vocacional (D.G.F.V.), onde se destaca o curso de "Acompanhante de Crianças", entre muitas outras atividades e iniciativas multissetoriais.

Podem parecer aleatórias ou fortuitas, mas todas as iniciativas referidas fazem parte de um propósito e de um programa, com um fio condutor, que pretende reabilitar o espaço, tornando-o sustentável, e preservar e divulgar a cultura primária dos moradores. Foram preparadas visando elucidar os jovens para as oportunidades da vida honesta, realizável e prestigiosa, conforme nos dizem as pinturas presentes nas paredes da ACMJ, ilustradas na figura 7: "...um outro mundo é possível se a gente quiser...".

Figura 7: Fachada (traseira) do edifício da ACMJ (15/06/2013).

A Sustentabilidade Urbana resultado de práticas empreendedoras pela ACMJ.

O turismo étnico é uma das atividades de promoção do espaço com maior destaque. É extremamente dinamizador, está bem estruturado, e satisfaz os residentes e os visitantes, que acabam por deixar o bairro com uma ideia mais positiva do que aquela com que tinham chegado, em prol do património humano e cultural, e sobretudo da riqueza étnica. Exemplo disso é o Projeto *Sabura,* também designado de *Percurso Sabura*, iniciado em 2003[230], desenvolvido pela ACMJ, com algum apoio financeiro do Alto Comissariado para a Imigração e Diálogo Intercultural, I.P. (ACIDI), que alterou o paradigma do turismo étnico em Portugal, até essa altura muito incipiente (Costa, 2006, p. 104) e representou os alicerces de toda a dinâmica económica, cultural e social que o bairro projeta para o exterior.[231]

Este projeto promove a sustentabilidade numa dupla vertente, primeiro, apresenta o lado positivo do bairro e segundo, "vende" a cultura sobre a forma de serviços. Organiza, por exemplo, visitas guiadas ao bairro, reforçando o fato que a realidade é bem diferente da estigmatizada pela comunicação social, que não raras vezes confunde acontecimentos pontuais e fraturantes com vivências rotineiras quotidianas. De acordo com os populares, a expressão crioula *Sabura* significa "apreciar aquilo que é bom, saborear".

As visitas consistem, numa primeira fase, num passeio pelas instalações da ACMJ, onde os visitantes recebem informação acerca do trabalho que está a ser desenvolvido, e numa segunda fase, num passeio pelo bairro na presença de um guia. Este é um dos projetos mais importantes, não

---

[230] O ano de 2003 marca a operacionalização do projeto, porque o arranque em termos de visitas presenciais quantificadas, aconteceu em março/abril de 2004, período em que, como o comprovam os registos em arquivo, estiveram presentes e fizeram a visita vários elementos representativos da comunicação social nacional (ex. Semanário África; Agência Lusa; Jornal Correio da Manhã; Jornal da Região; Rádio e Televisão de Portugal (RTP); Jornal A Capital; Jornal Expresso; Rádio Mais, Jornal de Noticias, etc.).

[231] Atente-se que, antes de criado o projeto Sabura, já a ACMJ desenvolvia contactos sob a forma de visitas a grupos de pessoas, escolas, associações e outras que mostravam interesse em conhecer o Bairro e os projetos aí desenvolvidos, e que não estão plasmadas no gráfico alusivo ao número de visitas. Aliás, neste gráfico só estão contabilizadas as visitas que receberam feedback através do preenchimento manuscrito da ficha de visita.

propriamente pelos proveitos financeiros diretos[232], para a ACMJ, mas pela abertura da comunidade ao exterior, pela presença de pessoas externas no interior, muitas vezes de estratos sociais médios e elevados, sobretudo do sexo feminino, e pela dinamização de serviços e comércio durante as visitas.

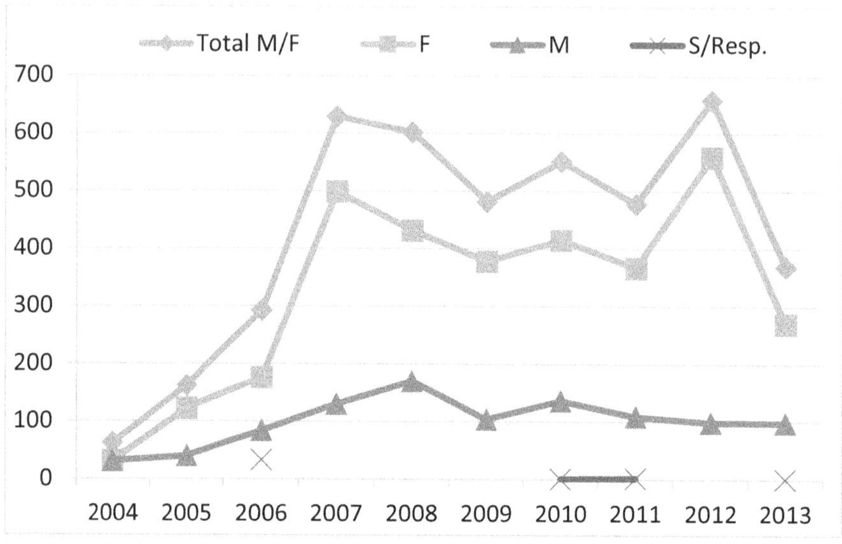

Figura 8: Projeto Sabura - Evolução do número de visitas (2003-2013).

Todos os restaurantes associados ao *Sabura* estão obrigados a investir na melhoria da higiene, segurança e qualidade; disso depende a manutenção do título de associados do projeto. É da responsabilidade da ACMJ a monitorização destes espaços, para que nunca esteja em causa a qualidade no atendimento aos clientes. Dos vários pratos tradicionais que se confecionam no bairro destacam-se a Cachupa, Mandioca, a Caldeirada de Cabrito, o Feijão Congo, o Feijão Pedra, o Caldo de Peixe, o Guisado de Borrego e a Banana Verde. Para acompanhar o prato, ou depois da refeição, a sugestão é um copo de grogue ou de ponche, duas bebidas típicas nas ilhas, algumas vezes ao som de música ao vivo.

---

[232] As visitas tinham um custo unitário de 5 euros, agora reduzido para 2,5 euros.

ENCRUZILHADAS DA SUSTENTABILIDADE

Como é promovida a gastronomia? De que forma colabora na sustentabilidade social e desenvolvimento do bairro? Existem visitas para apreciar a dinâmica da manhã e da tarde, mas em todos os casos é possível tirar fotografias e conviver com os habitantes, apreciando a sonoridade das palavras e descobrindo a sua cultura. Os visitantes são convidados a almoçar ou jantar, consoante o caso, por um preço convidativo, o que geralmente aceitam fazer. Durante o período da refeição surgem vários convites, ora por parte do guia, ora por parte do proprietário do restaurante, no sentido de difundirem o melhor possível a gastronomia e assim trazer mais valor ao bairro. É disponibilizado aos visitantes receitas de comidas tradicionais e ainda são indicadas mercearias dentro do bairro que fornecem os produtos necessários à sua confeção, de forma a dinamizar o comércio. É também estimulada a oferta de serviços de cabeleireiro. A título de exemplo, se o almoço for a famosa *feijoada de congo*, a sugestão pode ser a de comprar o feijão e/ou outros ingredientes na mercearia *Bom Paladar Familiar*, para experimentar em casa outros sabores diferentes dos que tinham constituído a refeição. Quando a visita ocorre no período da tarde, a sugestão pode passar por um jantar com música ao vivo, precipitando uns pezinhos de dança tradicional, o que também dinamiza os bares. Como à tarde "os assadores saltam para as ruas", é quase que obrigatório provar os produtos comercializados nas ruas, como os torresmos, o doce de coco, as espigas de milho verde assadas e os pastéis de atum, milho e trigo. A visita também pode ser mais pedagógica, aprendendo a tocar *batuque*[233] ou a dançar hip hop.

Existem muitas outras soluções, mas, mais importante, existe a possibilidade do programa ser personalizado, em função do gosto e interesses de quem visita, o que indica que o nível de violência no bairro é reduzido, caso contrário estas dinâmicas personalizadas tornar-se-iam arriscadas e não realizáveis. É uma realidade muito diferente ao que acontece com programas semelhantes nas favelas do Brasil ou da África do Sul, onde os guias restinguem-se a áreas não problemáticas ou andam armados. O facto de as visitas serem frequentadas maioritariamente por mulheres (figura 8) é um sinal de pacificidade e também um importante

---

[233] Manifestação musical cabo-verdiana.

recurso para o desenvolvimento social e sustentabilidade do bairro, por extensão da enunciação ecofeminista (Vaz & Delfino, 2010).

O comércio etnocultural aparece associado ao turismo étnico. Mas porque é importante para a sustentabilidade social e desenvolvimento do bairro? Francisco Lima da Costa reforça a importância deste comércio, por um lado, na promoção cultural e na sustentabilidade financeira da comunidade, e por outro, para quem procura os serviços, "pessoas vindas de todos os pontos do país e do estrangeiro", que usufruem de um serviço que não existe noutro lugar, económico e com qualidade, e que "criou um mercado, essencialmente de coétnicos" (Costa, 2006, p. 104).

Pela importância económica para o bairro, destacam-se ainda os cabeleireiros e as pastelarias (muitas vezes integradas em restaurantes ou padarias, conforme quadro 2), sectores dinamizados pelo *Sabura*.

O que torna os cabeleireiros atrativos e promotores da sustentabilidade é a modernidade, a inovação e o empreendedorismo. Uma das grandes atrações é o facto de ensinarem a fazer tranças, tanto em brancos como em negros, a preços mais baixos dos praticados fora do bairro (entre 7,5 e 10 euros por serviço de cabeleireiro). O salão Péro la Negra, o mais frequentado pelos residentes no bairro, também recebe clientes de fora, à procura de novas tendências em matéria de tranças e penteados africanos.

Figura 9: Doces Salgados e Cuscus (15/06/2013).

Figura 10: Cabeleireiro Neusa (15/06/2013).

O que torna as pastelarias atrativas? Uma das mais recomendadas, a *Casa Da Nóti*, que comercializa doces, salgados e cuscuz, típicos da Ilha de Santiago, Cabo Verde (figura 9). A confeção de doces típicos, criou uma ligação cultural/gastronómica que permite aos imigrantes cabo-verdianos, consumir em Portugal produtos iguais aos que consumiriam em Cabo-Verde.

No bairro vendem-se produtos para a comunidade local mas também para o exterior, principalmente para africanos que residem na linha de Sintra e que aqui se deslocam para fazer as suas "compras étnicas". De acordo com os populares, muitas vezes os visitantes aproveitam o facto de irem fazer compras para tratarem do seu cabelo (fazer umas tranças), ou até para visitarem familiares, se for caso disso.

O sistema comercial, que funciona com alguma fluidez, remete para centros comerciais modernos, onde se encontram disponíveis as mais variadas valências. Na realidade é um "ecossistema humano", com muitas semelhanças a um ecossistema natural, onde todos os organismos têm uma função, são necessários e interventivos no processo.

Existem ainda outros serviços empreendedores, ainda que diminutos, que emergiram fruto da dinâmica produzida pelas atividades anteriores. Importa referir uma pequena empresa que presta serviços de passaportes, vistos, viagens aéreas, documentação diversa e contabilidade. Trata-se de um empresário que quer tirar proveito deste mercado florescente (Costa, 2006), não prestando um serviço de raiz cultural, mas antes um serviço de aproveitamento cultural, especifico, vocacionado para este espaço, pois trata de documentação e viagens, sobretudo para Cabo Verde.

A criação de grupos culturais, como o *Kolá S. Jon* e o Grupo de *Batuque Finka Pé*, e de projetos como o *Finka Pé*, promove a dança e a música, e simultaneamente a comunidade (Costa, 2006, p. 104), sobretudo na vertente social, indo ao encontro das necessidades educacionais dos jovens. Estes grupos também dinamizam a economia do bairro, ao promoverem as festas culturais, um fator de atração para os muitos africanos, realizadas quase sempre ao som do *batuque* e do funaná.

Para promover o potencial humano a ACMJ criou o *Kova M Studio*, onde foi gravado o álbum *KovaM Realidade Nua e Crua*, que exterioriza a realidade social da Cova da Moura, muitas vezes através de música de intervenção.

Destaca-se a festa tradicional de *Kola San Jon*, que se realiza nas ilhas de Santo Antão e São Vicente, e que foi reinventada no bairro da Cova da Moura. Festejos agora considerados como Património Cultural Imaterial da Cova da Moura[234]. É uma festa que recebe muitas visitas e tem como ponto alto um animado cortejo pelas ruas do bairro, onde algumas pessoas se movimentam com barcos de pequena dimensão e de vários formatos, quase sempre aludindo a momentos da sua história. Estes podem representar caravelas portuguesas ou corsários estrangeiros, em prol dos constrangimentos e perdas que a implacável ação corsária infringiu aos cabo-verdianos, ainda na dependência de Portugal, nomeadamente pelas mãos de Drake, que destruiu a mais antiga capital do arquipélago, atualmente conhecida como Cidade Velha. Outros participantes apimentam o ambiente com uma espécie de dança erótica, sempre ao ritmo frenético dos tambores. O ritual realça a beleza do seu local de origem, enfatiza a própria notoriedade, e reforça a diversidade étnica no espaço urbano. Esta festa, como identidade étnica e de bairro, está bem patente no mural a seguir ilustrado.

Figura 11: Pintura alusiva à festa "Kolá S. Jon", realizada em 2013 pela ACMJ num muro localizado no início da rua do Moinho (17/10/2013).

---

[234] Anúncio n.º 323/2013. Inscrição do "Kola San Jon" (Bairro do Alto da Cova da Moura, Amadora) no Inventário Nacional do Património Cultural Imaterial. Diário da República, 2.ª série — n.º 200 — 16 de outubro de 2013.

Kola San Jon é mais do que uma tradição importada de Cabo Verde e implantada na Cova da Moura, cruzando influências africanas e europeias (Campos & Vaz, 2013, p. 132). É uma festa com caracteres próprios, concebida de acordo com os reportórios culturais dos cabo-verdianos em migração, e naturalmente com as condições de chegada, e que conta com a presença de indivíduos muito distintos na forma como exprimem os seus reportórios culturais e religiosos. Para além de africanos contabilizam-se brasileiros, islâmicos, hindus e trabalhadores de leste, que mostraram grande agencialidade na migração, redefinindo os seus reportórios, o que promove alterações à estrutura da sua religião de base.

O desporto e os jogos tradicionais são igualmente fundamentais para a promoção e sustentabilidade do espaço. Contribuíram também para o patrocínio a atletas vencedores, caso de Nelson Évora, atleta português, de origem cabo-verdiana, de nível olímpico, e amigo da Cova da Moura (figura 12). Um dos jogos mais recorrentes no bairro, o *Oril,* jogo tradicional de tabuleiro de disputa em competição, permite a interligação e difusão cultural através de torneios abertos à comunidade externa, aproximando a sociedade civil à comunidade da Cova da Moura (figura 13).

Figura 12: Títulos desportivos conquistados por atletas com ligação à ACMJ (14/06/2010).

Figura 13: Residentes a jogar o jogo *Oril* (14/06/2010).

A Sustentabilidade Urbana enquanto elemento de responsabilidade individual.

Os projetos promotores da sustentabilidade social e desenvolvimento do bairro, ainda que maioritariamente promovidos pela ACMJ, são possíveis pelo afinco e dedicação de um vasto conjunto de habitantes, ou seja, são o resultado do esforço individual (*agency*) e coletivo dos residentes, na tentativa de promover o espaço.

Deve-se aos residentes a responsabilidade na luta contra o avanço do processo de demolição parcial do bairro, protegendo um modo de vida que privilegia a aplicação dos princípios básicos da natureza, integrando plantas, animais, edificado e pessoas, num ambiente produtivo e com estética e harmonia, de amor e felicidade (Diener & Oishi, 2000; Zidanšek, 2007, p. 896), que caminha no sentido dos princípios da permacultura de Mollison: "The only ethical decision is to take responsibility for our own existence and that of our children" (Mollison, 1990).

Conseguir a requalificação do bairro, em detrimento da sua demolição, foi dar um passo de gigante na persecução da sustentabilidade urbana. Foi uma grande conquista dos residentes, sofrida, e uma grande vitória da cultura nacional africana, em especial da cabo-verdiana, que vai "promover a autoestima identitária dos habitantes (…) e dar relevo a todo o património cultural que com estes viajou desde os seus países de origem" (Meersschaert *et al.*, 2008, p. 44).

O espaço sofre influências naturais e humanas, mas neste caso foi a capacidade criadora do homem que mais alterações provocou, desde a chegada dos primeiros residentes à Cova da Moura, altura em que o espaço foi adaptado e estruturado conforme as necessidades, passando a configurar uma nova realidade.

De acordo com os residentes, no início "houve o Djunta Mo" (juntar das mãos), filosofia de vida dos cabo-verdianos, que se ajudavam uns aos outros na construção da casa, mas também na procura de trabalho, na organização das festas de batizados e casamentos, e na transmissão da sua cultura (*batuque* e Kola San Jon), festividades proibidas nas colonias, antes do 25 de Abril de 1974, pelos governantes portugueses.

As alterações ao espaço foram providas de sentimento, necessidade, e de sacrifício pessoal e individual, porque foi com as suas próprias mãos que modificaram o espaço, tal como foi inscrito nas paredes dos muros do bairro e em alguns desdobráveis sobre o projeto Sabura:

> "(…) Foram tantas vezes, que muitas gentes, de muitos mundos, **com alguns tijolos construíram mão-a-mão, pedra-na-pedra, vontade de muitos, vontade de todos…um lugar** [espaço] onde poderá encontrar na música e nos sabores, o pilão e a mandioca, a cachupa e o crioulo, o grogue e o jogo do oril, o batuque e o funaná…o artesanato e os brinquedos de lata, as mil danças e as mil tranças. (Anónimo – negrito nosso).

Naturalmente, esta forma de "planear" mantém uma relação mais próxima entre o Homem e o espaço. Por cada dia, mês ou ano que residiram neste espaço, inscreveram os seus desejos e vontades no solo, no relevo, nas pedras, nas árvores, na vegetação, tornando-o aconchegante, verdadeiro e único, onde se sentem em casa, um espaço sem o qual não vale a pena viver e que estão constantemente a reinventar. Muitos dos habitantes saíram de Cabo Verde muito novos, cresceram aqui, construíram aqui a sua vida e é neste espaço que residem as memórias de uma vida de trabalho, e não em Cabo Verde, onde só reside saudade.

A destruição do bairro também extinguiria a produção de plantas medicinais, uma prática ativa e sustentável, que atrai muitas pessoas à comunidade. Trata-se de plantas tradicionais, muito antigas e polifuncionais, que são produzidas quase sempre em pequenos canteiros junto às suas casas, cujo conhecimento das suas valências pertence aos mais antigos. São utilizadas para tratar doenças, desde pequenas indigestões a dores na estrutura óssea e não são produzidas para comércio, não se vendem simplesmente se utilizam para tratamentos. Este conhecimento que foi trazido de Cabo Verde, sempre deu provas de eficácia e por isso muitas vezes é preferido em relação aos medicamentos convencionais. A redução do espaço, por força da pressão da construção, levou a novas formas de plantar plantas medicinais, e outras com função gastronómica ou ornamentária, com o recuso de paletes de madeira, ou garrafas de plástico em suspensão fixadas nos gradeamentos das habitações, prática de sustentável difícil observar fora do bairro.

Figura 14: Plantação em garrafas de plástico (05/09/2013).

Em certa medida os habitantes promovem a sustentabilidade do bairro cultivando estas plantas, pois trata-se produtos medicamentosos que facilitam a vida às pessoas, não carecem de apoios financeiros para a sua produção, diminuem as idas às urgências e aos centros de saúde e consequentemente reduzem a fatura do Serviço Nacional de Saúde (SNS). São mais ecológicos e sustentáveis, e veiculam uma pesada carga da herança histórica e cultural que é conveniente preservar, como se verifica nas palavras de Meersschaert:

> "(…) A procura dos usos tradicionais individualizados fez emergir eventos que fogem aos mais conhecidos, aqueles que, pequenos e localizados, são a riqueza das povoações no tempo efémero das suas crenças e vontades (…), como é o caso das plantas medicinais, dependentes do clima de cada ilha, do hábito de "cantar saúde" nos casamentos e batizados, ou do Carnaval da D. Patriarca, costume de uma única família depois trazido para Portugal" (Meersschaert *et al.*, 2008, p. 43).

Numa visão ética ambiental utilitarista (Vaz e Delfino, 2010), encontram-se nestas plantas lucros evidentes para o Estado, e parece evidente que a demolição do bairro só ajudaria aos lóbis dos agentes imobiliários, sedentos por um espaço que é muito mais que solo, é cultura. A sustentabilidade urbana também é isso; equidade na distribuição do espaço e acesso aos recursos, tal como se tem verificado a este nível na Cova da Moura.

Todas estas iniciativas, e muitas outras não referidas, abrem a Cova da Moura ao exterior, e mostram que um espaço marginalizado pode fazer a diferença, quiçá transforma-se num polo dinâmico de irradiação de um espirito de vida com suporte em princípios de sustentabilidade. Convém salientar que a vontade de ultrapassar o estigma não faz dos habitantes pessoas arrogantes, pelo contrário, apresentam uma grande humildade, fazendo uma vida com base em valores não materiais ou monetários, mas em amor ao seu bairro e felicidade da sua família (Diener & Oishi, 2000; Zidanšek, 2007, p. 896). A Cova da Moura é hoje um dos poucos locais em Lisboa onde as pessoas se cumprimentam na rua, dando os bons dias, ou as boas tardes, mesmo não se conhecendo.

Considerações finais

Ao contrário do que muitas vezes é difundido pela comunicação social, de forma estereotipada, a Cova da Moura é mais do que um amontoado de barracas de madeira/ferro ou tijolo/cimento, desorganizadas e sem higiene, que servem o crime e são protegidas por miúdos traficantes, armados, de 15/18 anos. É, antes de mais, um aglomerado populacional constituído por cidadãos que procuram integrar-se na sociedade, que constituíram família, que construíram habitação, geralmente com a suas próprias mãos, que têm uma profissão e pagam impostos. São pessoas que encontraram uma forma não materialista de viver a sua vida, sustentada no amor e na felicidade, em harmonia com o cosmos, e, apesar da elevada taxa de espaços de comércio e serviços sem licença camarária, os habitantes não procuram a riqueza, somente sobreviver, o que fazem com alegria e amor (Diener & Oishi, 2000; Zidanšek, 2007, p. 896). Colaboraram no processo nacional de afirmação de identidade, num espaço de relacionamentos endémicos e enconchado, e ao mesmo tempo um espaço físico e social, propício à mobilização e circulação de recursos e informação, com mecanismos bem visíveis de solidariedade endógena.

Numa escala pequena, contudo, existe criminalidade, tráfico de droga, muita pobreza, e é necessário proceder-se de forma urgente à reordenação do território de forma a requalificar o bairro, removendo o edificado necessário, e deixando ficar o que pode ser aproveitado, de acordo com as orientações de requalificação em curso. Mas também é preciso continuar a reordenação imaterial, que passa tanto pela "dinamização de mercados específicos" (como expressão de um "empreendedorismo em territórios de pobreza e exclusão"), como pela luta contra o ódio e pela promoção da autoestima, trabalho em que as pessoas e as associações têm um papel muito importante a desenvolver.

Não existe um manual de instruções de como implementar a sustentabilidade urbana, pois é algo que tem que surgir de forma espontânea e natural e terá que ser orgânico e evolutivo. Nunca obedecerá a um rol de instruções de qualquer governo ou de qualquer construtor de modelos computorizados, "mas resultará das visões, do discernimento, da vivência e da acção de biliões de pessoas" (Meadows *et al.*, 1993, p. 240).

Foi assim que emergiu a revolução sustentável da Cova da Moura. A comunidade teve a "coragem e a lucidez para apresentar informação que punha em causa a estrutura de um sistema estabelecido", altamente castrador e até ostracista, e produziu projetos que promovem a reestruturação pacífica e sustentável desse sistema, que resiste por natureza a transformações, mas que tendencialmente tem estado recetivo à nova conceção etnocultural da Cova da Moura (Meadows *et al.*, 1993, p. 242).

Conclui-se de forma inequívoca que a sustentabilidade urbana não é um processo impossível em territórios de pobreza e exclusão social, e só depende das pessoas, das suas atitudes e ações diárias. O sucesso dos habitantes é primeiramente resultado do amor sentido pelo espaço, da sua união, e do seu sentimento de entreajuda e colaboração com o próximo (*Djunta Mo*). É também fruto de uma reflexão profunda no seio da comunidade, que levou à sua corresponsabilização pela inércia na luta contra os problemas que afetavam o bairro, o que conduziu a maior parte da comunidade a adotar uma postura adequada e necessária à transformação sustentável (*agency*).

No processo de reconversão, o esforço dos residentes foi notável a todos os níveis, inclusive no cumprimento das normas de segurança e higiene, permitindo uma melhoria significativa na sustentabilidade económica, ambiental e social do bairro, através da criação de serviços inovadores, relacionados com o turismo étnico, com o comércio etnocultural, e com a gastronomia tradicional. O Projeto Sabura, ainda que enfatizado neste trabalho, é tão-somente uma mais-valia neste percurso, em conjunto com outros triunfos, como a elevação do *Kola San Jon* a Património Cultural Imaterial de Portugal (2013).

É desta forma que os habitantes têm conseguido combater o estigmatismo de que a comunidade é alvo por parte da sociedade civil, e mitigar a degradação económica, urbanística, ambiental e social do bairro. Tal como nos refere Meadows *et al.* (1993, p. 242), comprova-se que a transição para a sustentabilidade foi facilitada pela utilização e aplicação, cada vez mais frequente, com convicção e sem culpa, nos fluxos de informação locais, e posterior repercussão nos mundiais, das palavras: "visionar, criação de redes, veracidade, aprendizagem e amar".

A sustentabilidade urbana, independentemente do espaço a que se refere, depende da consciencialização e agencialidade da população. Na Cova da Moura, onde foi negligenciado pelo poder estatal o planeamento e implementação de políticas e ações para o desenvolvimento sustentável, a promoção do espaço e o seu desenvolvimento harmonioso estava ainda mais nas mãos dos habitantes. Inclusive, desde sempre recaiu nestes a responsabilidade social e o fortalecimento dos mecanismos participativos e democráticos e melhor ou pior, a verdade é que tentaram. Longe de um «ecrã-estímulo», na definição de José Gabriel Bastos e Susana Pereira Bastos, a comunidade e os habitantes tem vindo a produzir as suas narrativas (Bastos & Bastos, 1999), que recebem um reforço positivo desta memória.

Para finalizar, reduzindo a um parágrafo todo o exposto, diríamos que a sustentabilidade é simultaneamente local ("espaço de relacionamentos endémicos e enconchado") e global ("espaço físico e social"), decorre da efetiva mobilização de recursos e informação, ou seja, depende da produção de conhecimento, e das pessoas nas quais reside a riqueza de um país ou território.

Agradecimentos

Agradecemos à população da Cova da Moura, em especial à ACMJ, que a representa, pela cedência dos arquivos do Projeto Sabura. Ao Gabinete Local da Câmara Municipal da Amadora, em especial à Ermelinda Garcia, que nos acompanhou no levantamento dos espaços de comércio e serviços. Á Cristiane Fialho do Nascimento pelo apoio na recolha da informação das fichas da visita do Sabura. Aos revisores anônimos por suas sugestões.

Referências Bibliográficas

AAVV.. Dimensão Socio-demográfica. *In:* MALHEIROS, J.; VASCONCELOS, L.; ALVES, F.S. (Coord. Geral). **Operação Cova da Moura - Iniciativa Operações de Qualificação e Inserção Urbana em Bairros Críticos**. Volume I – Diagnóstico para a Intervenção Sócio-Territorial, Lisboa, 2006b. Acesso em: 15/10/2013. Disponível em: http://www.portaldahabitacao.pt/opencms/export/sites/ibc/pt/ibc/docs_pdf _ibc/docs_cova_moura/II_Dimensao_Socio_Demografica.pdf.

AAVV.. Emprego e Actividades Económicas. *In:* MALHEIROS, J.; VASCONCELOS, L.; ALVES, F.S. (Coord. Geral). **Operação Cova da Moura - Iniciativa Operações de Qualificação e Inserção Urbana em Bairros Críticos**. Volume I – Diagnóstico para a Intervenção Sócio-Territorial, Lisboa, 2006a. Acesso em: 15/10/2013. Disponível em: http://www.portaldahabitacao.pt/opencms/export/sites/ibc/pt/ibc/docs_pdf _ibc/docs_cova_moura/IV_Emprego_Actividades_Economicas.pdf.

AAVV.. Tecido associativo e oferta cultural. *In:* MALHEIROS, J.; VASCONCELOS, L.; ALVES, F.S. (Coord. Geral). **Operação Cova da Moura - Iniciativa Operações de Qualificação e Inserção Urbana em Bairros Críticos**. Volume I – Diagnóstico para a Intervenção Sócio-Territorial, Lisboa, 2006c. Acesso em: 15/10/2013. Disponível em: https://www.portaldahabitacao.pt/opencms/export/sites/ibc/pt/ibc/docs_pd f_ibc/docs_cova_moura/V_tecido_associativo_oferta_cultural.pdf.

ACMJ.. **Curso de Educação e Formação de Adultos (EFA).** Amadora, ACMJ, 2013. Acesso em: 17/10/2013. Disponível em: http://redeciencia.educ.fc.ul.pt/moinho/socio_profissional/cursoEFA.htm.

ANTONUCCI, D.; ALVIM, A.; ZIONI, S.; KATO, R.; MARTINS, A.; MONTERA, M.; JURADO, J.. **Projeto Investigação – UN-HABITAT e as transformações da urbanização mundial na virada do milênio: Enfoques e perspetivas.**

Financiado pelo Fundo de Pesquisa Mackenzie, Faculdade de Arquitetura e Urbanismo, 2011. Disponível em: http://www.mackenzie.br/17180.html.

ANTUNES, M. **Estrela d'África, um bairro sensível [Texto policopiado]: um estudo antropológico sobre jovens na cidade da Amadora**. Tese de doutoramento em Antropologia Social. 2 Vol. Lisboa, ISCTE - Instituto Universitário de Lisboa, 2002.

BAKER, M.E.; SCHLEY, M.L.; MARTIN, H.M.; SEXTON, J.O. A spatially extensive, 25-year time series of urbanization impacts on stream chemistry and biological response. *In:* **American Geophysical Union,** 2013. URI: 2013AGUFM.H12F..08B. Acesso em: 09/12/2013. Disponível em: http://adsabs.harvard.edu/abs/2013AGUFM.H12F..08B.

BASTOS, J.G.; BASTOS, S.P.. «Quanto mais modesto mais português». Contribuição para o reequacionamento da antropologia urbana à luz de uma antropologia dos processos identitários. **Ethnologia,** n.ᵒˢ 9-11. Antropologia urbana (número temático). Lisboa: FCSH e Cosmos, 1999, p. 13-49. ISSN: 0873-1276.

BOUTIN, G.; GOYETTE, G.; LESSARD-HÉBERT, M.. **Investigação qualitativa: fundamentos e práticas**. Lisboa, Instituto Piaget, 1990. Coleção Epistemologia e sociedade, n.º 21. 184 p. ISBN: 972-9295-75-1.

BRAGA, T.; FREITAS, A.; DUARTE, G.. Índice de Sustentabilidade Urbana. *In:* **Actas. Encontro Nacional de Estudos Populacionais**, XIII, Ouro Preto, ABEP, 2002. Acesso em: 18/02/2012. Disponível em: http://www.anppas.org.br/encontro_anual/encontro1/gt/sustentabilidade_cidade s/Braga%20-%20Freitas%20-%20Duarte.pdf.

BRUNDTLAND, G. H.. **Our common future. The World Commission on Environment and Development**. Oxford University Press, 1987. 416 p. ISBN: 978-0-19-282080-8.

CABRAL, J.C.. Habitação e informalidade. *In:* GASPAR, J. (coord.), **Clandestinos em Portugal**. Leituras. Lisboa, Livros Horizonte, 1989, p. 51-68. ISBN:972-24-0724-4.

CAMPOS, R.; VAZ, C. Rap e graffiti na Kova da Moura como mecanismos de reflexão identitária de jovens afrodescendentes. *In:* **Sociedade e Cultura,** 16 (1): 129-141, 2013. DOI: 10.5216/sec.v16i1.28216.

CARAPETO, C.. **Poluição das águas: causas e efeitos**. Lisboa, Universidade Aberta, 1999. 241 p. ISBN 978-972-674-523-5.

CMA.. **Plano de Pormenor da Cova da Moura. Relatório II – Enquadramento Socioeconómico e diagnóstico**. Lisboa, Câmara Municipal da Amadora e Vasco da Cunha - Estudos e Projectos (lisboa), S.A., 2012. Relatório não publicado. 59 p.

COMISSÃO EUROPEIA. **Carta de Leipzig sobre as cidades europeias sustentáveis**. CE: Bruxelas, 2007. CdR 163/2007 EN-EP/hlm. Disponível em: http://politicadecidades.dgotdu.pt/docs_ref/Documents/Coopera%C3%A7% C3%A3o%20Internacional/Carta%20de%20Leipzig.pdf.

COSTA, F. M.. **As Populações do Concelho da Amadora: Relações Interétnicas e Representações**. Amadora, Câmara Municipal da Amadora e Instituto de Estudos para o Desenvolvimento, 2002.

COSTA, F.. Turismo étnico, cidades e identidades: Espaços multiculturais na Cidade de Lisboa. Uma viragem cognitiva na apreciação da diferença. **Revista de Turismo & Desenvolvimento**. Universidade Aveiro, 5: 95-112, 2006. ISSN: 1645-9261.

DIAS, M.G. 12 casas na Cova da Moura. *In:* **Jornal Arquitectos**, n.º 238 (Jan/Fev/Mar), p. 58-67, 2010. ISSN: 0870-1504.

DIENER, E.; OISHI, S.. Money and happiness: income and subjective well-being across nations. *In:* DIENER, E.; SUH, E.M. (ed.), **Culture and subjective well-being**. Cambridge (MA), MIT press, 2000, p. 185-218. ISBN: 978-0262541466.

DODMAN, D. Blaming cities for climate change? An analysis of urban greenhouse gas emissions inventories. <u>In:</u> **Environment and Urbanization**, 21 (1): 185-201, 2009. DOI: 10.1177/0956247809103016.

GASPAR, G.. Aspetos da urbanização ilegal nos países mediterrâneos da O.C.D.E.. *In:* GASPAR, J. (coord.), **Clandestinos em Portugal**. Lisboa, Livros Horizonte, 1989, p. 82-91. ISBN:972-24-0724-4.

GONÇALVES, I.. **Um olhar sobre a cidade medieval: estudos**. Cascais, Patrimonia, 1996. 266 p. ISBN: 972-744-019-3.

HARVEY, D.. **The Condition of Postmodernity: An Enquiry into the Origins of Cultural Change**. Oxford, Blackwell Publishers, 1990. 392p. ISBN: 978-0631162940.

HOORNWEG, D.; SUGAR, L.; GÓMEZ, C.L.T. Cities and greenhouse gas emissions: moving forward. *In:* **Environment and Urbanization**, 23 (1): 207-227, 2011. DOI: 10.1177/0956247810392270.

HOWARD, E.. **Garden Cities of Tomorrow**. London, Swan Sonnenschein & Co, Lda., 1902.

INE.. Censos 2011. **Resultados Definitivos. Base Geográfica de Referenciação da População**. Lisboa, INE, 2013. Acesso em: 06/10/2013. Disponível em: http://mapas.ine.pt/map.phtml.

LEEDS, A.. **Cities, Classes, and the Social Order**. EUA, Cornell University Press, 1994. 272p. ISBN: 978-0801481680.

LIMONAD, E.. A natureza da "ambientalização" do discurso do planejamento. **Scripta Nova**. Revista Electrónica de Geografía y Ciencias Sociales, vol. XIV, nº 331 (66), 2010. Acesso em: 19/10/2013. Disponível em http://www.ub.es/geocrit/sn/sn-331/sn-331-66.htm. ISSN: 1138-9788.

LNEC.. **Colaboração do LNEC na análise das condições de habitabilidade do edificado no Bairro do Alto da Cova da Moura**. Avaliação das necessidades de reabilitação do edificado. Relatório de síntese. Lisboa, LNEC, 2008. Acesso em: 06/10/2013. Disponível em: http://www.portaldahabitacao.pt/opencms/export/sites/ibc/pt/ibc/docs_pdf _ibc/docs_cova_moura/Relatorio_Sintese_LNEC_Cova_Moura.pdf.

LÖFGREN, O. The Great Christmas Quarrel and Other Swedish Traditions. *In:* MILLER, D. (ed.). **Unwrapping Christmas**. Oxford, Clarendon Press, 1993, p. 217-234. ISBN: 978-019-82-7903-7.

MACLAREN, V. W. Urban Sustainability Reporting. *In:* WHEEELER, S. M.; BEATLEY, T.. **The Sustainable Urban Development Reader**. London, Routledge, 2004, p. 203-210. ISBN: 978-0415311878.

MEADOWS, D. H., MEADOWS, D.L., RANDERS, J., BEHRENS III, W.W.. **The limits to growth: a report for the Club of Rome's Project on the Predicament of Mankind**. London: Earth Island, 1972.

MEADOWS, D. H.; MEADOWS, D. L.; RANDERS, J.. **Além dos limites: da catástrofe total ao futuro sustentável**. Lisboa, Difusão Cultural, 1993. XXI p., 322 p. ISBN 972-709-164-4.

MEERSSCHAERT, L.; FURTADO, S.; SANTOS, I.; SANTOS, C.; CORREIA, H.; ZERBINATI, G.; LARANJEIRO, C.; PATO, A.; CLÁUDIO, A.. Sabura, um projeto de afirmação identitária e comunitária na Cova da Moura. **Revista Aprender ao Longo da Vida**. 8: 42-46, 2008. ISSN: 1645-9784.

MENDES, L.. Urbanização clandestina e fragmentação socio-espacial urbana contemporânea: o Bairro da Cova da Moura na periferia de Lisboa. **Revista da Faculdade de Letras da Universidade do Porto – Geografia**. II Série, Vol. II: 57-82, 2008. ISSN: 0871-1666.

MOLLISON, B.. **Permaculture: a practical guide for a sustainable future**. Washington-DC, Island Press, 1990. 591 p. ISBN: 1559630485.

MORRIS, A.. **Historia de la forma urbana. Desde sus orígenes hasta la revolución industrial**. Barcelona, Gustavo Gili, 1998. ISBN 84-252-1181-6.

MOURA, M.G. Ao inserir as minorias fazemos cidade. *In:* **Jornal Arquitectos,** n.° 238 (Jan/Fev/Mar), p. 34-48, 2010. ISSN: 0870-1504.

MUSTERD, S.; OSTENDORF, W. **Urban Segregation and the Welfare State: Inequality and Exclusion in Western Cities**. New York, Routledge, 1998, 275p. ISBN: 0-41517-059-1.

OLIVEIRA, N.. A integração dos "retornados" no interior de Portugal: o caso do distrito da Guarda. *In:* **Actas. Congresso Português de Sociologia. Mundos Sociais, Saberes e Práticas**, VI, Universidade Nova de Lisboa, 2008. Número de Série: 150. ISBN: 978-972-95945-4-0.

PIRES, S.. A **Segunda Geração de Imigrantes em Portugal e a diferenciação do Percurso Escolar – Jovens de Origem Cabo-verdiana versus Jovens de Origem hindu-indiana**. Lisboa, ACIDI, I.P., 2009. 108 p. ISBN: 978-989-8000-78-1.

RODRIGUES, C.M.. Eficiência e equidade na produção de espaço clandestino. *In:* GASPAR, J. (coord.), **Clandestinos em Portugal**. Lisboa, Livros Horizonte, 1989, p. 69-81. ISBN:972-24-0724-4.

ROLLNICK, R.; NAUDIN, T.. **UN-Habitat Annual Report 2010**. Nairobi, UNON Publishing Services Section, 2011. 72 p. ISBN: 978-92-1-132336-8.

SATTERTHWAITE, D. The implications of population growth and urbanization for climate change. IN: *In:* **Environment and Urbanization**, 21 (2): 545-567, 2009. DOI: 10.1177/0956247809344361.

SILVA, J.. Cidades. *In:* **Actas dos IV Curos Internacionais de Verão de Cascais (30 de junho a 5 de julho de 1997). Vol. I – O Estado do Mundo.** Coord. António Carvalho. Cascais, Câmara Municipal de Cascais, 1998, p. 131-149. ISBN: 972-637-053-1.

SOCZKA, L.. Viver (n)a cidade. *In:* SOCZKA, L. (Org.). **Contextos humanos e psicologia ambiental.** Lisboa, Fundação Calouste Gulbenkian, 2005, p. 91-132. ISBN 972-31-1122-5.

STUCKY, T.D. The Conditional Effects of Race and Politics on Social Control. Black Violent Crime Arrests in Large Cities, 1970 to 1990. In: **Journal of Research in Crime and Delinquency,** 49 (1): 3-30, 2012. DOI:10.1177/0022427810393020.

TIETENBERG, T.. **Environmental and natural resource economics.** 5º ed., Reading-MA, Massachusetts, Addison-Wesley Longman, Inc., 2000.

VALA, J.. A Análise de conteúdo. I*n SILVA, A.; PINTO, J. (Orgs.).* **Metodologia das ciências sociais.** *12ª* Ed. Porto, Edições Afrontamento, 1986, p. 101-128. 324p. ISBN: 978-972-36-0503-7.

VAZ, S.G.; DELFINO, Â.. **Manual de ética Ambiental.** Lisboa, Universidade Aberta, 2010. 250p. ISBN: 978-972674713.

WACQUANT, L.. Three steps to a historical anthropology of actually existing neoliberalism. **Social Anthropology.** 20 (1): 66-79, 2012. DOI: 10.1111/j.1469-8676.2011.00189.x.

WALLACE, S.P.; GUTIÉRREZ, V.F. Equity of access to health care for older adults in four major Latin American cities. *In:* **Revista Panamericana de Salud Pública,** 17 (5-6): 394-409, 2005. http://dx.doi.org/10.1590/S1020-49892005000500012.

ZIDANŠEK, A.. Sustainable development and happiness in nations. **Energy.** 32 (6): 891–897, 2007. Doi:10.1016/j.energy.2006.09.016.

ANEXOS

ANEXO I - Detalhe do levantamento de comércio e serviços no Bairro Alto da Cova da Moura (hierarquização funcional), realizado entre 9 e 16 de outubro de 2013.

Estabelecimentos de comércio e serviços – Bairro da Cova da Moura – outubro/2013			
Marca	Atividade	Morada/Localização[235]	Observações
	Café e Cervejaria	Av. da República, n°15-A	
Cabeleireiro Nuno	Pastelaria, Café, Snack-Bar	Av. da República, n°35-C	
Shahzad	Loja de Telecomunicações	Av. da República, n°37, R/Chão Dir.	
	Cabeleireiro	Av. da República, n°37, R/Chão Esq.	
	Comércio de Móveis	Av. da República, n°4	De momento está encerrado
Café dos Reis	Café-Cervejaria-Snack-Bar	Av. da República, n°41	
Cascarnes	Carnes a Retalho	Av. da República, n°45-A-B	
Galo Churrasqueira	Café-Churrascaria	Av. da República, n°49	
A Mimosa	Cabeleireiro	Av. da República, n°4-A	
	Discoteca	Av. da República, n°5	Encerrada de forma coerciva pela Camara Municipal da Amadora por produzir de ruído excessivo e potenciar a confusão no Bairro.
	Ama - Cuida de crianças	Beco da Boavista, n°1	

---

[235] A localização dos espaços de comércio e serviços foi feita pela rua, n.º da porta e fração. Sempre que duas atividades eram exercidas na mesma rua, no mesmo número de porta e fração, foram inseridas na mesma linha (ex. peixaria e talho no r/chão). No entanto, quando duas atividades eram exercidas na mesma rua, no mesmo número de porta, mas em fração diferente (ex. r/chão e 1° andar), foram inseridas em linhas separadas. Quando uma atividade tinha duas portas de entrada, para ruas diferentes, foi inventariada só a porta da rua principal ou de maior movimento. Esta situação ocorreu quatro vezes. Sempre que não foi indicado o andar, significa que a atividade decorre ao nível do R/Chão.

O Cantinho do Telhado	Café e Restaurante	Beco da Boavista, n°3	
NÓS KASA	Vinhos e Petiscos	Beco da Tasca, n°3	
Cabeleireiro Paloma - Bijuteria Dolce Fashion	Cabeleireiro / Bijuteria	Beco da Tasca, S/n	Trata-se de uma construção precária, realizada com materiais não duráveis, aproveitando um espaço entre duas edificações.
	Oficina Auto	R. 7 de Julho, n° 6-A	
	Cabeleireiro	R. 8 de Dezembro, n°13	
	Oficina Auto	R. 8 de Dezembro, n°25	Exerce a atividade nas traseiras, com acesso pela Travessa S. Vicente.
	Minimercado	R. 8 de Dezembro, n°27	
Pérola Negra	Café-Restaurante	R. 8 de Dezembro, n°29	
Pérola Negra	Cabeleireiro	R. 8 de Dezembro, n°31	
	Café - Bar	R. 8 de Dezembro, n°5	
Baía	Café - Bar - Restaurante	R. 8 de Dezembro, n°7	
	Mercearia	R. B, n° 5	
Carpintaria Moinho da Juventude	Carpintaria-mercearia	R. C, n° 4-A	No mesmo local funciona uma mercearia, que não tem acesso pela porta da carpintaria, mas por uma janela ao nível do R/Chão. A janela é a única forma de entrar e sair deste espaço comercial.
	Café	R. Comissão de Pais, n°14	
	Oficina Auto	R. Comissão de Pais, n°4	
	Oficina Auto	R. da Glória, n°5	Funciona na garagem de uma casa normal de habitação.
	Café-Bar	R. da Glória, n°6	
	Café-Snack-Bar-Mercearia	R. da Madeira, n°2	
	Cabeleireiro	R. da Palmeira, n°2	Funciona dentro de uma garagem.
	Cabeleireiro	R. da Paz, n° 4	
	Ferro Velho	R. das Flores, n°13-A	

O Gordo	Café	R. de Cabo Verde, nº14	
Café Felisberto	Café-Cervejaria-Snack-Bar	R. de Cabo Verde, nº5-A	
Café Cervejaria Tama	Café-Cervejaria-Snack-Bar	R. de Cabo Verde, nº7	
	Comércio Tradicional	R. do Chafariz, nº1	Comércio informal, espaço com dois metros quadrados. Uma senhora de idade faz enchidos e linguiças caseiras entre outras iguarias típicas da ilha de Cabo Verde. Uma delícia.
Café Tuxa	Café-Restaurante	R. do Chafariz, nº16, r/c	
Café, Da Mosa	Café-Restaurante	R. do Chafariz, nº18	
Casa Tavares	Café-Mercearia	R. do Chafariz, nº19	
	Mercearia	R. do Chafariz, nº2	
	Bar	R. do Chafariz, nº21	
Flor Africana	Snack-Bar-Charcutaria-Mercearia	R. do Moinho, loja 40	
	Mercearia-Padaria	R. do Moinho, nº 45	
Belém	Café	R. do Moinho, nº10-A	
Rock	Snack-Bar	R. do Moinho, nº12	
Peixaria Ramos	Comercio de peixe fresco e mariscos	R. do Moinho, nº26	
	Café Churrasqueira	R. do Moinho, nº27	
	Café	R. do Moinho, nº35	
	Café	R. do Moinho, nº43	Esta é a entrada principal, mas também tem entrada pela rua do Vale.
	Oficina Auto	R. do Moinho, nº48	
DI-NÓS	Café-Restaurante	R. do Moinho, nº62	
Manuel Martins Monteiro	Serralharia	R. do Moinho, nº64	
	Loja de Vestuário	R. do Moinho, nº66	
	Oficina especializada em bate-chapa e	R. do Outeiro, nº 4	Garagem de casa normal de habitação.

	pintura		
Imaculada Coração de Maria	Café	R. do Rosário, n°10-A	
Café Tropical	Café	R. do Rosário, n°6	
Deus Tem Stallone	Cabeleireiro	R. do Vale, n°1	
	Oficina Auto	R. do Vale, n°14-A	
Nuca	Cabeleireiro	R. do Vale, n°15	
Associação de Solidariedade Social do Alto Cova da Moura (ASSACM)	Snack-Bar-Restaurante	R. do Vale, n°17-B	
	Consultório Médico - Clínica Geral	R. do Vale, n°18	Atualmente fechado.
Cesário Vieira Correia	Café	R. do Vale, n°39	
	Mercearia	R. do Vale, n°41	
	Mediação de	R. do Vale, n°8-A	

	Seguros / Agência de Publicidade		
	Mercearia	R. dos Anjos, n°13	Funciona informalmente na cozinha de uma casa de habitação.
	Cabeleireiro	R. dos Anjos, n°3 – Dto.	
Princesa do Bairro	Restaurante	R. dos Anjos, n°3 – Esq.	
	Cabeleireiro	R. dos Reis, n°2 - 1° andar	
Amílcar Cabral	Restaurante	R. dos Reis, n°3	
Coqueiro	Restaurante	R. dos Reis, n°4	
	Serralharia	R. Luís de Camões, n°1	
Martuxa	Cabeleireiro	R. Nova, n°10-A [236]	
Neusa	Cabeleireiro	R. Nova, n°7, 1° andar	
	Creche	R. Principal, n°10	Funciona informalmente em casa de família.
	Comercio / Venda de	R. Principal, n°13-A	

[236] A Rua Nova, que existe desde que o Bairro foi iniciado, é um pequeno troço que liga a Rua de Cabo Verde à Rua Principal, mas tem sido erradamente englobada na Rua de Cabo Verde, inclusive nas publicações mais recentes, como no estudo do LNEC (2008), CMA (2011) e CMA (2012a, b).

LNEC.. **Colaboração do LNEC na análise das condições de habitabilidade do edificado no Bairro do Alto da Cova da Moura. Avaliação das necessidades de reabilitação do edificado. Relatório de síntese (novembro de 2008)**. Lisboa, Laboratório Nacional de Engenharia Civil, 2008. Disponível em: http://www.portaldahabitacao.pt/opencms/export/sites/ihc/pt/ihc/docs_pdf_ihc/do cs_cova_moura/Relatorio_Sintese_LNEC_Cova_Moura.pdf. Consultado em: 06OUT13. 85 p.

CMA.. **Plano de Pormenor da Cova da Moura. Relatório I – Estudos de caracterização (janeiro de 2011)**. Lisboa, Câmara Municipal da Amadora, Vasco da Cunha - Estudos e Projectos (lisboa), S.A., e TIS.pt – Consultores em Transportes Inovação e Sistemas, S.A., 2011. Relatório não publicado. 79 p.

CMA.. **Plano de Pormenor da Cova da Moura. Relatório II – Enquadramento Socioeconómico e diagnóstico (fevereiro de 2012)**. Lisboa, Câmara Municipal da Amadora, Vasco da Cunha - Estudos e Projectos (lisboa), S.A., e TIS.pt – Consultores em Transportes Inovação e Sistemas, S.A., 2012a. Relatório não publicado. 59 p.

CMA.. **Plano de Pormenor da Cova da Moura. Relatório III – Diretrizes para o modelo de intervenção – macro zonamento (fevereiro de 2012)**. Lisboa, Câmara Municipal da Amadora, Vasco da Cunha - Estudos e Projectos (lisboa), S.A., e TIS.pt – Consultores em Transportes Inovação e Sistemas, S.A., 2012b. Relatório não publicado. 96 p.

	Telemóveis		
A Mimosa	Café	R. Principal, nº1-A	
	Costureira	R. Principal, nº22 - 1º andar	Funciona de forma informal em casa de habitação.
Café 23	Café	R. Principal, nº23	
Salão Nilda Cantinho de Deus	Cabeleireiro	R. Principal, nº24	
	Café	R. Principal, nº31	
Ponto de Encontro	Café / Snack-Bar	R. Principal, nº33	
Rocha	Café / Mercearia	R. Principal, nº34-A	
	Cabeleireiro	R. Principal, nº35	
	Café	R. Principal, nº35-A	
	Cabeleireiro	R. Principal, nº37	
Boutique da Nana	Comércio / Retrosaria	R. Principal, nº41	
	Sorveteria-Sala de computadores com acesso internet - Centro de Assistência de Computadores- Arranjo de telefones e telemóveis	R. principal, nº42-A	
	Lavagem auto	R. Principal, nº5	Funciona informalmente na rua em frente de uma casa de habitação.
Princesa da Buraca	Café	R. Principal, nº5-C	
Coqueirinho	Café	R. Principal, nº9	
Playboy	Cabeleireiro / Barbearia	R. Principal, nº9-A	
	Talho / Mercearia	R. Principal, nº 46	
	Comércio / Retrosaria	R. S. Domingos, n.1-A	
	Comércio de materiais de Construção Civil	R. S. Domingos, n.7	
	Agência de Prestação de Serviços	R. S. Francisco Xavier, nº10	Serviços de vistos, passaportes, documentos de impostos, etc.

			coétnicos.
Avalande e Isabel	Churrascaria	R. S. Francisco Xavier, nº10-A	
Ginga pinga	Café / Snack-Bar	R. S. Francisco Xavier, nº12	
	Mercearia	R. S. Francisco Xavier, nº1-A	
Pedro Ramos	Restaurante	R. S. Francisco Xavier, nº2	
Unidos da Fonteira	Café	R. S. Nicolau, nº2	
Gregório	Café / Snack-Bar	R. S. Nicolau, nº7	
	Cabeleireiro	R. S. Nicolau, nº7-A	
	Café / Snack-Bar	R. S. Nicolau, nº8	
	Café	R. Santo Antão, nº3	
Garagem	Café	R. Stª Filomena, nº1	
	Costureira	R. Stª Filomena, nº10	
O Barateiro	Snack-Bar	R. Stª Filomena, nº12-A	Casa com muitos quartos que também serve de residência.
	Centro Paroquial / Jardim de Infância	R. Stª Filomena, nº14-A	
Santo Antão	Cervejaria	R. Stª Filomena, nº18	
	Café	R. Stª Filomena, nº1-B	
Cantinho	Café / Snack-Bar	R. Stª Filomena, nº4	
	Mercearia	R. Stª Filomena, nº5	
Vulcão	Snack- Bar- Cervejaria	R.do Alecrim, nº11	
	Lavagem sobre pressão (ex. carros)	R.do Alecrim, nº2-A	
	Comércio de Gás	R.do Alecrim, nº2-C	
Bom Paladar	Mercearia	R.do Alecrim, nº9	
	Mercearia / Snack- Bar	R. S. Tomé e Príncipe, nº12	De momento está encerrado.
O Cantinho do Sossego	Restaurante	R. S. Tomé e Príncipe, nº8	
Kók & Báfa Sempri	Café / Bar / Snack-Bar	Trav. S. Vicente, nº5	

Anexo II – Primeira listagem de ruas e códigos postais do Bairro Alto da Cova da Moura.

RUAS	CÓDIGO POSTAL
Rua do Moinho	2610 – 241
Rua do Colégio	2610 – 233
Rua do Rosário	2610 – 254
Rua Jardim Escola	2610 – 250
Rua dos Anjos	2610 – 248
Rua da Glória	2610 – 249
Rua da Paz	2610 – 236
Rua do Girassol	2610 – 235
Rua da Conceição	2610 – 234
Rua dos Reis	2610 – 237
Rua 7 de Julho	2610 – 198
Rua do Outeiro	2610 – 201
Rua do Liceu	2610 – 251
Rua A	......
Rua B	2610 – 199
Rua C	2610 – 200
Rua Principal	2610 – 118
Rua da Palmeira	2610 – 231
Rua da Ladeira	2610 – 228
Rua do Vale	2610 – 232
Rua Luís de Camões	2610 – 229
Rua da Ilha Brava	2610 – 222
Rua do Alecrim	2610 – 221
Rua Comissão de Pais	2610 – 224
Rua das Flores	2610 – 226
Rua Júlio Dinis	2610 – 227
Rua da Fonte	2610 – 225
Rua de St.ª Antão	2610 – 246
Rua Nova	2610 – 206
Rua do Sal	2610 – 238
Rua de S. Vicente	2610 – 215
Rua 8 de Dezembro	2610 – 203
Rua de St.ª Filomena	2610 – 211
Rua São Francisco Xavier	2610 – 247
Rua do Chafariz	2610 – 242
Rua Ilha da Madeira	2610 – 230
Rua da Praia	......
Rua de Cabo Verde	2610 – 206
Rua de S. Domingos	2610 – 213
Rua das Hortas	2610 – 243
Rua de São Tomé e Príncipe	2610 – 223
Rua de S. Nicolau	2610 – 214

LARGOS	CÓDIGO POSTAL
Largo da Bola	......
Largo do Moinho	......

AVENIDAS	CÓDIGO POSTAL
Av. da República (N.º 1 ao 17)	2610 – 047
Av. da República	2610 – 048

TRAVESSAS	CÓDIGO POSTAL
Travessa da Av. República	2610 – 204
Travessa do Outeiro	2610 – 202
Travessa do Moinho	2610 – 253
Travessa do Rosário	......
Travessa de S. José	2610 – 255
Travessa do Liceu	2610 – 252
Travessa do Ferro velho	2610 – 208
Travessa das Mouras	2610 – 260
Travessa da Praia	......
Travessa de Sta. Luzia	2610 – 220

BECOS	CÓDIGO POSTAL
Beco de Sta. Catarina	2610 – 219
Beco dos Carvalhais	2610 – 256
Beco do Sol	2610 – 238
Beco de Cabo Verde	......
Beco das Rosas	2610 – 261
Beco de Sto. Antão	2610 – 245
Beco das Mouras	2610 – 259
Beco das Flores	2610 – 225
Beco da Vila Nova	2610 – 217
Beco da Tasca	2610 – 216
Beco de Sta. Filomena	2610 – 210
Beco da Boavista	2610 – 205
Beco do Porto Novo	2610 – 209
Beco de Castro Daire	2610 – 207
Beco do Paul	2610 – 230
Beco do Moinho	......

Fonte: Associação de Moradores.

Foram os moradores que em princípio decidiram esta toponímia, pelo que este documento das ruas e dos códigos postais originais do Bairro é um sinal evidente do continuum cultural entre o local de origem e o local de chegada. Aliás, tem uma tradução efetiva nos modelos de organização do espaço e nas formas adotadas pela população para integrarem elementos simbólicos, sobretudo ao nível da distribuição espacial e da toponímia.[237] Por exemplo, a comunidade cabo-verdiana organiza-se no espaço com base na ilha de origem de cada imigrante. Outra forma encontrada pelos imigrantes fundadores do Bairro para a moldagem do território, e com poder simbólico, foi a atribuição de nomes de ruas de acordo com as suas proveniências, e assim delimitar o seu espaço habitacional dentro do Bairro, de que é exemplo a rua de São Vicente, rua do Sal, rua de Santo Antão, rua de São Nicolau, rua da Praia, rua de Cabo Verde (todas alusivas a ilhas de Cabo Verde); rua de São Tomé e Príncipe (alusiva à ilha de São Tomé e Príncipe); beco de Castro Daire, rua Luís de Camões, rua São Francisco Xavier (alusivas à migração interna de Portugal – êxodo rural), e outras.

A morfologia do Bairro reflete ainda outros aspetos da origem da população migrante, dos seus estilos de vida e do seu quotidiano, como o Moinho enquanto espaço central, pelo simbolismo de aí ter nascido o embrião do que é hoje a ACMJ, as denominações/marcas dos estabelecimentos comerciais (ver quadro anterior), e em algumas situações a configuração das fachadas das casas. [238] Salienta-se que a comunidade cabo-verdiana é a mais representada, e a que mais manifesta estes sinais, mas, no entanto, as estatísticas a partir de 2011 reportam um aumento significativo de população guineense[239], o que com o tempo pode inverter esta dominância cabo-verdiana.

---

[237] ANTUNES, M. **Estrela d'África, um bairro sensível [Texto policopiado]: um estudo antropológico sobre jovens na cidade da Amadora**. Tese de doutoramento em Antropologia Social. 2 Vol. Lisboa, ISCTE - Instituto Universitário de Lisboa, 2002, p. 263.

[238] Ibidem.

[239] CMA.. **Plano de Pormenor da Cova da Moura. Relatório II – Enquadramento Socioeconómico e diagnóstico (fevereiro de 2012)**. Lisboa, Câmara Municipal da Amadora, Vasco da Cunha - Estudos e Projectos (lisboa), S.A., e TIS.pt – Consultores em Transportes Inovação e Sistemas, S.A., 2012a, p. 21.

Anexo III - Planta da Escola que a comunidade pretende construir de raiz no Bairro Alto da Cova da Moura.

Como objetivo futuro a comunidade pretende construir uma escola de raiz. A humanidade consumista e esbanjadora dos nossos dias está, salvo melhor opinião, a limitar radicalmente as possibilidades de livre escolha das gerações futuras, ou seja, está a agredir os legítimos direitos e interesses dos que ainda não nasceram. Querer construir uma escola de raiz, o mais sustentável possível, é um contributo efetivo para mitigar a profunda injustiça cometida no presente sobre o futuro. Não se percebe a oposição à construção, registada até ao momento, por parte da Câmara Municipal da Amadora.

Zona de contentores onde se pretende construir a nova escola. Vista a partir da sede da ACMJ. Ao fundo observa-se o nó de acesso ao IC 19. Fotografia capturada em 25.07.2017.

ENCRUZILHADAS DA SUSTENTABILIDADE

Projeto da nova escola de raiz, concebida
para ser uma construção sustentável.

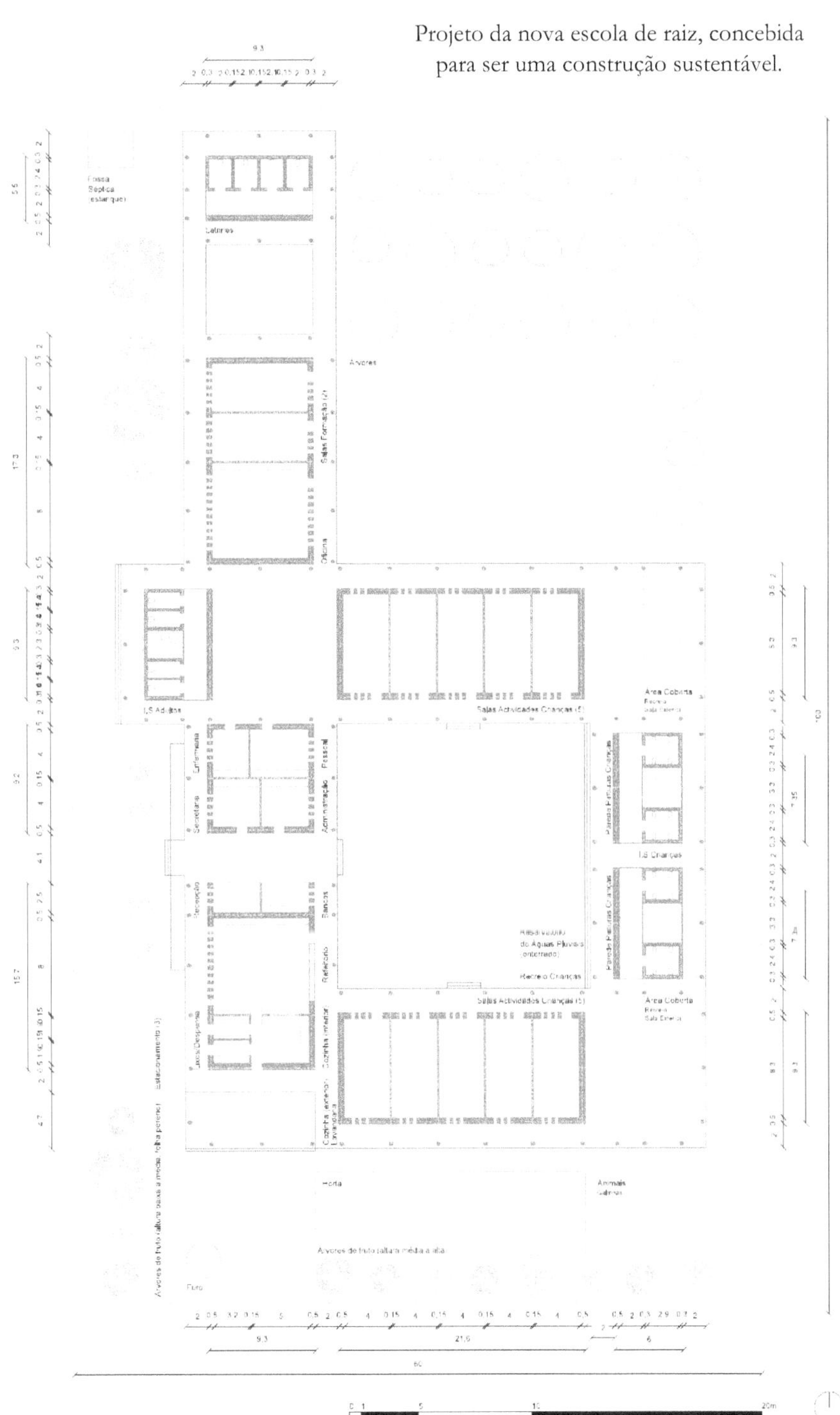

PROJETA SABURA: DEZ ANOS A ULTRAPASSAR BARREIRAS E A QUEBRAR ESTIGMAS NO BAIRRO DO ALTO DA COVA DA MOURA (BACM).[240]

The Sabura Project: ten years overcoming barriers and breaking stigmas in the Cova da Moura Neighborhood (BACM).

RESUMO

O Sabura é um projeto pioneiro no panorama do turismo étnico português que funciona no Bairro do Alto da Cova da Moura (BACM) e que recentemente comemorou uma década de existência (2004/2014). Neste trabalho fazemos a primeira apresentação pública dos resultados deste projeto. Começamos com uma introdução e seguidamente apresentamos um enquadramento histórico-geográfico do BACM, um breve historial da Associação Cultural Moinho da Juventude (ACMJ) e uma descrição da origem e evolução do Sabura. De seguida, apresentamos e discutimos, como elemento estrutural do nosso trabalho, os resultados da análise das fichas de visita preenchidas pelos visitantes ao longo dessa década, e, para concluir, refletimos sobre a importância deste projeto para o processo mais amplo de intervenção social em curso no BACM. Dentre as várias conclusões que se podem retirar, afigura-se relevante salientar que o "Sabura: Roteiro das Ilhas" dinamizou a atividade económica do Bairro, potenciou o autossustento e promoveu a especificidade cultural, o que por sua vez estimulou a autoestima da população do Bairro face ao exterior, e funcionou como um elemento de (re)construção da imagem do Bairro, abrindo-o ao exterior.

ABSTRACT

Sabura is a pioneering project in the area of ethnic tourism in Portugal. It has been implemented in a neighborhood called Bairro do Alto da Cova da Moura ("the Bairro" or BACM) and celebrated its first decade of existence (2004/2014) last year. This paper is the first public presentation of the outcomes of this project. First, we make an introduction, followed by a description of BACM's historical and geographical context, a brief history of the Associação Cultural Moinho da Juventude (the ACMJ, a cultural association) and a description of Sabura's origin and development. Next, as a structural element of our work, we present and discuss the answers to a questionnaire completed by visitors during this decade. To conclude, we reflect on the relevance of this project within the broader process of social integration that is being carried out in BACM. Among the various conclusions we can draw from the findings, it should be stressed that "Sabura: Roteiro das Ilhas" (the Islands Roadmap) has boosted the economic activity in the Bairro, enhanced its self-sufficiency and promoted its cultural distinctiveness, which in turn fostered the self-esteem of its residents vis-à-vis the outside environment and worked as an element in the (re)construction of the Bairro's image, by opening it up to the outside world.

---

[240] Artigo publicado pela primeira vez na Revista de Urbanismo (ISSN: 0717-5051), n.º 36, 2017, p. 63-81. DOI: 10.5354/0717-5051.2017.44965.

Introdução

Nos dias 31 de outubro e 1 de novembro de 2014, no Bairro do Alto da Cova da Moura (BACM), comemoraram-se 10 anos do projeto Sabura, 25 anos do Grupo de Batuque Finka Pé, e 30 anos da Associação Cultural Moinho da Juventude (ACMJ).

Neste ensaio vamos abordar o Sabura, um projeto pioneiro no domínio do turismo étnico português, pondo em evidência a sua importância para a mudança da imagem negativa que existe na população que vive fora do Bairro da Cova da Moura. O nosso objetivo é mostrar que este projeto é determinante para a abertura do Bairro ao exterior e, simultaneamente, para a construção de referências no seu interior, ao elevar autoestima identitária dos próprios habitantes, através da organização de visitas guiadas que, em primeiro lugar, valorizam o seu próprio património cultural que transportaram de Cabo Verde, e, em segundo lugar, dinamizam a atividade comercial própria do Bairro, potenciando o seu autossustento. Ou seja, este projeto promove a interligação entre os moradores do Bairro e os visitantes, um caldo de culturas e diferentes formas de viver, entre o estigma de uma imagem negativa e a realidade de um local cheio de vida e entusiasmo.

O lançamento deste projeto foi ambicioso, e aconteceu quando não existia em Portugal qualquer outra iniciativa com estas características, e quando o Bairro estava fechado e isolado, e era considerado muito perigoso, o que aliás motivou que no início os percursos guiados fossem desenhados considerando o nível de risco para os visitantes (Santos, 2015). Se hoje qualquer pessoa pode visitar o Bairro da mesma forma que visita, por exemplo, o Martim Moniz, em grande parte isto é o resultado da abertura materializada através do projeto Sabura. É essa a nossa convicção, que parece ser corroborada pelos dados que a seguir apresentamos.

Este projeto faz parte da estratégia de atuação da ACMJ, enquanto sistema-interventor, no macroprocesso de intervenção social no BACM, enquanto sistema-cliente, para suprir carências, criar condições sociais que permitam aos habitantes exercer os seus direitos (Carmo, 2000), mostrar as suas capacidades e competências, valorizar a sua cultura e também cumprir os seus deveres cívicos.

O que motiva a intervenção no BACM? É maioritariamente de autoconstrução, desordenado, construído pelos portugueses retornados dos PALOP (e outros) que aqui encontraram um local para se estabelecerem a partir da segunda metade da década de 70 do século XX, quando nem o Estado nem a iniciativa privada davam resposta às necessidades de alojamento. O Bairro cresceu fora das regras de planeamento e urbanismo português e em terrenos agrícolas que foram ocupados, pertencentes maioritariamente à família Moura, hoje cobiçados e na mira dos promotores imobiliários, e nunca chegou a ser qualificado. Passou ao lado das iniciativas estatais para a erradicação dos bairros degradados, mas foi atingido com as consequências da demolição do Casal Ventoso, ao absorver parte dos vendedores e consumidores de droga que aí operavam, e isso teve um forte impacto negativo na população local. É habitado por uma população carenciada e de baixos rendimentos, maioritariamente africana, e apresenta diversos problemas construtivos e de habitabilidade. O edificado está degradado, necessita de intervenção (o que não é possível fazer porque a entidade licenciadora não emite licenças de obras para este Bairro), faltam ruas internas mais seguras e que permitam o acesso aos meios de socorro, faltam espaços verdes e de lazer, o Bairro está fechado sobre si mesmo, e as manutenções do espaço público não são feitas, o que consubstanciado gera questões sociais negativas, pobreza e exclusão, para além de ser terreno fértil para os criminosos e para a criminalidade, e de passar uma imagem negativa à população do exterior do Bairro, causando-lhe repulsa, base para a estigmatização (Santos, 2014).

O projeto Sabura, por via do que representa e do sucesso que alcançou (e do que ainda se espera que alcance), é muito importante na promoção da inclusão social, no combate à imagem de pobreza e ao crime, nas atividades intergeracionais, na transmissão de valores, na participação social das crianças, jovens e idosos na comunidade, e na articulação de processos de inclusão social e de desenvolvimento económico. É também muito importante na formação de capital social, na mitigação de comportamentos de risco e na consolidação de sinergias potenciadoras de desenvolvimento social com base em processos de *empowerment*, capacitando os cidadãos para a responsabilização e a tomada de decisões (promove o sentido de respeito por si e pelo espaço comum).

A importância deste artigo está no tema e no que este representa - comemoração de uma efeméride: **uma década Sabura** -, bem como na sua originalidade, por ser a primeira vez que se divulga, com base nos resultados apurados da análise das fichas de visita, a caracterização dos visitantes, o tipo de visitas e as suas motivações, e a perceção que os visitantes têm do BACM. Serve, ainda, de esboço para um estudo mais exaustivo para efeitos de observatório social, por extensão da ideia de Carmo (2008), que não só servirá para deixar um legado construtivo passível de aplicação em outra situações, como irá reforçar a sustentabilidade deste projeto no quadro mais abrangente de intervenção social no Bairro, porque a divulgação da informação e das lições recolhidas colabora para a sua melhoria contínua, permite aperfeiçoar perceções e práticas, e gera conhecimento, influenciando o presente e o futuro. Refira-se ainda que, em dez anos de execução, este projeto já deixou uma pegada difícil de sintetizar neste ensaio, condicionados que estamos pela sua dimensão que nos obriga a selecionar a informação mais relevante.

Do ponto de vista estrutural, começamos por aprofundar os três principais conceitos teóricos e por apresentar a ACMJ e a localização do BACM, ao que se segue uma concisa incursão histórica sobre a origem e evolução do projeto Sabura, e de seguida apresentamos e discutimos os resultados das respostas dos visitantes às perguntas da ficha de visita, onde incluímos a sua perceção sobre o Bairro, dos pontos de vista social, cultural, gastronómico, arquitetónico, de segurança e higiene do espaço, e da dinâmica dos espaços de comércio e serviços. Concluímos com um comentário sobre a importância deste projeto para algo mais abrangente, o processo de intervenção social no BACM (sistema-cliente). Todas as figuras e quadros são de autoria própria.

Conceitos fundadores do Projeto Sabura: Estigma, Empowerment e Formação de Capital Social.

A população do BACM sente-se socialmente desqualificada tão-somente porque o ambiente social que lhe é próprio, e que caracteriza a sua identidade social, não é considerado normal ou natural para a restante sociedade. Ou seja, a sociedade desenhou uma construção social onde cabem os cidadãos considerados normais ou naturais, e todos os restantes que têm atributos diferentes, e que por isso estão classificados em categorias diferentes, são considerados estranhos à normalidade e são estigmatizados, o que tem enquadramento na noção de estigma forjada por Erving Goffman (1963), centrada na relação estigma *vs* estigmatizados, e posteriormente desenvolvida por outros autores (Link & Phelan, 2001). Para tentar mitigar e lidar com a estigmatização e mudar essas ideias pré-concebidas, a população do BACM adota estratégias e faz uso de instrumentos para abrir o espaço ao exterior, de que é exemplo o projeto Sabura, que pretende levar as pessoas a visitar o BACM, para que possam ver, com os seus próprios olhos, que a realidade é diferente para melhor. E não obstante o meio social ser um fator decisivo para a geração e perpetuação do estigma, os resultados que a seguir apresentamos mostram que a estratégia adotada tem dado resultado, uma vez que, no final da visita, quando preenchem as fichas de avaliação da visita, os visitantes procedem a uma categorização diferente dos habitantes do Bairro, sem que os seus atributos se tenham alterado.

O *empowerment*, para além de um conceito polissémico e de difícil tradução, é também uma poderosa ferramenta que visa a capacitação dos indivíduos, permitindo-lhes receber mais poder e responsabilidades e tornando-os capazes de conduzirem o seu destino, e também atua como fator crítico de sucesso a médio e longo prazo. Foi assim pensado desde o início, e assim introduzido neste projeto, como um processo social de reconhecimento, promoção e expansão das capacidades dos cidadãos, para que estes consigam aceder à informação e às instituições formais e informais, satisfazer as suas próprias necessidades, resolver os seus próprios problemas, e mobilizar os recursos necessários para alcançar os seus objetivos e controlar as decisões que os afetam. Conceção que, diga-se, foi muito influenciada pela definição institucional de *empowerment* publicada pelo Banco Mundial em 2002, que o explicava como "a expansão dos ativos e capacidades das pessoas pobres para participarem em, negociarem com, influenciarem, controlarem e responsabilizarem as instituições que afetam as suas vidas" (Narayan, 2002, p. vi, tradução do autor).[241] O que não aconteceu por acaso, uma vez que esta publicação, para além de olhar para os mais pobres como essenciais no processo de redução da pobreza, sugeria mudanças na relação entre estes e os sistemas formais, o que ia no sentido dos anseios dos Covamourenses, que se sentiam emalhados e impotentes numa cultura de relações institucionais desiguais.

Como seria possível a capacitação no BACM? Por exemplo, um jovem residente vai sentir-se capacitado se, durante uma rusga policial, sentir que foi tratado como um qualquer outro jovem, ou se, quando andar à procura de trabalho, sentir que não foi descriminado na entrevista de seleção profissional; por outro lado, um cidadão de meia-idade, imbuído de um sentimento de culpa e de rejeição, vai sentir-se capacitado se conseguir valorizar o seu potencial pessoal e profissional, bem como os seus traços identitários e culturais, tornando-se assim capaz de lutar pelo seu futuro.

O processo de capacitação dos cidadãos exige oportunidades, mas também exige tempo, o tempo necessário para o exercício de capacidades e direitos e para a aprendizagem de uma nova atitude perante a vida, com mais autonomia de decisão e responsabilidades. No entanto, em produção, o *empowerment* tem dinâmica própria, porque os cidadãos, quando sentem que têm responsabilidades, procuram soluções e tornam-se mais criativos, evoluindo, porque sentem que estão a contribuir para o seu futuro e para a melhoria do futuro do Bairro.

É isto que acontece na Cova da Moura. O projeto Sabura, apesar de contar uma década de história, não é um projeto fechado, muito pelo contrário, continua com grande dinâmica a servir a luta para mitigar os efeitos nefastos da rotulação constante do Bairro como sendo um lugar perigoso, onde florescem o crime, a venda de droga e a prostituição. E isso justifica-se porque a estigmatização sobre o Bairro continua a exercer pressão negativa sobre a população do BACM. Em algumas situações a rotulagem continua a incutir nos moradores alguns sentimentos de culpa e rejeição, que dificultam o processo de

---

[241] Texto Original: "Empowerment is the expansion of assets and capabilities of poor people to participate in, negotiate with, influence, control, and hold accountable institutions that affect their lives".

empowerment, definido num documento de trabalho da ACMJ, sem autor nem data, como "um processo de indivíduos e grupos locais ou comunidades que vão desenvolver as suas capacidades e vão adquirir o poder de uma participação ativa". Esse processo visa, sobretudo, dois objetivos, escurados em quatro eixos da aprendizagem social: a comunicação, a reflexão, a ação e a negociação.

Esta conceção de *empowerment* cruza-se diretamente com a capacidade de gerar capital social e, nesse sentido, segundo os próprios residentes, não tem só a ver com o processo de construção e desenvolvimento de capacidades, mas também com problemas estruturais: "a constelação política, a dominância cultural, e as relações sociais".

A definição de Capital Social, contestada por inúmeros cientistas sociais, em função das variantes de cada área de trabalho, mostra-se igualmente complexa (Whittaker & Holland-Smith, 2014). Para efeitos do projeto Sabura, referimo-nos a redes de relações fundadas na confiança, na cooperação e na inovação, que incentivam a tolerância à diversidade, narrativas partilhadas, a criação e repartição de informação e conhecimento, e o investimento em atividade coletivas, que trazem benefícios comuns, com base em regras e normas de reciprocidade (*brave reciprocity*), que facilitam a ação coordenada, e com sanções comuns, que dão confiança aos indivíduos e melhoram a eficácia da comunidade na solução de problemas que exigem a ação conjunta (Putnam, 1995a,b, 2000; Payne *et al.*, 2011). Para que estas redes promovam a qualidade de vida e o desenvolvimento social, naturalmente cada uma delas terá de ser capaz de concretizar as expectativas dos seus membros com recurso ao capital social gerado dentro da própria rede, e é isso que acontece no BACM, onde existe uma rede pública e solidária, de tipo *Bridging Capital*, de abertura entre vários grupos heterogéneos, onde existe a repartição de informação, recursos e oportunidades, importantes na promoção da inclusão social.

Refira-se que, um pouco diferente das condições para a formação de capital social, a capacitação depende das oportunidades e apoios que os cidadãos recebam para o seu crescimento pessoal e profissional. No entanto, ambos têm uma característica em comum que deve ser realçada, que é a sua finalidade: aumentar as oportunidades de desenvolvimento, melhorar os resultados de desenvolvimento e melhorar a qualidade de vida das pessoas.

As estratégias de *empowerment* e a formação de redes geradoras de capital social são determinantes para promover a equidade e igualdade de oportunidades, a autonomia, o respeito e a generosidade, e apostar na cidadania e na educação para o desenvolvimento sustentável, uma vez que a principal estratégia passa por preparar os cidadãos para que possam determinar o seu destino pelas suas próprias mãos. Os cidadãos são uma peça fundamental neste processo e, sem a sua colaboração voluntária, não existe *empowerment* nem capital social. Este é um processo que vai funcionar em círculo, porque, para além da formação para a capacitação, para o *empowerment*, os cidadãos têm de estar motivados e querer participar, força que pode ser gerada pelas redes promotoras de capital social.

Bairro do Alto da Cova da Moura (BACM) e Associação Cultural Moinho da Juventude (ACMJ) – História e Contexto.

O BACM situa-se na freguesia de Águas Livres (38° 44' 40" de latitude N e 9° 12' 50" de longitude W), na área oriental do concelho da Amadora, nos arredores de Lisboa, em Portugal. É servido por importantes eixos rodoviários, como o IC 19, e por uma densa rede de transportes públicos, nomeadamente a rede de autocarros da Carris que circundam o Bairro, e a linha ferroviária de Sintra (estação de comboio da Damaia), o que lhe proporciona boas acessibilidades para toda a Área Metropolitana de Lisboa (AML) (figura 1).

É provável, e o mais consentâneo com a lógica, que esta toponímia (Bairro do Alto da Cova da Moura) tenha surgido da ligação feita entre o morro ou elevação (**Alto**) onde se localiza o Bairro, um buraco onde existia uma pedreira (**Cova**), e a família dos Mouras (**Moura)**, que terá sido a primeira família a habitar no local, mais especificamente no buraco da pedreira.

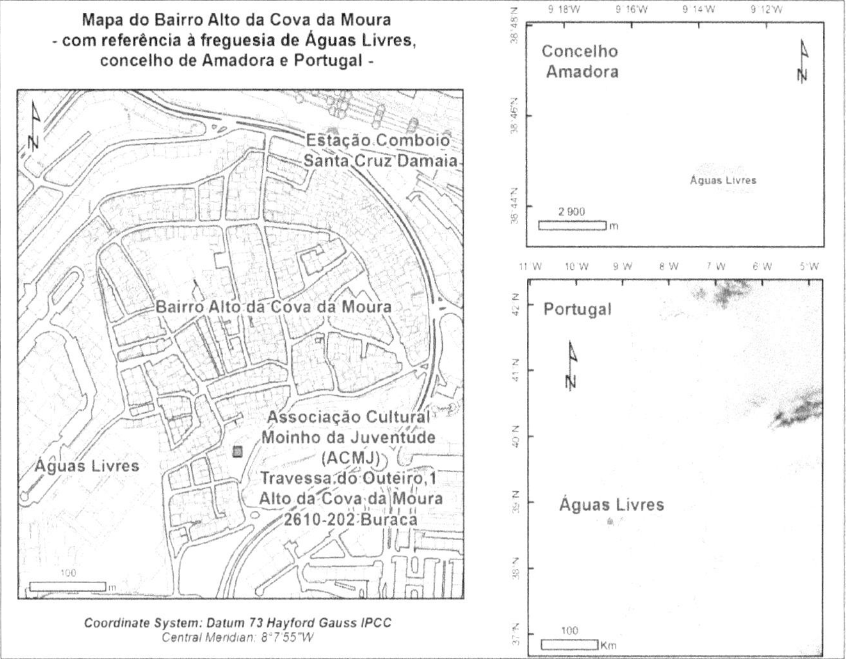

Figura 1. Mapa de localização do BACM e ACMJ, no contexto da Amadora e de Portugal.

Este bairro constituído por construções ilegais nasceu após o 25 de Abril de 1974, com a vinda dos retornados das ex-colónias portuguesas que, após uma curta passagem pelas pensões e albergarias pertencentes ao Instituto de Apoio ao Retorno dos Nacionais (IARN), criado pelo Decreto-Lei n.º 169/75, de 31 de março, ali encontraram um espaço de acolhimento. Anteriormente, este espaço era conhecido por "Morro", e não era mais do que terra de cultivo, "onde havia numa extremidade uma vacaria, local denominado de Quinta do Outeiro, e noutra extremidade uma pedreira, situada junto à Avenida da República, frente às instalações da empresa (Martins & Almeida, Lda). Havia umas barracas junto à vacaria e umas poucas também junto ao local da pedreira, ocupadas principalmente pela família dos Mouras" (AMBACM, 1997, p. 1). Os terrenos onde está implantado pertencem na maior parte a quatro proprietários, especialmente à família Canas (18 420 ha) e ao Estado.

A ocupação dos terrenos intensifica-se a partir de 1976/77, com a construção de habitações precárias em alvenaria que ao longo do tempo vão sendo melhoradas através da voluntariedade dos vizinhos, num processo designado de "djunta-mó"[242]. Para a maior parte dos ocupantes, o conhecimento da existência destes terrenos deu-se através da informação dada por amigos que moravam perto (sistema de passa a palavra). São três as razões fundamentais que justificam a expansão do Bairro: (i) a localização; (ii) as facilidades de transportes; e (iii) a disponibilidade do terreno, economicamente acessível e desocupado.

A concentração populacional algo elevada fez sentir a necessidade de criar uma comissão de moradores capaz de lutar pelos interesses dos moradores, especialmente contra o sistemático processo de demolição das novas habitações promovido pela Guarda Nacional Republicana (GNR). A criação da primeira comissão de moradores do BACM aconteceria após o ato eleitoral de 12 de novembro de 1978.

Nessa altura, o perigo das demolições estava controlado, mas a população não se tinha livrado de uma vida demasiado miserável, por carência especialmente sentida, num primeiro momento, ao nível da água canalizada, esgotos, eletricidade, telefones e arruamentos.

A primeira Comissão de Moradores, eleita em 1978, e todas as restantes até 30 de janeiro de 1994, data da constituição e eleição dos primeiros corpos gerentes da atual Associação de Moradores do BACM, trabalharam arduamente junto das instituições públicas e do poder local (juntas de freguesia e Câmara Municipal da Amadora) para conseguirem água e esgotos (1979), eletricidade (1977/78), telefones, arruamentos, escola primária, entre outros benefícios que melhoraram as condições de vida da população. Com estas melhorias, os "residentes sentiram-se mais confiantes no futuro, aumentando e melhorando as suas casas", e "outros novos moradores foram construindo, a construção aumentou desordenadamente, as Comissões de Moradores de então, e agora a Associação de Moradores, viram-se incapazes de suster tal

---

[242] Expressão em crioulo que significa juntar as mãos (em entreajuda), neste caso para construir. Foi com este método, centrado na ajuda de vizinhos, que o Bairro do Alto Cova da Moura foi sendo construído. Enquanto os homens construíam as mulheres preparavam as refeições e os mais novos ajudavam os pedreiros a fazer a massa, a passar o tijolo, etc.

desordenamento, prejudicial para todos, assim chegamos ao que é hoje o Bairro do Alto da Cova da Moura" (AMBACM, 1997, p. 5).

Em novembro de 1982, a Câmara Municipal da Amadora deliberou a municipalização do solo onde está implantado o Bairro, através da sua expropriação para fins de utilidade pública, por verificar que não era possível uma conciliação de interesses dos proprietários dos terrenos com os interesses da população. Até ao momento, tem-se arrastado o processo de recuperação/legalização, sem fim à vista, saindo a população muito prejudicada desta história, quer no domínio do espaço privado, pela impossibilidade de fazer obras de fundo com vista à melhoria das condições de habitabilidade, num património construído que tem reduzidas condições de salubridade (LNEC, 2008), quer no domínio do espaço público, porque a qualificação do Bairro continua por fazer: há, por um lado, carência de espaços públicos e, por outro lado, sobreocupação habitacional, e existem inúmeras lacunas ao nível das infraestruturas urbanas. O mais recente avanço, a este nível, deu-se no âmbito do programa *Iniciativa Bairros Críticos (IBC)*[243], que visa promover alterações efetivas que beneficiem o bem-estar dos residentes e a sustentabilidade do espaço, com resultados e efeitos duradouros.

É um Bairro onde coexistem pessoas de várias origens, culturas e religiões. Embora a maioria da população seja católica, não existe no Bairro nenhuma igreja dedicada a este credo, embora exista uma Mesquita (numa casa adaptada), uma igreja Maná, uma igreja Metodista, e uma igreja Evangélica. Predominam os serviços de proximidade e pessoais, com destaque para os cafés, as mercearias, os restaurantes e os cabeleireiros, quase todos especializados na cultura africana, que traduzem as especialidades locais que podem ser (e estão a ser) valorizadas no âmbito da componente económica e cultural, com capacidade para atrair clientela proveniente do exterior da Cova da Moura (Santos, 2014).

A sociedade é dinâmica, pela diversidade de pensamento e pluralidade de interesses, e não existe uma receita única para a sua

---

[243] Tem como objetivo o desenvolvimento de soluções de qualificação de territórios urbanos que apresentam fatores de vulnerabilidade crítica, através de intervenções socioterritoriais integradas.

organização e funcionamento. Com o objetivo de melhorar a qualidade de vida da população, surgiram no Bairro várias instituições, cujos fins se complementam. Uma dessas instituições, talvez a que tem maior obra e maior visibilidade mediática, é a ACMJ, promotora de diversos projetos de intervenção social no BACM, incluindo do projeto Sabura, quadro analítico central neste ensaio. Já muito se escreveu sobre esta Associação, por isso vamos fazer uma concisa apresentação histórica, remetendo para Santos (2014, p. 133-137), para o site institucional da ACMJ[244], e para o livro *Uma Jornada de inquietude. Uma jornada de capacitação*, de sua autoria.

O movimento associativo que viria a ser a base estrutural para a constituição da ACMJ iniciou-se em 1 de novembro de 1984, quando "os moradores da Quinta do Outeiro [agora designada Cova da Moura] se reuniram e definiram um plano para conseguir a instalação de água e esgotos para 900 moradores da Cova da Moura. Os primeiros passos foram pensados num sótão e a seguir numa casa abarracada, na Rua de São Tomé" (ACMJ, 2010, p. 4). Os moradores, que tinham um problema comum, perceberam que só pela ação conjunta conseguiriam chamar a atenção do poder político, e assim consolidar a sua ação e aproximar-se dos seus objetivos (Santos, 2014). Uniram-se com a intenção de atingir um objetivo comum: tornar mais digna a vida no Bairro. Deste grupo faziam parte Eduardo Pontes (açoriano) e sua esposa, Godelieve Meersschaert, psicóloga de nacionalidade belga, que tinham vindo residir para o Bairro em 1982.

Em 1985, segundo consta, o Bairro já dispunha de uma biblioteca ("O Moinho") que contava com 700 leitores. Fora criada por esse grupo de moradores (que se tinha formado no ano anterior) para melhorar a vida das crianças do Bairro.

Os moradores tinham como prioridade lutar pelo saneamento básico e realizar um trabalho informal de animação das crianças do Bairro, através da biblioteca "O Moinho", mas logo se "juntaram ao grupo inúmeras empregadas domésticas, que exigiam melhores condições de trabalho e de vida e que queriam reunir-se com o Sindicato do Serviço doméstico para lutar por essas causas" (ACMJ, 2010, p. 4).

---

[244] Disponível em: http://moinhodajuventude.pt/index.php/pt/. Acedido em: 04abr15.

Estes foram passos importantes, cujos resultados chegaram até hoje, e daqui resultou a constituição oficial da ACMJ, por escritura pública, em 1987. Posteriormente, em 1989 a Associação foi reconhecida como IPSS e em 2010 foi reconhecida como ONGD, assumindo-se hoje como um Projeto Comunitário.

A ACMJ beneficia hoje em dia do conhecimento adquirido ao longo dos anos, e também da manifesta capacidade de ultrapassar conflitos e de trabalhar em "djunta-mó", contando com a criatividade e o empenho de todos para reforçar os doze objetivos orientadores da sua atuação, a que chamou "Traves Mestras" (Santos, 2014). Mostra vontade de trilhar um caminho sólido e positivo, que requer muita reflexão e ousadia.

Apesar dos esforços das várias entidades sem fins lucrativos presentes no Bairro e da luta dos seus habitantes na preservação da identidade (pelas mostras de singularidade urbana e cultural), não é possível saber qual vai ser o futuro deste espaço de construções ilegais face à especulação imobiliária que sobre ele pende. Não obstante, há um elemento inegável. Face ao crescente de propostas de intervenções urbanísticas roazes do tecido urbano mais genuíno em Lisboa (sem relação com a cultura arquitetónica e urbanística da zona de implantação dos edifícios a intervir), o BACM pode vir a entrar no grupo restrito de bairros únicos e originais da AML, com traços culturais, históricos e tradições únicas.

Projeto Sabura: Origem e Evolução. Uma abordagem resumida.

O Projeto Sabura: Vem descobrir África aqui tão perto, comumente conhecido por Sabura, e doravante assim designado, começou a ser delineado no segundo semestre de 2003, contando com o financiamento principal do Alto Comissariado para a Imigração e Diálogo Intercultural, I.P. (ACIDI), que entretanto foi extinto e substituído pelo Alto Comissariado para as Migrações, I.P. (ACM). Foi lançado em janeiro de 2004, sob o lema "Aqui, um outro mundo é possível, se a gente quiser!". As primeiras visitas organizadas de acordo com este novo modelo tiveram lugar no final de março e início de abril de 2004, com participação maioritária de elementos da comunicação social.

O projeto era ambicioso, mas tinha objetivos simples: por um lado, promover a abertura ao exterior, desconstruindo a imagem negativa que algumas vezes era difundida pela comunicação social, e que representava acontecimentos pontuais e não fraturantes, portanto, nascia de um equívoco que manchava a realidade do quotidiano do Bairro e era altamente ostracizadora para a população que o habitava. Fazia-se isto mostrando o património cultural e humano do Bairro, e a sua riqueza e integração na comunidade alargada onde está inserido. Por outro lado, dinamizar a atividade económica do Bairro, promovendo a sua especificidade cultural e potenciando o seu autossustento. De forma mais lata, visava potencializar as competências dos moradores; divulgar os aspetos positivos da Cova da Moura e dos seus moradores; proporcionar aos filhos, amigos, interessados, visitantes, a descoberta do povo/cultura/ gastronomia/usos e tradições das terras de origem dos moradores; e dinamizar a atividade económica do Bairro.

Não obstante, a ACMJ já recebia visitas de estudantes de instituições de ensino, nacionais e internacionais, especialmente da Europa e de África, desde a década de 1980, e na década seguinte foi ainda mais arrojada, ao desenvolver contactos sob a forma de visitas abertas a grupos de particulares, escolas, associações e outras organizações que mostravam interesse em conhecer o Bairro e os projetos aí desenvolvidos. Os passeios de domingo iniciados em 1992 e subordinados ao tema "Descobrir África na Cova da Moura" são exemplo desse empreendedorismo atrevido, mas saudável, da ACMJ. O mesmo se pode dizer da Gincana Virtual, iniciativa que teve início em 2000, por ocasião do aniversário da ACMJ, e que visava desafiar as pessoas a conhecer melhor o Bairro.

Importa, então, responder a uma questão: se já se realizavam visitas à ACMJ e ao BACM, pelo menos desde os anos 80 do século XX, porquê todo o aparato em termos mediáticos em torno do Sabura, quase duas décadas depois, em 2004, quando este não correspondia propriamente a uma ideia nova? A resposta é simples: porque a ACMJ percebeu que poderia fazer evoluir a ideia existente, não organizada, e concretizá-la através de um projeto estruturado e eficaz de turismo étnico, à semelhança de outros projetos desenvolvidos em bairros sociais, capaz de estimular as atividades económicas, sobretudo as comerciais, reforçar a cultura e a arte, de proporcionar oportunidades para descobrir as potencialidades e as mais-valias do Bairro, e de promover na opinião pública uma ideia positiva sobre o Bairro e os seus moradores.

Coloca-se uma segunda questão, que se pode subdividir em duas questões:

1) Em que altura ou situação a ACMJ se apercebeu desta oportunidade? Foi em 26/08/2003, quando várias pessoas dentro da ACMJ, inclusive a Godelieve Meersschaert, sua cofundadora, leram um artigo publicado no Jornal Diário de Notícias, da autoria de Isabelle Wesselingh (2003), com o título *Turismo étnico reabilita guetos*, que versava sobre uma iniciativa semelhante desenvolvida em Haia, na Holanda.

2) O que de importante era referido nesta notícia? Duas ideias principais: que este tipo de projeto dá "um impulso económico ao Bairro e aos seus comerciantes", ou seja, serve mais para estimular a economia pela oferta multicultural do que por questões étnicas, e contribui "para uma mudança de imagem, mostrando o lado positivo e não unicamente a violência e a pobreza", isto é, para a abertura ao exterior através de "excursões multiculturais", expressão utilizada pela própria autora (Wesselingh, 2003).

Convém referir que, aquando da publicação desse artigo, vivia-se na ACMJ um clima encorajador, de prosperidade, pelo que, sem negar a sua importância (do artigo), temos de realçar outros acontecimentos fraturantes que, ainda que indiretamente, colaboraram para a génese do Sabura, e de entre os quais destacamos: o **documentário "Mulheres de Batuque"** (1997) de Catarina Rodrigues, a **Gincana Virtual** de 01/11/2000, o **Passeio Filosófico**, a **visita da ONG Peace Boat** (Bola de Paz), a **elaboração do calendário da ACMJ para 2004**, e o processo de **comercialização do Chá da Ribeira** e da **Tintura dos Pepinos de São Gregório** (dois produtos que nascem de forma natural no Bairro e contribuem para o alívio das dores e o bem-estar).

Falta ainda responder a uma terceira questão: porquê a designação "Sabura"? Trata-se de uma expressão crioula que significa "saborear" ou "apreciar aquilo que é bom saborear", referindo-se também ao "momento ou atividade que dá prazer ou alegria". Remetem para o quanto é "sabura" as visitas aos restaurantes, às mercearias, cabeleireiros e cafés, e os produtos oferecidos pelos vendedores de rua (ex. como as espigas de milho verde assado). Denominar este projeto de "Sabura" é uma mais-valia pela adequação à essência da visita, tanto em termos de conteúdo, como em termos de simbologia. E, como veremos a seguir, quando apresentarmos o quadro sinótico dos dados estatísticos da última década, cada vez mais pessoas desfrutam do Sabura: Roteiro das Ilhas, tornando-o numa referência nacional, já conhecida em muitos países europeus, africanos e sul-americanos.

E isto remete-nos para uma quarta e última questão: por que razão o projeto Sabura elege as referências cabo-verdianas ("Sabura: Roteiro das Ilhas") e qual o espaço concedido para outras culturas que coexistem no Bairro no âmbito do projeto?

O projeto foca a cultura cabo-verdiana porque é a mais representativa no Bairro, e por esse motivo há mais conteúdo para oferecer em bens e serviços coétnicos, ou seja, em produtos e serviços especializados que se direcionam a populações migrantes (e outras), que se deslocam ao Bairro propositadamente para os adquirirem.

Um outro elemento que não poderíamos deixar de referir é o facto de os elementos que constituem a ACMJ serem maioritariamente cabo-verdianos, o que poderia de alguma forma, mesmo que inconscientemente, ter direcionado o projeto em termos de título, mas nunca em termos de ideologia ou conteúdo. As restantes culturas têm igualmente espaço e algumas delas estão mesmo representadas por vários parceiros comerciais do projeto. Veja-se, por exemplo, a Mercearia Mumini, explorada pelo Sr. Mumine Djaló, cujos produtos comercializados têm origem na Guiné Bissau.

Em 24 de junho de 2006, por ocasião da festa do Kola San Jon, inaugurou-se o Roteiro das Ilhas, no quadro do projeto Sabura - percursos guiados pela Cova da Moura. Este evento coincidiu com a realização do Congresso de Zona do Programa de Iniciativa

Comunitária URBAN II – Amadora (Damaia/Buraca), subordinado ao tema: "uma cidade à escala das pessoas", no qual participaram diversos elementos da ACMJ com comunicações alusivas ao sociocultural.

O Roteiro das Ilhas, através de visitas guiadas, reforça os propósitos do projeto Sabura e amplia a capacidade de divulgar uma melhor imagem do Bairro, onde se mostra a cultura e a vivência do Bairro e dos seus moradores, nomeadamente o empreendedorismo presente na diversa oferta comercial de produtos e serviços coétnicos (cabeleireiros, restaurantes e mercearias), as construções realizadas no "djunta-mó", em estágios de construção diferenciados e com particularidades arquitetónicas únicas (que decorrem do sistema de autoconstrução), a literatura e a sua divulgação pelas crianças e jovens, os grafites e danças africanas contemporâneas, entre outros.

Talvez devido ao receio de problemas de segurança, durante os primeiros cinco anos de existência do projeto Sabura, o itinerário da visita guiada dentro do Bairro manteve-se quase inalterado. Procurava-se sempre conduzir a visita pelo maior número possível de estabelecimentos e, simultaneamente, evitar a passagem por locais perigosos. Apresenta-se a seguir aquele que foi durante muito tempo o percurso mais conhecido e que ainda hoje se realiza (figura 2).

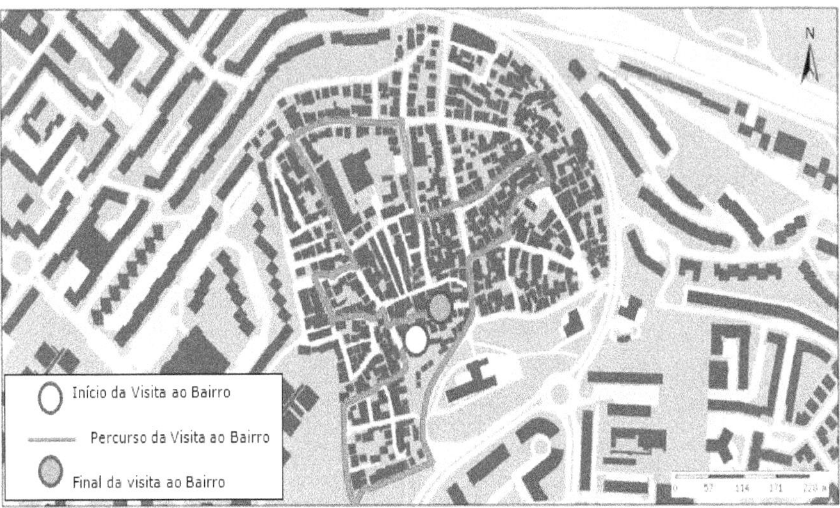

Figura 2. Percurso inicial do Sabura – visitas guiadas à Cova da Moura.

Com o evoluir do projeto e o aumento do nível de segurança dentro do Bairro, surgiram mais opções de divertimento, tanto na oferta de produtos e serviços, como na oferta de roteiros diferentes. Passaram então a existir várias possibilidades, inclusive visitas personalizadas, criadas totalmente de acordo com o solicitado pelo visitante. O Sabura tornou-se um produto vivo e completo, extremamente flexível e direcionado às necessidades dos visitantes, mas que não vive per si, isoladamente, antes depende da sociabilidade.

No final de 2006, numa altura em que já tinha sido apurada a capacidade instalada ao nível dos restaurantes e já era possível fazer a calendarização das atividades realizáveis, com base na oferta dos residentes e da procura dos visitantes e de acordo com as características de cada um dos espaços de comércio e serviços, o projeto atingiu o pleno funcionamento, próximo do modelo atual.

Nessa altura também já tinha sido possível normalizar questões como a realização das placas identificativas e dos cartões-de-visita de restaurantes, cabeleiros e mercearias, fazer a descrição dos pratos típicos oferecidos por cada restaurante e definir as respetivas ementas, proceder à catalogação do tipo de cortes de cabelos e penteados oferecidos pelos cabeleireiros, e organizar os dossiês dos restaurantes, entre outras ações. A seguir consta alguma da arte gráfica produzida, inclusive a estrutura detalhada do roteiro, que ainda hoje se mantém.

Este foi um processo bastante longo e moroso, que não é de todo possível resumir neste artigo, sob pena de se cair em parcialidades falaciosas, visto tratar-se de um processo que só por si suportava um artigo. O mais importante será enfatizar que as soluções encontradas resultaram de discussões acesas e construtivas entre representantes da ACMJ, comerciantes e alguns residentes (intervinham como *stakeholders*), com cedências de ambas as partes, que no final encontraram pontos em comum.

Figura 3. Cartões-de-visita – restaurante coqueiro e cabeleireiro neuza (2006).

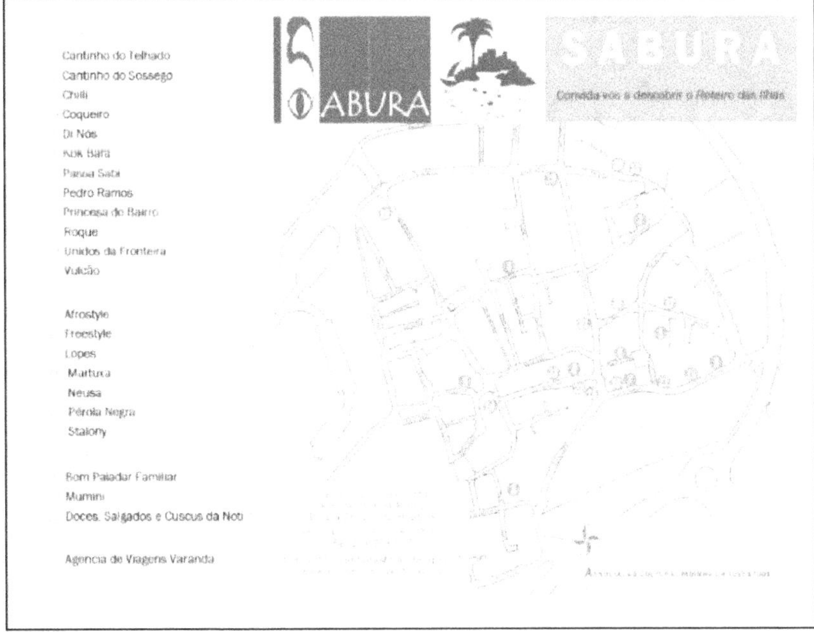

Figura 4. Mapa – Sabura: Roteiro Das Ilhas (2006).

Início da visita. Receção dos visitantes, em local acordado, por um elemento da ACMJ. A bomba de combustível da Repsol e a Estação de Comboio Stª Cruz-Damaia são habitualmente ponto de encontro.

Apresentação do grupo visitante e do Guia, que é responsável por dar a conhecer aos visitantes o roteiro de atividades, e por aproximar esse itinerário dos objetivos e interesses dos visitantes.

Início da visita à ACMJ. O Guia dá as boas vindas aos visitantes. (i) Inicia-se a visita pela creche A Árvore, com uma explicação sobre o porquê da sua existência, como começou e como funciona atualmente; (ii) Visita às hortas do Moinho, apelando ao contacto com a natureza, explicando a importância da relação das crianças com as plantas, e valorizando os conhecimentos dos idosos sobre os muros, a sementeira, o composto, a recolha de água (cisterna) e as plantas medicinais; (iii) Visita ao Kova M Studio, com uma exposição sobre o que era anteriormente, o que levou à sua criação, as dificuldades encontradas na sua construção, e o que se está a desenvolver atualmente; (iv) Visita ao gabinete de Serviço Social. Apresentação do grupo à Assistente Social de serviço, e vice-versa, explicando os objetivos de forma sistémica; (vi) Visita ao Jardim de Infância, abordando o tipo de trabalho por sala, o portefólio, e os horários de funcionamento; (vii) Visita à Secretaria, referindo o número de pessoas que aqui trabalham, e tudo o que aqui se pode fazer e requisitar, o serviço de apoio a outras valências e a elaboração de projetos; (viii) Visita ao escritório, indicando o número de técnicos que aqui trabalham, e a profissão de cada um; (ix) Visita à sala de informática, explicando como funciona, os núcleos do Moinho que usufruem da sala, o horário de atendimento ao público, o tipo de apoio ao imigrante e os tipos de formações que aqui se fazem; (x) Visita à Cozinha, elencando o número de funcionários, o número de refeições que são confecionadas diariamente e os núcleos a que se destinam, e o horário de funcionamento; (xi) Visita à Sala Polivalente, explicando tudo o que se faz, o que já se fez, e o que se pode fazer no interior da sala; (xii) Visita ao C.A.T.L. onde um dos responsáveis explica o funcionamento do espaço. Neste roteiro dedicado às atividades do Moinho existe interação entre visitantes e colaboradores.

Início da visita ao BACM na rua do Moinho. Graffiti dedicado a Martin Luther King. Introdução à história do Bairro, os nomes das ruas, os desenhos feitos por crianças, jovens e adultos, os 800 azulejos e a sua colocação, a luta da Comissão de Moradores do Bairro, e os planos para a sua recuperação (IBC - Gabinete Técnico) - luta pela qualificação do Bairro desde os anos 80, RCM de setembro de 2005, e fim da Iniciativa Bairros Críticos em 30/04/2012. Eventual realização de uma gincana, em função da constituição do grupo e dos seus interesses, para descobrir o Bairro e a cultura local. A visita visa sobretudo mostrar o empreendedorismo étnico, e estimular a interligação cultural entre visitantes e moradores, através dos numerosos cabeleireiros, mercearias e restaurantes, entre outros espaços de comércio e serviços. O percurso engloba locais representativos da história e evolução da ACMJ, como o Moinho, um local que começou por ser uma biblioteca e que foi a base da constituição da ACMJ. Projeto de uma biblioteca da autoria de Nuno Teotónio Pereira, datado dos anos 80, e os problemas com a Família Canas. ASSACM e AMBACM. Escadinhas da rua B, construídas em 03/09/2009, em «djunta mo» de 30 moradores, que trabalharam desde as 7h até às 19h, partilhando durante o dia uma panela de feijão congo. Graffiti dedicado a Michael Jackson - Reggae ao pé da Estação de Comboio. GIP. Visita à casa de uma batucadeira, de um tamboreiro ou de um elemento do grupo do Kola San Jon. Sessão de batuque ou de Kola. Explicação sumária das linhas mestras da instituição, de âmbito social, e apresentação de programas ativos, como os de luta contra a pobreza e a exclusão social, de reforço da cidadania e de melhoria da educação para a sustentabilidade. Indicação de projetos e objetivos futuros, visando o desenvolvimento comunitário.

Fim da visita.
Agradecimentos.
Preenchimento da ficha de avaliação da visita.

Figura 5. Estrutura da visita à ACMJ e ao BACM, no âmbito do Projeto Sabura, com os efeitos produzidos pela inauguração do Roteiro das Ilhas, em 24 de junho de 2006.

Em julho e agosto de 2010, pouco antes da introdução do "modelo novo" de ficha de visita do Sabura, que serviu de base à avaliação pormenorizada que realizamos no tópico seguinte, procedeu-se à elaboração, aprovação e assinatura do *Regulamento Geral* que rege a parceria entre os proprietários dos espaços comerciais e a ACMJ, responsável pela execução do projeto Sabura no BACM. Formalizou-se assim uma relação já antiga, uma vez que as visitas guiadas tinham começado no início de 1980, ainda que, no âmbito do Projeto Sabura, só tenham iniciado em março de 2004. Este regulamento aplica-se aos estabelecimentos comerciais de produtos coétnicos presentes no BACM, vincula a relação entre as partes e define direitos e deveres.

O preâmbulo do *Regulamento Geral* é mais uma vez elucidativo dos objetivos do projeto Sabura: primeiro, a questão económica, segundo, a abertura ao exterior. Nele se pode ler que o Sabura: Roteiro das Ilhas pretende dinamizar a atividade económica do Bairro, promovendo a sua especificidade cultural, e proporcionar uma afirmação da população do Bairro face ao mundo exterior, o que implica um processo de reflexividade cultural assente em processos de *empowerment*, mas sempre associados a uma integração da dinâmica económica, através da manutenção de uma atividade comercial própria e que potencie o autossustento. Estamos, portanto, ao nível da mercadorização da etnicidade, aquela que se vende, ou, se preferirmos, da "etnicidade permitida", de que nos fala Wacquant (2013).

O preâmbulo termina reforçando a questão da abertura ao exterior, ao referir que o projeto Sabura funciona como elemento de (re)construção de imagem para o exterior, abrindo o Bairro aos visitantes, mas também procura ser um elemento de construção de referências para o interior, valorizando a autoestima identitária dos próprios habitantes do Bairro, ao dar relevo a todo o património cultural que com estes viajou desde os seus países de origem.

Para concluirmos este percurso, que fizemos sem esgotar o tema, importa referir a comemoração dos 10 anos do projeto Sabura, efeméride que ocorreu nos dias 31 de outubro de 2014 e 1 de novembro 2014.

Projeto Sabura: Nota Metodológica. Apresentação e Discussão dos Resultados. Uma abordagem resumida.

Do ponto de vista metodológico, e como referimos anteriormente, no decorrer da implementação do projeto Sabura foi concebido um modelo de ficha de avaliação da visita guiada, cujo guião foi estruturado em três áreas: (i) estrutura da visita; (ii) prestação do guia; e (iii) condições do bairro. A cada um dos visitantes, no final da visita, é pedido que preencha a ficha de visita. São esses resultados que divulgamos e analisamos neste artigo, numa perspetiva sobretudo quantitativa, que oferece validade interpretativa.

Convém referir que o modelo de ficha de visita foi sucessivamente melhorado entre março/abril de 2004 e 31/05/2014, mas existem dois momentos de grandes alterações, no ano de 2007, altura em que uma parte substancial das questões, até então abertas, passou a ser fechada, e em julho e agosto de 2010, altura em que foi introduzida a base estrutural da ficha de visita ainda hoje utilizada. Estas alterações de grande porte, e outras mais pequenas e mais frequentes, obrigaram a procedimentos de normalização prévios à inserção dos dados em base de dados, que, pela dimensão e complexidade, não é aqui possível detalhar. Consta, no entanto, dos serviços da ACMJ, e está disponível ao público, bastando para isso contactar essa Associação. Uma outra grande alteração à estrutura da ficha de visita entrou em vigor a 01/06/2014, e obrigou à criação de nova base de dados para registo da informação, motivo pelo qual a nossa análise termina a 31/05/2014.

Refira-se ainda que as fichas de visita agora analisadas não representam todo o universo de visitantes, mas apenas todo o universo das fichas de visita respondidas e arquivadas na Biblioteca da ACMJ. Ou seja, não mensuramos as visitas em que não houve preenchimento da respetiva ficha, e foram muitas, nomeadamente com individualidades que visitaram o Bairro, mas também com entidades nacionais e internacionais. É disso exemplo as vistas do Embaixador de Cabo Verde em Lisboa, do Embaixador da Bélgica em Lisboa, do Presidente da República Portuguesa, do Primeiro-Ministro e do Presidente da República de Cabo Verde, entre outras figuras públicas e particulares que não foram registadas.

No que se refere aos resultados, no período acima referido, realizaram-se 4505 visitas guiadas ao Bairro, sempre numa tendência crescente e sustentada (figura 6). Note-se que o decréscimo de visitas verificado em 2013 (369) foi um caso isolado e já foi compensado em 2014, ano em que, segundo os dados provisórios até 31 de dezembro terá havido cerca de 500 visitas.

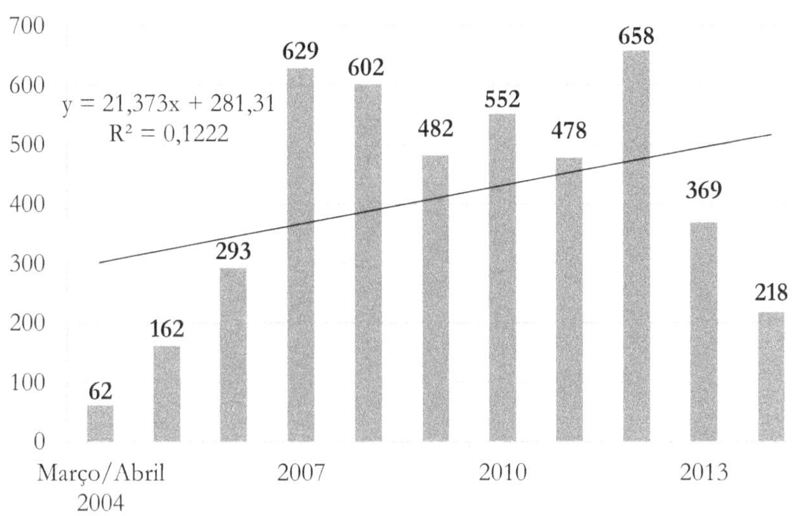

Figura 6. Número de visitantes, por ano.

De todas as visitas realizadas, cerca 62% ocorreram nos dois primeiros trimestres do ano civil, o que se pode justificar por motivos escolares e académicos (coincidência com o final do segundo e início do terceiro período, altura em que o clima fica mais agradável), mas também, ainda que em menor medida, por motivos profissionais, pessoais e institucionais. O segundo trimestre foi o que registou maior número de visitas, em situação diametralmente oposta ao verificado no terceiro trimestre (figura 7).

Não obstante a grande diversidade etária dos visitantes, são os jovens que mais visitam o Bairro. De acordo com os registos, o visitante mais novo tinha 13 anos e o mais velho 78 anos. É possível identificar uma unidade bem definida, entre os 15 e os 25 anos, o que dá credibilidade à constatação de que se destacam em número os visitantes estudantes do ensino secundário e universitário e os investigadores.

Para além da diversidade etária assinalada, o universo dos visitantes caracteriza-se também por uma grande diversidade em termos de nacionalidades. Não podemos deixar de notar que visitaram o Bairro indivíduos de mais de 50 nacionalidades, destacando-se os de nacionalidade portuguesa ($\sum$3426 - 76,05%), e logo a seguir os belgas ($\sum$221 - 4,91%), alemães ($\sum$171 - 3,80%), franceses ($\sum$73 - 1,62%), romenos ($\sum$65 - 1,44%), angolanos ($\sum$63 - 1,40%), cabo-verdianos ($\sum$60 - 1,33), brasileiros ($\sum$49 - 1,09%), italianos ($\sum$46 - 1,02%), entre outros.

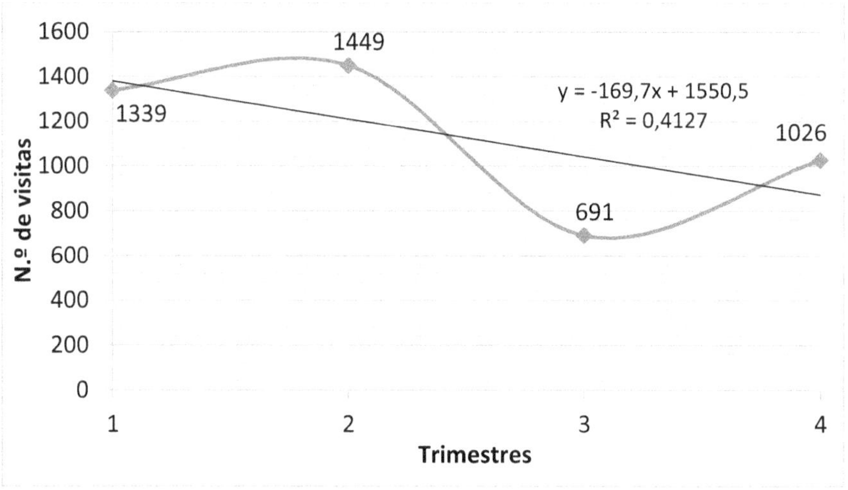

Figura 7. Número de visitantes, por trimestre. **Nota:** somou-se o total de cada um dos trimestres para cada um dos anos, entre 2004 e 2014.

Os visitantes que preencheram a ficha de visita são maioritariamente do sexo feminino: 3430 (76,14%) contra 1037 (23,02%) do sexo masculino. Só 38 visitantes, que representam 0,84%, não responderam a esta questão (figura 8 e tabela 1), e destes, 23 (0,51%) não indicaram o sexo por opção, e 15 (0,33%) não responderam porque a ficha de visita não comportar esta opção devido a uma falha de impressão.

A seguir analisamos as respostas dos visitantes sobre o viveram no Bairro com base nas 2059 fichas (de um total de 4505) referentes às visitas realizadas nos últimos quatro anos (entre 2010 e 2014). As fichas mais antigas, num total de 2446, referem-se a visitas guiadas realizadas entre março/abril de 2004 e início de 2010 e não indagavam sobre estas questões. Nota-se uma exceção: no caso da variável "Bairro: boa limpeza pública", são 2463 as fichas de visita que não dispunham desta opção de resposta (tabela 2).

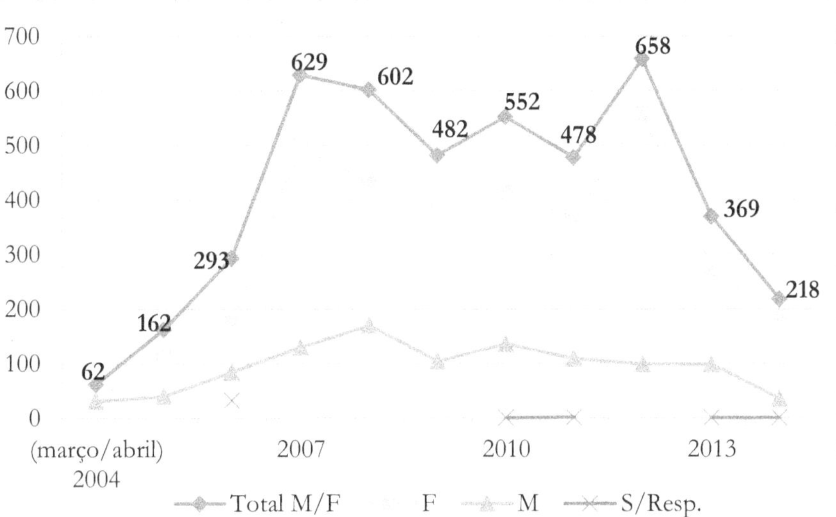

Figura 8. Número de visitantes, por ano e sexo.

	Feminino (F)		Masculino (M)		S/Resp.		Total Geral M/F / S/Resp.	
Nº Visitas / Ano	*fi* Freq. Abs.	*fri* Freq. Rel.	*fi* Freq. Abs.	*fri* Freq. Rel.	*fi* Freq. Abs.	*fri* Freq. Rel.	*fi* Freq. Abs.	*fri* Freq. Rel.
(março/abril) 2004	31	0,69%	31	0,69%	0	0,00%	62	1,38%
2005	122	2,71%	40	0,89%	0	0,00%	162	3,60%
2006	176	3,91%	84	1,86%	33	0,73%	293	6,50%
2007	499	11,08%	130	2,89%	0	0,00%	629	13,96%
2008	432	9,59%	170	3,77%	0	0,00%	602	13,36%
2009	378	8,39%	104	2,31%	0	0,00%	482	10,70%
2010	415	9,21%	136	3,02%	1	0,02%	552	12,25%
2011	367	8,15%	109	2,42%	2	0,04%	478	10,61%
2012	559	12,41%	99	2,20%	0	0,00%	658	14,61%
2013	270	5,99%	98	2,18%	1	0,02%	369	8,19%
31/05/2014	181	4,02%	36	0,80%	1	0,02%	218	4,84%
SOMATÓRIO	**3430**	**76,14%**	**1037**	**23,02%**	**38**	**0,84%**	**4505**	**100,00%**

Tabela 1. Frequências (absolutas / relativas) do número de visitantes, por ano e sexo.

Em termos gerais, sobressai a apreciação menos favorável das variáveis: "Bairro: casas e espaços cuidados", "Bairro: boa limpeza pública" e "Bairro: seguro", bem como o elevado número de visitántes que optou por não responder à questão: "Bairro: boa gastronomia". Neste caso, porém, existe uma justificação lógica: trata-se de visitantes que não desfrutaram da gastronomia (não petiscaram, almoçaram ou jantaram) aquando da visita guiada ao BACM, o que acontece por duas situações: (i) o tempo destinado à visita não permite o repasto; (ii) os visitantes não têm dinheiro para fazer a refeição e optam por levar a comida. Pode também acontecer que, num mesmo grupo de visitantes, alguns levam a comida e outros tomam a refeição no Bairro (esta situação foi detetada só em grupos de estudantes).

Salientamos, no entanto, que não estão reunidas as condições necessárias para validarmos a informação da variável "Bairro: boa gastronomia", porque os modelos de ficha de visita aplicados até 31/05/2014 não diferenciavam os visitantes que tinham uma refeição no Bairro dos que optavam por não ter essa refeição. No entanto, ficamos com a sensação de que os visitantes apreciam a cozinha cabo-verdiana e nela encontram algo distintivo em relação ao que é oferecido nos restaurantes fora do Bairro. Pode ser por causa do espaço, da sua decoração, da qualidade da comida, do sabor dos ingredientes ou, ainda, da melhor relação entre preço e qualidade. Note-se que a comida africana é um universo amplo e fascinante que passa pelos ingredientes, utensílios, sabores e saberes de quem a confeciona.

A questão "Bairro: seguro", central para o processo de abertura do Bairro ao exterior, e importante para a mudança de paradigma, surge no quarto lugar da pior classificação. Não é possível negar que ainda existe muito a fazer para melhorar a segurança do Bairro, mas os resultados apurados são otimistas. Se outrora o Bairro era tido como "mal frequentado" e "perigoso", um local de "pouco interesse", que gerava "repulsa", hoje em dia, é percecionado como um espaço "culturalmente rico", "visitável" e "atrativo", se tivermos em conta as respostas dos visitantes que, não sendo ótimas, exibem uma clara tendência positiva.

Destacam-se as respostas maioritariamente positivas à questão: "Bairro: com cultura rica", mas temos a consciência de que é necessário melhorar, uma vez que 86 visitantes ainda responderam com as pontuações 1 e 2. Não podemos negligenciar que a riqueza étnica e cultural dos habitantes e do Bairro é estrutural ao projeto Sabura. Entende-se como "cultura rica", e é assim que foi considerada, o conjunto das estruturas sociais e das manifestações artísticas qualificadas, próprias dos habitantes da Cova da Moura, em relação a outros. Esta definição incorpora costumes, hábitos, tradições, conhecimento, saber, crenças partilhadas, normas e valores, que se consubstanciam num código de comportamento e na coesão no interior do Bairro. Esta questão é muito importante para perceber se os visitantes encontram elementos distintivos na singularidade cultural e étnica deste espaço, e, em caso afirmativo, como os qualificam. Ficamos convencidos de que a resposta é afirmativa. Note-se que é esta singularidade - étnica e cultural - que suporta a existência do projeto Sabura.

A questão "Bairro: habitantes simpáticos" foi a que teve mais respostas classificadas em 5, o que é positivo, porque acreditamos que "simpatia gera simpatia". É isso que os resultados expressam. O bem-estar humano está diretamente relacionado com aquilo que somos e fazemos, e mostrar simpatia aos visitantes, para além de um sinal ancestral de boa educação e respeito pelos outros, é reforçar o potencial cultural e os traços étnicos que caracterizam as gentes do Bairro. Ademais, a experiência do quotidiano no Bairro diz-nos que a simpatia é a primeira porta para chegar aos visitantes, no retraimento normal que caracteriza a primeira visita ao Bairro, ao que se segue o dar mostras, pelos residentes, do seu dia-a-dia real, criando uma base sólida e duradora de altruísmo recíproco.

Em jeito de discussão, importa salientar que estes dados, que refletem a opinião dos visitantes sobre o que viveram e sentiram dentro do Bairro, dão-nos conta de uma realidade há muito anunciada, e agora comprovada estatisticamente, de que o Bairro causa cada vez menos repulsa, especialmente a quem o visita, nomeadamente aos elementos do sexo feminino, apesar de muitas vezes ser notícia por razões que não são das melhores.

Nos comentários qualitativos, do ponto de vista social, cultural, gastronómico, arquitetónico, de segurança e higiene do espaço, e da dinâmica dos espaços de comércio e serviços, anteriormente sintetizados em gráfico (figura 9), o Bairro é genericamente classificado como um local socializável, habitável e visitável, o que é significativo.

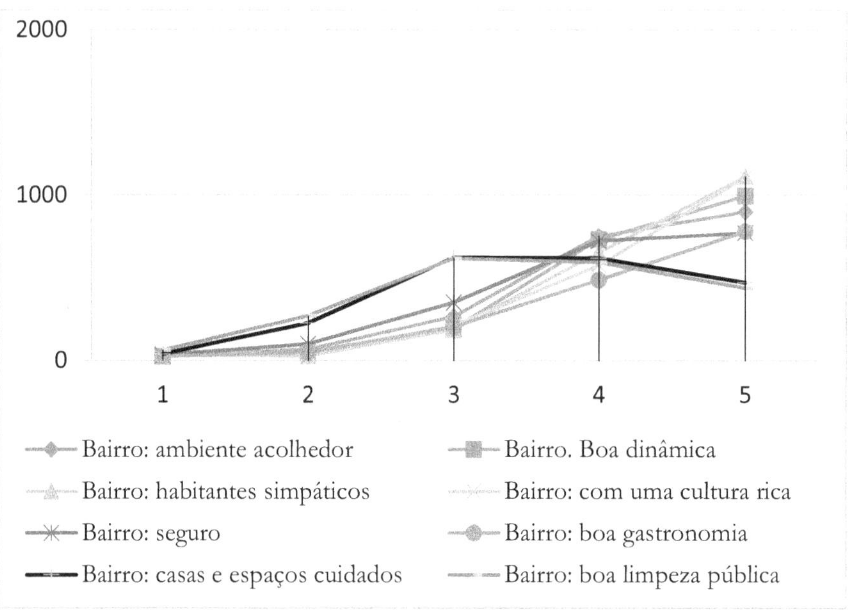

Figura 9. Resumo das respostas dos visitantes a todas as questões sobre o bairro, com base na escala tipo likert, de 0 a 5, em que 0 é muito negativo e 5 muito positivo.

	Respostas oferecidas pelos visitantes						
	1	2	3	4	5	N/Aplic.	S/Resp.
Bairro: ambiente acolhedor	23	67	265	750	900	2446	54
Bairro: boa dinâmica	24	51	193	731	995	2446	65
Bairro: habitantes simpáticos	31	28	185	651	1114	2446	50
Bairro: com uma cultura rica	40	46	208	574	1110	2446	81
Bairro: seguro	32	100	350	721	771	2446	85
Bairro: boa gastronomia	25	50	203	486	779	2446	516
Bairro: casas e espaços cuidados	38	225	621	617	470	2446	88
Bairro: boa limpeza pública	62	270	615	591	436	2463	68
Total	275	837	2640	5121	6575	19585	1007

(A coluna de rótulo "Variáveis" aparece verticalmente à esquerda da tabela.)

Tabela 2. Resumo das respostas dos visitantes a todas as questões sobre o Bairro, com base na escala tipo Likert, de 0 a 5, e considerando as respostas "N/Aplicável" e "S/Resp."

E porque este espaço não é uma ilha, e muito menos os visitantes estão aprisionados dentro dessa ilha, perante tal evolução, é de pressupor que na comunidade envolvente se vá criando cada vez mais confiança no Bairro e nas suas gentes. E por mais que se diga que os visitantes são à partida os que demonstram maior abertura e vontade de conhecer este espaço, e por aí tenha decorrido alguma simpatia extra nas respostas, ou que se refutem os dados, dizendo que não é possível tirar conclusões antes de conhecer as representações sociais do Bairro em quem ainda não o visitou, existe um meio-termo, um ponto de honra já conquistado, que, no mínimo, nos permite falar de um caminho lento mas de sucesso.

Esta é uma primeira análise cuidadosa sobre este assunto, que apesar de concisa é muito importante para perceber como os visitantes, tanto nacionais como estrangeiros, pensam o Bairro nas diversas perspetivas. Note-se que a abertura do Bairro ao exterior é um dos objetivos do projeto Sabura, a par da autossuficiência económica, pelo que esta informação é extremamente importante para perceber se o projeto Sabura está a ir ao encontro do pretendido ou, pelo contrário, carece de reajustes.

Considerações finais

Nos últimos vinte anos do século XX, registaram-se fortes mudanças nas dinâmicas sociais, não só devido à mundialização da economia e à diversificação de culturas e modos de vida, mas também em consequência das crises urbanas que ocorreram sobretudo nos bairros mais degradados, especialmente na periferia de Lisboa, e na Cova da Moura, espaço onde a evolução social funcionou como um "caldo de cultura" (Carmo, 2000, p. 59).

Após um período inicial de luta individual, os habitantes do BACM formaram um grupo que viria a constituir-se formalmente na ACMJ, com o objetivo de lutar em conjunto pelos seus mais elementares direitos, como o de viver com dignidade. O Sabura surge como uma forma de luta, à semelhança de muitos outros projetos/iniciativas (Santos, 2014).

Em consequência, podemos afirmar que o projeto Sabura resulta primeiramente da vontade dos moradores de mostrar ao exterior uma realidade positiva de um bairro que dispõe de todas as condições para se poder relacionar com a comunidade envolvente, diferente da que é apresentada pela comunicação social[245] e percecionada e recriada pela opinião pública de forma depreciativa. Este foi o ingrediente fundamental do projeto: dar a conhecer os seus múltiplos aspetos positivos mas habitualmente menos divulgados. Nasceu, também, da vontade de difundir a cultura cabo-verdiana, inscrita nas danças, no artesanato, nas festas (Kola Son Jon), na música (Batuque), na gastronomia (restaurantes - congo com galinha, massa de milho, calulu de peixe, cuscuz, rolão, cachupa, muamba, mandioca, xerém, moqueca, mufete, entre outros; mercearias – para desfrutar das cores dos legumes e especiarias africanas, e apreciar o feijão-pedra, o feijão-congo, a mentolada africana, o grogue e o ponche), nos cabeleireiros e sua arte (ex. tranças), na indumentária (corte e costura), nas habitações (autoconstrução), e da vontade de valorizar e estimular o comércio e todas as atividades económicas do Bairro, em especial os cabeleireiros, os restaurantes e as mercearias e, bem assim, afirmar a legitimidade sobre este espaço, localizado a escassos quilómetros da capital, com boas acessibilidades, e cobiçado pela especulação imobiliária (Costa, 2011).

Também podemos afirmar que o Sabura é percursor do segmento do turismo étnico em Portugal, pelo formato, pela organização e pela eficácia com que pretende estruturar, organizar e divulgar a cultura cabo-verdiana, através da capacitação da comunidade e da adaptação do espaço como produto turístico (melhorando a segurança e a higiene), visando mostrar a realidade factual do quotidiano e produzir receita para a comunidade, pela dinamização do comércio e dos serviços e pela preservação e valorização dos traços étnicos e culturais. É, também, um projeto que evidencia o trabalho realizado pela ACMJ em prol da comunidade, que funciona de dentro para fora, para atrair mais pessoas ao Bairro. É, ainda, um projeto pioneiro, com características próprias,

---

[245] Pela exibição predominante de peças informativas que associam este espaço ao crime, à droga, à marginalidade, ao vandalismo e à desobediência civil.

que se distancia da oferta do Martim Moniz, e não pode ser confundido um elemento da conceção cosmopolita da cidade Lisboa, criada após a Expo 98.

A aposta na construção individual, no *empowerment*, dando importância à ação e à capacidade para pensar e influenciar, e a opção por uma intervenção centrada na pessoa, que considera para a intervenção no Bairro as melhores propostas apresentadas por cada um dos cova-mourenses, envolvendo-os no processo e tornando-os o motor da intervenção, ajudando-os a encontrar em si a força da mudança, a autodeterminação e a criação de competências, são os ingredientes que produzem resultados mais duradouros, como advoga Friedmann (1996). São também elementos característicos de um modelo de serviço social humanista, com muitos dos pressupostos teóricos de Payne (2011), e do valor do personalismo, advogado por Carmo (2000). É neste quadro que se insere o projeto Sabura, contribuindo, definitivamente, para o fim do velho modelo de intervenção social onde a inércia do cliente era condição para uma intervenção.

O projeto Sabura, assente numa estratégia de coesão, deixou um rasto positivo que contribui para a sua sustentabilidade e está refletido na quantidade e natureza das ações realizadas, que cobrem duas áreas: observatório social e laboratório social (Carmo, 2008), e potenciam a discriminação positiva.

Enquanto observatório social - O Sabura mobilizou a comunidade, deu visibilidade a um problema social complexo que sofre deveras a interferência pela dimensão sociocultural; promoveu a discriminação positiva e consolidou uma consciência de mudança social; aglutinou olhares disciplinares distintos sobre um problema concreto e permitiu, através dos estágios profissionais e académicos, maior divulgação e produção de literatura versando o problema, muito importante para a mudança; possibilitou a criação de uma rede informal de parcerias, evitando a sobreposição e aproveitando e potenciando o total de recursos existentes; estimulou a realização de vários eventos (palestras, seminários e workshops) e muitos programas e reportagens em rádio e televisão, sobretudo devido às inúmeras personalidades nacionais e internacionais, incluindo chefes de Estado e de Governo, que visitaram o Bairro no quadro do Sabura; produziu consciencialização e pressão sobre o problema. A cobertura mediática foi muito intensa desde o lançamento do projeto, em março/abril de 2004 (Santos, 2014) - basta fazer uma pesquisa em qualquer motor de busca utilizando o nome do projeto Sabura para obter centenas de resultados.

Enquanto laboratório social – Os dados recolhidos através das fichas de visita têm permitido a melhoria constante do projeto e, consequentemente, têm contribuído para a concretização dos seus objetivos: a abertura do Bairro ao exterior e a dinamização dos espaços de comércio e serviços. Por um lado, o *feedback* dos visitantes tem sido uma fonte de informação importante para procurar metodologias mais adequadas, e para conceber e implementar programas inovadores, em termos metodológicos e teóricos (para a valorização do indivíduo e o reconhecimento da importância das vertentes da inclusão social), com diversos intervenientes nacionais e internacionais. Por outro lado, os dados estatísticos obtidos são importantes para a realização do diagnóstico das necessidades sociais, do plano de desenvolvimento social e de planos de ação. O Bairro é um local visitado e estudado por investigadores de diversas áreas científicas, que ali aplicam diversas teorias e desenvolvem projetos muito variados.

O projeto Sabura faz parte de um diagrama mais amplo de intervenção social no BACM (em contexto micro), que se pauta por valores de personalismo, solidariedade e qualidade de vida (Carmo, 2000). Neste processo, o sistema-interventor é a ACMJ, que desenvolve ideias inovadoras capazes de mudar, no presente (*aqui e agora*), comportamentos dentro do Bairro e, simultaneamente, operar mudanças no seu ambiente externo, como acontece com o Sabura. Recorda e está ao nível dos desígnios de movimentos religiosos de revitalização, suportados na teologia da prosperidade, que remete para a felicidade material no imediato, aqui e agora, ou seja, na vida terra e não após a morte (Murray, 2012).

A ACMJ assume-se como recurso social da população do BACM, que é o sistema-cliente segundo a definição de Carmo (2000). Note-se que a ACMJ é constituída pela população do BACM (Santos, 2014), pelo que os habitantes que têm uma prática profissional de sistema-interventor são, em simultâneo, beneficiários enquanto sistema-cliente, portanto, no extremo, recursos de si próprios. Mas o sistema-cliente é, naturalmente, bastante mais abrangente. A ACMJ trabalha igualmente em parceria com outras entidades integradas em rede, de dentro e fora do Bairro, que também se assumem como sistema-interventor e criam um sistema de laços gerador de capital social, entre subsistemas deste e entre centros de recursos e decisões exteriores à comunidade, resultando numa mais-valia, na complementaridade e rentabilização dos recursos.

O sistema de comunicações entre sistema-interventor e sistema-cliente visa suprir as carências sociais deste último e criar laços de solidariedade, potenciando estímulos e combatendo os obstáculos à mudança (Carmo, 2000). Foi construído dentro da comunidade e para a comunidade, aproveitando a sua visão mais conhecedora e alargada dos problemas sociais, mas serve também os que visitam a comunidade, especialmente no âmbito do Sabura. Os visitantes acabam por figurar nesta moldura ao tornarem-se clientes do Bairro, que aqui assume a função de interventor, mostrando através dos percursos guiados que já merece, pelo menos, não ser comentado por causa de práticas isoladas de delinquentes que não representam a comunidade.

Para concluir, com base no exposto e com base na experiência do trabalho quotidiano no BACM, parece-nos importante salientar que o projeto Sabura mostra ser essencial no processo de combate à pobreza e exclusão social, e a sua contribuição faz-se a vários níveis: no combate à desigualdade e à ostracização social, que promovem o nascimento de sentimentos e comportamentos de discriminação, na melhoria da situação vigente de anomia generalizada e de autismo social, decorrentes de um défice de cidadania, e no reforço e definição de objetivos, especialmente o reforço da identidade histórica, social e cultural. A capacidade de mobilização e de coresponsabilização, desenvolvida por processos de *empowerment* (capacitação), para o qual muito contribui o Sabura, ampliou e irradiou os efeitos do esforço dos cova-mourenses interessados na mudança e na mitigação das desigualdades, que condicionam os direitos sociais e impedem a vida condigna, e na irradicação da anomia, que acontece pela discriminação negativa (visível na forte repressão policial, que ainda hoje se faz sentir), permitindo a construção de referências no interior, valorizando a autoestima identitária dos habitantes, e reconstruindo a imagem que passa para o exterior. E isso é de suma importância para o BACM, e permite que o projeto possa ser aplicado em outras situações.[246]

Bibliografia e fontes documentais

ACMJ (Associação Cultural Moinho da Juventude) (2010). **Relatório de Actividades de 2010**. Não publicado.

AMBACM [Associação de Moradores do Bairro do Alto da Cova da Moura] (1997). **Historial do Bairro Alto da Cova da Moura**. 5 de junho de 1997. Não publicado.

Carmo, H. (2000). **Intervenção Social com Grupos**. Lisboa: Universidade Aberta.

Carmo, H. (2008). **O rasto do PETI. Em 10 Anos de combate à exploração do trabalho infantil em Portugal**, eds. Joaquina Cadete, 263-295. Lisboa: Ministério do Trabalho e da Solidariedade Social.

Costa, F. L. (2011). Globalização, diversidade e "novas" classes criativas em Lisboa: economia etnocultural e a emergência de um sistema de produção etnocultural. **Sociologia, Problemas e Práticas**, n.º 67, p. 85-106. doi: 10.7458/SPP2011677760.

Friedmann, J. (1996). **Empowerment: uma política de desenvolvimento alternativo**. Oeiras: Celta Editora.

Goffman, E. (1963). **Stigma:. Notes on the Management of Spoiled Identity**. New York: Simon and Schuster.

Link, B. G. & Phelan, J. C. (2001). Conceptualizing Stigma. *Annual Review of Sociology*, Vol. 27, p. 363-385. doi: 10.1146/annurev.soc.27.1.363.

LNEC (Laboratório Nacional de Engenharia Civil) (2008). **Colaboração do LNEC na análise das condições de habitabilidade do edificado no Bairro do Alto da Cova da Moura. Avaliação das necessidades de reabilitação do edificado. Relatório de síntese**. Lisboa: LNEC.

Murray, K. (2012). Pentecostalism and Prosperity - The Socio-Economics of the Global Charismatic Movement. **Journal of Church & State**. Vol. 54 (4), p. 666-668. doi: 10.1093/jcs/css100.

Narayan, D. (Ed.) (2002). **Empowerment and poverty reduction - a sourcebook**. Washington, D.C.: The World Bank. ISBN 0-8213-5166-4.

---

[246] Convidam-se todos a visitar o BACM para descobrir a alma, o "djunta mó", a vida dos moradores, e para vos receber está na entrada do Bairro o Martin Luther King, "eu tenho um sonho". Contato para agendamento de visita guiada: Associação Cultural Moinho da Juventude (ACMJ), Travessa do Outeiro, 1 - Alto da Cova da Moura, 2610-202 Buraca. Telefones: 214971070 / 214905120. Fax: 214974027. Email: sabura.visitas@gmail.com. Página da internet: http://www.moinhodajuventude.pt/.

Payne, M. (2011). **Humanistic Social Work: core principles in practice**. Chicago: Lyceum Books. 223 p. ISBN: 978-1-93-347830-2.

Payne, G. T., Moore, C. B., Griffis, S. E., & Autry, C. W. (2011). Multilevel challenges and opportunities in social capital research. **Journal of Management**. Vol. 37 (2), p. 491–520. doi:10.1177/0149206310372413.

Putnam, R. D. (2000). Bowling alone: the collapse and revival of American community. **Proceedings of the 2000 ACM conference on Computer supported cooperative work (CSCW '00)**. ACM, New York, NY, USA, p. 357. doi: 10.1145/358916.361990

Putnam, R. D. (1995a). **Bowling Alone: America's Declining Social Capital. Journal of Democracy**. Vol. 6 (1), p. 65–78. doi: 10.1353/jod.1995.0002.

Putnam, R. D. (1995b). Tuning in, tuning out: The strange disappearance of social capital in America. **PS: Political Science & Politics**. Vol. 28 (4), p. 664–683. doi: 10.2307/420517.

Santos, M. P. N. (2014). As novas dinâmicas da sustentabilidade urbana em territórios de pobreza e exclusão social: o caso da Cova da Moura. **Revista INVI**, Vol. 29 (81), p. 115-155. doi: 10.4067/S0718-83582014000200004.

Santos, M. P. N. (2015). **Sabura 2004-2014**. Cova da Moura: Associação Cultural Moinho da Juventude. ISBN 978-989-20-6261-7.

Wacquant, L. (2013). *Urban Outcasts:* **A Comparative Sociology of Advanced Marginality**. E-Book. ISBN: 978-0-7456-5747-9.

Wesselingh, I. (2003). Turismo étnico reabilita guetos. **Diário de Notícias**. 26 de agosto.

Whittaker, C. G.; Holland-Smith, D. (2014). Exposing the dark side, an exploration of the influence social capital has upon parental sports volunteers. **Sport, Education and Society**. Vol. 21 (3), p. 356-373. doi: 10.1080/13573322.2014.923832.

SOBRE O AUTOR

Marco Pais Neves dos Santos é licenciado em Geografia e Planeamento Regional (2009) e História (2011) pela Faculdade de Ciências Sociais e Humanas da Universidade Nova de Lisboa, e mestre em Cidadania Ambiental e Participação (2012) pela Universidade Aberta de Portugal. Frequenta na mesma instituição o Doutoramento em Desenvolvimento Social e Sustentabilidade, tendo recebido bolsa de investigação concedida pela Fundação para a Ciência e a Tecnologia, I. P. (FCT, I. P.), no ano de 2016, para a realização da tese com o título: "Pesca comercial nas águas interiores não marítimas do rio Tejo. Contributos para o seu melhor conhecimento, melhoria da sustentabilidade socioeconómica e proteção do ambiente estuarino". É autor de vários livros e artigos publicados em revistas indexadas, revisor de artigos científicos, e investigador do MARE - Centro de Ciências do Mar e do Ambiente, e integra a carreira de técnico superior do quadro de pessoal do Instituto dos Mercados Públicos, do Imobiliário e da Construção, I.P. (IMPIC, I.P.). Av. Júlio Dinis, n.º 11, 1069-517 Lisboa, Portugal. E-mail: marcopaissantos10@gmail.com.

www.ingramcontent.com/pod-product-compliance
Lightning Source LLC
Chambersburg PA
CBHW070749240726
48654CB00007B/16